Dürrenmatt und die Weltliteratur –
Dürrenmatt in der Weltliteratur

Véronique Liard
Marion George (Hg.)

Dürrenmatt und die Weltliteratur – Dürrenmatt in der Weltliteratur

Martin Meidenbauer »

Bibliografische Information der Deutschen
Nationalbibliothek
Die Deutsche Nationalbibliothek verzeichnet
diese Publikation in der Deutschen
Nationalbibliografie; detaillierte
bibliografische Daten sind im Internet
über http://dnb.d-nb.de abrufbar.

© 2011 Martin Meidenbauer
Verlagsbuchhandlung, München

Printed in Germany

Gedruckt auf chlorfrei gebleichtem,
säurefreiem und alterungsbeständigem
Papier (ISO 9706)

ISBN 978-3-89975-243-4
Verlagsverzeichnis schickt gern:
Martin Meidenbauer Verlagsbuchhandlung
Schwanthalerstr. 81
D-80336 München
www.m-verlag.net

Inhaltsverzeichnis

Vorwort

Wie kaum ein zweiter Autor hat der Schweizer Friedrich Dürrenmatt (1921-1990) das Theater der fünfziger und sechziger Jahre im deutschsprachigen wie im europäischen Raum beherrscht. Ab den siebziger Jahren erlangt er einen kanonisierten Status in der literarischen Öffentlichkeit, der durch zahlreiche Literaturpreise, Ehrendoktorwürden und eine Werkausgabe (seit 1980) befestigt wurde. Stücke wie „*Der Besuch der alten Dame*" (1956) oder „*Die Physiker*" (1962) gingen ins Repertoire zahlreicher Bühnen ein. Film und Fernsehen bemächtigten sich seiner Erfolgswerke. Schon zehn Jahre nach seinem Tode entstand ein 2000 eröffnetes Forschungs- und Ausstellungszentrum in Neuchâtel, das besonders dem bildnerischen Schaffen gewidmet ist. Seinen Nachlass verwaltet das Schweizerische Literaturarchiv in Bern. So wurde der Autor bereits zu Lebzeiten zur nationalliterarischen Ikone der Schweiz und zum Modell für die Integration eines einstmals durchaus avantgardistischen Rebellen in den institutionalisierten Kulturbetrieb.

Mit gelegentlicher Verbitterung musste er jedoch auch zur Kenntnis nehmen, dass die Theaterentwicklung vom Autoren- zum Regietheater, von der Interpretation einer wie auch immer gearteten Werkintention zum freien Kommentar und zur vollständigen Überschreibung des Originals, an der er einst selbst teilhatte, noch über ihn hinweggeschritten war. Auf dem Höhepunkt seiner internationalen Anerkennung durch den Literaturbetrieb schwand zugleich sein Einfluss auf die aktuelle Bühne der Avantgarde. Nun schien er in der Prosa ein geeigneteres Medium gefunden zu haben, um seine dichterische Weltsicht ins Werk zu setzen. Und diese öffnete eine neue, wenngleich auch weniger spektakuläre Rezeptionsdimension für Dürrenmatts Werk. So ging der Autor, der einst sein Dichtungskonzept auch auf die kritische Lektüre der Tradition gegründet hatte, in eben diese Tradition ein, und sein Werk ist heute ein unumgänglicher Bestandteil jeder Geschichte der schweizerischen und der deutschsprachigen Literatur insgesamt nach 1945.

Der neunzigste Geburtstag des 1990 verstorbenen Autors, der im Jahre 2011 begangen wird, schien ein geeigneter Anlass, um aus der Distanz von 20 Jahren nach diesem Zusammenhang zwischen kritischer Abgrenzung von der Überlieferung und kritischer Einschreibung in die Überlieferung im Werk von Friedrich Dürrenmatt zu fragen. Es sei an dieser Stelle noch einmal all den Beiträgern gedankt, die diese Frage aus der Perspektive ihres

jeweiligen Forschungsfeldes aufgegriffen und anhand konkreter literarischer Perioden, Strömungen, Werke oder Autoren analysiert haben.
Was hat nun dieser Frageansatz erbracht?

Die beiden ersten Beiträge dieses Bandes widmen sich der ideengeschichtlichen Kontextualisierung von Dürrenmatts literarischem Schaffen. Peter Rusterholz (Bern) behandelt die theologischen und philosophischen Wurzeln von Dürrenmatts ästhetischem Weltbild, das auf die protestantischen Fragestellungen nach dem Verhältnis von Prädestination und Willensfreiheit, nach der Sinnhaftigkeit der Schöpfung und nach dem Platz des suchenden Individuums gegründet ist, wie sie auf ganz besondere Weise im Rahmen der reformierten Kirche der Schweiz formuliert worden waren. Peter Gasser (Neuchâtel) untersucht Spuren der Nietzsche-Rezeption. Der deutsche Philosoph, der aus einem lutherischen Pfarrhaus stammte, scheint vor allem in den frühen Jahren eine bedeutende Rolle für Dürrenmatt und dessen Entscheidung für die Dichtung gespielt zu haben.

Ein erster literarhistorischer Schwerpunkt zeichnet sich in der Auseinandersetzung Dürrenmatts mit der griechisch-römischen Antike ab. Rosmarie Zeller (Basel) thematisiert in ihrem Beitrag die Verwendung des Mythos in der späten Prosa des Autors, hier ganz besonders „*Das Sterben der Pythia*". Sie konstatiert, dass Dürrenmatt an seiner dichterischen Grundüberzeugung der Relativität jeder ästhetischen Sinnkonstruktion festhält, es ihm jedoch im erzählerischen Zugriff noch besser gelungen ist, diese in moderne Strukturen multidimensionaler Erzählperspektiven zu überführen. Heinz-Günther Nesselrath (Göttingen) stellt den Bezug zu konkreten Werkzusammenhängen her, wenn er das Sokratesbild bei Xenophon, Platon und in Aristophanes' „*Wolken*" umreißt und dessen Bedeutung für Dürrenmatts Prosaskizze „*Der Tod des Sokrates*" untersucht. Volker Riedel (Jena/ Berlin) wendet sich der römischen Antike und deren Darstellung in der Komödie „*Romulus der Große*" zu. Er stellt sie in den Kontext der deutschsprachigen Literatur nach 1945, die sich zunehmend für politische Themen interessierte und daher bevorzugt Sujets aus der römischen Geschichte aufnahm. Für ihn steht diese Komödie von Dürrenmatt am Anfang einer entheroisierenden, skeptischen Geschichtssicht, die aus der komischen Distanz das Scheitern und die Auflösung der tradierten gesellschaftlichen Leitwerte konstatiert.

Mit der Bearbeitung von Shakespeares Tragödie „*Titus Andronicus*" tritt ein weiterer Schwerpunkt von Dürrenmatts Auseinandersetzung mit der Tradition in den Fokus. Der Beitrag von Anne-Kathrin Marquardt (Lyon) zeigt die Bedeutung von Shakespeare für den Dramatiker, analysiert die Bearbeitung und versucht, den ästhetischen Status dieses Stücks zwischen

Übersetzung, Adaptation und Originalwerk näher zu bestimmen. Zu den großen Mustern als Denkfiguren, als Bildkonstanten und als literarische Konfigurationen zählt auch Cervantes' „*Don Quijote*". In seinem Beitrag unterstreicht Pierre Bühler (Zürich) den engen Zusammenhang von bildnerischer und literarischer Imagination bei Dürrenmatt, die er von hermeneutischen Positionen aus untersucht. In seiner Fokussierung auf die „Interpikturalität" und „Inter-Textua-und-Pikturalität", das heißt auf die wechselseitige Erhellung von Bildbezügen bzw. Bild-Text-Bezügen, arbeitet der Autor eine Grundqualität von Dürrenmatts Schaffen heraus.

Der folgende Komplex umreißt den Bezug zur deutschen Literaturgeschichte zwischen Aufklärung und Vormärz. Véronique Liard (Dijon) zeigt das zwiespältige Verhältnis Dürrenmatts zu Friedrich Schiller, der einer der bühnenwirksamsten deutschen Dramatiker war, als Idealist und Moralist der Bühne aber eine Funktion zuschrieb, die auf diese Weise im 20. Jahrhundert keinen Bestand haben konnte. Sie analysiert die offene Distanz und die heimliche Verwandtschaft zwischen den beiden Dramatikern. Marion George (Poitiers) diskutiert Parallelen und Unterschiede zwischen Bertolt Brecht und Friedrich Dürrenmatt anhand der „*Urfaust*"-Inszenierungen. Hier wird vor allem der Regisseur und der Dramaturg in den Mittelpunkt gestellt. Ulrich Weber (Bern/Neuchâtel) konzentriert sich auf die Bezüge zum Werk und zur Geschichtsauffassung von Georg Büchner. Die Auseinandersetzung beginnt bereits im Frühwerk, setzt sich in Dürrenmatts Regiearbeiten, der „*Woyzeck*"-Inszenierung von 1972, fort und mündet in das Stück „*Achterloo*" ein. Im Jahre 1986 mit dem Büchnerpreis geehrt, profilierte Dürrenmatt seine eigene Sicht auf Wissenschaft, Geschichte und Literatur vor dem Hintergrund dieses von ihm außerordentlich geschätzten Schriftstellers.

Die beiden folgenden Aufsätze setzen parallele literarische Strömungen und Werke ins Verhältnis zu Dürrenmatt. Jochen Vogt (Durham, North Carolina/Essen) wählt einen gattungstheoretischen Zugriff. Er arbeitet die Besonderheiten der Kriminalromane Dürrenmatts heraus, profiliert dessen Modell im Vergleich mit Georges Simenon sowie Friedrich Glauser und versucht, ihren Platz in der Geschichte des Genres im 20. Jahrhundert zu bestimmen. Bernhard Spies (Mainz) ordnet Dürrenmatt in den Kontext der unmittelbaren Zeitgenossenschaft ein, wenn er ihn als Vertreter eines „westlichen" dem „östlichen" Komödientypus, Peter Hacks, gegenüberstellt. Er konstatiert eine Verwandtschaft in der Tendenz zur Entheroisierung und Relativierung geschichtlicher Muster in der unmittelbaren Nachkriegszeit. Doch während Hacks dem Individuum in seinen Komödien

Geschichtsmächtigkeit zuschrieb, hat Dürrenmatt in seinen Stücken das Scheitern jedes bewussten Handelns paraphrasiert.

Der Beitrag von Sydney G. Donald (Leeds) bietet eine Art Summa. Er fasst Dürrenmatts Theaterkonzeption noch einmal in ihren wesentlichen Punkten zusammen und erklärt, dass und warum sich der Autor im Spätwerk der Prosa zuwandte.

Die hier versammelten Beiträge zeigen auf exemplarische Weise und ohne auf Vollständigkeit abzielen zu wollen, wie stark Dürrenmatts Werk in der europäischen Kulturtradition verwurzelt ist. Es handelt sich jedoch um eine ganz besondere Linie, die von der Antike ausgehend über die Renaissance und die deutschsprachige Literatur zwischen Aufklärung und Vormärz in den Problemhorizont der 2. Hälfte des 20. Jahrhunderts mündet und aus dem jüdisch-christlichen Ideenkreis gespeist ist.

Dominant ist stets der intellektuell diskursive Zugriff sowohl in den Stücken wie in der Prosa, ergänzt durch eine außerordentlich lebendige und kreative Bildfantasie. Dürrenmatt selbst sah es als Grundzug des europäischen Denkens, dass es seine Kraft aus der immer wieder zu erneuernden Verstehensanstrengung bezieht, in der die existenziellen Fragen an Grundtexten und –mustern für jede Generation neu zu diskutieren sind: „Das europäische Denken hat die Welt verändert. Europäisches Denken ist aber interpretierendes Denken. Es hat die Natur interpretiert. Es hat die Politik interpretiert. [...] So haben wir auch die Kultur zu interpretieren. Wir durchdenken zum Beispiel viel zu wenig die Klassiker."[1]

Daraus leitete er für sich die Aufgabe ab, die Tradition durch kritische Lektüre aus der antiquarischen Erstarrung zu befreien, und ihre Wirkungspotenzen für die Gegenwart freizusetzen. „Ich glaube nun, daß die Gefahr der Literaturkritik darin besteht, daß man die Literatur in ein bürgerliches, ästhetisches Weltbild einbauen will, als Bildungsgut und nicht als Revolution. Genauso wie man die Theologie, wie man das Christentum, wie man die Bergpredigt als Tröstungsmittel und nicht mehr als Revolution anschaut. Wenn einer nach der Bergpredigt leben will, dann muß er alles in Stücke hauen."[2] Diese Dekonstruktion nicht der Überlieferung, sondern der erstarrten Form, in der dieselbe für seine Zeit präsent war, realisierte Dürrenmatt mit ästhetischen Mitteln, die in der komischen und grotesken Dis-

---

[1] Friedrich Dürrenmatt: Der Klassiker auf der Bühne. Gespräche I: 1961-1970. Hg. von Heinz Ludwig Arnold in Zsarb. mit Anna von Planta und Jan Strümpel. Zürich 1996, S. 338.

[2] Friedrich Dürrenmatt: Die Entdeckung des Erzählens. Gespräche II: 1971-1980. Hg. von Heinz Ludwig Arnold in Zsarb. mit Anna von Planta und Jan Strümpel. Zürich 1996, S. 72.

tanzierung doch auf eine eigenständige Lesart in einem strukturierten Werkganzen abhoben. So konnte er in seinen Stücken wie auch als Bearbeiter und Regisseur den Weg für nachfolgende Generationen bahnen, die in der Auflösung der Tradition noch weit über ihn hinausgegangen sind. Sein Platz in der Literaturgeschichte scheint sich durch eben diese Brückfunktion zu definieren.

Ist er aber deshalb selbst zur literarhistorischen Größe erstarrt, auf die man mit Achtung zurückblickt, ohne ihr eine unmittelbar wirkende Relevanz zuzuerkennen? Ist er selbst zum „Klassiker" geworden, zum „Bildungsgut", dessen revolutionäre Implikationen erloschen sind? Dies sind Fragen, die man nicht an das Werk Dürrenmatts stellen kann, sondern nur an die rezipierende Gegenwart und Zukunft. Der Literaturwissenschaftler kann die Tradition präsent halten, doch nur der jeweils aktuelle Fragehorizont kann in der Überlieferung konsolidierte ästhetische Konstrukte, Stoffe oder Deutungsangebote als Spiegel eigener Befindlichkeiten aktivieren. Die in diesem Band vereinten Beiträge zeigen, dass es bei Dürrenmatt vieles zu bewahren und noch einiges zu entdecken gibt.

Véronique Liard
Marion George

Dürrenmatt, Barth und Kierkegaard

PETER RUSTERHOLZ

Dürrenmatt ist noch immer allzu vielen nur als Autor von „*Der Besuch der alten Dame*" und „*Die Physiker*" bekannt. Seine frühen Stücke kennen nur noch wenige. Seine späte Prosa aber hat noch immer nicht die Beachtung gefunden, die sie verdient. Sie zeigt die Verwandlungen seiner Stoffe und die Metamorphosen ihres Autors. Aus der Krise der Darstellung der Stoffe seines Welttheaters hat Dürrenmatt nicht nur die Autobiografie seiner alten Stoffe, sondern auch neue Inhalte und Formen ihrer Darstellung entwickelt und ein neues Verständnis des Autors für sich und für sein Werk gefunden.

In Krisen seines Lebens und seines Schaffens las er immer wieder anders und immer wieder neu in den Schriften von Karl Barth und von Sören Kierkegaard.

Er selbst hat in „*Turmbau*" betont: „Ohne Kierkegaard bin ich als Schriftsteller nicht zu verstehen."[1] Heinrich Goertz verkürzte in seiner weit verbreiteten Monografie dieses Zitat des Autors auf „ohne Kierkegaard bin ich nicht zu verstehen" und wandte sich mit dem Argument gegen Dürrenmatt: „Die Kenntnis Kierkegaards mag für die Erforschung von Dürrenmatts geistiger Entwicklung notwendig sein, das schriftstellerische Werk ist aus sich heraus verständlich."[2] Nun ist allerdings kein literarisches Werk „aus sich heraus verständlich". Jeder Text ist, je nach den Kunst-, Sprach- und Zeichenbegriffen, die seine Genese und seine Rezeption bestimmen, verschieden zu verstehen. Dass Kierkegaard aber nicht nur die persönliche Entwicklung des Autors, sondern auch die Art und Entwicklung seines Denkens und Schreibens geprägt hat, wird deutlich, wenn wir den Zusammenhang der Krisen seiner Person und seines Schaffens betrachten und erkennen, inwiefern sie mit der wiederholten Lektüre von Kierkegaard, aber auch von Karl Barth verbunden sind. Dürrenmatt hat kein identisches Bekenntnis zu Barth abgelegt. Aber er belegte mit vergleichbaren Äußerungen, dass für das Verständnis seines Denkens und Schreibens nicht nur der Vater der dialektischen Existenzphilosophie, Kierkegaard, sondern auch die Hauptwerke des Begründers dialektischer Theologie, des bedeutendsten evangelischen Theologen des 20. Jahrhunderts, Karl Barth, für die Struktu-

---

[1] Friedrich Dürrenmatt: Werkausgabe in 37 Bänden, Bd. 29, Turmbau. Stoffe IV-IX. Zürich 1998, fortan zitiert: WA, hier: WA. Bd. 29, S. 125.
[2] Heinrich Goertz: Dürrenmatt. Reinbek bei Hamburg 1987, 1991 und öfter, S. 128.

ren und Wandlungen seines Schreibens von schwer zu überschätzender Bedeutung sind.

Nihilistischer Dichter

Während der Gymnasialzeit und während seines Studiums der Philosophie, der Germanistik und Kunstgeschichte in Bern und Zürich (1941-1946) grenzte sich der Pfarrerssohn frommer Eltern ab gegen das konventionelle Christentum. Die Bilder an der Wand seiner Berner Studentenbude zeigen die grotesk verfremdeten Agenten der damals aktuellen Zeitgeschichte, unter anderen sehen wir – begleitet von Nietzsche, der den Arm zum Hitlergruß ausstreckt – Hitler, Mussolini, Pétain und Daladier, aber auch Fragmente mythischer Figuren – ein apokalyptischer Kehraus europäischer Kultur. Über sein Bett malte er eine skurrile Kreuzigung mit einem teilnahmslosen, wohl toten Gottvater in der Stellung Adams aus der Sixtinischen Kapelle.[3] An die Türe seiner Zürcher Klause hatte er „Nihilistischer Dichter" geschrieben. Der erste persönlich autorisierte Prosatext *„Weihnacht"* ist am Heiligen Abend 1942 entstanden. Das schreibende Ich geht über eine mit Schnee bedeckte Ebene, der Himmel ist schwarz, die Sterne sind tot, der Mond ist zu Grabe getragen, das Ich schreit, hört sich nicht und sieht einen Körper auf dem Schnee liegen:

> Es ist das Christkind. Die Glieder weiß und starr. Der Heiligenschein eine gelbe gefrorene Scheibe. Ich nahm das Kind in die Hände. Ich bewegte seine Arme auf und ab. Ich öffnete seine Lider. Es hatte keine Augen. Ich hatte Hunger. Ich aß den Heiligenschein. Es schmeckte wie altes Brot. Ich biß ihm den Kopf ab. Alter Marzipan. Ich ging weiter.[4]

Das Urteil über die Konventionen eines toten Marzipanheilands ist ebenso wenig zu leugnen wie der Hunger nach seinem lebenden und nährenden Gegenteil. Obgleich Dürrenmatt schon 1941 entschlossen war, keinen bürgerlichen Beruf zu ergreifen, sondern Künstler zu werden, hatte er zwei Motive, ein Studium zu beginnen: die theologische Auseinandersetzung mit dem Vater und die Frage, ob er Dichter oder Maler werden solle. Die Auseinandersetzung mit dem Glauben seines Vaters führte ihn zum Studium der Philosophie, der Wunsch, ein Schriftsteller zu werden, zum Studium

---

[3] Dürrenmatt: Die Mansarde. Die Wandbilder aus der Berner Laubeggstraße. Hg. vom Schweizerischen Literaturarchiv (SLA). Zürich 1995.
[4] WA. Bd. 19, S. 11.

der Literatur. „Der zukünftige Dichter", schreibt er in einem Brief an den Vater (27. September 1941), müsse sich bilden, „Stoff fassen", darum sei ein Universitätsstudium notwendig: „Den Stil, die Methode seiner Erzähltechnik, die muss er sich selber bilden und erarbeiten. Aber er muss Geschichte kennen, Philosophie, Psychologie und Literatur und nochmals Literatur."[5] Doch was ihn zur Universität trieb, trieb ihn auch wieder hinaus. Er wurde bald müde, Bücher über die Bücher zu lesen, statt selbst zu denken. Zwar faszinierten ihn vorerst Dichter wie Jünger und George, da sie sich eine Sprache und eine Kultur gleichsam gewaltsam angeeignet hätten, um aber kritisch anzufügen: „[...] als wären Weltkriege, Atombomben, Untergänge mit Stil zu bewältigen."[6] Von seiner frühen Prosa spricht er als von einer „halb ‚jüngerschen', halb eigenen Prosa [...], in die Kant und Kierkegaard einbrachen und später Karl Barth, dessen *Römerbrief* ich zu lesen begann."[7] 40 Jahre später wird er im Bewusstsein der Grenzen der Erinnerung zusammenfassen, was Kant und Kierkegaard für sein Selbstverständnis und für seine erkenntnistheoretische Position bedeuten. Er sieht sich, wie die Figuren in Platons Höhlengleichnis, wie die Insassen seiner frühen Prosa „*Die Stadt*" und in dem späten Stoff „*Der Winterkrieg in Tibet*", als Bewohner eines Labyrinths. Dürrenmatt hat in den Kommentaren zu seiner Kantlektüre die „*kopernikanische Wendung*" betont, dass die Erkenntnis sich nicht nach den Gegenständen, sondern die Gegenstände sich nach der Erkenntnis richteten. Während Kant aber damit gleichzeitig die prinzipielle Unmöglichkeit wissenschaftlicher Rede von Gott und Freiheit begründet, sieht Dürrenmatt nicht nur diese Grenze, sondern mit Kierkegaard auch die Möglichkeit, sie als subjektiv Existierender zu überspringen:

> Es führt grundsätzlich kein Ausweg aus dem Wissbaren in einen Bereich, von dem aus das Wissbare zu überschauen, in ein System zu bringen wäre. Kant mauerte den Ausgang des Labyrinths zu, es gibt nur den ‚Sprung über die Mauer', den Glauben, das Paradox Kierkegaards.[8]

Dieser Sprung ist eine paradoxe Haltung, da Gott sich nur dem Einzelnen, der durch seine Existenz seinen Glauben bezeugt, offenbart. Inwiefern auch die wissenschaftliche Wahrheit nicht an sich und objektiv erfasst werden,

---

[5] In: Friedrich Dürrenmatt. Schriftsteller und Maler. Hg. vom Schweizerischen Literaturarchiv (SLA). Zürich 1994, S. 45-47, hier S. 46.
[6] Turmbau. Stoffe IV-IX. WA. Bd. 29, S. 174.
[7] Turmbau. Stoffe IV-IX. WA. Bd. 29, S. 173.
[8] Turmbau. Stoffe IV-IX. WA. Bd. 29, S. 123 f.

sondern nur als subjektive Aneignung verstanden werden könne, ist eine Frage, die der Autor immer wieder stellt und, angeregt durch die erkenntnistheoretischen Reflexionen in Kierkegaards *„Unwissenschaftlicher Nachschrift"*, zu lösen versucht. Im Gegensatz zum Spätwerk, wo die religiöse Komponente zurücktritt, dominiert sie das Frühwerk des jungen Autors. Kierkegaard war aber nicht nur für das Verständnis von Dürrenmatts Verhältnis zum Glauben, sondern auch für sein dramaturgisches Denken und Schreiben grundlegend. Er hätte eine Dissertation über *„Kierkegaard und das Tragische"* schreiben wollen. Sie kam nicht zustande, aber die von Kierkegaard reflektierten Begriffe des Tragischen, des Komischen und des Grotesken waren grundlegend für die Theorie und Praxis seiner Dichtung. Dürrenmatt hat sein Studium abgebrochen, um als existierender Denker und als unkonventioneller Christ zu schreiben.

„Ich bin Protestant!"

Offensichtlich hatte der nach dem Konkurs abendländischer Tradition verzweifelt nach Orientierung Suchende durch die Lektüre von Barths *„Römerbrief"* eine Begründung des Glaubens gefunden, die ihn damals überzeugte und für sein Denken stilbildend blieb, auch als er sich später vom geistlichen Gehalt wieder entfernte. Dürrenmatt wohnte nach seiner Heirat 1946 in Basel und stellte sich dem Basler Germanistikprofessor Walter Muschg in einem Brief vor: „Ich bin Protestant, und ich glaube mit dieser Formulierung meine Lage am kürzesten und sichersten wiedergegeben zu haben." Über seine frühe Prosa schreibt er: „Den *‚Theaterdirektor'* und *‚Die Stadt'* habe ich 1945 und *‚Pilatus'* 1946 geschrieben. Was sie bestimmte, war mein Ringen mit der Philosophie und meine Erkenntnis, dass ohne Glauben nichts möglich ist." Nachdem er ihm besonders wichtige Autoren der literarischen Tradition, die antiken Tragiker, dann Aristophanes als den „mir neben Shakespeare liebsten Dramatiker" genannt hat, kommt er zur philosophischen Tradition: „Mit den Hauptwerken der philosophischen Tradition bin ich durch mein Studium bekannt. Entscheidend war für mich Kierkegaard, [...] am meisten bewegt mich Barth."[9]

Dürrenmatt hat den Römerbrief auch später „ein revolutionäres Buch" genannt.[10] Barth bricht radikal mit der natürlichen Theologie traditionellen Kulturchristentums, betont die fundamentale Differenz zwischen Mensch

---

[9] Friedrich Dürrenmatt: Brief vom 7.1.1947 an Walter Muschg. SLA: FD-B 1-HOR.
[10] Friedrich Dürrenmatt: Philosophie und Naturwissenschaft. Über Toleranz. WA. 33, S. 128.

und Gott, seine Dunkelheit und Verborgenheit, aber auch die Qualität Christi als des „absoluten Paradoxon" des Gott-Menschen. Gott selbst sei direkt nicht zu erkennen, erforscht werde in den Tiefen Gottes seine „Unerforschlichkeit". „In Jesus offenbart, wird Gott den Juden ein Ärgernis und den Griechen eine Torheit (1. Kor. 1, 24)", schreibt Barth im 3. Kapitel und zitiert Kierkegaard: „Nimm die Möglichkeit des Ärgernisses weg, wie man in der Christenheit getan hat, so ist das ganze Christentum direkte Mitteilung, und damit ist das ganze Christentum abgeschafft."[11] Er meint damit, dass der Christ seinen Glauben nicht durch sein Bekenntnis mit allgemein verbindlichen Worten, sondern nur durch seine Existenz, durch sein Leben bezeugen könne.

Frühe Stücke – Christliche Stücke?

Dürrenmatt hat mit seinem ersten Drama über die Wiedertäufer in Münster, „*Es steht geschrieben*", mit der Zürcher Uraufführung am 19. April 1947 die Schweizer Theaterszene mit grotesk-komischer Parodie christlicher Paradoxie erobert. Es demonstriert das Scheitern aller Versuche, das Himmelreich auf Erden einzurichten. Der ehemals reiche Ratsherr Knipperdollinck, zum Narren Gottes mutiert, hatte die Worte der Bibel wörtlich genommen und dem Bischof die Schulden erlassen, dieser finanzierte daraufhin die Soldaten, die die Täufer vernichteten. Der vormals arme Bockelson hatte sich den Reichtum und die Frau von Knipperdollinck genommen, anschließend tanzen die beiden vereint auf den Dächern, öffnen dem Heer des Bischofs das Stadttor und sterben auf den Rädern des Blutgerichts. Knipperdollinck endet mit dem Anruf Gottes: „Die Tiefe meiner Verzweiflung ist nur ein Gleichnis Deiner Gerechtigkeit, und wie eine Schale liegt mein Leib in diesem Rad, welche Du jetzt mit Deiner Gnade bis zum Rande füllst!"[12]
Ob die christliche Paradoxie sich hier selbst ad absurdum führt oder umgekehrt in äußerster Verfremdung erscheint, bleibt offen. Dürrenmatt selbst gab nur einen Hinweis, dass er eine Welt in ihrem Untergang habe darstellen wollen. Sicher aber provoziert das Stück die Frage nach den Perversionen und Möglichkeiten des Glaubens in einer untergehenden Welt. Schon am 10. Januar 1948 wurde das zweite Stück, „*Der Blinde*", unter der Regie Ernst Ginsbergs erstmals aufgeführt. Es ist unverkennbar von der Auseinandersetzung mit Barth und von der Bibelstelle geprägt: „Ich bin zum Ge-

---

[11] Karl Barth: Der Römerbrief 1922 (2. Fassung). 17. Auflage. Zürich 2005, S. 80. – Dürrenmatt besaß den 3. Druck (1924) der 2. Fassung.
[12] WA. Bd. 1, S. 148.

richt in diese Welt gekommen, auf dass die da nicht sehen, sehend werden, und die da sehen, blind werden" (Joh. 9, 39). Es zeigt die Auseinandersetzung zwischen dem blinden Herzog, der nicht sieht, dass sein Herzogtum im Dreißigjährigen Krieg untergegangen ist, und dem von ihm als „Statthalter seiner Blindheit" eingesetzten Negro da Ponte, in Wirklichkeit ein kaiserlicher Feldherr seines Gegners Wallenstein. Da Ponte spielt dem Herzog vorerst als Komödie seine untergegangene Welt vor und treibt ihn dann zur Verzweiflung, als er ihm nicht nur den wahren Stand der Dinge seiner Herrschaft eröffnet, sondern erklärt, dass er auch seine Kinder verloren, der Sohn ihn an Wallenstein verraten, die Tochter ihn gehasst habe. Die Figur des Herzogs ist mit Verweisen auf Hiob, diejenige da Pontes mit Allusionen auf seinen Versucher Satan verbunden. Da Ponte muss sich geschlagen geben, als der Herzog trotz allem seinen Glauben mit den Worten bezeugt: „So liegen wir zerschmettert im Angesicht Gottes, und so leben wir in seiner Wahrheit."[13] Zur Premiere kam auch Karl Barth. Am Morgen des 19. Januar trafen sich Barth und Dürrenmatt zu ausführlicher Diskussion, am Nachmittag kamen der Regisseur Ernst Ginsberg, der Direktor des Basler Theaters Kurt Horwitz, der berühmte katholische Theologe Hans Urs von Balthasar und die Schauspielerin Maria Becker hinzu und diskutierten über die Möglichkeiten eines christlichen Schauspiels. Barth äußerte sich positiv über den hoffnungsvollen Schriftsteller, dessen Haltung ihm wie etwa die des Römerbriefs von 1921 vorkomme (2. veränderte Auflage, gedruckt 1922). Man würde aber weder Barth noch Dürrenmatt gerecht, wollte man *„Der Blinde"* als allegorische Inszenierung christlicher Botschaft verstehen, die zu direkter Identifikation mit dem blinden Herzog auffordere. Da dies dennoch geschah, verbot Dürrenmatt weitere Aufführungen seiner ersten Stücke und schrieb sie so um, dass sie nicht mehr als direkte Mitteilungen missverstanden werden konnten. Dieses Stück ist vielmehr ein durch Dürrenmatts verzweifeltes Ringen um den Glauben angeregtes Experiment, das sehr bewusst gegen eine verflachte Erbaulichkeit der Theologie wie der Dichtung der Ästheten das Gegengift des *Deus absconditus* setzt, dessen Heil und Gnade nur *sub contraria specie* zu erfassen ist, weil sich seine Gnade nur durch Kreuz und Leiden erweist. Die Hauptfigur ist aber mit grausamer, unmenschlicher Konsequenz gezeichnet. Der sehende Dichter will dem Blinden die Wahrheit der Dichtung bringen, „die Wahrheit des Nichts und die Schönheit des Gedichts". Darauf muss der Blinde, um seinen Glauben zu retten, den Dichter, den Boten der nihilistischen Wahrheit, töten.

---

[13] WA. Bd. 1, S. 242.

Möglichkeiten und Grenzen theologischer Hermeneutik für die Interpretation

Die einflussreiche theologische Deutung der frühen Prosa Dürrenmatts durch Emil Weber hat versucht, Luthers *Theologia Crucis* 1:1 auf diese Texte zu beziehen.[14] Andere bezogen dies auch auf die frühen Dramen. Eine Analogie zu dieser paradoxen Denkform ist nicht zu verkennen, doch ebenso deutlich sehen wir auch die Differenz, dass im Gegensatz zu Luther nicht einfach das Dunkel der diesseitigen Welt gegen das Licht der jenseitigen Gnade gesetzt wird, sondern auch das Heil des Blinden als fragwürdig erscheint. Die Prosakomposition „*Die Stadt*", wo der Schreibende die Frage stellt, ob er, eingeschlossen in jener Stadt, ein Gefangener sei oder ein Wärter, endet mit offenem Schluss: „Ich musste die Anordnung der Wärter anders denken. Ich musste..."[15] Der Text lässt den Lesenden die Freiheit, zu überlegen, welche anderen Anordnungen der Wärter denkbar wären und was das für das Denken, das Handeln und den Glauben des Erzählers bedeuten könnte. Weber aber meint, der offene Schluss sei als Appell zu verstehen, den Sprung in den Glauben zu vollziehen, er wäre dann Ausdruck der Erkenntnis Karl Barths, in „Gottes Wohlgefallen und nirgends sonst" sei „die Freiheit des Menschen begründet"[16]. Wer nicht nur inhaltliche Analogien, sondern die Art und Funktion des Schreibens und der Sprachauffassung überlegt, wird von Fall zu Fall prüfen, in welcher Art und Weise Analogien und Differenzen zu den Theologien Luthers und Barths und zur Religionsphilosophie Kierkegaards bestehen und leicht zu dem Schluss kommen, dass die stilbildenden Funktionen dieser Sprach- und Denkstrukturen insgesamt wichtiger sind als die inhaltlichen Entsprechungen im Frühwerk.[17]

Karl Barth hat sein Sprach- und Schriftprinzip im selben Jahr, als die 2. Fassung seines *Römerbriefs* erschien, in einem Vortrag zusammengefasst.[18] Aufgabe der Theologie sei es, von Gott zu reden. Man könne aber

---

[14] Emil Weber: Friedrich Dürrenmatt und die Frage nach Gott. Zur theologischen Relevanz eines merkwürdigen Protestanten. Zürich 1980.

[15] WA. 19, S. 147.

[16] Weber: Frage nach Gott (Anm. 14), S. 205.

[17] Siehe dazu Peter Rusterholz: Theologische und philosophische Denkformen und ihre Funktion für die Interpretation und Wertung von Texten Friedrich Dürrenmatts. In: Claudia Brinker (Hg.): Contemplata aliis tradere. Studien zum Verhältnis von Literatur und Spiritualität. Bern, Berlin 1995, S. 473-489.

[18] Karl Barth: Das Wort Gottes als Aufgabe der Theologie (1922). In: Holger Finze (Hg.): K. B. Vorträge und kleinere Arbeiten 1922-1925. Zürich 1990, S. 148-175 (= Gesamtausgabe Karl Barth. Bd. 3. Hg. von Hinrich Stoevesandt).

eigentlich von Gott nicht reden. Man könne aber auf drei verschiedene Arten bezeugen, dass wir es möchten. Barth beschreibt diese unmöglichen Möglichkeiten als den dogmatischen, den kritischen und den dialektischen Weg. Der dogmatische Weg entwickelt die Grundfragen des Glaubens aus der Bibel und entscheidet sie anhand der kirchlichen Lehrschriften. Der kritische Modus des Redens von Gott ist der Weg der radikalen Selbstkritik des Menschen. Er betont die absolute Differenz zwischen Mensch und Gott. Der erste Weg setzt Gott unkritisch voraus, der zweite erfasst ihn nur negativ, als absolutes Gegenbild des Menschen, der dritte, der dialektische Weg, den Barth vorschlägt, versucht, das positive Entfalten des Gottesgedankens mit der Kritik des Menschen dialektisch zu verbinden, in dem Bewusstsein, dass die Wahrheit des Glaubens nicht zu benennen und zu bekennen, sondern nur existenziell zu bezeugen und zu beglaubigen ist. Das heißt aber: Die Wahrheit ist nicht direkt aussprechbar, denn alle direkten Mitteilungen sind entweder Dogmatik oder Kritik, die Wahrheit liegt dazwischen. Barth betont die Gefahr dieses dritten Weges:

> Auf diesem schmalen Felsengrat kann man nur gehen, nicht stehen, sonst fällt man herunter [...]. So bleibt nur übrig, ein grauenerregendes Schauspiel für alle nicht Schwindelfreien, beides, Position und Negation gegenseitig aufeinander zu beziehen, Ja am Nein zu verdeutlichen und Nein am Ja, ohne länger als einen Moment in einem starren Ja oder Nein zu verharren [...].[19]

Ein deutscher Theologe bemerkte denn auch, dem Sohn der Schweizer Berge möge es wohl leichter fallen zu begreifen, wie man auf schmalem Felsengrat gehen, aber nicht stehe könne, als dem deutschen Flachlandbewohner. Damit ist nun aber der Punkt erreicht, wo sich die Probleme theologischer und literarischer Sprache treffen. Beide Aussageweisen versuchen sich dem, was direkt nicht ausgesagt werden kann, durch die Form und den Prozess der Aussage zu nähern. Der Blinde bekennt am Schluss seinen Glauben. Frag-würdig in doppeltem Sinn aber erscheint seine Existenz. Nicht nur im Rückblick, sondern schon in einem Notizheft zu den frühen Dramen nennt Dürrenmatt den Blinden „eine absolute, schreckliche Gestalt"[20].

---

[19] Barth: Das Wort Gottes (Anm. 18), S. 167.
[20] SLA-FD-A-NH5, 75/76 (Ringordner, ca. 1945-54).

„Der letzte Christ" – Die Krisen des Christentums

Eine Figur, die sich sicher ebenso wenig als Identifikationsobjekt eignet wie der Blinde, aber ebenfalls das christliche Paradox repräsentiert und dem Autor jedenfalls nähersteht als der Blinde, ist Graf Übelohe-Zabernsee in *„Die Ehe des Herrn Mississippi"*. Übelohe nennt im Stück als zentrale Frage die bestimmende Frage des Stücks und seines Autors, „ob der Geist – in irgend einer Form – imstande sei, eine Welt zu ändern, die nur existiert, die keine Idee besitzt, ob die Welt als Stoff unverbesserlich sei"[21]. Er präsentiert sich

> als den einzigen, den er [der Autor] mit ganzer Leidenschaft liebte, weil ich allein in diesem Stück das Abenteuer der Liebe auf mich nehme, dieses erhabene Unternehmen, das zu bestehen oder in dem zu unterliegen die größte Würde des Menschen ausmacht.

Er nennt den Autor, der ihn schuf, einen zäh schreibenden Protestanten und verlorenen Fantasten, der ihn mit dem Fluch eines wahrhaft lächerlichen Lebens belastet und ihm nicht eine Beatrice „oder mit was sonst so ein Katholik seine wackeren Helden" beehre, sondern eine Anastasia beigegeben habe, „die weder dem Himmel noch der Hölle, sondern allein der Welt nachgebildet"[22] sei. Auch die weiteren Figuren dieses Welttheaters folgen einer absoluten Idee mit je eigener Paradoxie. Der Berufsrevolutionär St. Claude erfährt Kommunismus als Idee, die über die Erde herrschen soll, ohne den Menschen zu unterdrücken, die aber zu ihrer Realisierung der Unterdrückung bedarf. Der Staatsanwalt Mississippi setzt im Namen der Gerechtigkeit das Gesetz des Alten Testament gegen eine moderne Gesellschaft, deren einzige Religion der Genuss ist, und wird als Anwalt drakonischer Strafen zum „Mörder aus sittlicher Einsicht"[23]. Sie scheitern alle an derselben Frau, an Anastasia. Keiner Idee, sondern nur der Gunst und dem Vorteil des Augenblicks verpflichtet, gibt sie sich diesem oder jenem hin und bleibt keinem treu. Die Liebe Übelohes ist für sie „die Liebe eines lächerlichen Menschen"[24]. In der Erstfassung (1952) sagt Übelohe nach diesem Verdikt Anastasias in einem später gestrichenen Abschnitt: „genagelt ans Kreuz meiner Lächerlichkeit, hänge ich nun an diesem Balken, der mich verspottet, schutzlos dem Antlitz Gottes entgegengehoben, ein letzter

---

[21] WA. Bd. 3, S. 57.
[22] WA. Bd. 3, S. 58.
[23] WA. Bd. 3, S. 33.
[24] WA. Bd. 3, S. 92.

Christ."[25] Obwohl Dürrenmatt überdeutliche Anspielungen theologischer
Art in späteren Fassungen reduziert hat, endet auch noch die letzte Fassung
(1980) mit deutlich religiösem Bezug. Alle drei, die die Welt verbessern
wollen, Saint-Claude, Mississippi und Übelohe, geloben ihre ewige Wiederkehr. Übelohe erscheint zuletzt als Cervantes' Ritter Don Quichotte und
spricht seinen Epilog gegen die kreisenden Flügel der Windmühle – kämp-
fend fühlt er sich aufgehoben und niedergeschmettert – und so ruft er zum
Schluss: „Stürze ich auf meiner Schindermähre / über Deine Größe hinweg / in den flammenden Abgrund der Unendlichkeit / Eine ewige Komödie / Daß aufleuchte seine Herrlichkeit / genährt durch unsere Ohnmacht."[26] Die Uraufführung an den Münchner Kammerspielen (26. März
1952) brachte dem Autor den Durchbruch in Deutschland. Im selben Jahr
folgte die erste Inszenierung eines Stücks von Dürrenmatt in französischer
Sprache, „*Les fous de Dieu*" („*Es steht geschrieben*"), in Paris im *Théâtre
des Noctambules*. Die Uraufführung von „*Ein Engel kommt nach Babylon.
Eine fragmentarische Komödie*" (1953) allerdings war der Misserfolg eines
Stoffes, der ihn seit seiner Jugend beschäftigt hatte und zeitlebens nicht in
Ruhe ließ. Die 1947 begonnene Komödie wurde als erster Teil einer Turm-
bau-Trilogie geplant und sollte mit einem politischen Teil fortgesetzt und
mit der Utopie eines neuen Landes abgeschlossen werden. Der Engel der
fragmentarischen Komödie bringt das „Gnadengeschenk des Himmels" –
Kurrubi – , dem ärmsten Menschen zugedacht, auf die Erde. Kurrubi wird
vom Erbauer des Turms Nebukadnezar fälschlich für sich beansprucht und
von diesem, nachdem sie den Bettler Akki vorgezogen, zusammen mit Akki zum Tode verurteilt. Sie flieht mit dem Bettler in ein neues Land „voll
neuer Verfolgung, voll neuer Verheißung und voll von neuen Gesängen"[27].
Dürrenmatt hat seine fragmentarische Komödie als Spiel einer Welt gesehen, die am Ende tragisch verunglückt: „Sie verspielte die Gnade, die ein
Engel brachte." Er fügte aber in einer Anmerkung von 1980 bei, dem gna-
denlosen Menschen stehe auch der begnadete gegenüber und wendet sich
gegen eine nihilistische Auslegung: „Die Erde hängt nicht im Nichts, sie ist
ein Teil der Schöpfung."[28] Im Rückblick auf die frühe Prosa und andere
durch Kierkegaards religiöse Existenzdialektik inspirierte Texte wie sein
erstes Hörspiel „*Der Doppelgänger*" (1946) schreibt er aber, er könne sich
„nachträglich nur wundern", dass er „mit einem solchen Stoff ernsthaft ver-

[25] SLA FD-M 15, 101.
[26] WA. Bd. 3, S. 114.
[27] WA. Bd. 4, S. 123.
[28] WA. Bd. 4, S. 127.

suchte, Geld zu verdienen"[29]. Ein Stück über Schuld und versäumte Gnade schien zur Zeit der beginnenden Hochkonjunktur nicht mehr aktuell, wohl aber die tragikomische Darstellung einer Gesellschaft, die ihre humanistisch-christlichen Ideale zugunsten der Rache einer alten Dame verkaufte und den Einzigen und Einzelnen, der seine Schuld auf sich nahm, ökonomischem Profit geopfert hat. Mit „*Der Besuch der alten Dame*" (1956) wurde Dürrenmatt zum weltweit bekannten Dramatiker ohne finanzielle Sorgen. Dürrenmatt ließ die frühen Stücke nicht mehr zur Aufführung kommen oder arbeitete sie um und strich allzu deutlich auf religiöse Traditionen verweisende Sequenzen. Der struktur- und stilbildende Einfluss und die Lektüre theologischer Werke aber bleibt.

Lektüre von Karl Barths Dogmatik – christlich und atheistisch

Nach 1955 sendet Karl Barth ihm die bis dahin erschienenen Bände seiner monumentalen Dogmatik mit der persönlichen Widmung: „Der Dichter will den Philosophen lesen? Seine Freude darüber bezeugt der Verfasser dieser 10 (+...) Bände / Karl Barth".[30] Dürrenmatt hat vorerst die ersten 4 Bände (I, 1 u. 2; II, 1 u. 2) zusammen mit seinem Vater gelesen. Nach dessen Tod 1965 schrieb Dürrenmatt an Barth: „Sie bedeuteten meinem Vater sehr viel (auch seinem Sohn) und nun muss ich allein in Ihrer Dogmatik weiterlesen."[31] Zwar hat er auch vor dem Tod des Vaters die Dogmatik nicht im gleichen Sinn, sondern in ständiger Auseinandersetzung mit dem Vater gelesen, sicher nicht immer nur aus der Perspektive des Glaubenden, sondern auch aus der des radikal Zweifelnden.

Barth und Dürrenmatt sind sich einig in der Kritik konventionellen erstarrten Christentums, in der Erkenntnis der Analogie der Sprachprobleme des Theologen und des literarischen Autors: „Die Schriftstellerei und der Glaube sprechen die gleiche Sprache", schreibt er auch noch in den späten Stoffen.[32] Im ersten Band der Dogmatik – „*Die Lehre vom Wort Gottes*" – wird schon deutlich, was Dürrenmatt ein Leben lang fasziniert, was er eine Zeit lang mit seinen Vorstellungen verbinden kann und was ihn später von Barth trennen wird. Barth stellt in seinen Prolegomena die Frage „nach

---

[29] WA. Bd. 1, S. 325.

[30] Bibliothek Dürrenmatt im Centre Dürrenmatt, Neuchâtel.

[31] Zit. nach Eberhard Busch: Gespannte Beziehung. Friedrich Dürrenmatt und Karl Barth. In: Text + Kritik XII/2003, S. 50 f. Dritte Aufl. : Neufassung, S. 183-195, hier S. 184.

[32] WA. Bd. 29, S. 227.

dem Worte Gottes als nach dem Kriterium der Dogmatik". Dürrenmatt schreibt auf den oberen Rand dieser Seite: „Denkbarkeit des Glaubens. Axiomatik zur Theologie. Glauben nicht beweisbar aber denkbar."[33] In einem handschriftlichen Einlageblatt fasst er sein Fazit als Leser zusammen: „Eben damit, dass die Wahrheit im Glauben vorausgesetzt wird als das bekannte Mass aller Dinge, ist entschieden, dass sie in keiner Weise als ‚vorhanden' vorausgesetzt ist." Er wiederholt und ergänzt darauf den schon genannten Eintrag: „Gott als Konstruktion. Glauben das für wahr halten der theol. Axiome. Das Für wahr halten der Bibel. Nur ich kann glauben [von jedem aus gesehen] Wort Gottes keine allgemeine Wahrheit. Math. [= mathematische] Axiome werden nicht geglaubt, sondern gesetzt." Von hier aus wird auch klar, weshalb Dürrenmatt Barth in anderen Notizen und Texten als Mathematiker bezeichnet. Dürrenmatt ist und bleibt fasziniert von der Konsequenz systematischer Entfaltung dieses Denkens, das er mit demjenigen Thomas von Aquins vergleicht. Da seine eigenen erkenntnistheoretischen Reflexionen nicht von einer Möglichkeit der Übereinstimmung von Denken und Sein, sondern von nur approximativer, aber nie endgültiger Annäherung an die Wahrheit bestimmt sind und er auch die Wahrheit der Wissenschaft und der Kunst von subjektiven Voraussetzungen eines „Glaubens" abhängig sieht, kann er vorerst Voraussetzungen des religiösen Glaubens teilen, die er später negiert.

Mit „*Der Meteor*" ist Dürrenmatt noch ein Theatererfolg gelungen, der eine christliche Interpretation weder unbedingt erfordert noch radikal ausschließt, sondern den Lesenden die Freiheit der persönlichen Deutung des christlichen Gehalts ermöglicht. Die Geschichte des Künstlers Schwitters, der immer wieder aufersteht, aber seine Auferstehung nicht glaubt, ist für Dürrenmatt eine Figur christlicher Tradition. Da das Christentum nicht mehr an die Auferstehung im Jüngsten Gericht glaubt, wie die Dogmatik lehrt, ist Schwitters eine symbolische Gestalt, die die heutige Christenheit repräsentiert, den Widerspruch zwischen Ideologie und Praxis offenbart und die Entlarvung falschen Lebens provoziert. Der Pfarrer predigt ohne Hemmung oder Zweifel jeden Tag die Auferstehung und das Leben und stirbt vor Schrecken, als Schwitters wirklich aufersteht. Das grelle Licht des Meteors zeigt alles *sub specie mortis*, in ihm wird alles nicht authentische Leben zunichte. Ob der Schlusschoral der Heilsarmee nur als groteske Parodie oder als Erinnerung verlorenen Heils zu verstehen ist, bleibt offen.

---

[33] Karl Barth: Die kirchliche Dogmatik. Erster Band: Die Lehre vom Wort Gottes. 1. Halbband. Zollikon-Zürich, S. 43. Die Notizen auf dem Einlageblatt beziehen sich auf die Seiten 13, 43 und 171 dieses Bandes. Die persönlichen Exemplare Dürrenmatts befinden sich im Centre Dürrenmatt in Neuchâtel.

Krisen: *„Porträt eines Planeten"* – *„Der Mitmacher"*

Nach 1969 scheiterte Dürrenmatts Hoffnung, mit dem Basler Theater seine
Projekte realisieren zu können. Er inszenierte dann in Zürich verschiedene
Bearbeitungen, z. B. von Dramen Shakespeares und von Goethes *„Urfaust"*. Als einziges eigenes Stück dieser Zeit inszenierte er schließlich
„Das Porträt eines Planeten" (1970/71). Dürrenmatt hatte versucht, sich
aktuellen Trends der siebziger Jahre anzupassen, in kaleidoskopartig aufeinander folgenden Szenen die wichtigsten Themen der Zeit im Moment
der Katastrophe im Blitzlicht einer kosmischen Kamera zu zeigen, die die
Welt im letzten Moment aufnimmt, und war damit gescheitert. Er erlitt einen Herzinfarkt. 1970 begann er, an einem ersten Entwurf einer Geschichte
seiner Stoffe zu schreiben, vorerst nur eine Folge autobiografischer Skizzen
im Wechsel mit Skizzen des Inhalts erinnerter und geplanter Stoffe von den
Jahren der Kindheit im Dorf Konolfingen bis zum Entschluss zur Schriftstellerei in Bern.

Nach der Neufassung von *„Porträt eines Planeten"* hatte er die Komödie
„Der Mitmacher" entworfen. Ihren Stoff, die Darstellung eines korrupten,
sich selbst zerstörenden ökonomischen Systems, dem sich niemand entziehen kann, hatte er bei seinem ersten Aufenthalt 1959 in New York gefunden, die Intention aber, das moralische Problem des Mitmachens zu gestalten, hatte er ursprünglich schon im 2. Teil des Fragment gebliebenen
Turmbau-Projekts gestalten wollen. Mit diesem Projekt stieß Dürrenmatt
vollends an die Grenzen seiner Konzepte der dramatischen Darstellung und
seines ‚Helden'. Den ‚tragischen Helden', der durch seine Tat die allgemeine Weltordnung wiederherstellt, hat er in unserer Zeit nicht mehr für
möglich gehalten. Aber Romulus, Übelohe, Akki und Ill sind mutige
Menschen, die als Einzelne für sich die Weltordnung in ihrer Brust wiederherstellen. Dürrenmatt hatte bisher die Formen des klassischen Dramas
parodiert. In *„Der Besuch der alten Dame"* konnte er den tragischen Untergang Ills als Konsequenz der Komödie des Konkurses humaner Tradition
der Gesellschaft entwickeln. In *„Der Mitmacher"*, im Rahmen eines korrupten Systems, das die Einzelnen nur als Funktionen einer nicht durch-
schaubaren Macht existieren lässt, ist der mutige Mensch im früheren Sinn
nicht mehr möglich. Erst am Schluss erkennen die Zuschauenden, dass der
scheinbar ebenfalls korrupte Polizeichef Cop, die Hauptfigur des Stücks,
nur durch vorgetäuschtes Mitmachen in der Lage ist, ein bescheidenes Sig-
nal des ohnmächtigen Widerstands zu geben. Dies konnte aber als ein im
Inneren Cops spielender Vorgang nicht gezeigt, sondern nur im Kommentar erzählt und interpretiert werden. Die klischierte, aber sorgfältig stilisier-

te Sprache entspricht zwar der defizitären Identität der Figuren, dies wird den differenziert Lesenden klar, war aber für Zuschauer und Kritiker nicht verständlich. Die reflektierte sprachliche Darstellung uniformer Figuren der Massengesellschaft wurde als mangelndes Ausdrucksvermögen des Autors missverstanden, obgleich er sie kunstvoll rhythmisierte. Die Zürcher Uraufführung am 8. März 1973 fiel durch, führte Dürrenmatt zu einer nie mehr ganz überwundenen Entfremdung vom Theater und stürzte ihn in eine noch tiefere Krise als der Abschied von Basel.[34] Ihre tief greifende Verarbeitung aber war auch die Grundlage seiner überaus reichen und innovativen späten Prosa.[35] Von 1973-1976 hat er, durch eine weitere Phase der Lektüre der Hauptschriften Kierkegaards angeregt, in den Nachworten zu „*Der Mitmacher*" die „Mitmacher"-Krise verarbeitet und ein neues Prinzip seines Schreibens für das Projekt der Autobiografie seiner Stoffe gewonnen. Die Hauptfigur von „*Der Mitmacher*" ist kein tragischer Held, auch kein mutiger Mensch wie Übelohe in „*Mississippi*" oder Ill in „*Der Besuch der alten Dame*", der der korrupten Allgemeinheit, die ihn umgibt, den Spiegel vorhält. Als Mitmacher bleibt ihm nur, um seiner privaten Selbstachtung willen „dem fatalen Abschnurren der Geschäfte" eine „kurze Weltsekunde lang" Einhalt zu gebieten.[36] Sein Handeln kann in dem Sinn als ironisch gelten, als es nur für ihn selbst verständlich ist. Dürrenmatt, inspiriert von Kierkegaards Konzept des *radikalen subjektiven Denkers,* betrachtet Cop als „ironischen Helden" und versucht so, sein Scheitern und die durch dieses Stück gegebenen Grenzen seiner dramatischen Darstellung zu erklären.

Wiederholte Kierkegaard-Lektüre
– ein neues Prinzip seines Schreibens

In der Zeit vom 13.8.1973-19.12.1976 liest Dürrenmatt noch einmal die Hauptwerke Kierkegaards, beginnend mit der für ihn besonders wichtigen, mit vielen Lesezeichen versehenen „*Unwissenschaftlichen Nachschrift*". Der zweite Teil beginnt mit der Würdigung Lessings. Dürrenmatt hielt Kierkegaard für den einzigen Nachfolger Lessings, nicht nur weil er die

---

[34] Siehe dazu Rudolf Probst: Die Komödie *Der Mitmacher*: Abschied vom Drama. In: Quarto. Zeitschrift des Schweizerischen Literaturarchivs 7/1996, S. 39-58.
[35] Siehe dazu: Ulrich Weber: Dürrenmatts Spätwerk. Die Entstehung aus der „Mitmacher"- Krise. Eine textgenetische Untersuchung. Frankfurt am Main und Basel 2007. Peter Rusterholz und Irmgard Wirtz (Hg.): Die Verwandlung der „Stoffe" als Stoff der Verwandlung. Berlin 2000.
[36] Siehe WA. Bd. 14, S. 87.

Grenze des tragischen Helden und damit der Tragödie aufzeigt, sondern weil er dramaturgisch denkt. In Lessings „Nathan" beglaubigt sich die Wahrheit der Religion nicht durch Bekenntnis und Dogma, sondern in der konkreten Auseinandersetzung, durch die Bewährung im Leben. Diese dramaturgische Intention Lessings entspricht der Hegelkritik Kierkegaards, die versucht, die Hegelsche Dialektik des Denkens durch seine Dialektik der verschiedenen Lebenspositionen des existierenden Denkers abzulösen. Daraus folgt Kierkegaards Semiotik und Sprachtheorie, die objektives Denken und objektive direkte Mitteilung kritisch reflektiert. Im 2. Teil, im 2. Kapitel des ersten, Lessing gewidmeten Abschnitts entwickelt Kierkegaard sein Konzept des subjektiven Denkers. Dürrenmatt hat diesen Abschnitt in seinem persönlichen Exemplar mit Bleistiftstrichen am Rande besonders markiert:

> *1.Der subjektiv existierende Denker ist aufmerksam auf die Dialektik der Mitteilung*
> Während das denkende Subjekt und seine Existenz dem objektiven Denken gleichgültig ist, ist der subjektive Denker als Existierender wesentlich an seinem eigenen Denken interessiert, ist in ihm existierend. Darum hat sein Denken eine andere Art von Reflexion, nämlich die der Innerlichkeit. [...] Während das objektive Denken alles im Resultat ausdrückt und der ganzen Menschheit durch Ableiern des Resultats und des Fazits zum Mogeln verhilft, setzt das subjektive Denken alles ins Werden und läßt das Resultat weg, teils, weil dies gerade dem Denker gehört, da er den Weg hat, teils, weil er als Existierender beständig im Werden ist [...].

Der subjektiv existierende Denker denkt das Allgemeine als in diesem seinem Denken existierend, also in Doppelreflexion:

> Die Verschiedenheit zwischen dem subjektiven und dem objektiven Denken muß sich auch in der Form der Mitteilung äußern, das heißt der subjektive Denker muß gleich darauf aufmerksam werden, daß die Form künstlerisch ebensoviel Reflexion haben muß, wie er selbst in seinem Denken existierend hat. Künstlerisch wohlbemerkt, denn das Geheimnis besteht nicht darin, daß er die Doppelreflexion direkt aussagt, da eine solche Aussage gerade ein Widerspruch ist.[37]

Durch die Reflexion des Kommunikationsproblems Cops als des *radikal Einzelnen* im Nachwort zum „*Mitmacher*" gewann Dürrenmatt nicht nur die Erkenntnis seines Scheiterns und der Grenzen seiner dramatischen Kunst, sondern im „*Nachwort zum Nachwort*" auch ein neues Verständnis

---

[37] Sören Kierkegaard: Philosophisch-Theologische Schriften. Philosophische Brosamen und Unwissenschaftliche Nachschrift. Hg. von Hermann Diem und Walter Rest. Köln und Olten 1959, S. 200 f. Im persönlichen Exemplar Dürrenmatts ist das erste Zitat mit Bleistiftstrichen als Lesezeichen hervorgehoben.

des Ich des erzählenden Autors und seines Schriftprinzips als prozesshaft autoreflexive Form des Schreibens.

Neuer Anfang

Dies wirkt sich aus auf das andere große Projekt der Autobiografie seiner Stoffe. In der Frühform von 1973 waren das Ich des Autors, des Erzählers und des erinnerten Ich noch identisch, autobiografische Sequenzen folgten im Wechsel mit knappen Skizzen der Stoffe.[38] Nun aber erkennt er den fiktiven Charakter historischer Rekonstruktion und sieht, dass eine approximative Annäherung an die historische Wahrheit der Reflexion der Bedingungen ihrer Möglichkeit bedarf. Dies führt ihn nicht nur zur Erweiterung des Projekts durch die Metareflexion assoziativen Erinnerns während des Schreibprozesses, sondern auch zur Entdeckung eines zuvor völlig verdrängten Stoffes, der *„Mondfinsternis"*, ursprünglich nur ein ganz kurzes Prosafragment, über die Rückkehr eines Auswanderers nach Amerika in sein Bergdorf. Es wurde vorerst zur Keimzelle von *„Der Besuch der alten Dame"*. Nun aber wird daraus ihr Antitypus, die Rückkehr des alten reichen Mannes in der Prosaerzählung *„Die Mondfinsternis"*. Der Plot ist einfach: Der junge Walt Lotcher schwängert Cläri Zurbrüggen. Sie heiratet Doufu Mani. Walt Lotcher, in Kanada alt und reich geworden, kehrt in sein Heimatdorf in der Schweiz zurück und verspricht jedem Einwohner eine Million, wenn sie den Doufu Mani umbringen. Die Analogien zur alten Dame liegen auf der Hand, die Differenzen ergeben sich aus den Gegensätzen des Geschlechts der Hauptpersonen und der Schauplätze Stadt - Land.[39] Dieser und die folgenden Texte realisieren nicht nur eine neue Art des Schreibens, sondern ermöglichen auch eine veränderte Art des Lesens. Die *„Stoffe"* sind darauf angelegt, nicht nur als Einzeltexte, sondern in intra- und extratextuellen Bezügen gelesen zu werden, das frühere Werk als Resonanzraum des späteren, das spätere als kritisch differenzierende oder perspektivisch variierende Antwort auf das frühere. Die Reflexion über das Gelingen und Misslingen der Erinnerung und über das Funktionieren der nicht nur reproduktiven, sondern produktiven Fantasie treibt den Autor zu mehrfacher Veränderung der Konzepte seines Schreibens, von der reflektierten Auto-

---

[38] Siehe dazu Rudolf Probst: (K)eine Autobiographie schreiben. Friedrich Dürrenmatts *Stoffe* als Quadratur des Zirkels. Paderborn 2008.

[39] Dazu Ulrich Weber: Dürrenmatts Spätwerk (Anm. 35), S. 241-301, und Peter Rusterholz: Differenzen der Geschlechter. Dürrenmatts Mondfinsternis und ihre Genese. In: Text + Kritik XII/2003, S. 50 f. Friedrich Dürrenmatt, 3. Aufl., S. 61-72.

biografie zur Reflexion des Autobiografen, zum Versuch von Dramaturgien der Vorstellungskraft und der Fantasie. Schließlich folgen – nach kritischer Einsicht der Grenzen dieser Ansätze – die konkreten Versuche, Fantasie anhand ihres Funktionierens zu beschreiben. Indem er, schreibend und erinnernd, die Bedingungen und Ergebnisse seines Schreibens reflektiert, erfährt er die produktive Funktion der Fantasie. Es gelingen nicht nur Rekonstruktionen ungeschriebener Stoffe früherer Phasen, sondern auch Neuschöpfungen, wie z. B. die Erzählung „Die Brücke".[40] Dieser Text in „Turmbau. Stoffe IV-IX" stellt auf witzige Art anhand verschiedener Rollen des erinnerten Ich von F. D. Varianten erkenntnistheoretischer Positionen dar – oder „Das Hirn", das sich seine und des Weltalls Genese und Geschichte ausdenkt und die Frage stellt:

> Wer hat wen erfunden, gibt es mich überhaupt, gibt es nicht vielmehr nur ein Hirn, das eine Welt träumt als Abwehr gegen die Angst, eine erträumte Welt, in der einer aus dem gleichen Grunde schreibt aus dem ihn ein Hirn träumt? Aber auch das Hirn steht vor den gleichen Fragen und Antinomien. Vor dem gleichen Entweder-Oder. Was ist wirklich?[41]

Dürrenmatt lässt diese Kosmogenese des einsamen Ich als reines Gedankenexperiment scheitern am unvorstellbaren, aber wirklichen Ort Auschwitz: „Es ist, als ob der Ort sich selber erdacht hätte. Er ist nur. Sinnlos wie die Wirklichkeit und unbegreiflich wie sie und ohne Grund."[42] Die Menschlichkeit des Menschen steht nicht weniger infrage als die Frage nach Gott als Regenten des Welttheaters. Seit den späten siebziger Jahren mehren sich negative Äußerungen Dürrenmatts über den christlichen Glauben. Nach wie vor folgt er auf der Suche nach Wahrheit dem erkenntnistheoretischen Denken Kierkegaards in dessen „Unwissenschaftlicher Nachschrift" und dessen poetologischem Prinzip indirekter Mitteilung. Doch er meidet die Möglichkeit des Sprungs in den religiösen Glauben. 1989 sagt er in einem Interview: „Ich kann Gott nicht mehr im Sinn von Karl Barth als Weltherrscher darstellen, der über alles wacht."[43] Im auto-

---

[40] Siehe Philipp Burkard: Dürrenmatts „Stoffe". Zur literarischen Transformation der Erkenntnistheorien Kants und Vaihingers im Spätwerk. Tübingen und Basel 2004, hier speziell über den für die erkenntnistheoretische Problematik des Stoffe-Projekts besonders wichtigen Text „Die Brücke", S. 172-198 und Probst: (K)eine Autobiographie schreiben (Anm. 38), S. 172-224.
[41] WA. Bd. 29, S. 257.
[42] WA. Bd. 29, S. 263.
[43] Friedrich Dürrenmatt: Dramaturgie des Denkens. Gespräche 1988-1990. Hg. von Heinz Ludwig Arnold, Zürich 1996.

biografischen Teil von „*Vinter*" in „*Turmbau*" meint er: „Barth erzog mich zum Atheisten." Er verweist damit auf die von ihm kommentierte *Axiomatik* der Barthschen Dogmatik, die für ihn, solange er ihre Voraussetzung teilte, wichtig war zur Begründung seines Glaubens und später ebenso wichtig wurde zur Begründung seines Atheismus. Offen bleibt, ob nicht dennoch die Antwort auf die Frage nach seinem Glauben, die das schreibende Ich im „*Nachwort zum Nachwort* des *Mitmachers*" einem Unbekannten gibt, zu bedenken sei:

> Unter Antisemiten bin ich Jude, unter Antichristen Christ, unter Antimarxisten Marxist. Fragt er dann: und wenn Du allein bist?, antworte ich: Ich kann es Dir nicht sagen, denn ich glaube, je nach dem Augenblick. Es gibt Augenblicke, da ich zu glauben vermag, und es gibt Augenblicke, da ich zweifeln muss.[44]

Es ist die Antwort des subjektiv existierenden Denkens, das nie ideologisch, nie dogmatisch erstarrt, weil es immer im Werden ist. Gewiss aber ist: Vor dem Hintergrund seiner Lektüre von Barth und Kierkegaard ist Dürrenmatt besser zu verstehen.

---

[44] WA. Bd. 14, S. 326.

„Und vielleicht treffe ich mich…mit Herrn Nietzsche" – Dürrenmatt und Friedrich Nietzsche

PETER GASSER

Dürrenmatts Interpreten finden im Stoffeband „*Turmbau*" einen zentralen und immer wieder zitierten Deutungshinweis des Autors selber: „Ohne Kierkegaard bin ich als Schriftsteller nicht zu verstehen" (WA. Bd. 29, S. 125)[1]. Philosophische wie auch wissenschaftliche Bücher insbesondere haben seinem Schreiben unverzichtbare Denkimpulse vermittelt, viel mehr jedenfalls als literarische Lektüren: „Literatur nicht aus Literatur" (WA. Bd. 30, S. 84), sondern Literatur aus dem philosophischen Antrieb des „Erkenntnistheoretiker[s]" (WA. Bd. 29, S. 124) heraus will der auf seine Schriftstellerei zurückblickende Dürrenmatt geschrieben haben. Neben dem dänischen Existenzialisten, über den der Student eine Dissertation mit dem Titel „*Kierkegaard und das Tragische*" zu verfassen plante, sind Platon und Kant die wichtigsten und beständigsten Begleiter, doch auch Aristoteles, Descartes, Leibniz, Spinoza, Rousseau, Hume, Hegel, Fichte, Marx, Schopenhauer, Popper oder Wittgenstein fungieren als *repoussoir* oder Inspirationsquellen des einstigen Philosophiestudenten. Zu einem wenn auch eher geheimen Bezugspunkt entwickelt sich – und das gilt es hier zu zeigen – Friedrich Nietzsche, den bereits der junge Gymnasiast, aber auch der gestandene Autor wiederholt und teilweise intensiv rezipiert. Nicht ausschließlich, aber ebenfalls im Dialog mit dem Autor des „*Zarathustra*", so meine Arbeits(hypo)these, scheint der junge Dürrenmatt schon die Möglichkeit zu erahnen, den Gewinn von Erkenntnis über einen fiktionalen Weg zu erlangen. Seine 1946 vollzogene Abwendung vom Philosophiestudium hin zur Schriftstellerei erweist sich keineswegs als eine Abkehr von philosophischen Fragestellungen, sondern als einsichtsvoller Entscheid, zur Darstellung und Erörterung grundsätzlicher Stoffe eben das poetische und fiktionale, ganz punktuell das gleichnishafte Schreiben (und nicht die Begriffssprache) auszuerlesen[2].

---

[1] Dürrenmatts Schriften und Aussagen werden im Text direkt nachgewiesen: Werkausgabe in siebenunddreißig Bänden. Zürich 1998 (WA Band- und Seitenzahl; Gespräche 1961-1990 in vier Bänden. Hg. v. Heinz-Ludwig Arnold. Zürich 1996 (G Band- und Seitenzahl).
[2] Vgl. Philipp Burkard: Fiktion als Erkenntnis. Dürrenmatts Darstellung seines Weges von der Philosophie zur Literatur im zweiten Band der *Stoffe*. In: Peter Rusterholz, Irm-

I

Erste Erfahrungen mit Nietzsches Werk sammelte der frisch nach Bern um-
gezogene, vierzehnjährige Gymnasiast Dürrenmatt, der, anstatt die Schule
zu besuchen, im *Wiener Café* Nietzsche las (WA. Bd. 28, S. 49), allerdings
seine wie auch Schopenhauers Bücher „mehr wie Romane" (WA. Bd. 33,
S. 125) verschlang. Diese gewiss noch naiven Leseeindrücke transformiert
der verbummelte Student in das wohl früheste je veröffentlichte bildnerische Werk, „*Die letzten Menschen*", eine Bleistiftzeichnung aus dem Jahre
1936[3], die zweifellos eine Anspielung auf das „Buch für Alle und Keinen"
„*Also sprach Zarathustra*" enthält, das der Pfarrer Dürrenmatt zwar in seiner Hausbibliothek versteckte, es aber seinem neugierigen Sohn trotzdem
nicht vorenthalten mochte (WA. Bd. 28, S. 178). Auf dem Marktplatz,
Agora und Urszene der griechischen Philosophie, lehrt Nietzsches Zarathustra dem versammelten Volk nach dem Tode Gottes den Übermenschen,
aber auch seine Gegenfigur: „Wehe! Es kommt die Zeit, wo der Mensch
keinen Stern mehr gebären wird. Wehe! Es kommt die Zeit des verächt-
lichsten Menschen, der sich selber nicht mehr verachten kann. Seht! Ich
zeige euch d e n l e t z t e n M e n s c h e n" (KSA 4,19)[4]. Dürrenmatts
Zeichnung gleicht einer Dschungellandschaft mit zwei Menschen in ihrer
Mitte und ist schwer lesbar.

Bedeutender als deren Inhalt ist das Faktum, dass die Nietzsche-Lektüre
auch in andern Bildern Spuren hinterlässt. Die „*Kreuzigung I*", eine Feder-
zeichnung aus dem Jahre 1939[5], ist das chronologisch erste Bild, das
Dürrenmatt in den persönlichen Anmerkungen zu seinen Bildern und
Zeichnungen „nachträglich noch zu akzeptieren vermag" (WA. Bd. 32,
S. 201). Es illustriert sein „dramaturgisches Denken" (WA. Bd. 32, S. 202),
indem es die Kreuzigung aus heutiger Sicht und auf eigenwillige Weise mit
dem Motiv des Totentanzes verbindet. Bei Nacht und Vollmondlicht tanzen
vier Teufelsfiguren auf einem glatten Erdball einen Reigen um ein im Fallen begriffenes Kreuz, an dem ein geknickter Gekreuzigter hängt. Der Tanz
mache, so der Kommentar der persönlichen Anmerkungen, „das Kreuz

---

gard Wirtz (Hg.): Die Verwandlung der „Stoffe" als Stoff der Verwandlung. Friedrich
Dürrenmatts Spätwerk. Berlin 2000, S. 129-143, hier S. 130.
[3] Friedrich Dürrenmatt: Œuvre graphique. Das zeichnerische Werk. Editions Musée des
Beaux-Arts. Neuchâtel 1985, S. 15.
[4] Nietzsches Werke werden zitiert nach: Friedrich Nietzsche: Sämtliche Werke.
Kritische Studienausgabe in 15 Bänden. Hg. v. Giorgio Colli und Mazzino Montinari.
München 1980 (KSA Band- und Seitenzahl).
[5] Friedrich Dürrenmatt: Schriftsteller und Maler. Bern 1994, S. 58.

wieder zum Kreuz, zum Gegenstand des Skandals [...], den es einmal darstellte" (WA. Bd. 32, S. 202), nämlich zu einem Marterinstrument. Gleichzeitig verfremdet diese Neugestaltung des Kreuzigungsmotivs den christlichen Inhalt der Passion, eine Tendenz, welche die folgenden Kreuzigungsdarstellungen aus späteren Jahren noch akzentuieren.[6] Insbesondere die beiden letzten Lithografien aus dem Jahre 1990 bringen den Gekreuzigten fast ganz zum Verschwinden: Auf der vorletzten (*„Kreuzigung"*, 1990) verbleibt das Kreuz mit Inschrift, daran die Hände und Füsse bloß des Gekreuzigten, davor auf dem Boden Gewand und Dornenkrone, dahinter die schwarzen Todesvögel. Auf der letzten (*„Gelächter"*, 1990)[7] fehlt die Figur des Gekreuzigten ganz, dafür bevölkern nackte Wahnsinnsfiguren, tolle Menschen sozusagen, die Szene, die, am Kreuz hängend oder darauf sitzend, darum herum und mit homerischem Gelächter ein ausgelassenes Fest zu feiern scheinen.

Dürrenmatts wachsende Verfremdungsstrategie rückt das Kreuz ins Zentrum auf Kosten der Christusfigur, die zuletzt nicht einmal mehr an der Peripherie auszumachen ist. Man kann darin eine „progressive Dekonstruktion der Kreuzestheologie"[8] und einen Säkularisierungsprozess mitlesen. Für unsere Zwecke bedeutsam sind hinsichtlich dieser Entmythologisierung der christlichen Symbolik die verfremdenden Motive, der Tanz und das Lachen, die sich gerade in einem theologischen Kontext als genuin zarathustrische Motive erweisen: „Ich würde nur an einen Gott glauben, der zu tanzen verstünde" (KSA 4,49), verkündet Zarathustra, der „Gottlose" (KSA 5,337) und selber ein „Tänzer" (KSA 4,366). Er stilisiert den Tanz zum ästhetischen Protest gegen die metaphysische Hinterwelt. Gewissermaßen erklärt Nietzsche den Tanzenden zum Gleichnis des neuen Menschen, der sich von der (metaphysischen, theologischen, ideologischen) Selbstentfremdung losgesagt hat und auf dem Wege ist, die Übermenschwerdung zu realisieren: „wer [...] seinem Ziel nahe kommt, der tanzt" (KSA 4,365). Eine ähnlich metaphysikkritische Funktion besitzt das Lachen, von dem Zarathustra prophezeit: „Nicht durch Zorn, sondern durch Lachen tödtet man. Auf, lasst uns den Geist der Schwere tödten!" (KSA 4,49). Dieses subversive Lachen verkörpert das Triumphgefühl und die übermenschliche Gewissheit, die eine neue Zeit, jene nach dem Tode der alten Götter, die „sich selber einmal zu Tode - gelacht" (KSA 4,230) haben, ankündet. Die emphatische Aufforderung des „Wahrlachers" (KSA 4,366)

---

[6] Vgl. Pierre Bühler: Gnadenlosigkeit? Christologische Figuren in den späten Werken Dürrenmatts. In: Die Verwandlung der „Stoffe" (Anm. 2), S. 161-178, hier S. 169 f.

[7] Vgl. Dürrenmatt: Schriftsteller und Maler (Anm. 5), S. 256 f.

[8] Bühler: Gnadenlosigkeit? (Anm. 6), S. 170.

Zarathustra an die höheren Menschen: „[...] l e r n t mir - lachen" (KSA 4,367 f.) mündet in eine Daseinskomödie („*Die Erweckung*", „*Das Esels-fest*"), die christliche Religionspraktiken theatralisch parodiert. Als ein solches Tanz- und Lachfest ließe sich auch Dürrenmatts letzte Lithografie lesen, auf der das nackte Kreuz zum entsakralisierten Gegenstand einer zeitgenössischen Travestie verkommen ist.

Dürrenmatts verschiedene Darstellungen der Kreuzigung und ihre Evolution hin zu einer christuslosen Ikonografie kann als eine mögliche Lesart von Nietzsches „Gott ist todt" (KSA 3,481) gedeutet werden. Der Tod Gottes ist als Leerstelle auf dem Kreuz markiert, weil Gott kein Vorstellungs-gegenstand der Moderne mehr sein kann: „[...] Gott halte ich nicht mehr für denkbar, und an Nicht-Denkbares kann ich nicht glauben" (WA. Bd. 29, S. 126). Der bekennende „Atheist" (G 4,165), der in einem 1988 im „*Wiener*" erschienenen Artikel von der „Pflicht zum Atheismus" spricht, deklariert, von Dieter Fringeli über Gott befragt, „Gott ist Mensch" (G 2,238) und begibt sich „in Sachen Ewigkeit" in nietzschesche Gesellschaft: „Vielleicht treffe ich mich [...] endlich mal mit Herrn Nietzsche. Wer weiss" (G 2,239). Dieses gottlose Universum manifestiert sich schon beim jungen Dürrenmatt und ebenso explizit in der Frühprosa. Im 1943 entstandenen „*Buch einer Nacht*", zu dem Walter Jonas zehn Radierungen, Friedrich Dürrenmatt zehn radierte Gedichte beisteuert,[9] kehrt der Ausdruck „Der tote Gott" viermal wieder. Eine Welt der Gottlosigkeit gestaltet der etwas über zwanzigjährige angehende Schriftsteller in den Erzählungen „*Weihnacht*" (1942) und „*Der Folterknecht*" (1943). Erstere beschreibt eine ton- und bewegungslose Erdlandschaft unter einem ebenso erstarrten und statischen Firmament, einen Kosmos in Schwarz und Weiß, kurzum „einen Raum des Todes"[10]. Darin findet ein einsames und schreiendes Ich ein Christuskind, das sich als leib- und seelenlose Puppenfigur erweist, eher Totgeburt als eben geborener Heilsbringer der christlichen Botschaft. Die zweite Erzählung schildert eine noch düsterere Welt: „Die Folterkammer ist die Welt. Die Welt ist Qual. Der Folterknecht ist Gott. Der foltert" (WA. Bd. 19, S. 19). Den Schrei des Menschen erwidert Gott mit einem Lachen, das jede Heilsbringung ausschließt und bei dem sich Gott, wie bei Nietzsche, einmal selber zu Tode gelacht haben wird.

Dürrenmatt, dessen Selbstbildnis als „Nihilistischer Dichter" (WA. Bd. 28, S. 280) schon sehr früh entsteht, artikuliert seine Auseinandersetzung mit dem christlichen Glauben am explizitesten in den Erzählungen „*Der*

---

[9] Dürrenmatt: Schriftsteller und Maler (Anm. 5), S. 66-70.
[10] Wilhelm Grosse: Friedrich Dürrenmatt. Stuttgart 1998, S. 119.

Tunnel" (1952 entstanden) und „Pilatus" (1947 verfasst). Die in einer Katastrophe endende Geschichte einer Zugfahrt, wohl die bekannteste Kurzgeschichte der Frühprosa, beginnt mit der Beschreibung eines Selbstporträts und eines jungen Mannes, der als einziger Zuginsasse dem Unheimlichen der Tunnelfahrt auf die Spur kommen will. Das Unheimliche offenbart sich als Sturzfahrt ins Erdinnere in einem Tunnel, der endlos scheint, aber auch im Faktum, dass niemand eine Erklärung für diese absurde und sinnlose Fahrt in den Abgrund bereithält, selbst der Zugführer nicht: „Ich bin der Zugführer [...], auch habe ich immer ohne Hoffnung gelebt" (WA. Bd. 21, S. 97). Auf seine Frage „Was sollen wir tun?" gibt die erste Fassung der Kurzgeschichte eine andeutungsweise erkennbare Antwort: „Nichts. Gott liess uns fallen und so stürzen wir denn auf ihn zu" (WA. Bd. 21, S. 98). Der verbummelte, jedoch wissbegierige Student scheint hier noch einen Erkenntnisweg zu gehen zu einem wenn auch abgründigen Ziel, das er „in seine nun zum ersten Mal weit geöffneten Augen sog" und, nachdem er „zwei Wattebüschel, durch irgendeinen Luftzug ergriffen" (WA. Bd. 21, S. 98), verloren hatte, auch erhören konnte, ganz nach der jesaischen Vorlage aus der Bibel: „Dann öffnen sich die Augen der Blinden und tun sich die Ohren der Tauben auf" (Jesaja 35,5). Der theologisch deutbare Schluss wird zuvor bereits vorbereitet dadurch, dass der unaufhaltsame und sich beschleunigende Sturz ins Innere der Erde auf einen anderen alttestamentarischen Hintergrund Bezug nimmt: „[...] und so rasen wir denn wie die Rotte Korah in unseren Abgrund" (WA. Bd. 21, S. 97). Korah und seine Anhänger, die sich gegen Moses aufgelehnt hatten, wurden von der Erde verschlungen (Buch Numeri 16). Diese biblischen Anspielungen lässt die revidierte Fassung von 1978 allesamt weg und klingt lakonisch mit dem Wort „Nichts" aus. Die Umarbeitung ist ebenso gering wie signifikant für Dürrenmatts existenzphilosophische Entwicklung, die zunehmend metaphysische, religiöse, moralische oder ideologische Angebote ausschlägt und auf einen radikalen Nihilismus zusteuert.

In noch engerem Bezug zur Bibel steht die Erzählung „Pilatus", welche die Begegnung zwischen Jesus und Pilatus ganz aus der Sicht des Letzteren erzählt und Passion, Kreuzigung sowie Auferstehung einschließt.[11] Die Sicht, das Sehen und ebenso das Versehen spielen darin, jenseits inhaltlicher Aspekte, eine entscheidende Rolle. „Jesus vor Pilatus" ist Dürrenmatts Ausgangssituation, die auf präzise Stellen des Neuen Testaments anspielt (Matthäus 27, Markus 15, Lukas 23, Johannes 18 f.)[12]: „[...] der Mensch,

---

[11] Vgl. Anna Liechti: Drei Männer vor Gericht. Dürrenmatts Auseinandersetzung mit der Dialektischen Theologie. In: Quarto 7 (1996), S. 111-118.
[12] Vgl. Grosse: Friedrich Dürrenmatt (Anm. 10), S. 137.

der ihm vom Pöbel wie ein Schild entgegengeschoben wurde, [war] niemand anders [...] als ein Gott; doch wagte er ihn nicht ein zweites Mal mit seinem Blick zu streifen, weil er sich fürchtete. Auch hoffte er Zeit zu gewinnen, indem er den Anblick Gottes mied, um sich mit seiner schrecklichen Lage vertraut zu machen" (WA. Bd. 19, S. 99). Pilatus erkennt als Einziger und von Beginn an den Gott im Menschen, verkennt aber die Gestalt des Mensch gewordenen Gottes: „Es lag eine bedingungslose Unterwerfung in diesen Augen, die aber eine heimtückische Verstellung sein musste, weil dadurch die Grenze zwischen Gott und Mensch aufgehoben und so Gott Mensch und Mensch Gott geworden wäre. Er glaubte daher nicht an die Demut des Gottes, und dessen menschliche Gestalt war ihm eine List, die Menschheit zu versuchen" (WA. Bd. 19, S. 100). Anstatt im menschgewordenen Gott den Erlöser zu sehen, glaubt Pilatus, so Dürrenmatts Selbstkommentar, „dieser Gott sei gekommen, ihn zu töten" (WA. Bd. 32, S. 208).

Die Parabel thematisiert, mehr als den Leidensweg Jesu an sich, die Dialektik des Erkennens und Verkennens, des Sehens und Versehens in der Gotteserfahrung des Pilatus, der den Gott in Christus zwar sieht, seine Gleichnisgestalt jedoch missversteht. Darauf spielt das Bibelmotto an, das der Erzählung vorausgeht: „Denen aber draussen widerfährt alles durch Gleichnisse, auf dass sie mit sehenden Augen sehen und doch nicht erkennen, und mit hörenden Ohren hören und doch nicht verstehen" (WA. Bd. 19, S. 98). Das Zitat aus dem Markusevangelium (4,11 f.), das in anderen Evangelien variiert ebenso zu finden ist (vgl. Matthäus 13,10 ff., Lukas 8,9 ff.), steht im Kontext der hermeneutischen Frage, warum Jesus in Gleichnissen rede. Das als Parabel- und Gleichniserzählung angelegte Prosastück „*Pilatus*" darf in Bezug auf die Schriftstellerkarriere Dürrenmatts in verschiedener Hinsicht eine Schlüsselfunktion beanspruchen. 1946, also nach dem Abbruch des Philosophiestudiums, gilt es als vermutlich erstes ausgereiftes Zeugnis des sich nun als Schriftsteller wahrnehmenden Emmentalers, der gerade in dieser Erzählung zu seinem Stil findet. In einem Brief an Eduard Wyss vom April 1946 erklärt der 25-Jährige, warum „unsere Zeit nur durch die Fantasie hindurch zu begreifen" und „eben nur im Gleichnis, in der Handlung"[13] darstellbar ist. Gleiches lässt sich später in der „*Persönlichen Anmerkung*" nachlesen: „Was ich – in meinem Schreiben wie Zeichnen – suche, sind die Bilder und Gleichnisse, die im Zeitalter der Wissenschaft noch möglich sind, einem Zeitalter, dem etwas gelang, was der Philosophie misslang: die Realität abstrakt zu beschreiben" (WA.

---

[13] Dürrenmatt: Schriftsteller und Maler (Anm. 5), S. 49.

Bd. 32, S. 215). Das schriftstellerische Verfahren, von Bildern auszugehen und die Welt in der Mehrdeutigkeit des Gleichnisses zu erdenken, wird schließlich in den „*Stoffen*" aus der Retroperspektive biografisch und ästhetisch eingehend begründet[14].

Dieser bildliche Zugriff auf die Welt, der sich ganz konkret in der 1946 entstandenen Gouache „*Pilatus*" verdoppelt, kennzeichnet auch viele andere Prosastücke der 1940er-Jahre („*Die Stadt*" insbesondere, die ab 1945 entsteht), aber auch das gleichzeitig geschriebene Hörspiel „*Der Doppelgänger*", welches „Das Gleichnis vom Manne, dem Unrecht geschah" (WA. Bd. 1, S. 313) erzählt. Wichtige Impulse verdankt diese Schreibstrategie gewissen philosophischen Lektüren (Kant, Kierkegaard) und ganz speziell Platons Höhlengleichnis, in dem sich der junge Student Dürrenmatt wiederfindet: „Zum ersten Mal sah ich einen Weg, die Welt darzustellen. Durch Gleichnisse. [...] Mein Philosophiestudium wurde zur Brutstätte meiner Schriftstellerei, und als ich es aufgab, gab ich es nicht auf" (WA. Bd. 29, S. 130 f.). Dürrenmatts Rückschau auf den Beginn seiner Schriftstellerkarriere rückt dabei die Philosophentrias Platon-Kant-Kierkegaard in den Vordergrund, Nietzsches Name jedoch als Geburtshelfer der Anfänge fehlt explizit, obwohl sich gedankliche und sprachliche Bezüge geradezu aufdrängen.

Dürrenmatts Wechsel von der Philosophie zur Literatur erfolgt auf einer philosophischen Hintergrundfolie, auf der Nietzsches Denken und Schreiben als Geheimschrift sozusagen eingeritzt ist. Dürrenmatts Nihilismus („*Der Nihilist*" war die Titelvariante der Erzählung „*Die Falle*") entsteht, in Bild und Text, im motivischen Umkreis vom Tode Gottes und entwickelt sich auf das „Nichts" hin, das die „*Tunnel*"-Geschichte abschließt, im wachsenden Bewusstsein, dass – um mit Nietzsche zu sprechen – „weder mit dem Begriff ‚Z w e c k', noch mit dem Begriff ‚E i n h e i t', noch mit dem Begriff ‚W a h r h e i t' der Gesamtcharakter des Daseins interpretiert werden darf" (KSA 13,48). Diese nihilistische Wende vollzieht sich bei beiden Pfarrerssöhnen in intensiver und kritischer Auseinandersetzung mit dem wohlvertrauten Christentum und gleicht sich bis in die sprachlichen Verfahrensweisen: Zitat, Parodie, Travestie sind intertextuelle Verfahren, mit denen sich beide den biblischen Redensarten, Motiven und Stoffen annähern, um die Kontrastwirkung zur bekannten Vorlage umso deutlicher auszuspielen[15]. Damit ist schon angedeutet, dass beide, mit Nuancen aller-

[14] Vgl. insbesondere WA. Bd. 28, S. 63-86 und WA. Bd. 29, S. 122-131.
[15] Zu Nietzsches Bibelparodien vgl. Peter Gasser: Rhetorische Philosophie. Leseversuche zum metaphorischen Diskurs in Nietzsches ‚*Also sprach Zarathustra*'. Bern 1992, bes. Kapitel II.

dings, einen sprachlich ähnlichen Weg einschlagen, für den die Sprechweise Zarathustras symptomatisch ist: „Gleichnisse [...] sprechen nicht aus, sie winken nur. Ein Thor, welcher von ihnen Wissen will!" (KSA 4,98). In der Vieldeutigkeit der Gleichnisrede, im unendlichen Spielraum der Fiktion scheinen dem jungen Dürrenmatt Wegmöglichkeiten zur Erkenntnis vorgezeichnet, die in der Stoffeerzählung *„Der Winterkrieg in Tibet"* dann als Notwendigkeit postuliert werden: „Ohne das Wagnis von Fiktionen ist der Weg zur Erkenntnis nicht begehbar" (WA. Bd. 28, S. 155). Diese an Hans Vaihingers *„Philosophie des Als Ob"* erinnernde Quintessenz lässt vermuten, dass Dürrenmatt Nietzsche, den er in jungen Jahren öfters gelesen, jedoch kaum systematisch rezipiert hat, außerdem über die Lektüre von nietzschenahen Autoren integriert hat, von denen er Vaihinger und Fritz Mauthner schon früh kennengelernt hat[16].

II

Eine sehr intensive und teils auch systematische Nietzsche-Lektüre betreibt Dürrenmatt zwischen November 1977 und September 1978. Die benützte Schlechta-Ausgabe *„Werke in drei Bänden"* enthält kontinuierliche Bleistifteinträge mit Daten-, Stunden- und Minutenangaben, die den Lektüreprozess genauestens rekonstruieren lassen. Mit einiger Sicherheit darf man annehmen, dass Dürrenmatt *„Unzeitgemässe Betrachtungen"*, *„Menschliches, Allzumenschliches"*, *„Die fröhliche Wissenschaft"*, einzelne Kapitel aus *„Also sprach Zarathustra"*, *„Jenseits von Gut und Böse"*, *„Zur Genealogie der Moral"* und die *„Götzendämmerung"* gelesen oder wiedergelesen hat, jedoch kaum *„Die Geburt der Tragödie"* oder *„Über Wahrheit und Lüge"*, was aus ästhetischer Sicht nicht unbedeutend ist. Die Relektüre führt auch zu einem nun dezidierteren Urteil über Nietzsches Werk und zu der Einsicht, „dass man sich den ,Zarathustra' schenken kann, dass Nietzsche ein großer Lyriker war und dass er nur ein Buch geschrieben hat, das man gelesen haben muss: ,Menschliches, Allzumenschliches'" (G 2,235)[17].

In die etwa gleiche Arbeitsphase fällt die Überarbeitung und Niederschrift von *„Der Winterkrieg in Tibet"*, der zum *„Stoff I"* geworden ist und dessen Konzeption bis in die Zeit des Zweiten Weltkriegs zurückreicht.

---

[16] Vgl. Dürrenmatt: Schriftsteller und Maler (Anm. 5), S. 227, sowie die Dissertation von Philipp Burkard: Dürrenmatts „Stoffe". Zur literarischen Transformation der Erkenntnistheorien Kants und Vaihingers im Spätwerk. Tübingen/Basel 2004.
[17] Zu Dürrenmatts Bibliothek allgemein und in Bezug auf Nietzsche vgl. Quarto 30/31 (2010).

Eingeschlossen in der damaligen Schweiz und ausgeschlossen von der geschichtlichen Wirklichkeit Europas, imaginiert der in Genf stationierte Soldat Dürrenmatt sein „erstes Grundmotiv" (WA. Bd. 28, S. 65), das die Historie und Realität mit einer Erzählung und Fiktion, einem „Weltgleichnis" (WA. Bd. 28, S. 65), konfrontieren sollte. Der Stoff des *„Winterkriegs"*, „ein endloser Alptraum" (WA. Bd. 28, S. 68), blieb vorerst ein ungeschriebenes Projekt einer Weltvorstellung, die Dürrenmatt mit einem Labyrinth assoziiert. *„Die Falle"*, *„Die Stadt"* und *„Aus den Papieren eines Wärters"* sind wiederholte Versionen, das Labyrinth erzählerisch zu gestalten, die Binnenerzählung „Der Winterkrieg" schließlich der umfangreichste und komplexeste Versuch, das Weltlabyrinth und Urmotiv zu bewältigen. Die 1978 fertiggestellte Erzählung ist für unsere Belange in verschiedener Hinsicht aufschlussreich: Sie entsteht parallel zu einer intensiven Nietzsche-Lektüre und enthält explizite Anspielungen auf Nietzsches Texte (wie auch auf solche Platons übrigens), die, weil sie die Erzählung abschließen, eine ausgeprägte Bedeutsamkeit erhalten. Ohne die Entstehungsgeschichte der Erzählung rekonstruieren zu wollen[18], soll hier nach der Funktion der intertextuellen Schreibprozesse im Kontext der Binnenerzählung gefragt werden.

„Der Winterkrieg in Tibet" wurde als „apokalyptisches Denkspiel"[19] interpretiert, das die Welt als Höhlen- und Höllenlabyrinth nach einer atomaren Katastrophe im 3. Weltkrieg darstellt. Aus der Sicht des Söldners und Ich-Erzählers erfährt der Leser vom Winterkrieg, in dem das Hobbes'sche Gesetz „homo homini lupus" leitendes Prinzip ist: „Die Söldner wissen nicht, wofür sie kämpfen, wofür sie sterben, in primitiven Lazaretten amputiert, mit rohen Prothesen wieder an die höllische Front geschickt werden, manche mit Haken und Schrauben in den Händen, manche blind, das Gesicht nur noch eine rohe Fleischmasse, an eine Front, die überall ist. Sie wissen nur, dass sie gegen den Feind kämpfen" (WA. Bd. 28, S. 96). Auch dieses Wissen ist nur Stückwerk, tragen doch „Freund und Feind die gleichen weissen Uniformen" (WA. Bd. 28, S. 86) in diesem Endspiel, das sich jeglicher Über- und Einsicht verweigert. Die Erzählung, die zu Recht als

---

[18] Vgl. dazu Ph. Burkard: Dürrenmatts „Stoffe" (Anm. 16), besonders Kapitel 6.

[19] Gunter E. Grimm: Dialektik der Ratlosigkeit. Friedrich Dürrenmatts Denkspiel „Der Winterkrieg in Tibet". In: Gunter E. Grimm, Werner Faulstich, Peter Kuon (Hg.): Apokalypse. Weltuntergangsvisionen in der Literatur des 20. Jahrhunderts. Frankfurt/Main 1986, S. 313-331, hier S. 313.

„Gleichnis der totalen Selbstzerstörung der Menschheit"[20] gelesen wurde, baut in der Schweiz und in Nepal, innerhalb und außerhalb des Blümlisalp- und Himalajabergmassivs, einen labyrinthischen Raum der Unübersicht- lichkeit auf, dem eine ebenso unentzifferbare Zeitstruktur entspricht: „Vor zwanzig, dreissig Jahren – wer zählt noch die Zeit – rückte ich mit dem Ausweis der Verwaltung in einer nepalesischen Kleinstadt ein" (WA. Bd. 28, S. 87 f.). Die zeit-räumliche Komplexität wird dadurch noch gesteigert, dass die Erzählerfigur und –stimme Hans in Jonathan einen Doppelgänger zu besitzen scheint in einem Text, der sich als Inschrift auf unterirdischen Stollenwänden des Himalajagebirges präsentiert und deshalb so schwer lesbar und widersprüchlich ist, weil er „fast ausschliesslich von rechts nach links" (WA. Bd. 28, S. 159) und vermutlich, wie der Herausgeber der Schrift am Schluss nachträgt, „von zwei ‚Ichs' geschrieben" (WA. Bd. 28, S. 160) worden war. Dürrenmatts kaum zu überbietende Lust am Labyrin- thischen wird zudem noch darin eingelöst, dass der *„Winterkrieg"* in einem „metatextuellen Verhältnis"[21] zu früheren Texten (*„Die Stadt"*, *„Aus den Papieren eines Wärters"*), aber auch intertextuell zu Texten der Philoso- phie (Platon, Nietzsche) steht.[22]

Den Ruinen einer labyrinthischen Welt, ihrer Vergänglichkeit und ihrem Zerfall, setzt Dürrenmatt etwas Bleibendes und dennoch Fragmentarisches entgegen: „Meine Inschrift wird das einzige sein, was sie [zukünftige Erd- bewohner] von der Menschheit wissen werden" (WA. Bd. 28, S. 109). Die ganze Anlage des Textes legt nahe, dass die Welt des Labyrinths nur in der korrelativen Labyrinthhaftigkeit des Textes zum Ausdruck kommen kann und dass der Akt des Schreibens und sein Pendant, der Akt des Lesens, eigens thematisiert werden. Die Schreibweise Dürrenmatts lehnt sich zwei- felsohne an Kierkegaards Ästhetik der indirekten Mitteilung an[23] und setzt ein Arsenal unterschiedlicher Schreibstrategien ein, die „ganz bewusst die Unbestimmtheit seines Textes"[24] anstreben: Der Text erreicht den Leser durch einen fiktiven Herausgeber, der die Erzählung beschließt. Aus sei-

---

[20] Ulrich Weber: Forschungsreisen in Platos Höhle oder Spätfolgen einer Seminararbeit. In : Jürgen Söring, Annette Mingels (Hg.): Dürrenmatt im Zentrum. 7. Internationales Neuenburger Kolloquium 2000. Frankfurt/M. 2004, S. 151-175, hier S. 163.

[21] Weber: Forschungsreisen in Platos Höhle (Anm. 20), S. 163.

[22] Neben Philipp Burkhard (Anm. 16), Gunter E. Grimm (Anm. 19) und Ulrich Weber (Anm. 20) untersucht auch Martin Burkhard das Labyrinthische in Dürrenmatts Werk: Dürrenmatt und das Absurde. Gestalt und Wandlung des Labyrinthischen in seinem Werk. Bern 1991.

[23] Vgl. dazu Annette Mingels: Dürrenmatt und Kierkegaard. Die Kategorie des Einzelnen als gemeinsame Denkform. Köln/Weimar/Wien 2003.

[24] Ph. Burkhard: Dürrenmatts „Stoffe" (Anm. 16), S. 129 und Folge.

nem Schlussbericht geht hervor, was vorher schon angedeutet wurde (WA. Bd. 28, S. 98 und S. 140), dass der Söldner früher Philosophiestudien betrieben und „Reminiszenzen, eine Collage von Platon (Staat, Höhlengleichnis) und Nietzsche (Genealogie der Moral, Schopenhauer als Erzieher)" (WA. Bd. 28, S. 159) in seine Erzählung eingebaut hat. Der Erzähler selber, eine Prothesenfigur, benützt seine rechte Hand sowohl als Kriegs- und Schreibinstrument, das „Zangen, Hammer, Schraubenzieher, Scheren, Griffel" (WA. Bd. 28, S. 99) vereint und damit auch Sein und Denken, Existenz und Schreiben. Dennoch darf er nicht als verlässliche Erzählerfigur gelten, weil die Hypothese eines zweiten Erzählers erwogen und nie definitiv ausgeräumt wird. Die Inschrift selber, eingeritzt in die Felswände der Stollenhöhlen, erweist sich als höchst unzuverlässig mit unleserlichen Stellen (WA. Bd. 28, S. 100), Textbrüchen (WA. Bd. 28, S. 107/150) und einer gegen den Strich der abendländischen Schreibweise „fast ausschliesslich von rechts nach links" (WA. Bd. 28, S. 159) verfassten Einritzung, von der „nur eine Abschrift" (WA. Bd. 28, S. 160) existiert.

Die Unschärfe des Textes zu entschärfen, gibt der Herausgeberkommentar in Bezug auf den Erzähler und den Erzählschluss vor: „Kaum noch fähig, selbst zu denken, sind ihm Zitate geblieben. Er baute, ohne zu wollen, zwar nicht die Philosophie, sondern seine Philosophie auf" (WA. Bd. 28, S. 159 f.). Ist Kierkegaards Ästhetik entscheidend für Dürrenmatts Schreibstil geworden, scheinen die Versatzstücke platonischer und nietzscherscher Herkunft dem Willen des Autors zu dienen, „seine Philosophie" daraus zu kondensieren. Obwohl der „*Winterkrieg*" sich explizit auf Platons Höhlengleichnis bezieht, daraus den Anfang wenigstens fast wörtlich zitiert und auch „dessen Höhlen-, Schein- und Lichtmetaphorik"[25] integriert, erdichtet Dürrenmatt einen parodistischen Gegenentwurf zu Platons Vorlage aus dem „*Staat*": Der Söldner begibt sich freiwillig in die Höhle und erzählt ausschließlich aus der Perspektive der Höhle, ohne den Auf- und Ausstieg daraus anzustreben und damit den platonischen Erkenntnisprozess nachzuvollziehen. Dürrenmatts „fiktionale Variation des Höhlengleichnisses"[26] deutet in Hypothesen- und Frageform zwar noch die mögliche Befreiung der Gefangenen aus den Ketten der Unkenntnis und ihren Aufstieg vom Dunkel ins Licht an, verlässt dann aber den platonischen Referenztext in dem Moment, wo der Aufstieg einsetzen würde: „Irgendeinmal schlug ich mich schon mit diesem Gleichnis herum, vielleicht las ich es irgendwo, oder ich erdachte es, ich weiss es nicht mehr. Wahrscheinlich erfand ich es,

---

[25] Weber: Forschungsreisen (Anm. 20), S. 164.
[26] Ph. Burkard: Dürrenmatts „Stoffe" (Anm. 16), S. 151.

während ich es in den Fels ritzte" (WA. Bd. 28, S. 157). Das gleichnishafte Allgemeine von Platons Höhlenerzählung wird fragmentarisch ins subjektive Besondere des *„Winterkrieg"*-Gleichnisses integriert und assimiliert. Genau das tut die Parodie, die aus dem Spannungsbezug zwischen dem Rückgriff auf einen archaischen Text und dem von einem modernen Bewusstsein geleiteten Transformationswillen entsteht.

Auf gleich unausgewiesene Art führt Dürrenmatt nach der Feststellung, die Menschheit habe ihren Sinn verloren, ein Teilstück des Schlussabschnitts von Nietzsches *„Genealogie der Moral"* ein:

> Das Tier Mensch hat keinen Sinn, sein Dasein auf Erden hat kein Ziel mehr. Wozu Mensch überhaupt? ist eine Frage ohne Antwort. Der Wille für Mensch und Erde fehlt. Der Mensch leidet auch sonst, er ist in der Hauptsache ein krankhaftes Tier; aber nicht das Leiden selbst ist sein Problem, sondern dass die Antwort fehlt auf den Schrei der Frage ‚wozu leiden'? Der Mensch, das tapferste und leidgewohnteste Tier, verneint das Leiden an sich nicht; er will es, er sucht es selbst, vorausgesetzt, man zeigt ihm einen Sinn dafür, einen Sinn des Leidens. Die Sinnlosigkeit des Leidens, nicht das Leiden, ist der Fluch, […]. (WA. Bd. 28, S. 157)

Dürrenmatts Wortlaut fügt den Schlussabschnitt 28 aus der dritten Abhandlung der *„Genealogie"* teilweise zitatgetreu, manchmal leicht verändert, insbesonders aber mit signifikativen Auslassungen ein, was der parallele Nietzsche-Text belegen kann[27]:

> <u>Sieht man vom asketischen Ideale ab:</u> so hatte der Mensch, das T h i e r Mensch bisher keinen Sinn. Sein Dasein auf Erden enthielt kein Ziel; „wozu Mensch überhaupt?" – war eine Frage ohne Antwort; der W i l l e für Mensch und Erde fehlte;<u> hinter jedem grossen Menschen-Schicksale klang als Refrain ein noch grösseres „Umsonst!" D a s</u> eben bedeutet das asketische Ideal: dass Etwas f e h l t e, dass eine ungeheure L ü c k e den Menschen umstand, <u>– er wusste sich selbst nicht zu rechtfertigen, zu erklären, zu bejahen, er l i t t am Probleme seines Sinns.</u> Er litt auch sonst, er war in der Hauptsache ein k r a n k h a f t e s Thier: aber n i c h t das Leiden selbst war sein Problem, sondern dass die Antwort fehlte für den Schrei der Frage „w o z u leiden?" Der Mensch, das tapferste und leidgewohnteste Thier, verneint an sich n i c h t das Leiden: er w i l l es, er sucht es selbst auf, vorausgesetzt, dass man ihm einen S i n n dafür aufzeigt, ein D a z u des Leidens. Die Sinnlosigkeit des Leidens, n i c h t das Leiden, war der Fluch, <u>der bisher über der Menschheit ausgebreitet lag, – u n d d a s a s k e t i s c h e I d e a l b o t i h r e i n e n S i n n!</u> (KSA 5,411)

Die direkte Gegenüberstellung der Textstellen lässt unschwer erkennen, dass Dürrenmatt Nietzsches Philosophie sehr frei und sinnentstellend, weil

---

[27] Ich unterstreiche im Nietzsche-Text, was Dürrenmatt auslässt.

entkontextualisierend seinem Werke einverleibt. Den Kontext bei Nietzsche liefert der Titel der Abhandlung *„Was bedeuten asketische Ideale?"* und die damit verbundene Kritik, dass das asketische Ideal zum mystifizierenden Wesen der Religion gehöre und der Sinnlosigkeit des Leidens durch die Fiktion einer anderen, metaphysischen Welt einen Sinn verleihen möchte.

Dürrenmatt hat sich bei seiner Nietzsche-Relektüre auf der Innenseite des Buchdeckels von Band 2 der Schlechta-Edition den für ihn zentralen Satz notiert: „Der Mensch will das Leiden. Die Sinnlosig-/keit des Leidens, nicht das Leiden der/Fluch. Lieber das Nichts wollen, als/nicht wollen". Auf Seite 900 desselben Bandes erscheint der Zeitpunkt der offensichtlich um sechs Uhr in der Frühe zu Ende gelesenen *„Genealogie"*: „5.58 12.5.78", was auf eine durchaus wahrscheinliche Parallelität von Lektüre und Schreibprozess schließen lässt. Diese Simultaneität kann nicht darüber hinwegtäuschen, dass Dürrenmatt obiges Exzerpt in seinen ureigenen Zusammenhang des *„Winterkriegs"* einbaut und damit seine subjektive Existenzphilosophie konstruiert, was die Fortsetzung des obigen Nietzsche-Zitats zeigt: „Die Sinnlosigkeit des Leidens, nicht das Leiden, ist der Fluch, den die Verwaltung nicht vom Menschen nehmen konnte, es sei denn, sie gäbe ihm den alten Sinn wieder, von dem sie ihn, grotesk genug, befreit hatte: den Feind. Der Mensch ist nur als Raubtier möglich". (WA. Bd. 28, S. 157 f.)

Um diese These zu belegen, greift Dürrenmatt auf eine Passage der Schrift *„Schopenhauer als Erzieher"* zurück, wo der noch metaphysikbeeinflusste Nietzsche das Verhältnis zwischen Mensch und Tier untersucht: Der tiefe Mensch bemitleidet von jeher das Tier, weil es sein sinnloses Leiden am Leben keineswegs, schon gar nicht metaphysisch, begreifen kann. Der Mensch hingegen trägt in sich die Potenzialität, sich vom „Fluche des Thierlebens" zu erlösen und ein Dasein zu entwerfen, in dem „das Leben nicht mehr sinnlos, sondern in seiner metaphysischen Bedeutsamkeit erscheint". Auch wenn der Mensch, wie Nietzsche vermerkt, „für gewöhnlich aus der Thierheit nicht" (KSA 1,378) herauskommt, kann er ein existenzielles Bewusstsein erlangen, das „jene wahrhaften M e n s c h e n, jene N i c h t - m e h r - T h i e r e, die P h i l o s o p h e n, K ü n s t l e r und H e i l i g e n" (KSA 1,380) erreicht.

Dürrenmatt transformiert auch hier Nietzsches Vorlage im Sinne seines schreibstrategischen Ziels[28], das den Menschen unter das homo-homini-lupus-Gesetz stellen will. Nicht wie der Mensch seiner Tierhaftigkeit ent-

---

[28] Eine genaue Textgegenüberstellung dieser Passagen hat Ph. Burkard in seinem Buch schon geleistet: Dürrenmatts „Stoffe" (Anm. 16), S. 152-154.

fliehen kann, sondern wie der Mensch immer wieder in eine ihm typische Raubtierhaftigkeit zurückfällt, steht im Fokus des „*Winterkriegs*":

> So blind und toll am Leben zu hängen, um keinen höheren Preis; fern davon zu wissen, dass und warum man so gestraft wird, sondern gerade nach dieser Strafe wie nach einem Glück zu lechzen – das heisst Raubtier sein; [...] Bei dem, der die Hölle der Höhle übersieht, in die er verbannt ist; der der Täuschung nicht erliegt, die Schatten seien die seiner Feinde und nicht sein eigener Schatten; der auch diesen raffiniertesten Schleier vor der Wahrheit zerreisst, hinter dem sie sich versteckt: Das Ziel des Menschen ist, sich Feind zu sein – der Mensch und sein Schatten sind eins. (WA. Bd. 28, S. 158)

Dürrenmatt kehrt nicht nur Nietzsches Denkrichtung um, er nuanciert gleichzeitig den Hobbes'schen Gedanken vom Wolfsmenschen. Weniger der andere kommt als Feind infrage, insofern der Mensch den Feind schon in sich birgt. Dies ist eine hochaktuelle These der heutigen Psychoanalyse, wie sie etwa Arno Gruen entwickelt hat: Der Fremde in uns ist jener uns eigene Teil, der durch die Erfahrung von Unterdrückung und Ablehnung verloren gegangen ist. Wir können diesen uns eigenen abhanden gekommenen Teil wieder zu finden versuchen, indem wir mit uns selbst ringen oder andere Lebewesen zerstören.[29] Die Schlussworte der „*Dramaturgie des Labyrinths*" lesen sich geradezu als Einführung zu dieser Thematik: „Ich bin mein Feind, du bist der deinige" (WA. Bd. 28, S. 86).

III

Friedrich Dürrenmatt rezipiert philosophische Lektüren ganz unterschiedlich, was hier nur schematisch skizziert werden kann. Der junge Autor erlernt auf dem Weg zur schriftstellerischen Selbstfindung von Platon sein künftig privilegiertes poetisches Mittel, die Welt darzustellen: das Gleichnis. Bei Kant bewundert er die Klarheit des Stils und findet einen möglichen Begriff der Vorstellungskraft oder Fantasie. Von Kierkegaard übernimmt er die Form der indirekten Mitteilung sowie die bildliche Darstellungsweise. In Nietzsches Werk bezieht der angehende Schriftsteller Dürrenmatt Denkimpulse und sprachliche Motive, um seine zunehmend atheistische Weltsicht zu artikulieren. Der spätere Autor der „*Stoffe*" gebraucht Nietzsches (und Platons) Werk als Steinbruch, aus dem er Sätze, Abschnitte und längere Passagen herausbricht, die er, zitatgetreu oder transformiert, aus- oder unausgewiesen, in eigene dichterische Zusammen-

---

[29] Arno Gruen: Der Fremde in uns. 5. Aufl. München 2007.

hänge einbaut. Über diese Poetik der Intertextualität hinaus soll hier abschließend versucht werden, mögliche ästhetische Wahlverwandtschaften
zwischen Nietzsche und Dürrenmatt zu erhellen, die weniger auf expliziten
Textstellenvergleichen als auf überraschenden sprachlichen Affinitäten
gründen.

In seinem Essay von 1968 „*Ist der Film eine Schule für Schriftsteller?*"
vergleicht Dürrenmatt Schreiben und Fotografieren: „Das Medium des
Schreibens sind die Worte und damit die Begriffe, jenes der Fotografie das
Bild. Eine Fotografie kann ein ‚Abbild' der Wirklichkeit sein, ein Doku-
ment. Sie kann gleichsam nahe an die Wirklichkeit ‚heranrücken'. Doch
zwischen den Worten und dem Beschriebenen liegt ein Spielraum, den die
Phantasie des Lesers ausfüllt. Dieser Spielraum ist eines der wichtigsten
Reservate des Menschlichen" (WA. Bd. 32, S.133 f.). Dieser schöne Gedankengang über die Spezifität von Literatur enthält auch ein Argument
zum Verhältnis von Wort und Welt und dazu, dass zwischen ihnen eine
fruchtbare Kluft, aber eine Kluft liegt. Dichtung ist nicht Abbildungskunst
wie die Geschichtsschreibung zum Beispiel, sondern, wie Aristoteles sagen
würde, „mimesis": Sie sagt nicht, „was wirklich geschehen ist, sondern
vielmehr, was geschehen könnte. [...] Daher ist Dichtung etwas Philoso-
phischeres und Ernsthafteres als Geschichtsschreibung; denn die Dichtung
teilt mehr das Allgemeine, die Geschichtsschreibung hingegen das Besondere mit"[30]. Eine ebenso große wie fruchtbare Lücke zwischen Subjekt und
Objekt, *intellectus* und *res*, sieht Nietzsche in dem sprachphilosophisch bedeutenden Essay „*Ueber Wahrheit und Lüge im aussermoralischen Sinne*",
„denn zwischen zwei absolut verschiedenen Sphären wie zwischen Subjekt
und Objekt giebt es keine Causalität, keine Richtigkeit, keinen Ausdruck,
sondern höchstens ein ä s t h e t i s c h e s Verhalten, [...] eine andeutende
Uebertragung, eine nachstammelnde Uebersetzung in eine ganz fremde
Sprache" (KSA 1,884).

Für Nietzsche ist Sprache grundsätzlich tropologisch, rhetorisch und Figur-
ration, das heißt das Resultat eines permanenten Übertragungsprozesses. In
analoger Weise, wenn auch nicht sprachphilosophisch, sondern produktions-
ästhetisch argumentierend, glaubt Dürrenmatt, dass die Welt nicht mehr
beschreibbar, sondern „nur noch im Gleichnis darzustellen" (WA. Bd. 18,
S. 549) ist. Schreiben ist „ein mit Gleichnissen arbeitendes Denken"
(G 2,175), die Gleichnissprache eine Sprache der Mehr- und Vieldeutigkeit,
die Dürrenmatt insbesondere in der „*Dramaturgie des Labyrinths*", welche
sich als Einführung oder Kommentar zum „*Winterkrieg*" lesen lässt, immer

---

[30] Aristoteles: Poetik. Griechisch/Deutsch. Stuttgart 1982, S. 29.

wieder herausstreicht: „Nicht *eine* Erklärung ist der Sinn eines Gleichnisses, sondern alle seine möglichen Erklärungen zusammen, wobei die Zahl dieser möglichen Erklärungen zunimmt, das Gleichnis wird immer mehrdeutiger" (WA. Bd. 28, S. 83 f.). Diese plurale Lesbarkeit ist ausdrücklich dem labyrinthischen Diskurs eingeschrieben, für den beide Schreiber eine Vorliebe hegen[31], insofern sich ihr Verständnis des Labyrinths vom antiken Mythos distanziert. Zwar interpretieren sie das Labyrinth der überlieferten Auffassung folgend als Existenzmetapher, entziehen ihr jedoch jegliche teleologische Bedeutung. Die menschliche Selbstverwirklichung ist die Erfahrung des Labyrinthgängers, der nicht ankommt und, anders als Theseus, ohne den Faden Ariadnes und die Gewissheit auskommen muss, zum Ausgang und zur Geliebten zurückzufinden. Nietzsches philosophische Umwertung des antiken Textes wie die dichterische Dürrenmatts ersetzen die ethisch-moralische Vorstellung vom „Weg zum Glück" durch eine Lebenskonzeption, deren Sinn nicht in einem erlösenden Endpunkt, sondern in der perpetuierten Auseinandersetzung mit der minotaurischen Gefahr liegt: „Wir haben für das Labyrinth eine eigene Neugierde, wir bemühn uns darum, die Bekanntschaft des Herrn Minotaurus zu machen, von dem man Gefährliches erzählt: was liegt uns an Ihrem Weg h i n a u f, an Ihrem Strick, der h i n a u s führt? Zu Glück und Tugend führt?" (KSA 13,602)

Dürrenmatts Prosaballade *„Minotaurus"* und der Bildzyklus von 1984/85, der den Balladentext illustriert, veranschaulichen am prägnantesten diese Version des Labyrinths, dessen Architektur einen strukturlosen und unüberschaubaren Raum von vieldimensional vernetzten Gängen aufweist, der weder Zentrum noch Peripherie kennt und deshalb keiner Ränder bedarf, weil ihm der Mensch nicht entkommen kann.[32] Sofern die radikalisierte Labyrinthkomposition auch immer schon eine ebensolche Erzählkomposition einschließt, zu der kein dädalischer Plan und kein Ariadnefaden mehr vorliegt, darf vom labyrinthischen Diskurs „kein Wissen von einem Ganzen, Totalen, Absoluten" (WA. Bd. 14, S. 264) eingefordert werden, weder ein „Zu-Ende-Denken" noch ein „Ende des Denkens", das ja ein „Ankommen bei der Wahrheit" (WA. Bd. 14, S. 187) voraussetzen würde. Für Dürrenmatt „kann die Wahrheit bloss in Märchenform erzählt werden" (WA. Bd. 14, S. 232); 100 Jahre früher entlarvt Nietzsche gegen

---

[31] Vgl. Peter Gasser: „COLUMBUS NOVUS" – Zum rhetorischen Impetus von Nietzsches Philosophie. In: Nietzsche-Studien 24 (1995), S. 137-161; Friedrich Dürrenmatts Labyrinthe oder Von der Suche nach sich selbst. In: Variations 14 (2006), S. 152-164.
[32] Vgl. Peter Gasser: Dramaturgie und Mythos. Zur Darstellbarkeit des Grotesken in Dürrenmatts Spätwerk. In: Söring/Mingels: Dürrenmatt im Zentrum (Anm. 20), S. 191-209.

die Fabel der klugen Tiere, die das Erkennen erfanden und daran sterben mussten, die sprachliche Wahrheit als ein „bewegliches Heer von Metaphern, Metonymien, Anthropomorphismen […]" (KSA 1,880). Das metaphorische und gleichnishafte Sprechen überschreitet jede Festlegung von Sinn, weil es einen archimedischen Punkt, von dem her eine Übersetzung des Textes in seine Bedeutung vornehmbar wäre, verweigert.

Dürrenmatts Nähe zu Nietzsche mag sich vorwiegend über seine Lektüren von Fritz Mauthners „*Wörterbuch der Philosophie*" und von Hans Vaihingers „*Philosophie des Als Ob*", die sich beide in seiner Neuenburger Arbeitsbibliothek befinden, erklären. Von Letzterem übernimmt er punktuell die Idee, dass Fiktionen den Weg zur Erkenntnis ebnen können: „auf dem Schreibtisch eines Dramatikers […] werden Fiktionen ausprobiert, zurückgenommen, widerrufen, neu eingesetzt, umgeformt" (WA. Bd. 32, S. 129)[33]. Gerade das, stellt Dürrenmatt fest, tut der Denker und Dichter, für den das Allgemeine und Wahre nicht mehr ausdrückbar und sein Denken und Dichten „bloss noch ein Abenteuer im Subjektiven" ist, er „stellt nur Spiele her. Oder Gleichnisse" (WA. Bd. 14, S. 100). Seinen eigenen Weg aus der Philosophie heraus in die Schriftstellerei sowie seine Antipathie gegen Systematiker wie Hegel und die Vorliebe für die Subjektivität von Existenzphilosophen wie Kierkegaard oder Nietzsche formuliert der zurückblickende „*Stoffe*"-Schreiber schließlich selbst – in einem Gleichnis:

> Statt mich aber im Hafen der Philosophie umzuschauen, welche Schaluppen oder welchen Dampfer ich besteigen soll, um mich auf ein so ungewisses Meer hinauszuwagen, wie es sie eben die Phantasie als die Vorstellungskraft darstellt, bleibt mir nichts anderes übrig, als mein eigenes Floss zu besteigen, um so mehr, als ich mit ihm schon längst in diesem Ozean dahintreibe, ohne Ruder und Segel, jenseits jeder Sichtweite eines Hafens, ja einer Küste; allein von der Vorstellungskraft in die Bereiche des rein Vorstellbaren, des Möglichen, des Wahrscheinlichen, des Unvorstellbaren, des nur noch Ahnbaren getrieben, hinein in die Welt des Grotesken und des Paradoxen (WA. Bd. 29, S. 206).

---

[33] Das Verhältnis Dürrenmatts zu Vaihinger untersucht Ph. Burkard: Dürrenmatts „*Stoffe*" (Anm. 16).

Über das Ende des Textes hinausschreiben.
Das Beispiel Ödipus

ROSMARIE ZELLER

„Ödipus wird weiterleben, als ein Stoff, der uns Rätsel aufgibt. Ist sein Schicksal nun durch die Götter bestimmt oder dadurch, daß er sich gegen einige Prinzipien, welche die Gesellschaft der Zeit stützten, versündigt hat, wovor ich ihn mit Hilfe des Orakels zu bewahren suchte, oder gar, weil er dem Zufall zum Opfer fiel, hervorgerufen durch deine launische Orakelei?", sagt der Seher Tiresias zur Pythia Pannychis XI. am Ende von Dürrenmatts Erzählung „*Das Sterben der Pythia*", welche Bestandteil des „*Mitmacher*"-Komplexes ist.[1] Die Anziehungskraft des Ödipus-Stoffes besteht, wie es Tiresias formuliert, in den zahlreichen Interpretationsmöglichkeiten, die immer neue Lektüren ermöglichen. Dürrenmatt hat, wie man weiß, eine große Vorliebe für eine neue Lektüre von Mythen, die er seit seiner Kindheit in der Fassung von Gustav Schwab kennt.[2] Die Forschung hat sich bisher hauptsächlich für seine Interpretation des Labyrinths und des Minotaurus interessiert.[3] Der Ödipus-Mythos, der in Dürrenmatts Werk und in seinen Reflexionen immer wieder auftaucht, hat demgegenüber weniger Aufmerksamkeit gefunden, obwohl er eine zentrale Rolle spielt

---

[1] Zitiert wird die Werkausgabe: Friedrich Dürrenmatt: Werkausgabe in dreißig Bänden. Zürich 1980. Dem vorliegenden Aufsatz liegt der Text, wie er im Nachwort zu „*Der Mitmacher. Ein Komplex*" publiziert ist, zugrunde (WA. Bd. 14, Zitat S. 313). Die Erzählung selbst findet sich in WA. Bd. 23.
[2] „Wenn mein Vater auf Sisyphus oder Tantalus oder Ödipus zu sprechen kam, die von den Göttern verflucht worden waren, fragte ich, was denn ein Fluch sei, und mein Vater antwortete, das seien erfundene Geschichten, die Griechen hätten nicht gewußt, daß es nur einen Gott gebe." (Friedrich Dürrenmatt: Labyrinth. Turmbau. Stoffe I-IX. Zürich 1998, S. 24 f.) Jean Rodolphe von Salis meinte: „Man versteht Dürrenmatt nicht, wenn man ihn nicht als Erwecker und Gestalter von Mythen sieht." (Über Friedrich Dürrenmatt. Essays und Zeugnisse. Hg. von Daniel Keel. Zürich 1980 (WA. Bd. 20, S. 375.) Dürrenmatt hat sich auch selbst so geäußert gegenüber Heinz Ludwig Arnold (Friedrich Dürrenmatt: Im Banne der „Stoffe". Gespräche III: 1981-1987. Hg. von Heinz Ludwig Arnold in Zsarb. mit Anna von Planta und Jan Strümpel. Zürich 1996, S. 31).
[3] Zu den Mythen bei Dürrenmatt generell siehe Eugenio Spedicato: Mythisches Pech. Wozu Dürrenmatt griechische Mythen wiederaufnahm und neu erzählte. In: Silvio Vietta und Herbert Uerlings (Hg.): Moderne und Mythos. Paderborn, München 2006, S. 245–258. Zum Labyrinth z. B. Peter Gasser: Dramaturgie und Mythos. Zur Darstellbarkeit des Grotesken in Dürrenmatts Spätwerk. In: Jürgen Söring (Hg.): Dürrenmatt im Zentrum. Frankfurt am Main [u.a.] 2004, S. 191–209.

sowohl für seine Überlegungen zum Drama wie auch durch die Gestaltung im „*Sterben der Pythia*" für seine erzählerische Praxis, die seine dramatische Arbeit abgelöst hat. Von daher scheint es mir kein Zufall zu sein, dass der Stoff im Nachwort zum „*Mitmacher*" auftritt, das als Reaktion auf das Unverständnis der Kritiker dem Stück gegenüber entstanden ist. Im Folgenden soll „*Das Sterben der Pythia*" nicht primär als Dekonstruktion eines Mythos gelesen werden, das hat Mark-Georg Dehrmann bereits getan,[4] sondern als eine Reflexion Dürrenmatts über die Darstellbarkeit der Welt, über die Position des Autors in der modernen Welt, in der es keine verbindlichen Norm- und Wertsysteme mehr gibt und die so komplex geworden ist, dass es für einen Einzelnen unmöglich ist, sie zu durchschauen oder zu manipulieren, und schließlich auch als Auseinandersetzung mit den Möglichkeiten des Erzählens. Wenn Dürrenmatt im Zusammenhang mit dem Unverständnis, auf das „*Der Mitmacher*" gestoßen ist, gesagt hat, man werde seine Modernität einmal noch erkennen, so hat er sicher recht gehabt. Zu lange hat man Dürrenmatt auf die frühen Stücke und insbesondere auf den „*Besuch der alten Dame*" reduziert, zu sehr hat man in ihm den Darsteller des Grotesken gesehen, den fantasievollen Autor, der nicht in allen Details seiner fantastischen Erfindungen ernst zu nehmen ist,[5] als dass man erkannt hätte, wie sehr es ihm darum geht, die moderne Welt als eine Welt des Chaos, der Pannen und Katastrophen dazustellen.

Dürrenmatts Text soll nicht so sehr, wie es bisher vorwiegend geschehen ist, auf seinen philosophischen Gehalt hin untersucht werden, sondern im Hinblick auf seine künstlerischen Verfahren, wozu auch der Bezug zum Mythos und dessen Reinterpretation gehört. Es soll dabei auch darum gehen, die Modernität von Dürrenmatts künstlerischen Bemühungen hervorzuheben.

Den Mythos kennt Dürrenmatt wahrscheinlich vor allem durch zwei literarische Texte, durch die Tragödie „*König Ödipus*" von Sophokles und durch die Version der Sage von Gustav Schwab, wobei wahrscheinlich die detailreiche Erzählung des Letzteren für Dürrenmatt die wichtigere Rolle spielt. Diese zwei Texte werde ich im Folgenden gesamthaft gemäß der

---

[4] Ausführlich zum Sterben der Pythia: Mark-Georg Dehrmann: Dürrenmatt in Delphi: Korrekturen des Ödipus-Mythos im „Sterben der Pythia". In: Martin Vöhler, Bernd Seidensticker und Wolfgang Emmerich (Hg.): Mythenkorrekturen. Berlin, New York 2005, S. 401–409 und Spedicato: Mythisches Pech (Anm. 3).
[5] Siehe z. B. Peter Spycher: From ‚Der Mitmacher' zu ‚Smithy' and ‚Das Sterben der Pythia'. In: Moshe Lazar (Hg.): Play Dürrenmatt. Malibu 1983, S. 107–124. Spycher stellt die Frage, ob Dürrenmatt nicht sich selbst gegenüber beim Ausspinnen der Geschichte zu nachgiebig gewesen sei. Er betont den parodistischen Charakter der Erzählung.

Terminologie von Gérard Genette als Hypotext bezeichnen.[6] Ein nicht geringes Vergnügen bei der Lektüre des „Sterbens der Pythia" entsteht, wie zu zeigen sein wird, durch die hypertextuellen Bezüge. Schon allein der hypertextuelle Bezug öffnet den Text auf eine Vielzahl von Bedeutungen hin.[7] Der Ödipus-Stoff hat den Vorteil der Bekanntheit, sodass Dürrenmatt den Hypotext bei seinem Modell-Leser voraussetzen kann,[8] auch wenn dem Leser vielleicht einige Bezüge entgehen, wenn er seinen Schwab nicht genügend präsent hat. Aber auch das gehört zum hypertextuellen Spiel, wie Genette bemerkt.[9]

In der Geschichte der Tragödie und ihrer Poetik spielt der Ödipus-Stoff, dieser „Urstoff" des Theaters, wie Dürrenmatt sagt,[10] eine herausragende Rolle. Schon Aristoteles hat in seiner „Poetik" die Tatsache, dass Anagnorisis und Peripetie bei diesem Stoff zusammenfallen, als besonderen Vorzug erkannt, wie er auch die Tatsache, dass eine Person eine Handlung ohne Einsicht ausführt und erst danach Einsicht erlangt, als besonders tragisch bezeichnet.[11] Ödipus ist der perfekte tragische Stoff, weil Ödipus seinem Schicksal nicht ausweichen kann. Indem er sich moralisch korrekt verhält, verantwortungsbewusst handelt und alles tut, um das Unglück zu verhindern, führt er dieses gerade herbei. Nicht umsonst wird „Ödipus" von Sophokles

---

[6] Gérard Genette: Palimpsestes. La Littérature au second degré. Paris 1982 (dt. Übersetzung 1993). Mit dem Begriff Hypertext bezeichnet Genette einen Text, der für sich selbst existiert und verständlich ist, sich aber trotzdem auf einen Hypotext bezieht. Genette bezeichnet den Hypertext als „faire du neuf avec du vieux" (S. 451).

[7] „Cette lecture relationnelle (lire deux ou plusieurs textes en fonction l'un de l'autre) est sans doute l'occasion d'exercer ce que j'appellerai […] un structuralisme ouvert […] où l'on voit comment un texte (un mythe) peut – si l'on veut bien l'y aider –'en lire un autre'." Genette: Palimpsestes (Anm. 6), S. 452.

[8] Modell-Leser ist der von Umberto Eco in „Lector in fabula" (München 1987, S. 61 ff.) eingeführte Ausdruck und meint den Leser, der die vom Autor intendierten Textstrategien nachvollzieht. Der Modell-Leser ist im Text eingeschrieben und insofern rekonstruierbar. Im Folgenden ist immer dieser Leser gemeint.

[9] „Le recours à l'hypotexte n'est jamais indispensable à la simple intelligence de l'hypertexte. […] l'hypertextualité est plus ou moins obligatoire, plus ou moins facultative selon les hypertextes. Mais il reste que son amputation ampute toujours l'hypertexte d'une dimension réelle." Genette: Palimpsestes (Anm. 6), S. 450. Die einzige umfangreichere Untersuchung intertextueller Bezüge in Dürrenmatts Werk ist die von Reinhold Grimm: Intertextualitäten. Einige Beispiele aus Dürrenmatts späterer Schaffenszeit. In: Peter Rusterholz und Irmgard Wirz (Hg.): Die Verwandlung der ‚Stoffe' als Stoff der Verwandlung. Friedrich Dürrenmatts Spätwerk. Berlin 2000, S. 91-106. Grimm hebt vor allem den grotesken und komischen Effekt hervor.

[10] Dürrenmatt: Mitmacher (Anm. 1), S. 314.

[11] Aristoteles: Poetik. Übersetzt und herausgegeben von Manfred Fuhrmann. Stuttgart 1984, S. 35 und 45.

als analytische Tragödie gestaltet, in der die Katastrophe bereits geschehen ist und so die Unausweichlichkeit des Handlungsverlaufes besonders deutlich gezeigt werden kann. Dürrenmatt hat in seinen *„Sätzen über das Theater"* gerade diese Konstruktion thematisiert, wenn er rekonstruiert, wie es zu einem Unfall gekommen ist, und feststellt: „Vom Unfall her nach rückwärts gesehen führt zum Unfall eine einzige Kausalitätskette." Aber Dürrenmatt wäre nicht Dürrenmatt, würde er nicht den Zufall in seine Analyse des Unfalls einführen: „Betrachtet man den Unfall dramaturgisch, so setzt er sich auf den ersten Blick aus lauter Zufälligkeiten zusammen. [...] Je näher der Zeitpunkt am Unfall liegt, desto wahrscheinlicher, je weiter der Zeitpunkt zurückliegt, desto unwahrscheinlicher kommt es zum Unfall, so dass wir die Definition wagen dürfen, die Wirklichkeit ist die Unwahrscheinlichkeit, die eingetreten ist."[12]

Der Zufall, die Unwahrscheinlichkeit, das sind typische Elemente der Komödie, die ja nach Dürrenmatt allein der modernen Welt beikommt.[13] Wie kommt er aber dann dazu, sich für den tragischsten aller Stoffe zu interessieren? Ein Hinweis auf Ödipus findet sich bereits in den *„21 Punkten zu den Physikern"*, welche sich ausführlich mit dem Zufall auseinandersetzen: „Planmäßig vorgehende Menschen wollen ein bestimmtes Ziel erreichen. Der Zufall trifft sie dann am schlimmsten, wenn sie durch ihn das Gegenteil ihres Ziels erreichen: Das, was sie befürchteten, was sie zu vermeiden suchten (z. B. Ödipus)."[14] Dementsprechend wird in Dürrenmatts Konzeption die schlimmstmögliche Wendung durch den Zufall herbeigeführt und nicht durch die streng motivierte Handlung. Bestand die Kunst des Dramatikers bis zum Ende des 19. Jahrhunderts darin, die Handlung bis in alle Einzelheiten zu motivieren, also dem Zufall keinen Raum zu lassen, besteht sie nach Dürrenmatt nun darin, „den Zufall möglichst wirksam einzusetzen"[15]. Diese Reflexion über den Zufall, der in der Literatur des 19. Jahrhunderts und teilweise noch bis weit ins 20. Jahrhundert als Konstruktionsprinzip von Literatur verpönt war, ist ein Indiz für die Modernität von Dürrenmatts Denken, wie sie sich zum Beispiel auch in einem Roman wie Musils *„Mann ohne Eigenschaften"* zeigt, der mit der Schilderung eines Unfalls und dessen gesetzmäßiger Einordnung beginnt und der nach der ursprünglichen Absicht des Autors im Chaos des Ersten Weltkriegs enden sollte. Schicksal und Zu-

---

[12] Friedrich Dürrenmatt: Sätze über das Theater. In: F. D.: Theater. Zürich 1980, S. 204 f. (WA. Bd. 24)
[13] „Uns kommt nur noch die Komödie bei." Friedrich Dürrenmatt: Theaterprobleme. In: Dürrenmatt: Theater (Anm. 12), S. 62.
[14] Friedrich Dürrenmatt: Die Physiker. Komödie. Zürich 1980, S. 92 (WA. Bd. 7).
[15] Dürrenmatt: Physiker (Anm. 14), S. 91.

fall sind die beiden Pole, zwischen denen sich der Ödipus-Stoff interpretieren lässt. Es stellt sich also die Frage, wie Dürrenmatt den Ödipus-Stoff, der „schon so oft verfälscht worden ist", ein weiteres Mal „verfälscht"[16].

„Ödipus, als Fabel, scheint untrennbar mit der Idee des Schicksals verbunden zu sein", schreibt Dürrenmatt.[17] Das Schicksal hat aber die Bühne und die Welt längst verlassen, wie der Autor in der „*Panne*" Wucht erklären lässt:

> In einer Welt der schuldigen Schuldlosen und der schuldlosen Schuldigen hat das Schicksal die Bühne verlassen, und an seine Stelle ist der Zufall getreten, die Panne. [...] Das Zeitalter der Notwendigkeiten machte dem Zeitalter der Katastrophen Platz [...] undichte Virenkulturen, gigantische Fehlspekulationen, explodierende Chemieanlagen, unermeßliche Schiebungen, durchschmelzende Atomreaktoren, zerberstende Öltanker, zusammenkrachende Jumbo-Jets, Stromausfälle in Riesenstädten, Hekatomben von Unfalltoten in zerquetschten Karosserien.[18]

Es geht also darum, „den Ödipus ohne den Schicksalsbegriff zu erzählen", „das Schicksal durch den Zufall [zu] ersetzen"[19], den Ödipus in das ‚Zufällige' zu übersetzen.[20] Dies könnte man eigentlich auf ganz einfache Weise bewerkstelligen, indem man das Orakel eliminiert und an die Stelle des Schicksals den Zufall treten lässt, wie es Max Frisch mit umgekehrten geschlechtlichen Vorzeichen im „*Homo Faber*" versucht hat, indem er den Vater nach einer Reihe von Zufällen zum Liebhaber seiner Tochter macht. Das aber ist nicht die Variante, die Dürrenmatt wählt. Er behält das Orakel bei, aber dieses ist nicht mehr ein Instrument, mit dem die Götter den Menschen Botschaften zukommen lassen, sondern ein Mittel politischer Manipulation oder persönlichen Vergnügens wie im Falle der Pannychis XI., die es liebt, möglichst unsinnige Orakelsprüche zu erfinden. Das Orakel der Pannychis, dass Ödipus seinen Vater umbringen und seine Mutter heiraten werde, erweist sich als „grotesker Zufallstreffer"[21], der aber wiederum nur möglich wird im Kontext zweier weiterer Orakel des Tiresias, welche beide zum Ziel hatten, zu vermeiden, dass der Drachenmann Kreon in Theben an die Regierung kommt. Die Orakel sind dieselben wie im Hypotext: Das heißt, Laios wird prophezeit, dass sein Sohn ihn umbringen werde, was er vermeiden kann, indem er keinen Sohn zeugt, und das zweite Orakel sagt, die Pest sei eine Strafe der Götter, weil es in Theben jemanden

---

[16] Dürrenmatt: Mitmacher (Anm. 1), S. 314.

[17] Dürrenmatt: Mitmacher (Anm. 1), S. 272.

[18] Friedrich Dürrenmatt: Die Panne. Zürich 1980, S. 162 (WA. Bd. 16).

[19] Dürrenmatt: Mitmacher (Anm. 1), S. 271.

[20] Dürrenmatt: Mitmacher (Anm. 1), S. 273.

[21] Dürrenmatt: Mitmacher (Anm. 1), S. 282.

gebe, der sich der Blutschuld schuldig gemacht habe. Dürrenmatt geht sogar so weit, beim zweiten Orakel Sophokles in der Übersetzung von Heinrich Weinstock zu zitieren, wobei Pannychis über die „Jamben" seufzt und
einmal – witzigerweise dort, wo ein heute so nicht mehr gebräuchliches
Wort, nämlich ‚unheilbar', auftritt, – sogar stolpert, denn „das Versmaß
war nicht unkompliziert"[22]. Die Folge der Orakel bleibt dieselbe wie im
Hypotext: Ödipus ist am Ende blind und muss sich von Antigone führen
lassen, was wie im Drama am Anfang des Textes berichtet wird. Iokaste ist
ebenfalls tot, und Kreon hat die Macht übernommen. Dürrenmatt behält
also die Orakel und ihre Folgen bei, obwohl es in seiner Welt keine Götter
mehr gibt und nur noch einige Abergläubige oder Leichtgläubige wie Ödipus an Orakel glauben. Es finden, was für hypertextuelle Bezüge nicht un-
üblich ist, Transmotivationen auf allen Ebenen statt, die dazu führen, dass
die Geschichte des Ödipus zu einem Text wird, in dem nicht unwissentlich
und auf höheren Befehl gehandelt wird, sondern wissentlich und mit hand-
festen Interessen und Absichten. Ödipus weiß von Anfang an, dass Polybos
und Merope nicht seine Eltern sind. Das Orakel dient ihm nicht dazu, den
Vatermord und Inzest zu vermeiden, sondern dazu, herauszufinden, wer
seine Eltern, die ihn ausgesetzt haben, sind, um sich an ihnen, die ihn den
wilden Tieren vorwerfen wollten, zu rächen. Ödipus weiß, als er „einen
alten, hitzigen Mann" tötet, dass dies sein Vater ist, er weiß nur nicht, wer
dieser Mann ist, weswegen er den Wagenlenker nach ihm fragen muss.[23] Er
weiß damit auch, dass die Königin von Theben, Iokaste, seine Mutter ist,
an der er sich durch den Inzest rächen will. Auch diese weiß, als sie mit
Ödipus schläft, dass er ihr Sohn ist, da ihr der Beischlaf mit ihm aber Vergnügen macht, hat sie nichts dagegen. Das tragische Element, dass Ödipus
unwissentlich handelt und dadurch gegen die gesellschaftlichen Normen
verstößt, entfällt bei Dürrenmatt völlig bzw. wird als unwichtig abgetan.[24]
Nach dem griechischen Mythos bzw. der Sage, wie sie Gustav Schwab er-

---

[22] Dürrenmatt: Mitmacher (Anm. 1), S. 279. Es handelt sich um den Bericht des Kreon,
der von Delphi zurückkommt, wobei sein Bericht bei Sophokles immer wieder von
Nachfragen des Ödipus unterbrochen wird: „Kreon. Mit klaren Worten gebietet dir
Apoll, die Blutschuld, die in diesem Lande wuchert, / Unheilbar nicht zu machen – aus-
zutreiben. / Oidipus. Was für eine Sühne? Welche Schuld? / Kreon. Ihn zu verbannen
oder Blut mit Blut / Zu sühnen. Blut befleckt das Land. [...] Für dessen Tod heißt Phoi-
bos Rache nehmen / An seinen Mördern. Das ist sein Befehl." (Sophokles: König Oidipus. In: Sophokles: Die Tragödien. Übersetzt von Heinrich Weinstock. Stuttgart ⁴1962.)
[23] Dürrenmatt: Mitmacher (Anm. 1), S. 290.
[24] „Ödipus tötete seinen Vater, gut, kann vorkommen, er beschlief seine Mutter, na und?
Aber daß alles so exemplarisch ans Tageslicht kommen mußte, ist das Katastrophale."
(Dürrenmatt: Mitmacher (Anm. 1), S. 300.)

zählt, ist Ödipus selbst ein Opfer der Vergehen seines Vaters, für die er nichts kann, ein Werkzeug der Götter, die sich an Laios rächen wollen, weil er sich gegen sie vergangen hat. In der Dürrenmattschen Welt, wo es die Götter nicht mehr gibt, wird das Motiv der Rache zwar beibehalten, auch das Objekt der Rache sind immer noch die Eltern, aber die Motivation ist eine völlig andere: Der Sohn rächt sich für seine Aussetzung und die Misshandlung. Remotiviert wird in diesem Kontext auch das Auftreten der Pest, die selbstverständlich nicht mehr eine Strafe der Götter, sondern lediglich die Folge eines mangelhaften Abwassersystems ist.

So gesehen ist die Tatsache, dass Laios seinen Sohn ausgesetzt hat, die Ursache aller nachfolgenden Unglücke. Stellt sich also die Frage, wieso der durchaus aufgeklärte Laios auf die grausame Idee kam, seinen Sohn auszusetzen, umso mehr als er keine Kinder zeugen kann oder will. Hier bekommen nun die Orakel ihre Funktion. Die vom Hypotext vorgegebenen Orakel sind nicht mehr Aussprüche Apollos, sondern sie sind die Folge politischer Manipulationen. Das ist auch Laios sofort klar, als ihm prophezeit wird, sein Sohn werde ihn töten. Hinter diesem Orakel musste jemand stecken, der ein Interesse daran hatte, dass die Ehe des Laios mit Iokaste kinderlos blieb. Es musste jemand sein, der selbst nach der Macht strebte. Der Verdacht fällt auf Menoikeus. Dieser wird nun seinerseits durch ein von Laios gekauftes Orakel zum Selbstmord veranlasst. In diesem Kampf der Orakel bleibt also Laios zunächst einmal der Sieger! Laios hat richtig erkannt, dass Menoikeus das Orakel bei Tiresias gekauft hatte, seinen Inhalt hat er allerdings nicht richtig gedeutet. Tiresias wusste, dass Laios keine Kinder zeugen kann und will. Er ging deshalb davon aus, dass Laios den metaphorischen Gehalt des Orakels erkennt und den ‚Sohn' auf den ‚Erben' bezieht und merkt, dass das Orakel auf Kreon zielt, Iokastes Bruder. Er hoffte, Laios würde durch diese Warnung dazu veranlasst, seinen Feldherrn Amphitryon[25] zu adoptieren und so die Gefahr einer Machtübernahme durch Kreon bannen.

Aus hypotextueller Perspektive gibt es einige interessante Details, die ein Licht auf Dürrenmatts Kreativität werfen, weshalb hier kurz auf sie eingegangen sei. In Schwabs Variante des Mythos wird Laios' Schuld, die durch den Vatermord gerächt werden soll, darauf zurückgeführt, dass er bei den nemäischen Spielen den „schönen Sohn des Pelops" entführt hatte. Daraus leitet Dürrenmatt wahrscheinlich seine homoerotischen Interessen ab. Typisch ist zugleich, dass Dürrenmatt dieses motivierende Element

---

[25] Wahrscheinlich eine witzige Anspielung Dürrenmatts auf die Amphitryon-Figur, die der Titel einer verlorenen Tragödie des Sophokles ist, zugleich aber als Komödienfigur seit Plautus bekannt ist. Amphitryon war aber tatsächlich auch ein Feldherr in Theben.

eliminiert. Nachdem Laios das Orakel erhalten hat, lebt er gemäß Schwab enthaltsam, von seiner Gattin getrennt. „Doch führte die herzliche Liebe, mit welcher sie einander zugetan waren, beide wieder zusammen"[26], schreibt Schwab. Dürrenmatt hingegen lässt seinen Laios eine Vernunftehe ohne Geschlechtsverkehr führen, von herzlicher Liebe keine Spur. Solche Bezüge evozieren jenes Vergnügen, welches Genette in Anlehnung an Philippe Lejeune „lecture palimpsestueuse" nennt.[27]

Zurück zu den Orakeln. Tiresias' letztes Orakel, welches die Schluss-Katastrophe auslöst, geht von einem Irrtum, von einem Nicht-Wissen aus. Er meinte, Kreon habe Laios umgebracht, und er wollte mit seinem Orakel Kreon unschädlich machen. Dies ist ihm nicht gelungen, weswegen er resigniert feststellt: „Was ich vermeiden wollte, ist eingetroffen."[28] Und am Schluss meint er nochmals: „Ich setzte mit meiner Vernunft eine Kette von Ursache und Wirkungen frei, die das Gegenteil von dem bewirkte, was ich beabsichtigte."[29] Dies ist sozusagen die Quintessenz des Ödipus-Mythos, aber das, was zu vermeiden war, bezieht sich nicht auf Ödipus, sondern auf Theben. Im Mythos will Ödipus ein persönliches Unglück bzw. Vergehen vermeiden, im Dürrenmattschen Text will Tiresias vermeiden, dass Theben einen unmenschlichen Herrscher bekommt. Diese Verschiebung ist durchaus typisch für Dürrenmatt: Es geht nicht mehr um ein persönliches Schicksal, sondern um das Schicksal der Menschen eines Landes oder gar der ganzen Welt. Bis hierher verläuft alles so, wie wir es aus den Dramen Dürrenmatts wie zum Beispiel „*Romulus der Große*", den „*Physikern*" oder dem „*Besuch der alten Dame*" kennen: Eine Person versucht, ein Unglück für die Menschheit zu verhindern, was aber nicht gelingt, weil sich die Umgebung nicht so verhält wie berechnet, weil der Zufall eingreift und eine andere Wendung hervorbringt. Es stehen Absichten gegen Absichten, jemand hat im Hintergrund die Hände im Spiel wie die alte Dame, die Güllen längst aufgekauft hat, oder die Irrenärztin, die die Entdeckungen des Möbius längst verwertet hat. Die Behauptung, die Welt sei ein Chaos, wird durch die Darstellung in diesen Dramen nicht bestätigt, denn wir durchschauen die Welt des Stücks vollkommen, alle Motive und die daraus resultierenden Verhaltensweisen und Veränderungen werden aufgedeckt.

Kennzeichnend für Dürrenmatts spätere Texte ist, dass sie am scheinbaren Ende nicht zu Ende sind, dass sie mit den verschiedensten Mitteln ver-

---

[26] Gustav Schwab: Die schönsten Sagen des klassischen Altertums nach seinen Dichtern und Erzählern. Erster Teil. Gütersloh [8]1870, S. 235.
[27] Genette: Palimpsestes (Anm. 6), S. 452.
[28] Dürrenmatt: Mitmacher (Anm. 1), S. 302.
[29] Dürrenmatt: Mitmacher (Anm. 1), S. 312.

suchen, das Ende zu überspielen und den zunächst scheinbar einfachen Sachverhalt zu komplizieren. In extremer Weise ist dies im „Durcheinandertal" der Fall, wo man nicht mehr weiß, wie viele Syndikate es gibt und welches Syndikat welches aufgekauft hat, man weiß auch nicht, wie viele Große Alte es letztlich gibt. Dass die Verbrecher schließlich auch die von Moses Melker in seiner Predigt genannten Stämme Israels für Syndikate halten, zeigt, dass die verschiedenen Sichten auf die Welt nicht mehr zur Deckung zu bringen sind. Die Auflösung jeglicher Ordnung wird in den späten Werken Dürrenmatts nicht nur wie in den früheren in der Figurenrede behauptet, sondern sie wird künstlerisch umgesetzt, indem der Text selbst sich vervielfältigt, die Personen vervielfacht, die Sicht auf die fiktive Wirklichkeit vervielfältigt wird und dadurch keine Gewissheit mehr besteht, was in der fiktiven Welt wahr ist und was nicht, was wirklich vorgefallen ist und was nur Interpretation der Beteiligten ist.[30] Wenn es Dürrenmatt schon immer liebte, den Zuschauer irrezuführen – so sollte ja z. B. der Hühner züchtende Kaiser Romulus nicht zu früh durchschaut werden, ebenso wenig wie das Rollenspiel der drei Physiker – so radikalisiert er dies in den Werken der achtziger Jahre insofern, als er eine Vielfalt von Perspektiven einführt, die nicht zur Deckung gebracht werden können, so dass der Leser das Gelesene ständig reinterpretieren muss und letztlich nicht mehr feststellen kann, was in der dargestellten Welt als wirklich gilt und was nur Vorstellung der Personen ist. Dies alles sind typische Kennzeichen modernen Erzählens: Es gibt in den späten Texten Dürrenmatts („Justiz", „Der Auftrag", „Durcheinandertal") keine ‚wahre' Welt mehr, sondern nur noch unzuverlässige Perspektiven auf die Welt. Dürrenmatt nimmt hier Verfahren auf, die vom Nouveau Roman entwickelt worden sind, wobei ich nicht glaube, dass er den Nouveau Roman überhaupt zur Kenntnis genommen hat. Seine künstlerische Entwicklung hat ihn dazu geführt, diese Verfahren zu verwenden, die es ihm erlauben, die Reflexion über die Komplexität der Welt wiederzugeben und über den ihm wichtigen Bezug von Kunst und Wirklichkeit zu reflektieren.[31]

Im „Sterben der Pythia" besteht zum Beispiel Unsicherheit darüber, wer der Vater des Ödipus ist. Das ist schon eine erste Infragestellung der ‚Wirklichkeit' des Mythos. Laios wird von den einen als homosexuell, von den andern als kastriert dargestellt und ist deswegen mit großer Sicherheit nicht

---

[30] Siehe zum Problem der ambivalenten Welten die grundlegenden Ausführungen von Lubomír Doležel: Truth and Authenticity in Narrative. In: Poetics Today 1/1980, S. 7-25.
[31] Siehe dazu meine Untersuchung: Der neue Roman in der Schweiz. Die Unerzählbarkeit der modernen Welt. Freiburg/Schweiz 1998, besonders S. 1-66.

der Vater des Ödipus, auch wenn er selbst es nicht ganz ausschließt. Wenn er „das Balg" aussetzen lässt, so nicht, weil er Angst hätte, von seinem Sohn getötet zu werden, sondern weil er nicht den Sohn des Gardeoffiziers aufziehen will.[32] Durch diese Transmotivation, die Dürrenmatt vorgenommen hat, erzeugt er wiederum eine witzige Beziehung zum Hypotext. In beiden Texten meint Ödipus zu wissen, wer sein Vater ist, weiß es aber in Wirklichkeit nicht. In der Sage hält er den König von Korinth für seinen Vater, bei Dürrenmatt denjenigen, der nach der Sage sein Vater ist, den König von Theben, in Wirklichkeit ist es aber, jedenfalls in den Augen Iokastes der Gardeoffizier, was sie ihm aus Rücksicht auf seine Sensibilität nicht sagt. Sie weiß auch von Anfang an, dass sie mit ihrem Sohn schläft, meint aber, Ödipus wisse nicht, dass sie seine Mutter sei. Dieses Nicht-Wissen bzw. die Täuschung über das, was der andere weiß, hat aber im Gegensatz zum Hypotext keine direkten Konsequenzen für die Handlung, es hat vielmehr eine Art metaliterarische Funktion als augenzwinkerndes Spiel mit einem zentralen Motiv des Hypotextes, wo der hochgradige Normverstoß selbstverständlich nur aus einer Täuschung heraus geschehen kann, während er hier toleriert wird, solange er nicht öffentlich wird. Es gibt noch eine zweite witzige Beziehung. In Schwabs Sage wird sehr darauf insistiert, dass Ödipus Laios aus Notwehr getötet hat, denn dieser hatte ihn angegriffen.[33] Dieses Motiv der Notwehr verschiebt Dürrenmatt auf den Gardeoffizier, der unvermittelt im Schlafzimmer auftaucht, als Ödipus bei Iokaste ist. Iokaste erzählt: „Ich konnte Ödipus gerade noch sein Schwert in die Hand drücken, ein kurzes Gefecht, Mnesippos war nie ein starker Fechter."[34] Schon durch diese hypotextuellen Beziehungen wird die Welt verkompliziert, denn der Leser kennt ja die ‚wahre' Geschichte und bekommt jetzt eine andere vorgesetzt, die die ‚wahre' überlagert und sie relativiert

---

[32] „Aber im Suff mußte er doch wohl hin und wieder mit seiner Frau geschlafen haben, wie Iokaste behauptete, er wußte es nicht so recht, und dann dieser verdammte Gardeoffizier – am besten man ließ das Balg, das da plötzlich in der Wiege lag, aussetzen." Dürrenmatt: Mitmacher (Anm. 1), S. 288.

[33] „Der Greis aber, wie er den Jüngling so keck auf den Wagen anschreiten sah, zielte scharf mit seinem doppelten Stachelstabe, den er zur Hand hatte, und versetzte ihm einen schweren Streich auf den Scheitel. [...] Oedipus mußte sich gegen ihrer drei seines Lebens erwehren; aber seine Jugendstärke siegte, er erschlug sie alle, bis auf einen, der entrann, und zog davon.
Ihm kam keine Ahnung in seine Seele, daß er etwas anderes gethan als aus Notwehr sich an einem gemeinen Phocier oder Böotier mit seinen Knechten, die ihm sammt demselben ans Leben wollten, gerächt habe." Schwab: Die schönsten Sagen (Anm. 26), S. 235.

[34] Dürrenmatt: Mitmacher (Anm. 1), S. 291.

als eine unter anderen Geschichten; zugleich wird dadurch dem Leser bewusst gemacht, dass alles nicht so einfach ist.

Noch komplizierter wird es aber in dem Moment, wo Dürrenmatt zwei in Bezug auf die erste Wirklichkeit des Mythos überzählige Personen einführt,[35] nämlich den Wagenlenker und die Sphinx. Im Hypotext hat die Sphinx nur die Funktion, Ödipus durch die Lösung des Rätsels zu ermöglichen, die Königin zu heiraten. Um den Wagenlenker und die Sphinx in die Geschichte von Ödipus einzuführen, muss Dürrenmatt eine neue Version der Geschichte erfinden, die er die Pythia so erklären lässt: „Daß mein Orakel zutraf, wenn auch nicht so, wie Ödipus es sich nun einbildet, ist ein unglaublicher Zufall; aber wenn Ödipus dem Orakel von Anfang an glaubte, und der erste Mensch, den er tötete, der Wagenlenker Polyphontes war und die erste Frau, die er liebte, die Sphinx, warum kam ihm dann nicht der Verdacht, sein Vater sei der Wagenlenker gewesen und seine Mutter die Sphinx?"[36] In der Tat betont Ödipus, dass er den Wagenlenker als Zeugen seines Mordes an Laios tötete, dies wiederum im Gegensatz zum Hypotext, wo ein Zeuge des Mordes entkommt. Wenn Ödipus der Meinung ist, „wen sonst hätte ich töten können als meinen Vater"[37], so muss er notgedrungen, wie es die Pythia überlegt, auch den Wagenlenker als seinen Vater in Betracht ziehen. Wenn er das nicht getan hat, so nur, weil er lieber der Sohn eines Königs als eines Wagenlenkers ist, wie Tiresias bemerkt.[38] Was die Sphinx betrifft, so behauptet diese, Ödipus habe mit ihr geschlafen; ob das wahr ist, ist nicht kontrollierbar, immerhin lächelt Ödipus, als er von Pannychis nach der Sphinx gefragt wird,[39] und sie nennt seine Beschreibung der Sphinx als eines Löwen mit Frauenkopf einen Schwindel.[40] Andererseits ist die Sphinx keine zuverlässige Informantin, denn sie ist eine Priesterin des „Hermes, des Gottes der Diebe und Betrüger"[41]. Es fällt daher dem Leser, je weiter der Text fortschreitet, umso schwerer, festzustellen, welche Elemente und Verhältnisse zur dargestellten Welt gehören und welche nur erfunden sind. Die als Fabelwesen geltende Sphinx wird hier zu einer ‚normalen' jungen Frau, die unter den Augen des Laios vom Wagen-

---

[35] Zu diesem Konzept der überzähligen Personen (supernumerarischen Individuen) siehe Eco: Lector in fabula (Anm. 8), S. 206 ff. Ich wende hier den Begriff etwas anders an, nämlich nicht bezogen auf die reale Welt, sondern auf den Hypotext.

[36] Dürrenmatt: Mitmacher (Anm. 1), S. 309 f.

[37] Dürrenmatt: Mitmacher (Anm. 1), S. 292 und 300.

[38] Dürrenmatt: Mitmacher (Anm. 1), S. 310.

[39] Dürrenmatt: Mitmacher (Anm. 1), S. 290.

[40] Dürrenmatt: Mitmacher (Anm. 1), S. 298.

[41] Dürrenmatt: Mitmacher (Anm. 1), S. 310.

lenker vergewaltigt wird. Wie dem auch sei, ein Ödipus, der einen Wagenlenker als Vater und eine Sphinx als Mutter hat, ist ein anderer Ödipus als
derjenige, der Laios und Iokaste als Eltern hat. Dieser Ödipus begeht keinen Inzest, wenn er mit Iokaste schläft, und die mit ihr gezeugten Kinder
sind nicht zugleich seine Geschwister. Der Skandal ist kein Skandal mehr,
auch wenn sich das Orakel der Pythia dem Buchstaben nach auch in dieser
Version erfüllt hätte. Ödipus ist nicht mehr der Ödipus des Hypotextes,
sondern ein neuer oder ein weiterer Ödipus, weshalb Tiresias folgerichtig
feststellt: „Etwas stimmt nicht an dieser Geschichte".[42] Natürlich, denn es
ist nicht mehr die Geschichte des Sophokles oder von Gustavs Schwabs
„Sagen des klassischen Altertums". Die Pythia bestätigt:

> ‚Nichts stimmt daran', antwortete die Pythia, ‚und es spielt auch keine Rolle, dass
> nichts stimmt, weil es für Ödipus keine Rolle spielt, ob Laios schwul oder kas-
> triert war, so oder so war er nicht sein Vater. Die Geschichte der Sphinx ist voll-
> kommen nebensächlich.' ‚Gerade das beunruhigt mich', brummte Tiresias, ‚es
> gibt keine nebensächlichen Geschichten. Alles hängt zusammen. Rüttelt man
> irgendwo, rüttelt man am Ganzen.'[43]

In der Tat ist die Geschichte der Sphinx insofern nicht nebensächlich bzw.
verändert das Ganze, als sie nicht nur sagt, Laios sei nicht der Vater des
Ödipus, sondern auch bestreitet, dass Iokaste seine Mutter sei. In dem Fall
haben wir keine Geschichte mehr von einem, der seinen Vater umgebracht
und darauf mit seiner Mutter geschlafen und Kinder gezeugt hat, denn dieser Ödipus hätte zwar auch seinen Vater umgebracht und vielleicht einmal
mit seiner Mutter geschlafen, danach aber hätte er eine gewöhnliche Ehe
geführt. Dann hätte die Pest keinen Sinn mehr, und niemand müsste sich
die Augen ausstechen oder sich erhängen.

Wenn es aber möglich ist, dass es einen zweiten Ödipus gegeben hat,
dann kann es auch einen dritten und einen vierten gegeben haben:

> Wir wissen nicht, ob der korinthische Hirte statt den Sohn der Sphinx – falls es
> der Sohn der Sphinx war – der Königin Merope seinen Sohn ausgeliefert hat,
> nachdem er ihm ebenfalls die Fersen durchbohrt und den echten Ödipus, der ja
> auch nicht der echte war, den wilden Tieren ausgesetzt hatte, oder ob Merope den
> dritten Ödipus nicht ins Meer geworfen hat, um ihren eigenen Sohn, den sie heim-
> lich geboren – womöglich auch von einem Gardeoffizier –, dem treuherzigen
> Polybos als vierten Ödipus zu präsentieren? Die Wahrheit ist nur insofern, als wir
> sie in Ruhe lassen.[44]

---

[42] Dürrenmatt: Mitmacher (Anm. 1), S. 300.
[43] Dürrenmatt: Mitmacher (Anm. 1), S. 300.
[44] Dürrenmatt: Mitmacher (Anm. 1), S. 301.

Durch die Vervielfachung des Helden entstehen immer neue mögliche Welten, von denen wir nicht wissen können, welche die richtige, die wirkliche ist. Wir wissen auch nicht, welche Darstellung der Realität richtig bzw. wahr ist. Die Geschichten werden Pannychis von den Schatten der am Geschehen Beteiligten erzählt, eine Anspielung auf die Gattung der Totengespräche. Obwohl die Schatten eigentlich kein Interesse mehr daran haben müssten, nicht die Wahrheit zu berichten, stellt die Pythia fest: „Alle lügen". Und auf die Nachfrage des Tiresias, wer lüge, sagt sie:

> ‚Die Schatten […] keiner sagt die ganze Wahrheit, ausgenommen Menoikeus, aber der ist zu dumm, um zu lügen. Laios lügt und die Hure Ioakaste lügt. Sogar Ödipus ist nicht ehrlich.' ‚Im großen und ganzen schon', meinte Tiresias. ‚Möglich', antwortete die Pythia bitter, ‚bloß mit der Sphinx schwindelt er. Ein Ungeheuer mit einem Frauenkopf und mit einem Löwenleib. Lächerlich.'[45]

Es wird eine Welt gezeigt, über die es keine zuverlässigen Nachrichten gibt, weshalb sie sich als Durcheinander darstellt, als ein „gigantischer Knäuel von phantastischen Fakten", als „heilloser Wirrwarr"[46]. Während Tiresias glaubte, er könne mit seinen Orakeln Ordnung in die Welt bringen, hat Pannychis XI. von vornherein „mit Laune, mit Übermut, ja mit einer geradezu respektlosen Frechheit" orakelt. Es stehen hier zwei Prinzipien einander gegenüber: diejenigen, die die Welt für veränderbar halten, und jene, die sie hinnehmen, das heißt: Brecht und Dürrenmatt. Insofern ist das „*Sterben der Pythia*" eine letzte Auseinandersetzung Dürrenmatts mit Brecht, den er in diesem Zusammenhang einen „Tiresias der marxistischen Dialektik"[47] nennt.

> Die einen werden die Welt für kritisierbar halten, die andern nehmen sie hin. Die einen werden die Welt für so veränderbar halten, wie man einem Stein mit einem Meißel eine bestimmte Form zu geben vermag, die andern werden zu bedenken geben, daß sich die Welt samt ihrer Undurchschaubarkeit verändere, wie ein Ungeheuer, das immer neue Fratzen annimmt, und daß die Welt nur insoweit zu kritisieren sei, wie die hauchdünne Schicht des menschlichen Verstandes einen Einfluß auf die übermächtigen tektonischen Kräfte der menschlichen Instinkte besitzt.[48]

Interessant ist, dass Dürrenmatt nach den einleitenden Reflexionen zu Brechts Dramen- und Weltkonzeption die Auseinandersetzung auf der im-

---

[45] Dürrenmatt: Mitmacher (Anm. 1), S. 298.
[46] Dürrenmatt: Mitmacher (Anm. 1), S. 311.
[47] Dürrenmatt: Mitmacher (Anm. 1), S. 320.
[48] Dürrenmatt: Mitmacher (Anm. 1), S. 312 f.

pliziten Ebene einer Erzählung und nicht etwa eines Dramas weiterführt. Aus der Perspektive der literarischen Evolution ist es interessant, zu sehen, dass Dürrenmatt sich immer wieder verpflichtet fühlt, sich mit Brechts Dramenkonzeption auseinanderzusetzen, ist diese doch in der Nachkriegszeit zu einer eigentlichen Schlüsseltradition geworden.[49] Im Gegensatz zu Brecht will Dürrenmatt die Welt weder als kritisierbar noch als veränderbar darstellen, deswegen die Rolle des Zufalls: „Der Zufall entzieht sich jeder Kritik"[50], so Dürrenmatt. Er will, wie Heinz Ludwig Arnold treffend anmerkt, auch keine Gegenentwürfe, keine Modelle auf dem Theater präsentieren.[51] Er will vor allem keine Ideologie vertreten, deswegen will er auch keine Tragödien schreiben, denn diese setzen eine Ideologie, ein festes Wertsystem voraus.[52] Das künstlerische Problem, welches sich Dürrenmatt allerdings stellt, ist, wie man dieses Prinzip des Zufalls künstlerisch umsetzt, sodass es nicht einfach als Willkür erscheint. Wenn ich richtig sehe, beginnt er in der „*Panne*" zum ersten Mal damit, die Panne selbst als künstlerisches Prinzip anzuwenden, indem er das Stück mit dem Ende beginnen lässt, die Schauspieler sich beklagen lässt usw. In „*Achterloo*", wo die Personen bis zu drei Rollen haben, wird das Chaotische noch deutlicher umgesetzt. Es gibt keinen mehr, der die Handlung im Griff hat, vor allem auch nicht der Autor Büchner im Stück. Die Schauspieler spielen irgendeinen Text, nur nicht seinen. Man könnte sagen, dass auf eine gewisse Weise auch Dürrenmatt den Text nicht mehr im Griff hat, da er ihn in mehreren Fassungen publiziert. Auch der „*Mitmacher*" wächst sich zu einem Komplex aus; er soll das längste Nachwort enthalten, das der Autor je geschrieben hat.[53] Der Text selbst scheint sich an keine thematische bzw. rhetorische Ordnung mehr halten zu wollen, ufert nach allen Richtungen aus, das heißt, es gibt auch nicht mehr das letzte bzw. richtige Wort des Autors.

---

[49] Zu diesem Konzept siehe Janusz Sławiński: Synchronie und Diachronie im literarhistorischen Prozess. In: J. S.: Literatur als System und Prozess. Strukturalistische Aufsätze zur semantischen, kommunikativen, sozialen und historischen Dimension der Literatur. Ausgewählt von R. Fieguth. München 1975, S. 151-172. Vgl. auch Verf.: Der Neue Roman (wie Anm. 31), S. 5 ff. Brecht ist nicht, wie manche Kritiker meinen, der persönliche Antipode von Dürrenmatt, sondern er ist die Chiffre für eine Schlüsseltradition, in Bezug auf die sich jeder Dramatiker positionieren muss.

[50] Dürrenmatt: Mitmacher (Anm. 1), S. 273.

[51] Heinz Ludwig Arnold: Theater als Abbild der labyrinthischen Welt. In: Text + Kritik 50/51 (Dürrenmatt I) 1976, S. 28.

[52] „Die Tragödie setzt Schuld, Not, Maß, Übersicht, Verantwortung voraus." Dürrenmatt: Theaterprobleme. In: Dürrenmatt: Theater (Anm. 12), S. 63.

[53] „Irgend jemand bemerkte einmal, meine Nachworte würden immer länger. Ich habe vor, das längste zu schreiben, das ich je schrieb." Dürrenmatt: Mitmacher (Anm. 1), S. 97.

Aus dieser Perspektive scheint es mir auch folgerichtig, dass Dürrenmatt nicht ein wie auch immer geartetes Ödipus-Drama geschrieben hat, sondern eine Erzählung, denn diese bietet mehr Möglichkeiten, eine Welt darzustellen, die sich nicht mehr wie jene der Physiker auf einen Ort und eine kurze Zeit begrenzt, sondern sich als heilloser Wirrwarr entpuppt. Zwar hat Dürrenmatt in „Achterloo" ebenfalls mit der Multiplikation der Personen gearbeitet, ist damit aber auch an eine Grenze gekommen, besonders bei den Aufführungen: Mehr als drei Rollen pro Schauspieler lassen sich auf der Bühne kaum realisieren. In der Erzählung dagegen können die Figuren nach Belieben multipliziert werden. Im „Durcheinandertal" sehen immer mehr Angehörige des Syndikats gleich aus, es gibt Verdoppelungen, ja Verdreifachungen und Spiegelbilder. Die Unzuverlässigkeit der Erzählinstanz trägt ihrerseits zu dem Wirrwarr bei: Je mehr Erzähler, desto mehr Geschichten, denn die Menschen sagen „nur die ungefähre Wahrheit, als ob es bei der Wahrheit nicht vor allem auf die Details ankomme"[54], sagt Tiresias zu Pannychis. Wenn man alle diese ungefähren Wahrheiten zusammenfügt, kommt nicht die Wahrheit oder die Wirklichkeit heraus, sondern Wirrwarr, weil die Details nicht zusammenstimmen.[55] Diesen Effekt kann Dürrenmatt in der Prosa weit besser erreichen als im Drama, und so hat seine Abwendung vom Drama auch einen Grund in der Weiterentwicklung seiner künstlerischen Konzepte. Dies bestätigt sich in einer Äußerung Dürrenmatts gegenüber Heinz Ludwig Arnold, wo er sagt:

> Theaterschreiben ist eine ungeheure Begrenzung der Darstellung des Menschen. […] Ich stehe vor der Frage: Was kann ich mit diesem Medium darstellen und was nicht? Und da kommt gerade die Art von Prosa, die ich schreibe, weil ich auch ein sehr reflektierender Mensch bin, mir insofern entgegen, als ich darin viele Dinge zu sagen oder zu formulieren wage, die ich früher nicht zu formulieren wagte, weil ich sie nicht formulieren konnte.[56]

Mit der Prosa hat sich Dürrenmatt Freiräume geschaffen, welche seine Modernität erst richtig erkennen lassen. Es gibt nicht viele Autoren der Moderne, die dem Leser derart konsequent wie er jede Sinndeutung verweigern.

---

[54] Dürrenmatt: Mitmacher (Anm. 1), S. 301.
[55] Zu diesem Spiel mit Erzählinstanzen und Verdoppelungen auch in autobiografischen Texten siehe Rudolf Probst: (K)eine Autobiographie schreiben: Friedrich Dürrenmatts Stoffe als Quadratur des Zirkels. Paderborn, München 2008, besonders S. 184 ff.
[56] Dürrenmatt: Gespräche III (Anm. 2), S. 17 f.

Von Platon, Sokrates, Aristophanes – und Xanthippe: Friedrich Dürrenmatts „Der Tod des Sokrates"

HEINZ-GÜNTHER NESSELRATH

I Friedrich Dürrenmatt und Platon

„So wie ich mich immer wieder von Zeit zu Zeit mit Philosophen herumquäle [...], so beschäftige ich mich auch immer wieder mit Platon: Sein Verhältnis zu Sokrates läßt mich nicht los, und auch die These Kierkegaards nicht, Aristophanes sei mit der Schilderung des Sokrates in den *Wolken* der Wahrheit am nächsten gekommen."

Diese Sätze stehen im zweiten Band von Dürrenmatts „*Stoffen*"[1] gegen Ende einiger autobiografischer Ausführungen über seine Beschäftigung mit Platons „*Politeia*" „im ersten Wintersemester" (S. 129) seines Studiums vor allem der Philosophie an der Universität Bern. Dürrenmatt hebt hervor, dass die Beschäftigung mit der „*Politeia*" damals erfolgte, „ohne auf den politischen Hintergrund zu achten, [...] vielmehr auf die Ideenlehre ausgerichtet" (S. 129). Dürrenmatts besonderes Interesse erregte dabei das „Höhlengleichnis" im 7. Buch der „*Politeia*" – eine Faszination, die ihn fortan begleiten und sich in mehr als nur einem seiner Werke niederschlagen sollte.[2] Im Anschluss an dieses Bekenntnis gibt Dürrenmatt eine knappe Skizze der „Versuchsanordnung" im Höhlengleichnis und sieht seine eigene Befindlichkeit – damals als Schweizer in den mittleren Jahren des Zweiten Weltkriegs, zwar nicht selber an diesem katastrophalen Geschehen beteiligt, es aber gleichwohl mit sehr wachen Sinnen wahrnehmend – in diesem Gleichnis gespiegelt: „Ich war von Kind an, wie die Menschen in Platons Höhle, an Schenkel und Nacken gefesselt, und ich sah von der Katastrophe nichts als die Schatten an der Wand. [...] Platons ‚Höhlengleichnis' war ein Bild der Lage, in die ich dem Weltgeschehen gegenüber geraten war" (S. 130). Obwohl er die „*Politeia*" damals nur „auf die Ideenlehre ausgerichtet" (vgl. o.) kennenlernt, beginnt Dürrenmatt unter dem Eindruck des Höhlengleichnisses („gefesselt wie ich damals war [...] nicht von Platons Staatskonzeption aus, sondern von seiner Höhle", S. 131) nach eigenem

---

[1] Friedrich Dürrenmatt: Turmbau. Stoffe IV-IX. Zürich 1998, S. 131. Wenn im Folgenden nach Zitaten im laufenden Text Seitenzahlen angegeben sind, beziehen sie sich immer auf diesen Band.

[2] Vgl. hierzu Ulrich Weber: Forschungsreisen in Platos Höhle oder Spätfolgen einer Seminararbeit. In: Jürgen Söring, Annette Mingels (Hg.): Dürrenmatt im Zentrum. Frankfurt a. M. et al. 2004, S. 151-175.

Bekunden „zum ersten Mal über Politik nachzudenken" (S. 131). Die eigentlich politische Dimension der „*Politeia*" wird dann aber zum Thema hier in den „*Stoffen*": implizit schon in der direkt anschließenden (zunächst etwas skurril anmutenden, aber bei genauerer Betrachtung ungemein hellsichtigen) Skizze über „*Auto- und Eisenbahnstaaten*" (S. 131-144);[3] explizit in der unmittelbar danach gestellten Skizze „*Der Tod des Sokrates*" (S. 144-156). In dieser Skizze spielt zugleich die eingangs zitierte Frage nach dem wahren Sokrates eine große Rolle – eine Frage, die seit der Antike noch keine abschließende und alle überzeugende Antwort gefunden hat.

II Die widersprüchlichen antiken Quellen des Sokrates-Bildes

Konkret lautet die am Ende des vorangehenden Abschnitts gestellte Frage – die auch Dürrenmatt, wie das eingangs angeführte Zitat belegt, umgetrieben hat –: Welcher von den drei jüngeren athenischen Zeitgenossen des Sokrates, die auch literarisch tätig waren – der Komödiendichter Aristophanes, der vielseitige Autor Xenophon und der Philosoph Platon –, ist mit seiner Darstellung des Sokrates der historischen Realität dieser faszinierenden Persönlichkeit wohl am nächsten gekommen? Aristophanes brachte in seinem 423 v. Chr. aufgeführten Stück „*Die Wolken*" einen Sokrates auf die Bühne, der in vieler Hinsicht eine Karikatur der damals in Athen sehr prominenten Sophisten (vom Schlage eines Protagoras, Hippias oder Prodikos) darstellen sollte: einen spitzfindigen Phrasendrescher, der keine absoluten ethischen Werte kennt, dafür aber Naturphänomene als neue Götter propagiert und am Ende für seine Unverfrorenheiten die Quittung bekommt.[4] Jahrzehnte später machte Platon in seiner „*Apologie des Sokrates*" die Komödie des Aristophanes mit dafür verantwortlich, dass in Athen ein Sokra-

---

[3] Der erste Satz dieser Skizze lautet: „Die politischen Systeme unterscheiden sich im wesentlichen dadurch, ob sie unter dem Patronat der Freiheit oder der Gerechtigkeit stehen" (S. 131). Gerade die Gerechtigkeit ist das durchgehende Thema auch der platonischen „*Politeia*", und es zeigt sich dort in der Tat, dass der in diesem Werk entworfene Staat die Verwirklichung von Gerechtigkeit über alles stellt – wobei die Freiheit auf der Strecke bleibt. Dass dies nicht nach Dürrenmatts Geschmack ist, zeigt der letzte Satz seiner Skizze „*Auto- und Eisenbahnstaaten*": „Freiheit und Gerechtigkeit sind komplementäre Begriffe, weder ist Freiheit ohne Gerechtigkeit, noch Gerechtigkeit ohne Freiheit möglich" (S. 144).

[4] Das Ende des Stücks, in dem ein zorniger und enttäuschter Schüler die „Denkerwerkstatt" des Sokrates kurzerhand anzündet, war freilich noch kein Teil der Bühnenfassung von 423 v. Chr., sondern ist das Produkt einer späteren Überarbeitung, die offenbar nie aufgeführt wurde (vgl. hierzu K. J. Dover: Aristophanes Clouds. Oxford 1968, S. lxxx-lxxxii und xciiif.).

tes-feindliches Klima entstand, welches dann seine Verurteilung zum Tode begünstigte.

Platon seinerseits machte Sokrates in den meisten seiner Dialoge[5] zum Hauptredner, der zunächst – im sogenannten ‚Frühwerk' – vor allem die falschen Meinungen von anderen zu widerlegen sucht, ohne eigene positive Überzeugungen dagegenzusetzen; der dann aber vom sogenannten ‚mittleren Werk' (z. B. „Politeia", „Phaidon", „Phaidros") an auch zunehmend ‚eigene' Auffassungen entwickelt (wobei diese mit einiger Sicherheit nicht so sehr die des historischen Sokrates, sondern die des Autors Platon selbst sind) und sich dabei bis in höchste dialektische und metaphysische Gefilde erhebt. Der dritte Zeitgenosse schließlich, Xenophon, präsentiert Sokrates ebenfalls als Mittelpunkt philosophischer Gespräche, die jedoch erheblich weniger intellektuell anspruchsvoll sind als die von Platon niedergeschriebenen, und gerade diese Diskrepanz zwischen Platon und Xenophon ist eine wesentliche Quelle für die Unsicherheit, welche philosophischen Inhalte man den Gesprächen des historischen Sokrates zutrauen darf und welche nicht.

Platon und Xenophon waren ferner auch nicht die Einzigen, die Sokrates (der selber keine einzige schriftliche Zeile hinterlassen hat) zum Zentrum philosophischer Dialoge machten: In seiner zweiten Lebenshälfte war Sokrates der Gesprächspartner noch vieler anderer, die die antike Philosophiegeschichte als seine ‚Schüler' betrachtete und die als ‚Sokratiker' dann Werke (sogenannte ‚sokratische Dialoge') verfassten, die in den folgenden Jahrhunderten für einen breiten Strom der Sokrates-Überlieferung sorgten, auch wenn heute nur noch wenige Fragmente aus diesen Schriften erhalten sind. Man darf annehmen, dass dieses Schrifttum seine Spuren im ‚populären' Sokratesbild hinterlassen hat, wie es in einer Reihe von Anekdoten noch etwa bei Diogenes Laertios (dem im frühen 3. Jh. n. Chr. schreibenden Verfasser der einzigen noch vollständig erhaltenen antiken Philosophiegeschichte) und bei Aelian (dem etwa zur gleichen Zeit tätigen Autor einer Sammlung bunter historischer Geschichten) greifbar ist; bei solchen Autoren tritt uns nun auch verstärkt die Gestalt von Sokrates' Frau Xanthippe entgegen, die bei den „klassischen Autoren" Platon und Xenophon nur selten[6] und bei Aristophanes überhaupt nicht erwähnt wird, die aber

---

[5] Ausnahmen stellen lediglich einige Dialoge des Spätwerks dar, in denen Sokrates entweder keine dominante Rolle („Parmenides", „Theaitetos", „Sophistes", „Politikos", „Timaios", „Kritias") oder gar überhaupt keine („Nomoi") mehr spielt.

[6] Bei Platon vgl. die zweimalige Erwähnung in Phaidon 60a und ein weiteres Mal (ohne Namensnennung) in 16b; bei Xenophon taucht Xanthippe nur einmal (in Xenophons Symposion 2,10) auf, wird hier aber bezeichnenderweise von Sokrates' Gesprächs-

gerade in dem gleich näher zu behandelnden Text Dürrenmatts eine wichtige Rolle spielt.

III Ein Gang durch Dürrenmatts „*Tod des Sokrates*"

„*Der Tod des Sokrates*" sollte ursprünglich ein Drama werden; diesen Plan scheint Dürrenmatt erstmals 1973 gefasst zu haben.[7] Es wurde dann zwar ‚nur' eine Prosaskizze daraus, die erst 1990, in Dürrenmatts Todesjahr, in ihrer nunmehr vorliegenden Form abgefasst und in den „*Stoffen IV-IX*" veröffentlicht wurde; aber die erkennbaren Abschnitte dieser Skizze lassen sich immer noch auf weite Strecken als Entwürfe von Szenen des einst geplanten Dramas verstehen.

Seinen Ausgang nimmt das Geschehen mit Platon – er wird eingeführt als „introvertierter Intellektueller, [...] unpopulär, politisch chancenlos, [...] ein Aristokrat, eminent kurzsichtig, hochtrabend und steif" (S. 144) –, der ungeachtet dieser für ein politisches Wirken wenig aussichtsreichen Eigenschaften den Wunsch hegt, die „Welt zu verändern, die er verachtete" (S. 144). Um diesen Wunsch in die Tat umzusetzen, fällt sein Blick auf Sokrates, und der wird nun noch ausführlicher charakterisiert, zunächst als „dick und häßlich, aber populär und ein stadtbekanntes Original" (S. 144; gerade die beiden zuletzt genannten Dinge machen ihn für den Dürrenmattschen Platon interessant). Sogleich wird nun auch Sokrates' Symbiose mit seiner Frau Xanthippe höchst plastisch beschrieben (ihren Namen erklärt Dürrenmatt übrigens in einer fast schon platonischen Sprachspielerei mit ihrer äußeren Erscheinung: sie habe – jedenfalls in ihren jüngeren Tagen – wie ein „blondes Pferd" gewirkt): Nur weil Xanthippe ein Antiquitätengeschäft betreibt, kann Sokrates seiner tagtäglichen Lieblingsbeschäftigung nachgehen und auf den Straßen Athens buchstäblich jeden „in aberwitzige und manchmal höchst unsinnige Gespräche" (S. 144 f.) verwickeln. Freilich stellt sich sogleich heraus, dass Xanthippe ihr ‚Antiquariat' nur deswegen betreiben kann, weil ausgerechnet Sokrates ihr dazu die ‚Ware' liefert, die er bei den Gelagen, zu denen er als geistreicher Unterhalter oft und gern eingeladen wird, bekommt: „Er war ungeheuer trinkfest. Wenn alle betrun-

---

partner Antisthenes als „schlimmste aller Frauen, die es gab und noch geben wird" bezeichnet.

[7] Vgl. Ulrich Weber/Anna von Planta: Nachweis [zu Publikationsgeschichte und Textgrundlage von Dürrenmatts Stoffen]. In: Dürrenmatt: Turmbau (Anm. 1), S. 268: „Der Tod des Sokrates geht auf einen 1973 erstmals erwähnten Dramenplan zurück, mit dem sich Dürrenmatt vor allem um 1984 beschäftigte; die vorliegende Erzählung des Stoffes wird allerdings erst 1990 niedergeschrieben."

ken herumlagen, wanderte er durch die Räume und nahm eine Vase oder eine kleine Statue an sich. Xanthippe verkaufte sie im Antiquariat. [...] Die Bestohlenen schwiegen. Sokrates war Sokrates. Man lud ihn immer wieder ein und wurde immer wieder bestohlen" (S. 145). Auf diese Weise trägt Sokrates immerhin auch selbst zu seinem Lebensunterhalt bei.

Bereits in dieser einleitenden Charakteristik von Platon und Sokrates wird deutlich, wie Dürrenmatt Überlieferungen aus der Antike aufgegriffen und kreativ weiterentwickelt, zum Teil aber auch gegen den Strich gebürstet hat: Dem Bild des in Athen unpopulären Aristokraten Platon[8] hat Dürrenmatt noch zwei frei erfundene Elemente hinzugefügt: zum einen, dass Platon „eminent kurzsichtig" (S. 144) gewesen sei (dies könnte mehrdeutig gemeint sein), und zum anderen, dass er Sokrates „haßte" (S. 144), was sich nun in der Tat mit keiner antiken Überlieferung über die beiden vereinbaren lässt; doch vielleicht hat Dürrenmatt diese angebliche Antipathie aus dem politischen Gegensatz zwischen dem ‚Demokraten' Sokrates und dem ‚Aristokraten' Platon extrapoliert. Was Sokrates betrifft, so steht seine Kennzeichnung durch Dürrenmatt als ein mit allen möglichen Leuten das Gespräch suchender Herumtreiber im Einklang mit vielen antiken Zeugnissen,[9] und sein angebliches Stibitzen von Gegenständen bei Gelagen zu fortgeschrittener Stunde (oder auch bei anderen Gelegenheiten) wird in mehreren zeitgenössischen Komödien erwähnt.[10] Dass Xanthippe daraus den Lebensunterhalt für die Familie gemacht habe, ist Dürrenmatts skurrile Weiterentwicklung solcher Überlieferungen.

Gerade die Folgen einer solchen Diebestour sorgen nun auch dafür, dass die Handlung in Dürrenmatts Skizze überhaupt in Gang kommt: Platon ist dabei, als die „berühmte Hetäre Diotima"[11] einmal erzählt, sie habe von Xanthippe eine kleine Phidias-Statue gekauft, die zuvor aus ihrem Haus

---

[8] Dürrenmatt weist in diesem Zusammenhang richtig auf seine Verwandtschaft „mit den spartafreundlichen Diktatoren Kritias und Charmides" (S. 144) hin.

[9] Vgl. Platon, Apologie 19d. 20a-c. 21b-23a; Protagoras 35d; Xenophon, Memorabilien 1,1,10; 3,10,1. 6. 9.

[10] Vgl. Eupolis fr. 395 Kassel-Austin und Aristophanes, Wolken 179 sowie fr. 295 Kassel-Austin.

[11] Eine Diotima, Priesterin und Seherin in Mantineia, tritt in Platons Symposion als Lehrmeisterin des Sokrates auf dem Gebiet des ‚höheren Eros' auf – ist das der Grund, weshalb Dürrenmatt hier eine Hetäre Diotima einführt? Dürrenmatt hätte damit das Umgekehrte getan, was Platon selbst bei der berühmten Aspasia (der zweiten – nach attischem Recht freilich illegitimen – Frau des Perikles) praktizierte: Aspasia galt den zeitgenössischen attischen Komödiendichtern als bessere Hetäre (mit eigenem Kuppelgeschäft), Platon aber machte sie in seinem Dialog „*Menexenos*" zur Lehrmeisterin des Sokrates in Sachen Rhetorik. Zu Aspasia vgl. Stavros Tsitsiridis: Platons Menexenos. Stuttgart/Leipzig 1998, S. 162-165.

(offenbar durch Sokrates, auch wenn dies hier nicht explizit gesagt wird) verschwunden sei, und sieht nun eine Möglichkeit, Sokrates mit diesem Wissen unter Druck zu setzen und für seine Ziele zu gewinnen. Das nun geschilderte Gespräch zwischen den beiden sieht durchaus nach einem Entwurf für eine Theaterszene aus. Auf Platons einleitende Frage, was Sokrates denn von seinen bisherigen dichterischen Erzeugnissen halte, gibt Sokrates unangenehm offene und uneingeschränkt negative Antworten: „Ob er seine Tragödien gesehen habe, fragte er ihn. Er habe mitgepfiffen, antwortete Sokrates [...] aber sicher kenne Sokrates seine Gedichte. Die fadesten Verse, die je über Knaben geschrieben worden seien, brummte Sokrates" (S. 145). Selbst Platons Dialoge finden bei Sokrates keine Gnade: „Seine Dialoge mit der aristokratischen Hautevolee interessierten niemand, sagte Sokrates" (S. 145). Und nun rückt Platon mit seinem eigentlichen Ansinnen heraus: Er möchte fortan Sokrates' Gespräche aufschreiben: „Würden sie aufgeschrieben, würde Sokrates weltberühmt [...] Als Honorar biete er hundert Drachmen im Monat" (S. 146). Als Sokrates sich auch daran zunächst nicht interessiert zeigt, weist Platon ihn auf die fragwürdigen Bezugsquellen von Xanthippes Antiquariat hin – was, wie Sokrates dann selbst andeutet, einer Erpressung gefährlich nahekommt. Sokrates lenkt daraufhin ein, freilich auf eine Art, die immer noch einen kauzigen Unabhängigkeitswillen zeigt: „Schön, sagte er. Hundert Drachmen für Xanthippe. Aber mitgehen lasse er weiter etwas" (S. 146).

Auch in diesem Abschnitt ist die ‚Wahrheit' der antiken Überlieferung durch Dürrenmattsche ‚Dichtung' weiterentwickelt: Platon soll in der Tat Tragödien geschrieben haben,[12] bevor er Sokrates begegnete und unter dem Eindruck dieser Begegnung sein dramatisches Œuvre selbst vernichtete und sich der Philosophie zuwandte;[13] und kurze Gedichte über schöne Knaben sind tatsächlich noch einige unter seinem Namen überliefert.[14] Wesentlich umstrittener ist dagegen, ob Platon wirklich schon zu Lebzeiten des Sokrates Dialoge schrieb;[15] jedoch gibt es eine hübsche Anekdote bei Diogenes

---

[12] Davon, dass er diese Stücke auch aufgeführt hätte (was in Dürrenmatts Gespräch zwischen Sokrates und Platon vorausgesetzt wird), ist jedoch in keinem antiken Zeugnis die Rede.

[13] Vgl. Diogenes Laertios 3,5: Angeblich vernichtete Platon seine Tragödienmanuskripte kurz vor einer bereits geplanten Aufführung, nachdem er Sokrates gehört hatte.

[14] Vgl. Anthologia Palatina 5,78. 7,100. 669; andere Gedichte unter Platons Namen sind Anthologia Palatina 6,1. 43. 7,99. 256. 259. 265. 268f. 9,51. 506. 247. 823. 16,13. 160-162. 210. 248.

[15] Vgl. hierzu Ernst Heitsch: Dialoge Platons vor 399 v. Chr.? Göttingen 2002, S. 310-328 (aus dieser Übersicht über frühere Forschungsmeinungen geht hervor, dass vor allem im 19. Jh. die Meinung, dass eine ganze Reihe platonischer Dialoge – darunter viele von denen, die o. in Dürrenmatts Text genannt sind – schon zu Sokrates' Lebzei-

Laertios, in der sich Sokrates darüber wundert, wie viel ihm Platon in einem Dialog einfach so in den Mund legt.[16] Dürrenmatts freie Erfindung ist es schließlich, dass Platon noch zu Sokrates' Lebzeiten Dialoge ohne Sokrates als eine sprechende Rolle darin geschrieben habe.

Im nächsten Abschnitt wird skizziert, wie außerordentlich erfolgreich Platons neue Dialoge, nunmehr mit Sokrates in der Hauptrolle, sind: „Platon [...] gab *Protagoras, Ion, Laches, Lysis, Charmides, Gorgias, Symposion* usw. heraus. Riesenerfolge. Besonders das *Symposion* wurde ein Bestseller. Die Athener waren begeistert. Sie hielten sie für wirkliche Dialoge des Sokrates" (S. 146). Während dies den echten Sokrates wenig kümmert, äußert seine Frau Xanthippe in einem Gespräch mit keinem anderen als dem Komödiendichter Aristophanes einige Bedenken. Dieses Gespräch kann man sich gut als eine weitere Szene aus dem nicht ausgeführten Stück vorstellen; hier werden zum ersten Mal die (nach Platon und Sokrates) anderen beiden Hauptakteure dieses Stücks, Xanthippe und Aristophanes, ins Zentrum gestellt, wobei bereits diese Konstellation einen höchst bemerkenswerten (und durch keine antiken Nachrichten vorbereiteten) Einfall Dürrenmatts bildet. Er setzt voraus, dass wir uns Aristophanes als guten, alten Freund der Familie des Sokrates vorzustellen haben; dies aber – wie auch noch andere Details, die Dürrenmatt an dieser Stelle einfließen lässt – ist freie Erfindung: „Aristophanes antwortete nicht, schlürfte seine Suppe aus. Seine Komödie *Die Wolken*, worin er Sokrates verspottete, hatte diesem gefallen, und sie waren Freunde geworden. Nun war er alt und hatte aufgehört, Komödien zu schreiben" (S. 146 f.). Gerade der zuletzt zitierte Satz enthält gleich mehrere Widersprüche zur überlieferten historischen (und literarhistorischen) Realität: Aristophanes war etwa 20 Jahre jünger als Sokrates und in dessen Todesjahr (399) um die 50 Jahre alt; auch sind uns noch Stücke des Aristophanes bis wenigstens ins Jahr 388 – also elf Jahre nach Sokrates' Tod – belegt. Wie sich freilich bald zeigen wird, braucht Dürrenmatt dieses Bild des alten und schon etwas abgetakelten Komödiendichters geradezu zwingend für den Fortgang seiner Handlung; und fast ebenso wichtig dafür ist das weitere Detail, dass Sokrates und Aristophanes seit der Aufführung der „*Wolken*" gute Freunde geworden

---

ten geschrieben wurden, recht weit verbreitet war); ders.: Hat Sokrates Dialoge Platons noch lesen können? Gymnasium 110. 2003, S. 109-119; ders.: Platon und die Anfänge seines dialektischen Philosophierens. Göttingen 2004, S. 15-34. In diesen Arbeiten plädiert Heitsch selber für die Annahme, dass die Dialoge „*Ion*" und „*Hippias minor*" bereits vor Sokrates' Tod entstanden.

[16] Diogenes Laertios 3,35: „Man erzählt, auch Sokrates habe, als er Platon den (Dialog) Lysis vorlesen hörte, gesagt: ‚Beim Herakles, wie vieles hat der junge Mann doch über mich zusammengeschwindelt!'"

seien. Auch hier dürfte die Realität durchaus anders ausgesehen haben, zumindest wenn man die Worte für historisch glaubwürdig hält, die Platon den Sokrates in seiner *„Apologie"* über die verderbliche Wirkung sprechen lässt, die Komödienspott gegen Sokrates (namentlich der in den *„Wolken"*) auf die Einstellung der Athener zu Sokrates gehabt haben soll.[17] Möglicherweise sah sich Dürrenmatt freilich durch die recht positive Darstellung ermutigt, die Platon dem Aristophanes in seinem *„Symposion"* widmete.[18] Er gibt darauf selbst einen Hinweis, indem er Xanthippe auf den Schluss dieses Werks eingehen lässt: „Ob es wahr sei, daß Sokrates ihn am Schluß des *Symposions* unter den Tisch getrunken habe, fragte Xanthippe. Sokrates trinke jeden unter den Tisch, antwortete Aristophanes ausweichend. Er wollte ihr nicht sagen, daß Platon das *Symposion* erfunden hatte" (S. 147). Xanthippe bleibt jedenfalls bei ihrem Misstrauen gegenüber Platon: „Er gebe sich als Sokrates. Wozu? Was führe er im Schilde? Er sei ein Weltverbesserer, und Weltverbesserer seien gefährlich. Xanthippe hatte recht. Frauen haben immer recht" (S. 147).

Wie recht Xanthippe hat, zeigt sich gleich im Folgenden, als Dürrenmatt wieder zu Platon zurückblendet: Durch den Erfolg seiner Sokrates-Dialoge fühlt sich Platon jetzt nämlich dazu angespornt, sein lange gehegtes Weltveränderungsprojekt in die Tat umzusetzen. Er formuliert dieses Projekt in den zehn Büchern seiner *„Politeia"* – deren wesentliche Elemente Dürrenmatt im Folgenden knapp, aber korrekt skizziert (S. 147 f.)[19] –, muss aber dann erleben, wie gerade dieses Werk bei den Athenern überhaupt nicht ankommt: „Zu kompliziert und zu schwerfällig. Zu reaktionär. Sparta war ein liberales Staatsgebilde dagegen" (S. 148).

Trotz dieser negativen Rezeption gibt Dürrenmatts Platon nicht auf: „Er begann sich für seine Idee einzusetzen. Er mietete das Theater des Dionysos. Doch statt der erwarteten fünfzehntausend kam nur Aristophanes. Er saß in der obersten Reihe und schlief ein" (S. 148). Bei einem zweiten Vortragsversuch kommen dann drei Zuhörer, und zwar ausgerechnet die drei historischen Ankläger des Sokrates: „Der Philosoph Meletos, der Politiker

---

[17] Platon, Apologie 19c.

[18] Dieses Symposion soll historisch sieben Jahre (416 v. Chr.) nach der Aufführung der *„Wolken"* (423 v. Chr.) stattgefunden haben; wenn in ihm Sokrates und Aristophanes recht friedlich und freundlich miteinander umgehen, könnte das zumindest den Schluss ermöglichen, dass auf Seiten des Sokrates keine ‚Ressentiments' wegen der *„Wolken"* mehr vorhanden gewesen wären.

[19] Hier wirkt sicher noch die intensive Beschäftigung des einstigen Philosophiestudenten Dürrenmatt gerade mit der *„Politeia"* nach; vgl. oben und Weber: Forschungsreisen (Anm. 2), S. 152 f.

Anytos und der Literaturkritiker Lykos"[20] (S. 148). Die drei nehmen schon nach einer Viertelstunde Vortrag Platon je nach ihrer ‚Profession' äußerst kritisch ins Verhör: Der ‚Philosoph' kritisiert Platons Ideenlehre („nichts Seiendes, sondern nur Gedachtes", S. 148), der ‚Literaturkritiker' zieht in Zweifel, dass die von Platon vorgetragene „*Politeia*" ein wirkliches Gespräch des historischen Sokrates wiedergibt, und der Politiker prangert die in der „*Politeia*" entwickelten politischen Ideen als ‚antidemokratisch' an. Als Platon aber darauf beharrt, dass in der „*Politeia*" der echte Sokrates spricht („Er wollte seine Fiktion retten", S. 148 f.), kündigt Meletos an, dann werde man Sokrates eben der Jugendverführung anklagen.

Bei Dürrenmatt wird Sokrates also angeklagt, weil er in der – von Platon geschriebenen! – „*Politeia*" gefährliche Lehren zur Jugendverführung entwickelt habe; ihm wird also der Prozess für etwas gemacht, für das er gar nicht selbst verantwortlich ist. Erneut hat Dürrenmatt die historischen Verhältnisse damit ziemlich auf den Kopf gestellt: Die „*Politeia*" wurde von Platon erst zehn bis fünfzehn Jahre nach Sokrates' Tod geschrieben, und es ist sehr fraglich, ob Platon zur Zeit von Sokrates' Prozess bereits auch nur einen Gedanken an sie gefasst hatte. In Dürrenmatts Darstellung soll die Begründung des Prozesses gegen Sokrates natürlich bewusst absurd wirken – Sokrates wird für eine Rolle in einem philosophisch-literarischen Werk angeklagt, an deren Entwicklung er selbst nicht den kleinsten Anteil hatte –, aber auch die historische Tatsache, dass Sokrates überhaupt der Jugendverführung und der Einführung neuer Götter angeklagt und dafür verurteilt und hingerichtet wurde, mag dem Menschen der Gegenwart absurd vorkommen;[21] dann hätte Dürrenmatt hier nur eine Absurdität durch eine andere ersetzt.

---

[20] Der dritte Name ist nicht ganz korrekt; er müsste eigentlich „Lykon" heißen. Auch die ‚Berufsbezeichnungen' sind zum Teil modifiziert: Anytos war im letzten Jahrzehnt des 5. und im ersten Jahrzehnt des 4. Jhs v. Chr. ein bedeutender Politiker; Meletos war der nominelle Hauptankläger im Sokrates-Prozess (und wird deshalb hier zu Recht von Dürrenmatt an erster Stelle genannt; als Philosoph ist er freilich nicht bekannt); Lykon ist weitgehend unbekannt (ob er der Lykos ist, der wegen diverser Laster von einigen Komödiendichtern verspottet wird, ist unsicher). Laut Platon, Apologie 23e-24a, vertrat Meletos bei der Anklage die Belange der Dichter, Anytos die Belange der Handwerker und Lykon die der Redner. Vgl. auch Heinz-Günther Nesselrath: „Sokrates tut Unrecht, indem er nicht an die Götter glaubt, an die die Polis glaubt, sondern andere neue Gottheiten einführt ..." – Das Recht der Polis Athen und „neue Götter". In: Christine Langenfeld, Irene Schneider (Hg.): Recht und Religion in Europa: Zeitgenössische Konflikte und historische Perspektiven. Göttingen 2008, S. 28-45, hier S. 37 f.
[21] Die Athener zu Sokrates' Zeit konnten über die Sachlage freilich anders urteilen und haben dies zum Teil belegtermaßen auch getan; vgl. Nesselrath: Sokrates (Anm. 20), S. 41-43.

Dem Sokrates-Prozess selbst hat Dürrenmatt nur acht Zeilen gewidmet, in denen historisch Richtiges (das freilich sogleich etwas übertrieben wird) und freie Erfindung erneut ein absurdes Ganzes ergeben. Historisch richtig ist, dass die Prozessgegner vor dem athenischen Volksgericht ihre Plädoyers frei vortragen, d. h. mehr oder weniger auswendig lernen mussten; Dürrenmatt lässt den armen Sokrates nun aber sogar fünf Reden lernen („die Verteidigungsrede [...] und dazu [...] eine für den Freispruch, eine für den Strafantrag, eine nach der Verbannung und eine nach dem Todesurteil", S. 149) und an dieser Aufgabe denn auch prompt scheitern. Wie Xanthippe befürchtet, verliert Sokrates den Prozess.[22]

Die Nachricht von der Verurteilung bringt Platon in Xanthippes Antiquariat, und damit beginnt eine neue, wieder etwas ausführlichere Szene (S. 149 f.): Xanthippe gibt der – erneut von Platon geschriebenen! – Verteidigungsrede die Schuld am Urteil, während Platon die Schuld bei Sokrates selbst sucht: „Sokrates habe den Text verwechselt, [...] den Vorschlag auf eine ehrenvolle öffentliche Speisung im Prytaneion hätte er nach dem Freispruch, nicht nach dem Schuldspruch machen sollen, das Gericht sei sich verhöhnt vorgekommen, es hätte darauf nur das Todesurteil fällen können, um seine Würde zu wahren" (S. 149). In der Tat hatte der historische Sokrates – wenn man in diesem Punkt Platons „*Apologie*" (36d-37a) vertrauen darf – nach dem Schuldspruch genau dies als für ihn angemessene Strafe vorgeschlagen, wenn auch wohl nicht aufgrund einer Verwechslung von Texten, sondern als gezielte Provokation (und um damit noch einmal zu demonstrieren, wie wenig er sich einer wirklichen ,Schuld' bewusst war). Dürrenmatt treibt Platons Anschuldigung, Sokrates habe schlicht den falschen Text rezitiert, aber noch weiter: „Überhaupt habe sich Sokrates nicht an den Text gehalten. Statt den Athenern die *Politeia* zu erklären, habe er sich nicht entblödet, dem Gericht aufzutischen, er sei vom Orakel in Delphi als der Weiseste der Menschen bezeichnet worden. Dabei wisse jeder, daß die Pythia seine Tante sei" (S. 149). Auch hier ist ein echtes ,Faktum' aus Platons „*Apologie*"[23] mit einer skurrilen Dürrenmattschen Erfindung (die Pythia als Sokrates' Tante) kombiniert. Am Ende dieser Szene gibt Platon seiner Hoffnung Ausdruck, „daß Sokrates seinen nächsten Text besser lerne" (S. 149 f.); damit ist – wie sich bald auch explizit zeigt – Sokrates'

---

[22] Laut Dürrenmatt tut er dies „im Areopag" – eine weitere historische Unrichtigkeit: Der historische Areopag fungierte als besonderer Gerichtshof und war für den Sokrates-Prozess nicht zuständig.

[23] In Platon, Apologie 20e-21a erzählt Sokrates, wie sein Freund Chairephon von der delphischen Pythia die Auskunft erhielt, es gebe keinen weiseren Menschen als Sokrates.

große Rolle im Dialog „*Phaidon*" gemeint, der Sokrates' letzte Gespräche und vorbildlich-philosophisches Sterben darstellt.

Mit dieser Erwartung hat Platon – bei Dürrenmatt – freilich die Rechnung ohne den Wirt gemacht: Als Sokrates im Gefängnis den angekündigten Text bekommt (damit beginnt die nächste Szene, eine der längsten in dieser Skizze: S. 150-152), weigert er sich einfach, schon wieder einen von Platon geschriebenen Text zu memorieren: „Wenn er schon sterben müsse, wolle er nicht noch Text lernen" (S. 150); auch Platons Hinweis auf die dadurch zu erreichende literarische Unsterblichkeit verfängt nicht („Sokrates blieb störrisch. Er pfeife beim Sterben auf Literatur", S. 150). Nun aber nimmt die Handlung eine überraschende Wendung: „Da mischte sich Aristophanes ein" (S. 150). Aristophanes ist die wichtige dritte Rolle in dieser Szene: Er weiß die literarischen Qualitäten von Platons Text zu würdigen („Sokrates sage darin vieles, was einen nachdenklich mache"), und er findet ihn auch Sokrates gut auf den Leib geschrieben („im großen und ganzen sei es ein Text, den man Sokrates [...] zutraue"). Auch Aristophanes sieht jedoch zwei große Schwierigkeiten, wenn Sokrates diese Rolle tatsächlich übernehmen soll: 1. müsste Sokrates nachher auch wirklich sterben, „und das sei schade"; 2. müsste Sokrates diesen Text auswendig lernen, „und das halte er für ausgeschlossen".

Aristophanes' Argumente wirken so überzeugend, dass Platon seinen literarischen Ruhm bereits dahinschwinden sieht: „Beim Zeus, [...] jetzt habe er den *Phaidon* umsonst geschrieben. Dabei habe er an keinem Dialog so gefeilt" (S. 150). Aber Aristophanes weiß Rat (und dies ist eine weitere völlig unerwartete Wendung): „Es gebe einen Ausweg, sagte Aristophanes, er werde den Text lernen und den Sokrates spielen" (S. 150). Um dies zu tun, ist Aristophanes sogar bereit, anschließend selber den Schierlingsbecher zu trinken – was Platon offenbar bereits als *conditio sine qua non* für die Übernahme der Rolle bezeichnet hat („Der Vorschlag sei von Platon gekommen. [...] Platon habe ihn, Aristophanes, schon gefragt, ob er nicht anstelle des Sokrates den Text lerne und sterbe", S. 150 f.). Aristophanes nennt auch noch weitere Gründe für seine Übernahme von Sokrates' Rolle: „Dionys, der Tyrann von Syrakus, sei von der *Politeia* begeistert und habe Sokrates eingeladen, bei ihm nach seinen Ideen den Staat einzurichten. [...] der *Phaidon* [...] mache einerseits Sokrates unsterblich, wenn dieser sterbe, andererseits sei das Angebot des Dionys eine Chance, die Idee der *Politeia* zu verwirklichen, aber nur wenn Sokrates nach Syrakus flüchte" (S. 150 f.). Es kommt hinzu, dass Aristophanes selber nicht mehr besonders am Leben zu hängen scheint, weil er sich literarisch nicht mehr gefragt sieht: „Er sei aus der Mode gekommen.[24] Athen sei eine Provinzstadt geworden und seine Politik provinziell. Ungeeignet für Welttheater. Nur noch private Konflikte kämen an. Eheprobleme. Weltschmerz. Nostalgie. Er sei zum Gespött der Kritiker geworden, seine Komödien würden als Klamauk abgetan. Er sei nur noch ein Objekt für die Literaturgeschichte" (S. 151).

Aristophanes' Ausführungen in dieser Szene bringen zwei neue Elemente ins Spiel: Zum einen hören wir zum ersten Mal, dass sich ein bedeutender Nichtathener für die in der „*Politeia*" entwickelten politischen Ideen interessiert (die er freilich offenbar für die des Sokrates und nicht die Platons hält): kein Geringerer als Dionys, der mächtige Alleinherrscher von Syrakus, bei dem Platon in der Tat – prominenten antiken Quellen zufolge, allen voran Platons eigenem „*Siebten Brief*"[25] – versucht haben soll, seine politisch-philosophischen Vorstellungen in die Realität umzusetzen; freilich nahm – anders als bei Dürrenmatt – der historische Sokrates an diesem Versuch nicht teil, da er zur Zeit von Platons erster Reise nach Syrakus (387) bereits über ein Jahrzehnt tot war.

Das andere bemerkenswerte Thema in Aristophanes' Ausführungen ist die Komödienentwicklung in Athen, von der sich der Dürrenmattsche Aristophanes zum alten Eisen geworfen fühlt. Tatsächlich waren schon zur Zeit der Verurteilung des historischen Sokrates, um die Wende vom 5. zum 4. Jh. v. Chr., Entwicklungen auf der attischen Komödienbühne in Gang, die von der sogenannten „Alten Komödie" (die sich durch einen hohen Grad der Politisierung und durch grotesk-komische und absurde Handlungsmuster auszeichnete) wegführten, in der der historische Aristophanes seine größten Erfolge gefeiert hatte, und schließlich in die weitgehend entpolitisierte sogenannte „Neue Komödie" mit Darstellung von Liebesverwirrungen in gutbürgerlichem Milieu mündeten. Der historische Aristophanes machte die Anfänge dieser Entwicklung noch selber mit; sein letztes vollständig erhaltenes Stück, der „*Plutos*" von 388, kreist bereits recht stark um die privaten Vermögensprobleme eines attischen Bauern. Man darf sich wohl fragen, ob Dürrenmatt in den Worten des Aristophanes, der schonungslos sein eigenes Aus-der-Mode-gekommen-Sein konstatiert, auch auf

---

[24] Was Aristophanes hier äußert, erinnert in manchem an Dürrenmatts 1964 veröffentlichte Komödie „*Herkules und der Stall des Augias*", denn der hier vorgeführte Titelheld findet sich selber ebenfalls obsolet: „Ich bin ein Ungeheuer wie jene Saurier, die ich in den Sümpfen ausrotte. Ihre Zeit ist um, und auch die meine" (aus der 11. Szene).

[25] Bis heute ist umstritten, ob der Autor dieses Briefs wirklich Platon war; selbst wenn er es nicht gewesen sein sollte, zeigt sich sein Verfasser auf jeden Fall mit Platons Lebens- und Gedankenwelt ungemein vertraut.

seine eigene Abwendung von seinen früheren Erfolgen als Komödiendichter hinweist.[26]

Nachdem Aristophanes seine Bereitschaft bekundet hat, anstelle von Sokrates den „Phaidon" zu sprechen und anschließend auch an seiner Stelle zu sterben, versucht Sokrates zu protestieren („Es sei an ihm zu sterben", S. 151), aber Aristophanes weist ihn energisch darauf hin, dass er überhaupt nicht in der Lage sei, die im „Phaidon" für ihn vorgesehene Rolle zu spielen („In ihm rede ein Sokrates, der von Platon erfunden worden sei [...] Es seien höchst artifizielle Gespräche, [...] all die Unsterblichkeitsbeweise der Seele und erst die seitenlange Beschreibung der Erde, der Unterwelt und des Lebens nach dem Tode! Und das alles wolle Sokrates auswendig lernen? Dabei habe er sich schon durch seine Textunsicherheit ein Todesurteil eingehandelt", S. 151); dagegen sei für ihn, Aristophanes, „als Komödienschreiber kein würdigerer Tod denkbar, als in der Maske des Sokrates zu sterben" (S. 151 f.). Es ist bemerkenswert, dass das „Skript" des „Phaidon", einer Fiktion Platons, jedenfalls in den Augen des Dürrenmattschen Aristophanes, eine solche Macht über die ‚Realität' gewonnen zu haben scheint, dass er es unbedingt in diese umsetzen zu müssen glaubt; und der ‚echte' Sokrates leistet gegen diese Umkrempelung der Realität dann auch keinen weiteren Widerstand.

Die nächste Szene führt uns Aristophanes in seiner letzten großen Rolle – als Sokrates in dessen Gefängniszelle – vor: Hier spielt er zusammen mit Simmias und Kebes[27] den „Tod des Sokrates", und die dazu eigens eingeladenen Athener merken nicht, dass hier ein falscher Sokrates redet und stirbt: „Aristophanes spielte grandios. Als der Mann mit dem Schierlingsbecher eintrat, weinten alle, dann trank Aristophanes, [...] und als sein Unterleib erkaltet war, deckte er sich noch einmal auf und sagte zum alten Kriton, der ihn immer noch für Sokrates hielt, er schulde dem Asklepios einen Hahn, machte noch eine Bewegung und verschied" (S. 152).

Während der tote Aristophanes auch noch als Sokrates verbrannt wird, sind der lebendige Sokrates, Xanthippe und Platon bereits auf dem Weg

---

[26] An anderer Stelle habe ich auf bemerkenswerte Parallelen (aber auch offenbar bewusst hergestellte Kontraste) hingewiesen, die sich zwischen mehreren Aristophanes-Stücken und Komödien Dürrenmatts aus den späten 1940er- und den 1950er-Jahren zeigen lassen (Heinz-Günther Nesselrath: Aristophanes und Friedrich Dürrenmatt. In: Söring/Mingels: Dürrenmatt im Zentrum (Anm. 2), S. 109-128), und am Ende die Vermutung geäußert, dass der seine eigene Obsoletheit konstatierende Aristophanes im Tod des Sokrates eine bemerkenswerte Analogie zum späten Dürrenmatt, der keine Dramen mehr schreibt, aufweisen könnte.

[27] Wie im „Phaidon" stammen die beiden aus Theben und haben neben Sokrates die wichtigsten Rollen im Gespräch; aber Dürrenmatt macht sie zu Schauspielern, die Aristophanes eigens für diese ‚Aufführung' kommen lässt.

nach Syrakus. In der Dürrenmattschen Fiktion geht es Platon bei Dionys freilich nicht besser als in der überlieferten Historie: Dionys will Sokrates und die ihm von Platon zugeschriebenen Ideen nur für propagandistische Zwecke. In einer kurzen Szene wird vorgeführt, wie Platons Hoffnungen am brutalen Realitätssinn des Tyrannen zerschellen: „als Platon von ihm Tugendhaftigkeit verlangte, ließ er ihn als Geisel festnehmen, von einem aristokratischen Geizhals war ein saftiges Lösegeld zu erpressen" (S. 153); in der Tat soll Dionys Platon nach einer solchen Meinungsverschiedenheit sogar in die Sklaverei verkaufen haben lassen.[28]

Sokrates dagegen kommt – in Dürrenmatts Darstellung, denn historisch ist daran selbstverständlich nichts – mit Dionys zunächst besser zurecht („Sie pokulierten zusammen nächtelang in der Festung Euryalos", S. 153), auch wenn es in ihrer Konversation ebenfalls manche brenzligen Momente gibt, wie Dürrenmatt uns in einer Szene vorführt, in der die beiden über „Herrschen" und „Menschenkenntnis" diskutieren[29]: „Er wisse nicht, was herrschen heiße und herrsche, lachte Dionys, und alle lachten, weil es unhöflich war, nicht zu lachen, wenn Dionys lachte. Dann hörte er plötzlich auf zu lachen, schaute finster. Alle erschraken und lachten nicht mehr. Da mußte Dionys wieder über ihre Furcht lachen, und alle lachten aus Höflichkeit wieder. Nur Sokrates tafelte ruhig weiter" (S. 153). Auch solche Momente scheint der ‚echte' Sokrates mithin gut zu überstehen; umso überraschender kommt dann in Dürrenmatts Skizze doch noch ein schnelles Ende auch für den ‚echten' Sokrates: „Leider hatte Dionys einen Schwur getan, jeder müsse sterben, der ihn unter den Tisch trinke. Sokrates trank Dionys unter den Tisch. Sokrates mußte nun doch den Schierlingsbecher trinken" (S. 153). So wird gerade die Trinkfestigkeit – ein Zug, den Dürrenmatt vom Beginn seiner Skizze an mehrfach hervorhebt[30] und der sogar so etwas wie seine wirtschaftliche Existenzgrundlage bildet (denn gerade aufgrund seiner Trinkfestigkeit kann Sokrates bei den Gelagen der reichen Athener zu

---

[28] Vgl. Diogenes Laertios 3,18 f., wo Platons Zerwürfnis mit Dionys fast schon genauso erzählt wird, wie Dürrenmatt es hier (ein wenig verkürzt) darstellt: „Als Platon mit ihm über Alleinherrschaft sprach und sagte, dass dies, was ihm allein nutze, nicht besser sei, außer wenn er sich auch an Tugendhaftigkeit auszeichne, eckte er dadurch sehr an; denn erzürnt sagte Dionys: ‚Deine Worte werden senil!', und Platon darauf: ‚Und deine tyrannisch!' Darüber ärgerte sich der Tyrann [...] und übergab Platon dem Spartaner Pollis, [...] um ihn zu verkaufen."
[29] Hier steht in Dürrenmatts Text (S. 153) ein Satz, der in seiner gedruckten Form keinen Sinn ergibt: „Was einer nicht sagen könne, was er könne, wisse er nicht, was er könne, folgerte Sokrates." Möglicherweise muss es hier heißen: „Wenn einer nicht sagen könne, was er könne, wisse er nicht, was er könne ..."
[30] Für diesen Zug lieferte ihm das Ende des platonischen *„Symposion"* einen eindrucksvollen Beleg.

fortgeschrittener Stunde Kostbarkeiten für Xanthippes Antiquariat abräumen) – dem ‚echten' Sokrates nunmehr zum Verhängnis.

Wir erleben somit in der nächsten Szene den ‚zweiten' Tod des (diesmal ‚echten') Sokrates in dieser Skizze, erneut als ein Schauspiel inszeniert: „Dionys erwartete einen [sic] großen Spektakel und mietete zum Tode des Sokrates das Amphitheater[31] von Syrakus. Alle Syrakuser erschienen, [...] ja sogar den Weibern wurde erlaubt zu kommen" (S. 153). Da der ‚echte' Sokrates kein großer Redner ist, trinkt er seinen Schierling schweigend – danach hat dann aber noch Xanthippe mit einer langen Rede (dem letzten großen Teil der Dürrenmatt-Skizze, S. 154-156) einen großen Auftritt: Aus Sokrates' letztem Schweigen leitet sie für sich als Frau das Recht ab, nun sprechen zu dürfen, ferner aus der Tatsache, dass alle ihre Zuhörer (und Zuhörerinnen) ebenfalls von Frauen geboren sind („das einzig sichere, denn wer seine Mutter war, weiß jeder, und sei sie eine Hure gewesen", S. 154). Danach wendet sie sich Sokrates zu und hebt – außer seiner Fähigkeit, auf jede Frage eine Antwort zu geben – an ihm vor allem hervor, dass er „verstand [...], sich [sic] selber zu sein [...], eine Fähigkeit, welche die wenigsten Männer besitzen, [...] sie spielen Männer, [...] Sokrates dagegen spielte nicht Sokrates, er blieb das, was er seit Anbeginn war, Sokrates" (S. 154 f.). Eine bemerkenswerte Aussage, wenn man bedenkt, wie in dieser Skizze vorgeführt worden ist, wie Platon einen ‚zweiten', literarischen Sokrates erschafft und Sokrates diesem Unternehmen zumindest zustimmt.

Im Folgenden gibt Xanthippe eine Skizze des echten (‚ihres') Sokrates, die sich zunächst wieder vor allem aus den Quellen über Sokrates' unermüdliches Be- und Ausfragen der Athener speist (vgl. Anm. 9), ihm sodann die berühmte, in Platons „*Gorgias*" prominent entwickelte These vom Unrecht leiden und Unrecht tun zuweist, aus ihr jedoch eine völlig überraschende Schlussfolgerung (von typischer Dürrenmatt-Art) zieht: „Er war überzeugt, Unrecht zu erleiden sei besser, als Unrecht zu tun. Darum tat er nichts. Er war von einer göttlichen Faulheit" (S. 155). Diese zuletzt gemachte Aussage findet sogar eine gewisse Bestätigung in einer antiken Quelle: In Aelians „*Varia Historia*" (10,14) wird Sokrates ein regelrechtes kleines Lob der Faulheit in den Mund gelegt.[32] Xanthippe führt dieses sympathische Bild des sich selbst treuen Lebemanns Sokrates noch etwas

---

[31] Noch einmal eine kleine altertumskundliche Inkorrektheit: ‚Amphitheater' gab es erst in römischer Zeit.

[32] An der angegebenen Stelle heißt es: „Sokrates pflegte zu sagen, dass die Untätigkeit die Schwester der Freiheit sei, und als Beleg fügte er an, dass Inder und Perser die tapfersten und freiheitlichsten Menschen und beide auch die untätigsten in Hinsicht auf Erwerbsstreben seien; Phryger dagegen und Lyder seien die rührigsten, zugleich aber Sklaven."

weiter aus („Er hielt sich aus und ließ sich aushalten. [...] Er schaute jeder Hetäre und jedem hübschen Knaben nach.[33] Er liebte gutes Essen und trank gern", S. 155) und rühmt schließlich seine Seelenruhe auch angesichts seiner Verurteilung zum Tod, womit er sich selber treu blieb („Er nahm sein Todesurteil gelassen hin. [...] Sokrates starb als Sokrates. Ich bin stolz, seine Frau gewesen zu sein", S. 155).

Xanthippes Schlussworte gelten bemerkenswerterweise Platon, den sie inzwischen aus der Sklaverei freigekauft hat und mit sich nehmen will: „Platon ist das erste Stück meines neuen Antiquariats. [...] Er ist ein Original. Er glaubt, daß er weiß.[34] Er hat Sokrates nach seinem Bilde beschrieben: Einen Sokrates, der nicht wußte, daß er nichts wußte. Lebt wohl" (S. 155 f.).

Mit diesen letzten Worten (mit denen auch Dürrenmatts Skizze vom „Tod des Sokrates" endet) weist Xanthippe sehr deutlich darauf hin, wie verschieden ,ihr' Sokrates von dem ist, den Platon sich erschaffen hat. Xanthippes ganze Rede wird auf diese Weise zu einem Vermächtnis, das einen Gegenentwurf zum platonischen Sokrates formuliert: Xanthippes ,echter' Sokrates ist ein gelassen in den Tag lebender Mann, der die guten Dinge des Lebens nicht asketisch meidet oder gar verabscheut, der alle und jeden mit seinen Fragen belästigt, zugleich aber sehr gut weiß, dass er selber keine endgültigen Antworten hat.

IV Dürrenmatts Sokrates: ,aristophanisiert' oder ,dürrenmattisiert'?

Nach dem eingangs zitierten Satz aus den *„Stoffen"* sollte man annehmen, dass Dürrenmatt im Gefolge Kierkegaards den ,wahren' Sokrates am ehesten in der Darstellung des Aristophanes gesucht hätte. Aber ist der Sokrates in der gerade vorgestellten Skizze wirklich so ,aristophanisiert'? Sein Hang zum Stibitzen geht in der Tat schon auf antiken Komödienspott zurück; sonst aber ist etwa vom Sokrates der *„Wolken"* nicht viel in Dürrenmatts Skizze zu finden, während gerade der am häufigsten in dieser Skizze auf-

---

[33] Sokrates' Gefallen an hübschen Knaben ist ein Topos, den etwa der griechische Satiriker Lukian immer wieder gerne anführt (Stellen bei Heinz-Günther Nesselrath: Lukians Parasitendialog. Berlin – New York 1985, S. 422 f.). Interesse an Hetären wird ihm weniger oft nachgesagt; möglicherweise spielen hier wieder seine Kontakte zu Perikles' Lebensgefährtin Aspasia (vgl. Anm. 11) eine Rolle.

[34] Im „glauben, dass man weiß" sieht Dürrenmatt immer wieder eine große Verirrung; man vergleiche folgende Bemerkung an einer späteren Stelle des zweiten *„Stoffe"*-Bands: „In der Theologie vollzieht der Glaube Selbstmord: Er glaubt zu wissen" (S. 205).

tauchende Zug – die alle anderen übertreffende Trinkfestigkeit – auf den markanten Schluss des „*Symposion*" Platons zurückgeht, wo Sokrates in der Tat den Aristophanes, aber auch alle anderen unter den Tisch trinkt. Vielleicht hat Dürrenmatt diesen Zug auch deshalb hier so durchgehend hervorgehoben, weil er selbst – nach eigenem Zeugnis – von großer Ausdauer und Standfestigkeit beim Trinken war.[35] So darf man annehmen, dass der in „*Der Tod des Sokrates*" gezeichnete Sokrates so manches auch von Dürrenmatt selbst hat.[36]

---

[35] Vgl. im zweiten „*Stoffe*"-Band die autobiografischen Erinnerungen auf S. 17, 88, 91 f., 164 f., 168 f., 174, 207.

[36] Dass Dürrenmatt zwischen sich und Sokrates manche Parallele (und vielleicht sogar sich selbst als eine Art neuer Sokrates) sah, dafür könnte auch folgende Stelle im zweiten „*Stoffe*"-Band sprechen, wo Dürrenmatt seine Entscheidung für die Schriftstellerei kommentiert: „Sokrates glaubte [...], der Mensch wisse bloß, daß er nichts wisse, was er unter dieser tristen Vorbedingung trotzdem unternehmen könne, nämlich richtig zu leben, sei seine eigene Angelegenheit [...] So handle ich denn nicht als Wissender oder als einer, der glaubt zu wissen, [...] weil ich wie Sokrates zwar weiß, daß ich nichts weiß, auch weil ich nur an etwas zu glauben vermag, das ich damals, als ich auf den Trolleybus sprang, nur ahnte [...]" (S. 230).

Antikerezeption bei Friedrich Dürrenmatt.
Die Komödie „*Romulus der Große*" und ihr literaturgeschichtlicher Kontext

VOLKER RIEDEL

Mit der im Winter 1948/49 entstandenen Komödie „*Romulus der Große*" hat Friedrich Dürrenmatt seinen literarischen ‚Durchbruch' erzielt.[1] Sie wurde am 23. April 1949 im Stadttheater Basel uraufgeführt, kurz darauf in einem Gastspiel in Stuttgart gezeigt und bereits am 16. Oktober desselben Jahres im Theater der Stadt Göttingen sowie am 10. Dezember am Zürcher Schauspielhaus inszeniert. Wie wichtig sie für ihn auch später noch gewesen ist, wird schon daraus ersichtlich, dass er sie in insgesamt sechs Fassungen vorgelegt hat.[2] In dieser Komödie zeigen sich wesentliche Merkma-

---

[1] Zitate werden – mit der Sigle WA – belegt nach Friedrich Dürrenmatt: Werkausgabe in 37 Bänden [und einem Registerband] (Diogenes Taschenbuch, Bd. 23041-23077 und 23079). Zürich 1998.

[2] Dürrenmatt selbst spricht von fünf Fassungen – doch bereits der 1949 gespielte Text hat zwei unterschiedliche Versionen: die der Basler Uraufführung, die als Typoskript des Reiss-Bühnenvertriebs Basel vorliegt, sowie die unveröffentlichte der Göttinger und der Zürcher Aufführungen. Nachdem der Autor den Text schon für die Inszenierung am Landestheater Darmstadt im November 1950, der dann 1951 die österreichische Erstaufführung im Wiener Theater in der Josefstadt folgte, überarbeitet hatte, hat er für die Wiederaufführung der Komödie im Zürcher Schauspielhaus am 24. Oktober 1957 eine grundlegende Neubearbeitung vorgenommen – sie erlebte am 23. Mai 1958 in den Kammerspielen München ihre Erstaufführung in Deutschland und wurde zwischen 1958 und 1961 auch in Frankreich, Polen, Argentinien und den USA gespielt. Diese Fassung erschien erstmals 1957 in dem Band „*Komödien I*" im Verlag der Arche, Zürich. Alle späteren Fassungen betreffen nur Details (Kürzungen, Erweiterungen, Umstellungen, stilistische Modifikationen) und zeigen keine grundsätzlichen konzeptionellen Änderungen mehr. Sie erschienen 1961 in der vierten Auflage des Bandes „*Komödien I*" sowie in der Anthologie „*Spectaculum IV. Sechs moderne Theaterstücke*" (Frankfurt am Main 1961, S. 81-134), 1964 in der siebenten Auflage des Bandes „*Komödien I*" (angefertigt anlässlich der Aufführung des Stückes im Pariser Théâtre National Populaire und als Grundlage für die Fernsehinszenierung Helmut Käutners dienend) und 1980 im zweiten Band der dreißigbändigen „*Werkausgabe*" (am 31. Dezember 1980 im Hinblick auf Dürrenmatts 60. Geburtstag erstmals am Schauspielhaus Zürich aufgeführt). – Die Erstfassung des vierten Aktes ist im Anhang zum zweiten Band der „*Werkausgaben*" von 1980 und 1998 abgedruckt, und zwar nach der in Basel gespielten Version, auf Grund deren auch die Bearbeitung von 1957 erfolgt war. – Grundlegend Günter Scholdt: Romulus der Große? Dramaturgische Konsequenzen einer Komödien-

le und Entwicklungen seines Geschichtsbildes und seines dichterischen Schaffens; sie ist paradigmatisch für seinen Umgang mit antiken Motiven – und sie nimmt auch einen charakteristischen Platz ein innerhalb der modernen Antikerezeption, namentlich in der deutschsprachigen Literatur des 20. Jahrhunderts. Da die nicht unbeträchtliche Sekundärliteratur zu diesem Stück[3] den Verbindungslinien zu Dürrenmatts späteren Werken mit antiken Motiven sowie dem literarhistorischen Stellenwert bisher weniger Aufmerksamkeit geschenkt hat, werde ich – ohne Vollständigkeit anstreben zu wollen – diese Aspekte besonders betonen.[4]

Vor allem ist hier die Hinwendung zu einem römischen und zu einem historischen Sujet zu nennen – beides steht meist in einem engen Zusammenhang. Die römische Geschichte war nie völlig verdrängt gewesen (wie beispielsweise Grabbes *„Hannibal"*, Flauberts *„Salammbô"*, Stefan Georges *„Algabal"* oder die nationalistischen deutschen Trivialromane aus der zwei-

---

Umarbeitung. In: Zeitschrift für Deutsche Philologie 97 (1978), S. 270-287. Einige Abweichungen aus dem ersten bis dritten Akt sind verzeichnet bei Christian Markus Janslin: Friedrich Dürrenmatt. Zur Struktur seiner Dramen. Zürich 1964, S. 48-51. Zu den Inszenierungen vgl. den Nachweis von Ulrich Weber und Anna von Planta in: WA. Bd. 2, S. 166 f.

[3] Vgl. vor allem Scholdt: Romulus der Große? (Anm. 2); Donald D. Daviau: Friedrich Dürrenmatts *„Romulus der Große"*: A Traitor for our Time? In: The Germanic Review 54 (1979), S. 104-109; Ulrich Profitlich: Geschichte als Komödie – Dürrenmatts *„Romulus der Große"*. In: Walter Hinck (Hg.): Geschichte als Schauspiel. Deutsche Geschichtsdramen. Interpretationen (suhrkamp taschenbuch, Bd. 2006). Frankfurt am Main 1981, S. 254-269; Hans Wagener: Heldentum heute? Zum Thema Zeitkritik in Dürrenmatts *„Romulus der Große"*. In: Gerhard P. Knapp, Gerd Labroisse (Hg.): Facetten. Studien zum 60. Geburtstag Friedrich Dürrenmatts. Bern, Frankfurt am Main, Las Vegas 1981, S. 191-206; Hans Wagener (Hg.): Friedrich Dürrenmatt. Romulus der Große (Universal-Bibliothek, Bd. 8173). Stuttgart 1985; Gerhard P. Knapp: Friedrich Dürrenmatt. Romulus der Große (Grundlagen und Gedanken zum Verständnis des Dramas). Frankfurt am Main, Berlin, München 1985; Wilhelm Große: Friedrich Dürrenmatt. Romulus der Große (Oldenbourg-Interpretationen, Bd. 47). München 1990; Roger A. Crockett: Understanding Friedrich Dürrenmatt. Columbia, South Carolina 1998, S. 28-33; Roland Bursch: „Wir dichten die Geschichte". Adaption und Konstruktion von Historie bei Friedrich Dürrenmatt (Epistemata, Bd. 578). Würzburg 2006, S. 37-64; Fabio Pierangeli: La Roma di Friedrich Dürrenmatt tra le mura del Palatino: divagazioni su *„Romulus der Große"* e il suo interprete romano. In: Ralf Georg Czapla, Anna Fattori (Hg.): Die verewigte Stadt. Rom in der deutschsprachigen Literatur nach 1945 (Jahrbuch für Internationale Germanistik, Reihe A, Bd. 92). Bern [u. a.] 2008, S. 179-187.

[4] Im Anfangs- und Schlussteil dieses Aufsatzes sowie in den Ausführungen zur Lehrerkritik wird auf folgende Publikation des Verfassers Bezug genommen: Antikerezeption in der deutschen Literatur vom Renaissance-Humanismus bis zur Gegenwart. Eine Einführung. Stuttgart, Weimar 2000.

ten Hälfte des 19. und der ersten Hälfte des 20. Jahrhunderts beweisen) –
aber gegenüber Shakespeares „*Coriolan*", „*Julius Caesar*" und „*Antonius
and Cleopatra*", gegenüber den Römertragödien Corneilles und Racines,
gegenüber Andreas Gryphius' „*Papinian*" und Casper von Lohensteins ‚römischen' und sogenannten ‚afrikanischen' Tragödien (die letztlich ebenfalls
‚römische' Stücke waren) sowie gegenüber den politischen Sujets im Drama der Aufklärung stand sie vom Ende des 18. bis zum frühen
20. Jahrhundert merklich im Schatten des griechischen Mythos. Dies änder-
te sich im späteren Verlauf des 20. Jahrhunderts. Zur auch weiterhin an-
dauernden Beschäftigung mit griechischen Sagen trat nunmehr die Rezeption historischer Stoffe aus der römischen Antike – so bei Bertolt Brecht und
Walter Jens, bei Peter Hacks und Heiner Müller, bei Volker Braun und
Durs Grünbein. Die Gründe lagen in der für diesen Zeitraum charakteristischen Politisierung des gesamten gesellschaftlichen Lebens.

Befindet sich Dürrenmatt hiermit in einer Reihe mit den genannten Autoren, so nimmt er doch eine einmalige Stellung ein in Bezug auf die Stoff-
wahl. In der älteren Literatur standen monarchische Herrscher aus der Kö-
nigs- oder der frühen und mittleren Kaiserzeit (Tullus Hostilius, Augustus
und Titus als ‚positive', Nero und Caracalla als ‚negative' Helden) oder
republikanische Persönlichkeiten wie Lucretia und der ältere Brutus, Ver-
ginia, der ältere Scipio, der jüngere Cato und der Caesarmörder Brutus im
Vordergrund, oder es wurden (wie die Namen Coriolan, Caesar und Antonius belegen) Konflikte aus der Früh- oder der Spätzeit der Republik in all
ihrer Ambivalenz gestaltet. Dabei reichte das Spektrum von einer Verherrlichung absolutistischer Leitgedanken – wie Triumph des Staatsinteresses
über familiäre Bindungen, Milde als Herrschertugend, moralische Überlegenheit des siegreichen Staatsmannes, Selbstüberwindung gegenüber erotischen Anfechtungen – über die Problematisierung absolutistischer Praxis
(Willkürherrschaft, Gegensatz zwischen Politik und Moral oder zwischen
Ideal und Realität in der Rechtsprechung) bis zur Sympathie für „antityran-
nische[]" Helden (um Lessings Bezeichnung für Spartacus zu verallgemei-
nern[5]). Auch die Autoren des 20. Jahrhunderts bevorzugten bekannte oder
weniger bekannte Gestalten aus der Frühzeit, aus dem Übergang von der
Republik zum Prinzipat oder allenfalls aus den ersten 200 Jahren der Kaiserzeit. Weniger im Blickpunkt stand die Spätantike. Nachdem in der Tragödie des Barock – insbesondere im Jesuitendrama – religiöse und politi-

---

[5] Gotthold Ephraim Lessing: Brief an Karl Wilhelm Ramler, 16. Dezember 1770.
In: Lessing: Sämtliche Schriften. Hg. von Karl Lachmann. 3. Aufl., besorgt durch
Franz Muncker. Stuttgart [u. a.] 1886-1924. Bd. 17, 1904, S. 357.

sche Konflikte der römischen Kaiser Konstantin und Theodosius oder des Ostgotenkönigs Theoderich im Zeichen der Gegenreformation diskutiert worden waren, war das Interesse an dieser Zeit abgeklungen – wenn wir einmal von Felix Dahns problematischem ‚Professorenroman' *„Ein Kampf um Rom"* absehen, der von der letzten Phase der Ostgotenherrschaft in Italien in der Mitte des 6. Jahrhunderts handelt. Das politische Ende des weströmischen Reiches im Jahre 476 ist meines Wissens vor Dürrenmatt noch nicht Gegenstand literarischer Gestaltung gewesen. Zu wenig hätte an diesem Untergangs-Sujet Modellhaftes oder gar Vorbildliches für die eigene Zeit exemplifiziert werden können. (Auf einen weiteren Aspekt des literarhistorischen Ortes von *„Romulus der Große"* – die Entheroisierung der Vorgänge – sei erst später eingegangen.)

Dürrenmatt bezeichnet sein Stück mit dem Oxymoron „Eine ungeschichtliche historische Komödie"[6] – d. h. er deutet an, dass er zwar auf einzelne Fakten und Personen Bezug nimmt, aber äußerst frei mit ihnen verfährt.[7] Im Jahre 476 hatte der Germane Odoaker als Offizier in der kaiserlichen Leibgarde einen Militärputsch organisiert, wurde am 23. August zum König in Italien ausgerufen und hat am 4. September den letzten weströmischen Kaiser Romulus (mit dem spöttischen Beinamen ‚Augustulus') abgesetzt und in Pension geschickt, aber darauf verzichtet, einen neuen Kaiser zu ernennen (nachdem es in den vergangenen zwei Jahrzehnten bereits acht Kaiser gegeben hatte). Dieses Jahr hat für die Zeitgenossen keineswegs einen ähnlich spektakulären Einschnitt bedeutet wie das Jahr 1453, in dem die Türken Konstantinopel eroberten und mit dem Byzantinischen Reich das letzte unmittelbar aus der Antike stammende politische Gebilde unterging. Zudem war Romulus von dem oströmischen Herrscher Zenon niemals anerkannt worden, und sein Vorgänger, Iulius Nepos, galt bis zu seinem Tode 480 nominell weiterhin als weströmischer Kaiser. Viel gravierender für die Entwicklung in Italien ist das Jahr 568 gewesen, in dem die Langobarden die gesellschaftlichen Verhältnisse radikal umstülpten. Auch die Eroberung Roms durch den westgotischen König Alarich im Jahre 410 hatte mehr Erschütterung hervorgerufen. Nichtsdestoweniger hat sich das Jahr 476 im Bewusstsein der Späteren als Epochenjahr festgesetzt, und Dürrenmatt konnte somit die Vorgänge als Inszenierung eines Untergangs gestalten.

---

[6] Nur in der dritten Fassung heißt es im Untertitel: „Eine ungeschichtliche Komödie".

[7] Grundlegend für die politische Geschichte in der zweiten Hälfte des 5. Jahrhunderts Dirk Henning: *Periclitans res publica.* Kaisertum und Eliten in der Krise des weströmischen Reiches 454/5-493 n. Chr. (Historia. Einzelschriften, Bd. 133). Stuttgart 1999. – Vgl. auch Herwig Wolfram: Das Reich und die Germanen. Zwischen Antike und Mittelalter (Siedler – Deutsche Geschichte 1). Berlin 1998.

Auf die Handlung im Einzelnen braucht im Rahmen meines Themas nicht eingegangen zu werden; charakteristisch ist der Einfall, dass der Kaiser zwei Jahrzehnte lang Rom durch konsequentes Nichtstun und Nichtregieren systematisch geschwächt und dessen Untergang planmäßig herbeigeführt, d. h. eine selbstbestimmte Absage an jegliche Machtpolitik betrieben hat. Zu diesem Zweck hat Dürrenmatt aus dem minderjährigen Romulus, der erst am 31. Oktober 475 in Ravenna zum Kaiser erhoben worden war, während sein Vater Orestes als Reichsfeldherr faktisch die Regierungsgeschäfte führte, einen Mann von „über fünfzig"[8] gemacht, der seit 20 Jahren regierte und den er als Hühnerzüchter vorstellt. Der Autor selbst bemerkt zum „Historische[n]":

> Romulus Augustus war 16, als er Kaiser wurde, 17, als er abdankte und in die Villa des Lukull nach Campanien zog. Die Pension betrug 6000 Goldmünzen, und seine Lieblingshenne soll Roma geheißen haben. [...] Die Zeit nannte ihn Augustulus.[9]

Wahrscheinlich war Romulus sogar noch jünger gewesen – aber während Dürrenmatt den Leser über seine Änderung des Lebensalters freimütig unterrichtet, führt er ihn mit dem als historisch hingestellten Hinweis auf die „Lieblingshenne" bewusst in die Irre. Die Quellen sagen darüber nichts – allerdings ist es auch kein erfundenes Motiv, sondern geht (wie Walter Bossard ermittelt hat) auf eine Anekdote zurück, die Prokop von Caesarea, der bedeutendste Geschichtsschreiber der Spätantike, über den weströmischen Kaiser Honorius berichtet: Dieser habe einen sehr großen Hahn namens Roma besessen, und als ihm im Jahre 410 in Ravenna gemeldet wurde, dass Roma zugrunde gegangen sei, sei er sehr bekümmert gewesen, habe sich aber dann beruhigt, als er erfuhr, dass es sich nur um die Eroberung der Stadt Rom durch Alarich und nicht etwa um das Ende seines Hahnes handelt.[10] Aus der Anekdote, die bei Prokop die Unwissenheit und Unfähigkeit des Honorius bekunden soll, ist bei Dürrenmatt ein Motiv geworden, das Romulus als einen verantwortungsbewussten Politiker zeigt.

Weitere Änderungen betreffen die historischen Personen, die auftreten oder erwähnt werden, sowie den Ort und vor allem die Zeit der Handlung.

---

[8] WA. Bd. 2, S. 16.

[9] WA. Bd. 2, S. 120 f.

[10] Prokopios: Bellum Vandalicum 3,2; Übers.: Prokop: Werke. Griechisch-deutsch ed. Otto Veh. München 1961-1977. [Bd. 4]: Vandalenkriege. 1971, S. 17. – Vgl. Walter Bossard: Der Kaiser als Hühnerzüchter. Eine neue Quelle bringt Licht in die Entstehungsgeschichte von Dürrenmatts Komödie „Romulus der Grosse". In: Schweizer Monatshefte für Politik, Wirtschaft, Kultur 78 (1998), S. 49-53.

Dürrenmatt führt den oströmischen Kaiser Zenon als Verbannten ein, der Feldherr Orestes ist bei ihm nicht Romulus' Vater, und die Handlung spielt nicht in Ravenna, sondern in der Villa des Romulus in Campanien, also bereits in der Nähe der Villa des Lucullus, die der letzte römische Kaiser nach seiner Absetzung als Aufenthaltsort erhalten hat. Insbesondere aber hat Dürrenmatt, um zum einen die grundsätzliche Untergangsstimmung, zum anderen aber auch den Kontrast zu einer heroischen Vergangenheit zu verstärken, die Vorgänge vom September 476 auf die Iden des März verlegt, den Jahrestag von Caesars Ermordung im Jahre 44 v. Chr.

Die Handlung des Stückes ist erfunden. Die von dem Dichter selbst angeführten Quellen – Strindbergs Novelle „*Attila*" und der alte Dubslav in Fontanes Roman „*Der Stechlin*" als „ein geistiger Vater meines letzten Kaisers von Rom"[11] – mögen allenfalls als stoffliche Anregungen gedient oder einige Parallelen in der Lebenshaltung geliefert haben. Strindbergs Novelle endet mit einem Ausblick auf Odoaker und auf dessen Absetzung und Pensionierung des Romulus Augustulus; Romulus und Dubslav sind gleichermaßen Repräsentanten eines zu Ende gehenden Zeitalters mit Sympathie für die neuen politischen Kräfte (Germanen bzw. Sozialdemokraten), befinden sich in finanzieller Bedrängnis, bewohnen ein verfallendes Gebäude, lehnen die Pathetik ihrer Umgebung ab und haben eine Neigung zur Selbstironie.[12] Ähnlichkeiten mit weiteren Autoren und Werken sind festzustellen, bleiben aber peripher.[13] Auffallend sind Ansätze einer Shakespeare-Parodie: Dürrenmatt selbst prägt die Wendung „Romulus und Julia"[14], und das missglückte Attentat auf den Kaiser im dritten Akt persifliert die Ermordung des Diktators im „*Julius Caesar*"[15]. Einzelne Motive erinnern auch an Petrons „*Satyricon*"[16] – doch handelt es sich mehr um äußerliche Reminiszenzen, die nicht überbewertet werden sollten; denn an die Stelle der vulgären Protzerei und Verschwendungssucht, des Zynismus und der Verachtung kultureller Werte, die der Dichter der Nero-Zeit an einem reichen und ungebildeten Emporkömmling verspottet, sind ein bescheidenes Genießertum, Melancholie und die resignierende Absage an die antike

---

[11] Vgl. WA. Bd. 2, S. 122 f.

[12] Vgl. Profitlich: Geschichte als Komödie (Anm. 3), S. 254.

[13] Vgl. Wagener (Hg.): Friedrich Dürrenmatt. Romulus der Große (Anm. 3), S. 25 f.; Knapp: Friedrich Dürrenmatt. Romulus der Große (Anm. 3), S. 17; Bossard: Der Kaiser als Hühnerzüchter (Anm. 10), S. 50.

[14] WA. Bd. 2, S. 124.

[15] Vgl. Wagener (Hg.): Friedrich Dürrenmatt. Romulus der Große (Anm. 3), S. 19 und 26.

[16] Vgl. Bursch: „Wir dichten die Geschichte" (Anm. 3), S. 28-43.

Kultur im Zeichen des politischen Niedergangs getreten, und Dürrenmatt zeichnet eine nicht unsympathische Gestalt.

Wie sich namentlich im dritten Akt des Stückes enthüllt, ist Romulus – hier schlägt sich am deutlichsten die Polemik des Autors gegen die nationalistischen Parolen der eigenen Zeit nieder – skeptisch gegenüber dem Heldenethos und dem Patriotismus seiner Umgebung. Auf die Worte seiner Tochter Rea: „Das Vaterland geht über alles. […] Soll man denn nicht das Vaterland mehr lieben als alles in der Welt?" entgegnet er:

> Nein, man soll es weniger lieben als einen Menschen. Man soll vor allem gegen sein Vaterland mißtrauisch sein. Es wird niemand leichter zum Mörder als ein Vaterland. […] Vaterland nennt sich der Staat immer dann, wenn er sich anschickt, auf Menschenmord auszugehen.[17]

Im Dialog mit seiner Frau Julia wird deutlich, dass Romulus die verbrecherische Vergangenheit des römischen Staates durchschaut hat („Er ist ein Weltreich geworden und damit eine Einrichtung, die öffentlich Mord, Plünderung, Unterdrückung und Brandschatzung auf Kosten der andern Völker betrieb"), dass er von Anfang an das Römerreich zugrunde richten wollte und dass er Julia – die Tochter seines Vorgängers – nur geheiratet hatte, um Kaiser zu werden und am besten „das Imperium liquidieren zu können".[18] So sieht er sich nicht als „Roms Verräter", sondern als „Roms Richter".[19] Seine Abrechnung gipfelt in den Worten an die Attentäter: „Nicht ich habe mein Reich verraten, Rom hat sich selbst verraten. Es kannte die Wahrheit, aber es wählte die Gewalt, es kannte die Menschlichkeit, aber es wählte die Tyrannei. […] Ich habe wissentlich das Vaterland zugrunde gerichtet."[20]

So übergibt Romulus im vierten Akt das Reich den Germanen, um eine menschliche Zukunft zu sichern:

> Der Kaiser löst das Imperium auf. […] Du hast dein Ziel erreicht, Germanenfürst. Italien gehört dir.[21] Du hast noch viel zu lernen, vor allem Menschlichkeit, die du zwar suchst, aber nicht kennst, denn das Weltreich, das du bekämpft hast, kannte sie auch nicht. Der Kaiser hat dir dieses Imperium aus dem Weg geräumt. Es ist

---

[17] WA. Bd. 2, S. 80 f.
[18] WA. Bd. 2, S. 77.
[19] WA. Bd. 2, S. 78.
[20] WA. Bd. 2, S. 91 und 93.
[21] Nach einer anderen Variante heißt es noch pointierter, aber auch etwas redundant: „Du bist an deinem Ziel, Germanenfürst, durch den Willen des römischen Kaisers." (Vgl. Scholdt: Romulus der Große? [Anm. 2], S. 276.)

wieder Platz in der Weltgeschichte. Die Römer treten ab, die Bühne wird frei, die Germanen sind an der Reihe.[22]

Er überredet Odoaker, ihn zu pensionieren, wird als „Romulus der Große" gepriesen und beschließt das Stück mit den Worten: „Damit, meine Herren, hat das römische Imperium aufgehört zu existieren."[23]

Dürrenmatt hat in Anmerkungen zu dem Stück aus dem Jahre 1949 den „Landesverräter", der „einem Weltreich den Todesstoß" gibt, gerechtfertigt und betont, dass er „einen Helden nicht an der Zeit, sondern eine Zeit an einem Helden zugrunde gehen" lasse. Sein Stück richte sich nicht gegen den Staat schlechthin, sondern gegen den „Großstaat", den „Staat, der unrecht hat"[24]: „Der Verfasser ist von Natur aus gegen die Weltreiche." [25] Dabei war er sich zwar des spielerisch-utopischen Charakters seiner Konzeption durchaus bewusst, ließ aber eine vage Hoffnung auf einen Sieg der Humanität durchblicken: Der „Landesverräter" sei „eine[r] von denen, die es nie gibt. Kaiser rebellieren nicht, wenn ihr Land unrecht hat. [...] Aber Romulus rebelliert. Auch wenn die Germanen kommen. Dies sei gelegentlich zur Nachahmung empfohlen."[26] In der Folgezeit hat der Autor diese in der Situation der unmittelbaren Nachkriegszeit wurzelnde Zuversicht zunächst ansatzweise relativiert und schließlich durch eine radikale Skepsis ersetzt.

Bereits die Ende 1949 in Göttingen und Zürich gespielte Version hat auf manche komischen Episoden verzichtet und enthält stattdessen ernstere Züge: So droht Romulus durch Odoaker die Hinrichtung; im Dialog der zwei Politiker kommen Gewalttaten von beiden Seiten zur Sprache; Romulus muss nachhaltig davor warnen, dass das Verhältnis zwischen Römern und Germanen durch einen ständigen Kreislauf von Hass und Unterdrückung bestimmt wird; der Appell an die Vernunft erscheint jetzt als Konsequenz aus den bisherigen Konfrontationen: „Immer wieder kommen wir zum selben Punkt: Wir hassen uns! Also müssen wir kühl und klar überlegen, wie wir den Hass beseitigen, lieber Odoaker. Das ist ein Thema, wie es sich unter Staatsmännern schickt." Der utopische Schluss aber bleibt erhalten.[27]

Die grundlegende Neufassung der Komödie von 1957 betrifft vor allem den vierten Akt. Sie ist charakteristisch für den Wandel von Dürrenmatts

---

[22] WA. Bd. 2, S. 140 f.
[23] WA. Bd. 2, S. 142.
[24] WA. Bd. 2, S. 121.
[25] WA. Bd. 2, S. 124.
[26] WA. Bd. 2, S. 121.
[27] Vgl. Scholdt: Romulus der Große? (Anm. 2), S. 276-279 (Zitat S. 278).

Geschichtsbild angesichts der Entwicklung nach dem Zweiten Weltkrieg. Odoaker erweist sich jetzt als ein ebenso der Macht überdrüssiger Herrscher wie Romulus. Sein Wunsch, „den Krieg human zu führen", hatte sich nicht erfüllt; seine Armee hatte „Untaten" begangen, „weil *jeder* Krieg bestialisch ist" – so will er sich dem Romulus unterwerfen; denn nur wenn dieser ihn rette, könne er „die Dinge vielleicht nach meinem Willen lenken. Noch. Denn bald werde ich es nicht mehr können. Dann werden wir endgültig ein Volk der Helden geworden sein."[28] Romulus, der sich gar nichts anderes vorstellen konnte, als dass Odoaker ihn töten wolle, und der auch bereit ist zu sterben, muss den Widerstrebenden regelrecht überreden, sein Erbe anzutreten – und im Hintergrund wartet bereits Theoderich (bei Dürrenmatt Odoakers Neffe), der ihn einst ermorden, das Römerreich wiederherstellen und dessen alte Machtpolitik weiter betreiben wird: „Er stellt das Ideal der Germanen dar. Er träumt von der Weltherrschaft, und das Volk träumt mit ihm. [...] Noch ist mein Neffe zahm, noch ist er der höfliche Mann, aber einmal, in wenigen Jahren, wird er mich ermorden. Ich kenne die germanische Treue."[29] Die Geschichte erweist sich als ein verhängnisvoller und sinnloser Kreislauf; denn selbst wenn Odoaker – wie er einmal erwägt – Theoderich töten sollte, wäre dies kein Ausweg: „Wenn du deinen Neffen tötest, werden dir nur tausend neue Theoderiche erstehen. Dein Volk denkt anders als du. Es will das Heldentum. Du vermagst es nicht zu ändern."[30] Das Einzige, was Romulus zu erreichen vermag, ist ein Aufschub, eine Verzögerung von einigen Jahren:

> Ertragen wir denn das Bittere. Versuche, Sinn in den Unsinn zu legen, in diesen wenigen Jahren, die dir bleiben, die Welt treu zu verwalten. Schenke den Germanen und Römern Frieden. [...] Es werden einige Jahre sein, die die Weltgeschichte vergessen wird, weil sie unheldische Jahre sein werden – aber sie werden zu den glücklichsten Jahren dieser wirren Erde zählen. [...] Spielen wir noch einmal, zum letzten Mal, Komödie. Tun wir so, als ginge die Rechnung hienieden auf, als siegte der Geist über die Materie Mensch.[31]

Tatsächlich hat der historische Odoaker die weströmische Dauerkrise nach zwei Jahrzehnten beendet, den Resten des Reiches Stabilität zurückgegeben, die politische Kontinuität in Italien gesichert, mit den italischen Eliten gut zusammengearbeitet und zunächst auch die Billigung Zenons, dem er

[28] WA. Bd. 2, S. 107 f.
[29] WA. Bd. 2, S. 107 f.
[30] WA. Bd. 2, S. 111.
[31] WA. Bd. 2, S. 112 f.

sich formal unterstellt hatte, gefunden. Als sich ab 486 das Verhältnis zu Ostrom verschlechterte, hat Zenon den Ostgotenkönig Theoderich zum Einfall in Italien veranlasst, und dieser hat Odoaker nach mehrjährigem Krieg 493 besiegt und eigenhändig ermordet. Die Jahre seiner Herrschaft bedeuteten zwar noch einmal eine ‚Nachblüte' des politischen und kulturellen Lebens in Italien, waren aber auch zunehmend durch Willkür gekennzeichnet. (So ließ er 524 den Philosophen Boethius wegen angeblichen Hochverrats hinrichten.)

Dürrenmatts Stück endet auch in der Neufassung mit den Worten: „Damit, meine Herren, hat das römische Imperium aufgehört zu existieren." Aber die Pensionierung wird nicht mehr von Romulus selbst initiiert, und seine Lobpreisung als „Romulus der Große" ist entfallen.[32] Romulus ist aus einer überlegenen zu einer scheiternden und lächerlichen Figur geworden. Der ursprünglich weitsichtige und unvoreingenommene Spötter wird zu einem Mann, der einem utopischen Ziel nachjagte und in seinen Illusionen gnadenlos widerlegt wird. Schien in der ersten Fassung in der Gestalt des „als Narr verkleideten Weltenrichters"[33] der Gegenentwurf einer humanen Politik wenigstens ästhetische Wirklichkeit zu werden, so enthüllt sich nunmehr der Weltenrichter als Narr[34]: „Hält im dritten Akt Romulus Gericht über die Welt, hält im vierten Akt die Welt Gericht über Romulus."[35] Der weströmische Kaiser und der germanische König sind beide mit ihrem Glauben, „die Welt aus unseren Händen fallenlassen zu können", gescheitert.[36] Die historische Realität siegt über utopische Wunschvorstellungen; eine gerechte Weltordnung ist nicht möglich. Der vorsichtige Optimismus von 1948/49, dass einige vernünftige Persönlichkeiten der Weltgeschichte einen freundlicheren Verlauf bereiten können, ist 1957 – angesichts der Erfahrung, dass aus Befreiung und Frieden Machtpolitik und ‚Kalter Krieg' geworden sind und weiterhin militärische Konflikte ausgetragen wurden (Koreakrieg, Suezkrieg, Niederwerfung des Aufstands in Ungarn) – radikaler Skepsis und resignativer Satire gewichen.

Wenn das Stück bei allem Pessimismus nicht in absoluter Verzweiflung endet, dann geschieht dies dadurch, dass Dürrenmatt dem Einzelnen zumindest die Möglichkeit einräumt, für eine begrenzte Zeit gemäß seinen Vorstellungen zu agieren. Er bezeichnet es in dem Essay „*Theaterproble-*

---

[32] WA. Bd. 2, S. 115.
[33] WA. Bd. 2, S. 120.
[34] Vgl. Scholdt: Romulus der Große? (Anm. 2), S. 279.
[35] WA. Bd. 2, S. 120.
[36] WA. Bd. 2, S. 112. – Vgl. Daviau: Friedrich Dürrenmatts „*Romulus der Große*" (Anm. 3), S. 107.

me" von 1955 sogar, unter Hinweis auf Romulus, als sein „Hauptanliegen", dass es „immer noch möglich [sei], den mutigen Menschen zu zeigen."[37]

Das Stück trägt in sämtlichen Fassungen die Gattungsbezeichnung „Komödie" – in Übereinstimmung mit dem eben genannten Essay, in dem Dürrenmatt von der „heutige[n] Welt" sagt, dass sie „nicht mehr in der Form des geschichtlichen Dramas Schillers zu bewältigen" sei, und allein die Komödie, die durch einen „Einfall" Distanz schaffe, für eine unserer Zeit adäquate dramatische Gattung hält.[38] Der Autor hat diesen Gedanken sogar im Stück selbst *expressis verbis* verkündet: Die Tochter des Kaisers, Rea, die Schauspielerin werden will, studiert und rezitiert Verse des Sophokles aus dem „Klagelied der Antigone, bevor sie in den Tod geht", und muss sich von Romulus zurechtweisen lassen: „Studiere nicht diesen alten, traurigen Text, übe dich in der Komödie, das steht uns viel besser. [...] Wer so aus dem letzten Loch pfeift wie wir alle, kann nur noch Komödien verstehen."[39] Dabei handelt es sich um durchaus unterschiedliche Spielarten des Komischen. Hat die erste Fassung Merkmale des Lust-, ja des Possenspiels, so ist die zweite eher als Tragikomödie zu bezeichnen.

Heinz-Günther Nesselrath hat nachgewiesen, dass Dürrenmatt mit seinem Stück und mit seinen theoretischen Überlegungen – namentlich in der „*Anmerkung über die Komödie*" von 1952 – in einer auf Aristophanes zurückreichenden Tradition steht. Der Romulus von 1948/49 gleicht von seinen Zielen her dem Trygaios im „*Frieden*" und der Titelheldin der „*Lysistrate*", darüber hinaus in seiner Haltung und in seinen Handlungen vor allem dem Dikaiopolis in den „*Acharnern*" – in der Neufassung aber hat Dürrenmatt eine ähnliche Wendung vollzogen wie der griechische Dichter mit der Ersetzung des festlichen Happy End durch einen problematisierten, die Nichtrealisierbarkeit der Utopie reflektierenden Schluss wie in den „*Vögeln*" oder den „*Ekklesiazusen*".[40]

---

[37] WA. Bd. 30, S. 63. – Vgl. Daviau: Friedrich Dürrenmatts „*Romulus der Große*" (Anm. 3), S. 107.

[38] WA. Bd. 30, S. 59-63 (Zitate S. 59 und 61).

[39] WA. Bd. 2, S. 25 und 56. – Sophokles: Antigone 806-816. – Vgl. Bursch: „Wir dichten die Geschichte" (Anm. 3), S. 40. – Die Verse werden, teilweise mit geändertem Wortlaut, nach der Übersetzung Friedrich Hölderlins zitiert und sind 1957 gegenüber der Erstfassung vermehrt worden (vgl. Janslin: Friedrich Dürrenmatt. Zur Struktur seiner Dramen (Anm. 2), S. 48).

[40] Heinz-Günther Nesselrath: Aristophanes und Friedrich Dürrenmatt. In: Jürgen Söring, Anmuth Mingels (Hg.): Dürrenmatt im Zentrum. 7. Internationales Neuenburger Kolloquium 2000. Frankfurt am Main [u.a.] 2004, S. 109-128, hier S. 113-119. – Vgl. WA. Bd. 30, S. 20-25.

So ist einerseits vor allem der farcenhafte Zug des vierten Aktes entfallen, dass Romulus vor seiner Abdankung erst noch die germanischen Heerführer zu Statthaltern macht und von Odoaker zum Kaiser von Germanien ernannt wird.[41] Andererseits hat das Stück tragische Elemente erhalten. Dürrenmatt sieht zwar die *Tragödie* für unsere Zeit als nicht mehr möglich an, nicht aber das *Tragische*.[42] Die Angehörigen des Kaisers, von denen in der ersten Fassung nur gesagt wird, dass sie geflohen seien, kommen jetzt auf der Flucht um, und Romulus bedenkt, wieviel Leid seine Politik des Nichtregierens über die Menschen gebracht hat, und will dafür mit dem Tod sühnen:

> Ich gab mir das Recht, Roms Richter zu sein, weil ich bereit war zu sterben. Ich verlangte von meinem Lande ein ungeheures Opfer, weil ich mich selbst als Opfer einsetzte. Ich ließ das Blut meines Volkes fließen, indem ich es wehrlos machte, weil ich selbst mein Blut vergießen wollte.[43]

(In der ersten Fassung sagt er zwar auch schon: „Ich opfere Rom, indem ich mich selber opfere"[44] – doch diese Worte bleiben folgenlos.) Romulus bezeichnet sich als einen „Narren" und beklagt, dass seine Bereitschaft zu sterben umsonst sei: „Und nun soll ich leben. Und nun soll mein Opfer nicht angenommen werden. Und nun soll ich als der dastehen, der sich allein retten konnte. [...] Es ist alles absurd geworden, was ich getan habe."[45] Er muss sich von Odoaker sagen lassen, dass die Zerstörung Roms vergeblich sei, weil durch Romulus' Tod die Welt sofort an Theoderich fiele[46]: „Dein Tod wäre sinnlos, denn einen Sinn könnte er nur haben, wenn die Welt so wäre, wie du sie dir vorgestellt hast. Sie ist nicht so."[47] Er muss sich in sein „Schicksal fügen" („Es gibt nichts anderes"), und die Pensionierung geschieht *gegen* seinen Willen („ist wohl das Entsetzlichste, was mir zustoßen

---

[41] Vgl. Armin Arnold: Friedrich Dürrenmatt (Köpfe des XX. Jahrhunderts, Bd. 57). Berlin 1969, S. 34-36, hier S. 34 f.; Daviau: Friedrich Dürrenmatts „*Romulus der Große*" (Anm. 3), S. 106; Bursch: „Wir dichten die Geschichte" (Anm. 3), S. 42 f.
[42] WA. Bd. 30, S. 62 f.
[43] WA. Bd. 2, S. 108 f.
[44] WA. Bd. 2, S. 82.
[45] WA. Bd. 2, S. 108 f.
[46] WA. Bd. 2, S. 109.
[47] WA. Bd. 2, S. 110.

könnte")[48] und erhält den Charakter des Scheiterns – einer „zentrale[n] Größe" im Werk Friedrich Dürrenmatts[49].

Der Schriftsteller hat 1957 seinen Romulus als „witzig, gelöst, human", aber zugleich als einen Menschen bezeichnet, „der mit äußerster Härte und Rücksichtslosigkeit vorgeht und nicht davor zurückschreckt, auch von andern Absolutheit zu verlangen, ein gefährlicher Bursche, der sich auf den Tod hin angelegt hat". Die „Tragik" „dieses kaiserlichen Hühnerzüchters" liege „genau in der Komödie seines Endes, in der Pensionierung"; doch habe er „ – und nur dies macht ihn groß – die Einsicht und die Weisheit [...], auch sie zu akzeptieren".[50] Dieser Romulus ist eine schillernde, mehrschichtige, tragikomische Gestalt, die gleichermaßen Sympathien wie Antipathien erweckt – problematisiert gegenüber der ersten Fassung, aber mehr als *nur* ein Ideologe und realitätsferner Idealist[51], dessen Ideen nicht allein an der Wirklichkeit scheitern, sondern auch in sich selbst kritikwürdig sind[52]. Einige Interpreten erwecken den Eindruck, dass Dürrenmatt erst in der zweiten Fassung die offensichtliche Untätigkeit des Romulus näher begründet und dessen Strategie offengelegt, ihn aus einem passiven in einen aktiven Charakter verwandelt habe – und berufen sich dabei auf Worte aus dem dritten Akt, die schon in der ersten Fassung standen.[53] Alle prinzipiellen Zielvorstellungen des Romulus wurden bereits 1948/49 geäußert – neu ist 1957, dass er damit gescheitert ist und dass er sich schuldig fühlt. Dabei sollte allerdings vermieden werden, die Kalamität allein im Versagen des Romulus zu sehen und tadelnd von einem zyklisch-fatalistischen Weltbild des Autors zu sprechen[54] oder diesem gar vorzuwerfen, dass er keine Antworten auf die aufgeworfenen Fragen, keine Lösungen, keine Perspektiven, keine Zuversicht und kein politisches oder soziales Modell gebe[55]. So unangemessen der elitäre Anspruch des Romulus gewesen ist: Die eigentliche Problematik liegt in den irrationalen geschichtlichen Abläufen selbst, die

---

[48] WA. Bd. 2, S. 111.

[49] Vgl. Claudia Paganini: Das Scheitern im Werk von Friedrich Dürrenmatt (Poetica, Bd. 77). Hamburg 2004 (Zitat S. 147; über „Romulus der Große" S. 78-82).

[50] WA. Bd. 2, S. 120.

[51] Vgl. Scholdt: Romulus der Große? (Anm. 2), S. 279-282; Daviau: Friedrich Dürrenmatts „Romulus der Große" (Anm. 3), S. 104-106; Arnold: Friedrich Dürrenmatt (Anm. 41), S. 36.

[52] Vgl. Profitlich: Geschichte als Komödie (Anm. 3), S. 261-264.

[53] Vgl. Daviau: Friedrich Dürrenmatts „Romulus der Große" (Anm. 3), S. 104-106; Arnold: Friedrich Dürrenmatt (Anm. 41), S. 35.

[54] Vgl. Scholdt: Romulus der Große? (Anm.2), S. 279 f.

[55] Vgl. Daviau: Friedrich Dürrenmatts „Romulus der Große" (Anm. 3), S. 108 f.

keine Lösungen bieten, sondern nur das Durchspielen unaufhebbarer Konflikte erlauben – und Anliegen des Dichters ist es nicht, imaginäre Auswe-
ge zu weisen, sondern realitätsadäquate Entwicklungen vorzustellen. Es
deutet sich hier eine poetische Konzeption an, die Dürrenmatt später als
„Dramaturgie des Labyrinths" bezeichnen wird.[56]

Beide Fassungen von „*Romulus der Große*" sind – wenn auch in unterschiedlicher Nuancierung – durch Skepsis und Ironie bestimmt. Skeptisch
und ironisch sind dann auch weitere – nunmehr nicht die römische Geschichte, sondern den griechischen Mythos betreffende – Antike-Reminiszenzen der fünfziger Jahre. In „*Herkules und der Stall des Augias*" (1954
als Hörspiel entstanden, 1962 – in der Aussage noch verschärft – zur Komödie umgearbeitet) gelingt es dem Helden nicht, den Stall zu reinigen:
„Arg spielte uns eure heißgeliebte Antike mit. Der Mist blieb Sieger."[57]
Symptomatisch ist nicht nur, dass der Held angesichts einer übermächtigen
Bürokratie resigniert und den Stall ungereinigt lässt, sondern auch, dass
Herkules zu Iole ebenso über die grundsätzliche Fragwürdigkeit des Hel-
dentums spricht wie Romulus zu Rea[58] und dass die Bedenken des Augias
nicht von der Hand zu weisen sind: Für die Arbeit sei ein „Oberausmister"
erforderlich; dabei „kommt jedoch die Freiheit in Gefahr", und „[d]ie Geschichte lehrt, daß gerade die Oberausmister bleiben".[59] Auch hier gibt es,
wie schon in der frühen Komödie, einen (diesmal nicht zeitlich, sondern
räumlich) begrenzten Erfolg und damit trotz aller ironischen Brechung einen relativ versöhnlichen Ausklang, ein – wie Dürrenmatt in einem Interview mit sich selbst es ausdrückt – „etwas wehmütiges Bekenntnis zur Demokratie"[60]: Immerhin ist es dem Augias gelungen, wenigstens *etwas* Mist
in Humus zu verwandeln und als bescheidenes Refugium einen Garten für
sich zu errichten, an dem sein Sohn weiterarbeiten wird.[61]

---

[56] Vgl. Siehe unten.
[57] WA. Bd. 8, S. 105 (erst in der Komödienfassung).
[58] WA. Bd. 8, S. 90 f. (erst in der Komödienfassung).
[59] WA. Bd. 8, S. 33 (sinngemäß auch schon in der Hörspielfassung, S. 189).
[60] WA. Bd. 31, S. 152.
[61] WA. Bd. 8, S. S. 115 f. (ebenso in der Hörspielfassung, S. 225 f.). – Vgl. Ernst
Gallati: „*Herkules und der Stall des Augias*": Mythos, Parodie und Poesie. In: Armin
Arnold (Hg.): Zu Friedrich Dürrenmatt (Literaturwissenschaft – Gesellschaftswissenschaft, Bd. 60). Stuttgart 1982, S. 110-123; Karelisa von Hartigan: Herakles in a Tech-
nological World: An Ancient Myth Transformed. In: Classical and Modern Literature 5
(1984/85) 1, S. 33-38; Wilhelm Große: Friedrich Dürrenmatt (Universal-Bibliothek,
Bd. 15214). Stuttgart 1998, S. 111-119.

Wie schon in „*Romulus der Große*" fügt Dürrenmatt auch in „*Herkules und der Stall des Augias*" eine Persiflage auf die Sophokleische „*Antigone*" ein: Deianeira zitiert das Chorlied „Ungeheuer ist viel" und interpretiert es als Verherrlichung der Herrschaft des Menschen über die Erde[62] – eine Deutung, die durch den Verlauf des Stückes von Grund auf widerlegt wird. Eben dieses Chorlied wird dann auch am Schluss der „tragischen Komödie" „*Der Besuch der alten Dame*" von 1955 parodiert. Es ist bei Sophokles eine Reflexion über die Größe und zugleich über die Gefährlichkeit des Menschen; die Güllener Bürger hingegen gefallen sich in einer primitiven Lobpreisung ihres Wohlstandes und verdrängen völlig, durch welche Untat sie ihn erkauft haben. Ein Bürgertum, das sich auf das Ethos der griechischen Tragödie zu berufen glaubt, wird in seiner plattoptimistischen Inhumanität satirisch entlarvt.[63]

Ebenso prononciert wie diese Destruktion der „*Antigone*" am Ausklang der „tragischen Komödie" sind die Antike-Reminiszenzen in den Worten des Lehrers, die das gesamte Stück durchziehen. Er vergleicht, seine ‚klassische' Bildung ziemlich würdelos präsentierend, Claire Zachanassian – gemäß den jeweiligen Situationen – mit der Schicksalsgöttin Klotho, der Hetäre Lais und der Kindermörderin Medea und glaubt in Güllen „antike Größe" und in der Multimillionärin „eine Heldin der Antike" zu spüren.[64] Mit mehr Berechtigung sagt er über Ill: „Das Verhängnis ist bedenklich gediehen! Wie beim Ödipus" – hat doch auch Dürrenmatt selbst in dem erwähnten Interview diese Figur in eine (freilich überwiegend kontrastierende) Beziehung zu der Sophokleischen Tragödie gesetzt.[65] Der Lehrer will die Wahrheit verkünden: „Denn ich bin ein Humanist, ein Freund der alten Griechen, ein Bewunderer Platos." Aber seine Appelle verhallen, und er weiß, dass auch er „mitmachen" wird: „Mein Glaube an die Humanität ist machtlos." In der Gemeindeversammlung hält er sogar selbst die entscheidende Rede und begründet die Untat der Güllener mit demagogischer Rhetorik: Es gehe um Gerechtigkeit und um „all die Ideale, für die unsere Altvordern gelebt und gestritten hatten und für die sie gestorben sind, die den Wert unseres Abendlandes ausmachen".[66] Dieser Altsprachenlehrer in sei-

---

[62] WA. Bd. 8, S. 75 (ebenso in der Hörspielfassung, S. 205). – Sophokles: Antigone 332-377.
[63] WA. Bd. 5, S. 132-134. – Vgl. Große: Friedrich Dürrenmatt (Anm. 61), S. 69 f.
[64] WA. Bd. 5, S. 34 f. und 90.
[65] WA. Bd. 5, S. 99. – Vgl. WA. Bd. 31, S. 149 sowie Werner Frizen: Friedrich Dürrenmatt. Der Besuch der alten Dame. Interpretation (Oldenbourg Interpretationen, Bd. 7). 3., überarb. Aufl. München 1998, S. 51-53.
[66] WA. Bd. 5, S. 99, 103 und 121.

nem Bildungsanspruch, seiner Schwäche, seinem Scheitern und seiner Manipulierbarkeit steht in der Tradition der Lehrergestalten aus Heinrich
Manns „*Professor Unrat*" und aus Thomas Manns „*Buddenbrooks*" und
„*Doktor Faustus*", aus Albert Ehrenstein Filmdrehbuch „*Der Tod Homers
oder: das Martyrium eines Dichters*" und aus Georg Kaisers satirischem
Lustspiel „*Der Geist der Antike*" – eine Fortsetzung fand diese Kritik noch
1980 in Alfred Anderschs Erzählung „*Der Vater eines Mörders*".[67]

Wie aus der zweiten Fassung von „*Romulus der Große*" und aus dem
„*Besuch der alten Dame*" ersichtlich wird, sind Komik und Ironie bei Dürrenmatt in hohem Maße mit Tragischem verbunden. So ist denn auch die
Bearbeitung des vierten Teils von Wielands Roman „*Die Geschichte der
Abderiten*" unter dem Titel „*Der Prozeß um des Esels Schatten*" (1951) gegenüber der Vorlage beträchtlich verschärft: Dort wird nur der Esel zerrissen; in der Dramatisierung hingegen führt der Streit zum Untergang der
Stadt.[68] 1969/70 hat Dürrenmatt dann mit dem „*Titus Andronicus*" die
grausamste von Shakespeares Tragödien bearbeitet und sie als eine absurde
Komödie der Politik, als eine Zerstörung alles Menschlichen in einer veralteten Gesellschaft gestaltet.[69]

Dieses Stück zeugt von dem seit „*Romulus der Große*" anhaltenden Interesse des Dichters an der Spätantike. Vorausgegangen war 1963 die Arbeit
an einer Fragment gebliebenen historischen „Komödie der Macht" über die
Zeit des oströmischen Kaisers Justinian: „*Kaiser und Eunuch*". In der Einleitung weist Dürrenmatt bereits im ersten Satz auf den chronologischen
Zusammenhang zwischen Justinian und Romulus Augustulus hin – und
kurz darauf geht er auf die Einschätzung des Kaisers durch Prokop ein: ein
Indiz dafür, dass er mit diesem Geschichtsschreiber vertraut war, und vielleicht sogar ein versteckter Hinweis auf die Quelle für die Hühnerzucht in
der frühen Komödie.[70] Motive wie die farcenhafte Erhebung Justinians zum
Kaiser, der Verrat am eigenen Reich oder die Kritik am „ideologischen In-

---

[67] Es ist unverständlich, dass „*Der Besuch der alten Dame*" in der „*Sammlung Metzler*"
ohne Bezug auf die Antike interpretiert wird (Gerhard P. Knapp: Friedrich Dürrenmatt
[Sammlung Metzler, Bd. 196]. 2., überarb. und erw. Aufl. Stuttgart, Weimar 1993,
S. 83-88).
[68] Vgl. Cesare Cases: Wieland, Dürrenmatt und die Onoskiamachia. In: Cases: Stichworte zur deutschen Literatur. Kritische Notizen. Wien, Frankfurt am Main, Zürich
1969, S. 253-276; Große: Friedrich Dürrenmatt (Anm. 61), S. 110 f.
[69] Vgl. Knapp: Friedrich Dürrenmatt (Anm. 67), S. 113-115; Bursch: „Wir dichten die
Geschichte" (Anm. 3), S. 52 f.
[70] WA. Bd. 2, S. 143. – Vgl. Bossard: Der Kaiser als Hühnerzüchter (Anm. 10), S. 51;
Bursch: „Wir dichten die Geschichte" (Anm. 3), S. 27.

tellekt"[71] erinnern an den „*Romulus*"; während dessen Titelheld aber in der ersten Fassung weitestgehend und in der zweiten zumindest noch partiell mit Sympathie gezeichnet ist, erscheint Justinian eher verächtlich, und der Eunuch Narses wird zum „Erfinder des totalen Staates"[72] – der freilich bald zusammenbrechen wird.[73]

In „*Titus Andronicus*" nun geht es nochmals um die Spätantike als eine Endzeit. Der Dichter selbst stellt die Verbindung zum „*Romulus*" her und sieht damit seine Shakespeare-Bearbeitung als einen bewussten Rückgriff auf sein früheres Werk: „Auch hier findet die Antike ihr Ende."[74] Im Grunde verbinden sich sogar die weströmischen Katastrophen der Jahre 476 und 410 mit einer Katastrophe im Byzantinischen Reich. In den Notizen von 1970 hebt Dürrenmatt hervor, dass das Stück zwar „im letzten Jahrhundert des römischen Imperiums" spiele, dass aber „dieses Rom mehr fingiert als wirklich" sei. Allerdings hat er gegenüber Shakespeare eine reale Gestalt eingeführt: Alarich. Auch dieser ist für ihn „weniger eine historische als eine mythische zerstörerische Größe, ein Trauma der Geschichte"[75] – doch es deutet sich nunmehr ein geheimer Zusammenhang an zwischen dem Hühnerzüchter Romulus bei Dürrenmatt und dem Hühnerzüchter Honorius bei Prokop. Mehr noch: In den Materialien von 1980 weist Dürrenmatt auf eine mögliche Quelle für die Bestialitäten in Shakespeares Frühwerk hin: auf den Foltertod des byzantinischen Kaisers Andronikos I. Komnenos im Jahre 1185, den er durch ausführliche Zitate aus der Chronik des Geschichtsschreibers Niketas Choniates und aus Georg Ostrogorskys „*Geschichte des byzantinischen Staates*" belegt.[76] Das späte Rom und das Byzantinische Reich sind also für Dürrenmatt ein Reservoir für seine hintergründige Auseinandersetzung mit der Geschichte.

Die Vielschichtigkeit in der Aufnahme antiker Motive findet – nun wieder bezogen auf ein mythisches, nämlich das Ödipus-Sujet – ihren spektakulärsten Ausdruck in der Erzählung „*Das Sterben der Pythia*" (1976): einer (um es mit Brecht auszudrücken) „Berichtigung alter Mythen" – die aber gegenüber Brecht die Ambivalenz der Vorgänge noch steigert und weniger der Aufklärung als der Verwirrung dient. Die Erzählung strotzt regelrecht von Umwertungen und Infragestellungen, von grotesken Zufällen, von Korrekturen bereits mehrfach korrigierter Versionen und von Auf-

---

[71] WA. Bd. 2, S. 149.
[72] WA. Bd. 2, S. 147.
[73] Vgl. Bursch: „Wir dichten die Geschichte" (Anm. 3), S. 47-51.
[74] WA. Bd. 11, S. 211.
[75] WA. Bd. 11, S. 210. – Vgl. Bursch: „Wir dichten die Geschichte" (Anm. 3), S. 52 f.
[76] WA. Bd. 11, S. 218-222.

deckungen immer neuer Hintergründe. Das tragische Sujet wird zwar ironisch destruiert, der fatale Ausgang aber beibehalten.[77]

Die Welt erscheint hier als ein Labyrinth – und das Labyrinth-Motiv, das im *„Romulus"* nur anklang, das aber dem Schaffen Dürrenmatts von Anfang an eigen ist, kann geradezu als dessen Leit- und Grundmotiv bezeichnet werden und bestimmt insbesondere das Spätwerk. Dieses Motiv wird nicht allein durch den antiken Mythos geprägt, sondern berührt sich auch mit Kafka und anderen expressionistischen Schriftstellern, und es steht in Beziehung zum Platonschen Höhlengleichnis. Der theoretische Schlüsseltext aber, *„Dramaturgie des Labyrinths"* (1972) – zunächst als Essay, später als eigenes Kapitel aus *„Der Winterkrieg in Tibet"* publiziert und schließlich in dieses Prosawerk integriert –, enthält eine Nacherzählung der griechischen Sage. Seinen letzten poetischen Ausdruck hat das Motiv in der vieldeutigen, abermals in mehreren Fassungen vorliegenden „Ballade" *„Minotaurus"* von 1985 gefunden. Gipfelt *„Dramaturgie des Labyrinths"* in der Überlegung, ob „Theseus selber der Minotaurus ist und jeder Versuch, die Welt denkend zu bewältigen [...], ein Kampf ist, den man mit sich selber führt"[78], so wird in *„Minotaurus"* in dem Ungeheuer zugleich die leidende Kreatur gesehen, und Theseus, der als beispielhaft für einen Menschen steht, der sich, Romulus und Augias vergleichbar, in einer aussichtslosen Situation den Herausforderungen der Wirklichkeit stellt, ist gleichermaßen ein Befreier wie ein Mörder. Letztlich erscheinen der Sieger und der Unterlegene als verschiedene Masken ein und desselben Wesens. Wir finden hier noch einmal Skepsis und Resignation als Konstanten von Dürrenmatts Schaffen – entgegen der Dominanz des Ironischen in den frühen Werken aber wird das Thema jetzt vorwiegend ernst behandelt.[79]

---

[77] WA. Bd. 14, S. 274-313 und Bd. 24, S. 199-208. – Vgl. Heinz Schmitz: Oedipus bei Dürrenmatt. Zur Erzählung *„Das Sterben der Pythia"*. In: Gymnasium 92 (1985), S. 199-208; Mark-Georg Dehrmann: Dürrenmatt in Delphi. Korrekturen des Ödipus-Mythos im *„Sterben der Pythia"*. In: Martin Vöhler, Bernd Seidensticker (Hg.): Mythenkorrekturen. Zu einer paradoxalen Form der Mythenrezeption (spectrum Literaturwissenschaft, Bd. 3). Berlin, New York 2005, S. 401-409; Eugenio Spedicato: Mythisches Pech. Wozu Dürrenmatt griechische Mythen wiederaufnahm und neu erzählte. In: Silvio Vietta, Herbert Uerlings (Hg.): Moderne und Mythos. München 2006, S. 245-258, hier S. 252-258.

[78] WA. Bd. 28, S. 69-86, hier S. 86.

[79] Vgl. Heinz Ludwig Arnold: Theater als Abbild einer labyrinthischen Welt. Versuch über den Dramatiker Dürrenmatt. In: Friedrich Dürrenmatt I (Text + Kritik, Bd. 50/51). 2., revidierte und erw. Aufl. München 1980, S. 38-42; Manfred Durzak: Dramaturgie des Labyrinths – Dramaturgie der Phantasie. Friedrich Dürrenmatts dramentheoretische Position. In: Armin Arnold (Hg.): Zu Friedrich Dürrenmatt (Literaturwissenschaft –

Dürrenmatt verwendet antike Motive fast stets in einem der traditionellen Ausprägung gegenüber konträren Sinn und hat die ‚klassischen' Muster deutlich ihres heroischen Charakters entkleidet. Diese Entheroisierung der Vorgaben ist ein durchgehendes Prinzip der neueren Antikerezeption. Ich will mich auf einige Andeutungen über die Rezeption der römischen Geschichte in der deutschen Literatur – vor allem in der Dramatik – beschränken. Beispielhaft ist Bertolt Brecht gewesen, der in seinem ursprünglich als Drama geplanten und Fragment gebliebenen Roman „*Die Geschäfte des Herrn Julius Cäsar*" aus der zweiten Hälfte der 1930er-Jahre, in dem Hörspiel bzw. der Oper „*Das Verhör des Lukullus*" (1939/1951) und in der Bearbeitung von Shakespeares „*Coriolan*" (1952/53) ideologische Geschichtslegenden destruierte, mit der Verherrlichung ‚großer Männer' abrechnete und das Interesse auf die Seite des Volkes verlagerte.

Heiner Müller hat sich in seinem „*Horatier*" von 1968 zwar relativ eng an den Bericht des Livius über das Geschehen zur Zeit des dritten römischen Königs, Tullus Hostilius, gehalten, dabei aber wichtige neue Akzente gesetzt: Lässt das römische Volk bei Livius gegenüber einem Manne,

---

Gesellschaftswissenschaft, Bd. 60). Stuttgart 1981, S. 173-186; Sydney G. Donald: Of Mazes, Men and Minotaurs: Friedrich Dürrenmatt and the Myth of the Labyrinth. In: New German Studies 14 (1986/87), S. 187-231; Eva-Maria Graeser-Isele: Mythologische Orte als Lebensmuster? Der Weg von Dürrenmatts Erzählung „*Die Stadt*" (1946) zur Ballade „*Minotaurus*" (1985). In: Gymnasium 94 (1987), S. 539-552; Martin Burkard: Dürrenmatt und das Absurde. Gestalt und Wandlung des Labyrinthischen in seinem Werk (Zürcher germanistische Studien, Bd. 28). Bern [u. a.] 1991; Monika Schmitz-Emans: Dädalus als Minotaurus. Zu Labyrinth-Motiv und Sprachreflexion bei Kafka und Dürrenmatt. In: Zeitschrift für Germanistik. N. F. 3 (1993), S. 526-544; Knapp: Friedrich Dürrenmatt (Anm. 67), S. 143-145; Peter Rusterholz: Metamorphosen des Minotaurus. Entmythologisierung und Remythisierung in den späten „*Stoffen*" Dürrenmatts. In: Verena Ehrich-Haefeli, Hans-Jürgen Schrader, Martin Stern (Hg.): Antiquitates Renatae. Deutsche und französische Beiträge zur Wirkung der Antike in der europäischen Literatur. Festschrift für Renate Böschenstein zum 65. Geburtstag, S. 323-331; Ioana Crăciun: Politisierung durch Metaphorisierung: Friedrich Dürrenmatts „*Minotaurus. Eine Ballade*". In: Crăciun: Die Politisierung des antiken Mythos in der deutschsprachigen Gegenwartsliteratur (Untersuchungen zur deutschen Literaturgeschichte, Bd. 102). Tübingen 2000, S. 261-322; Marina M. Brambilla: L'immagine del labirinto nella prosa di Friedrich Dürrenmatt. In: Il confronto letterario 33 (2000), S. 203-228; Ulrich Weber: Déconstruction du mythe d'Œdipe et tragédie du Minotaure: Friedrich Dürrenmatt et la mythologie grecque. In: Andreas Dettwiler, Clairette Karakash (Éd.): Mythe & Science. Actes du colloque „Mythe et Science" du 14 au 16 mars 2002, Neuchâtel, Suisse. Lausanne 2003, S. 115-125; Monika Schmitz-Emans: Im Labyrinth der Bilder und Texte. In: Jürgen Söring, Anmuth Mingels (Hg.): Dürrenmatt im Zentrum (Anm. 40), S. 11-44.

der gleichermaßen Verdienste erworben und ein Verbrechen begangen hat, Milde walten, so entscheidet es in dem modernen Stück rigoros, den Sieger zu ehren und den Mörder hinzurichten. Noch krasser allerdings ist der Gegensatz zu Corneilles heroisch-politischer Tragödie „*Horace*" von 1640, in der Tullus Hostilius den Angeklagten freispricht, weil seine Leistungen für den Staat ihn über die Gesetze stellen. – Ebenso wie Dürrenmatt hat auch Müller Shakespeares „*Titus Andronicus*" bearbeitet und in seinem Stück „*Herakles 5*" (1965) das Augias-Sujet behandelt. Herakles ist zwar hier eine Kontrastfigur zum Herkules des Schweizer Dichters – ihm gelingt es, den Stall zu reinigen und darüber hinaus gleichsam die Welt zu verändern –; aber indem Müller ihn als einen sinnlich-derben, auf sein eigenes Wohl bedachten Plebejer vorstellt und aus dem traditionellen Vollstrecker göttlichen Willens einen kraftvollen Anti-Olympier macht, hat auch er ihn auf provokante Weise entheroisiert. Später hat Müller die optimistische Deutung des Herakles aufgegeben und sich – obwohl er weiterhin das tragische Genre bevorzugte – eher der Skepsis und schließlich auch der Ironie Dürrenmatts angenähert.[80]

Eine relativ enge Beziehung zu „*Romulus der Große*" lässt sich in Walter Jens' Fernsehspiel „*Die Verschwörung*" (1969) erkennen: nämlich in dem Motiv des selbstinszenierten Untergangs. Bei Jens hat der gealterte Caesar, des Lebens in Rom ebenso überdrüssig wie seiner Kriege und Siege, seine eigene – wie er weiß, folgenlose – Ermordung (einschließlich der Rede des Antonius) organisiert, um Ruhm und Unsterblichkeit zu gewinnen. Wo sich Romulus um die Geschichte verdient zu machen sucht, dort denkt Caesar nur an sich – aber in der geistvollen Umpolung zeigen sich spürbare Analogien.

Ironisch ist auch Peter Hacks' „*Numa*" von 1971 – nicht zur Gänze, wohl aber in den satirischen Passagen gegen das „Politbureau" und in dem farcenhaften Bagatellkonflikt, den der zweite römische König als „Generalsekretär" zu lösen hat. Der Ausklang des Stückes ist heiter, festlich, komisch. Ebenso wie Dürrenmatt beim „*Romulus*" hat sich aber auch Hacks zu einer Umarbeitung entschlossen. Wo sich der Konflikt in der ersten Fassung in einem souveränen Spiel auf ästhetischer Ebene löst, dort errichtet in der zweiten Fassung von 2002 Numa eine absolutistische Diktatur. „Numa wird Stalin." Hat Dürrenmatt die ursprüngliche Lösung im „*Romulus*" als illusionär erklärt, so sind bei Hacks aus der Hoffnung auf einen menschli-

---

[80] In „*Herakles 2 oder die Hydra*" (1972) unterlaufen dem Helden „Schläge gegen die Eigensubstanz", und in „*Herakles 13*" (1991) wird der Kindermord sarkastisch als „Befreiung Thebens von den Thebanern" kommentiert.

chen Sozialismus, der um 1970 noch im Bereich des Denkbaren zu liegen schien, zur Jahrtausendwende eine Absage an alles Spielerisch-Utopische und ein verbitterter politischer Dogmatismus geworden.[81]

Es handelt sich bei all diesen Werken um Texte, die keineswegs in eine lineare Beziehung zu Dürrenmatts früher Komödie gebracht werden sollen, und es kann auch nicht darum gehen, genetische Zusammenhänge aufzuzeigen (ob wir es im Einzelnen mit bewussten Anknüpfungen und Parodien oder mit unbewussten Reminiszenzen zu tun haben, sei dahingestellt); wohl aber offenbaren sich bestimmte Parallelen, die mehr sind als typologische Gemeinsamkeiten. Sie wurzeln letztlich in einer gleichartigen historisch bedingten Zeitstimmung – bis hin zu einer partiellen Korrektur der ursprünglichen Aussagen angesichts der fortschreitenden geschichtlichen Entwicklung bei Dürrenmatt und Hacks. Dass unter den Erfahrungen des 20. Jahrhunderts die Gestalten unheroisch gesehen werden und dass dies mehr oder weniger mit den Mitteln der Satire und Ironie geschieht, dürfte nicht verwunderlich sein; hervorgehoben allerdings sei, dass der Schweizer Dichter nicht einer bereits erkennbaren Tendenz folgt, sondern dass er am *Anfang* dieser Entwicklung steht. „*Romulus der Große*" ist ein singuläres Werk – und doch beispielhaft für Dürrenmatts Denken und Schaffen insgesamt, für das bei den meisten Autoren seit der Mitte des 20. Jahrhunderts dominante skeptische Geschichtsbild und für die facettenreiche Rezeption der Antike in diesem Zeitraum.

---

[81] Vgl. Volker Riedel: Ein Plädoyer für „*Numa*" / Nachwort zu einem Plädoyer. In: Riedel: Literarische Antikerezeption zwischen Kritik und Idealisierung. Aufsätze und Vorträge, Band III (Jenaer Studien, Bd. 7). Jena 2009, S. 383-391.

„Halb Shakespeare, halb Dürrenmatt"[1] –
Friedrich Dürrenmatts „*Titus Andronicus*"

ANNE-KATHRIN MARQUARDT

Auf den ersten Blick handelt es sich bei Friedrich Dürrenmatts Bearbeitung des Shakespeareschen Stücks um ein Projekt, das im Zusammenhang mit den Bemühungen des Autors stand, auch in der Praxis als Theatermacher, als Regisseur und Dramaturg, tätig zu werden. Das ‚Urmodell' war möglicherweise Bertolt Brechts *Berliner Ensemble*, das nach dem Krieg zunehmend den Status eines neuen Theaterkonzepts gewann, das die Text-produktion und –umsetzung als kollektiven Akt auffasste, an dem Autor, Regisseur, Dramaturg und Schauspieler, aber auch das Publikum teilhatten. In den sechziger Jahren lagen die Abkehr von der Idee der treuen Wieder-gabe der Autorenintention in jeder Inszenierung und die Reorientierung auf die Erarbeitung einer gemeinsamen Lesart in einem lebendigen und kollek-tiven Kreationsakt gleichsam im Trend der Zeit. An solche Vorstellungen knüpfte Dürrenmatt in einem Gespräch mit Hansueli W. Moser-Ehinger 1968 an, in dem er sich gleichsam in der Position Brechts sieht: als Teil des Kollektivs, das er dann freilich auch führt und damit seiner Auffassung vom Theater unterwirft:

> Man muss sich mit einer Bühne verbinden können, weil es einfach die alte Ein-zelgängerarbeit nicht mehr gibt [...] Ich suche den Kontakt mit einem Kollektiv, das ich selbst auch leite. Das ist nach meiner Ansicht die einzige Art, in der ein Schriftsteller heute arbeiten kann.[2]

---

[1] Friedrich Dürrenmatt: Der Klassiker auf der Bühne. Gespräche I: 1961-1970. Hg. von Heinz Ludwig Arnold in Zsarb. mit Anna von Planta und Jan Strümpel. Zürich 1996, S. 338. Diese Bemerkung bezieht sich dort auf die Shakespeare-Bearbeitung „*König Johann*".

[2] Dürrenmatt: Gespräche I (Anm. 1), S. 306 f. Interessant sind in diesem Zusammen-hang die im Plural formulierte kollektive Arbeit und das Ich des kreativen Leiters, der sein Durchdenken dann wieder individualisiert, um dessen Resultate auf die bei „uns" gespielten Shakespearestücke zu übertragen: „Aber der *Johann* ist nun ein Beispiel für unsere kollektive Arbeit im Theater. Ich werde inskünftig jeden Shakespeare, der bei uns gespielt wird, genau durchstudieren." S. 310. Auch Brecht hat Shakespeare als eine Art Firmen-Namen für ein eher kollektives Theaterprojekt verstanden. Am 8.12.1940 schreibt er in seinem Journal in Finnland: „Was mich veranlasst zu glauben, dass ein kleines Kollektiv die Shakespearestücke angefertigt hat, ist nicht, dass ich glaube, ein einzelner Mensch könnte diese Stücke nicht geschrieben haben [...] Ich finde nur die Stücke rein technisch so montiert, dass ich die Arbeitsweise eines Kollektivs zu erken-

Für Dürrenmatt bot sich eine solche Gelegenheit 1968, als er versuchte, gemeinsam mit Werner Düggelin (geb. 1929; 1968-1975 Schauspieldirektor in Basel) das Basler Stadttheater auf dieses Konzept hin umzustrukturieren.[3] Der „*Titus*" selbst wird nach dem Scheitern dieses Projektes erst 1970 in Düsseldorf uraufgeführt. Basel hatte sich für das Konkurrenzunternehmen einer noch radikaleren Bearbeitung der Shakespeareschen Vorlage durch ein Autorenkollektiv unter der Leitung von Hans Hollmann unter dem Titel „*Titus Titus – 50 theatralische Vorgänge nach der Tragödie ,Titus Andronicus' von William Shakespeare*"[4] entschieden. Die in Basel gemachten Erfahrungen flossen jedoch direkt in Dürrenmatts Version ein, wie er selbst unterstrich.[5]

Die Beschäftigung mit dem „*Titus Andronicus*" reichte freilich viel weiter zurück. Dürrenmatt hatte 1958 in Paris einer Probe für die Inszenierung des Shakespeare-Stücks durch Peter Brook beigewohnt, die ihn offensichtlich tief beeindruckte. Er bezieht sich in seinen Notizen zum Stück auf diese Begegnung, die er noch 1983 als sein „aufregendstes Theatererlebnis"[6] bezeichnete. Doch die Ergebnisform dieser Auseinandersetzung wandelte

---

nen glaube [...] Ich selber neige zu Shakespeare als dem Chef der Dramaturgie. Das Benutzen alter Stücke, die Notwendigkeit, Repertoire zu schaffen, das Rollen-auf-den-Leib-Schreiben, der Soufflierbuchcharakter der Stücke, die hastig zusammengeleimten Partien, die naive Theaterlust und das ingeniöse Handwerk, der Umstand, daß sowohl Lyrik als Reflexion ganz und gar bühnenmäßig und unselbständig erscheinen, all das spricht für die Autorschaft eines Schauspielers oder Theaterleiters." Bertolt Brecht: Werke. Bd. 26: Journale I 1913-1941. Berlin und Frankfurt am Main 1994, S. 444.
[3] Das Projekt scheiterte 1969. Dürrenmatt hatte einen Herzinfarkt erlitten. Hinzu kamen konzeptionelle Meinungsverschiedenheiten. Siehe dazu auch den Briefwechsel zwischen Dürrenmatt und Frisch, vor allem den nicht abgeschickten Briefentwurf Berzona, 19. Oktober 1969, in dem Frisch die Haltung Dürrenmatts scharf attackiert: Friedrich Dürrenmatt/Max Frisch: Briefwechsel. Zürich 1998, S. 160-163 u. die Anmerkungen S. 198 ff.
[4] Text und Musik: Wolf Graf von Baudissin, Hermann Beil, Hel. M. Federle, Hans Hollmann, Ludwig Tieck und Ensemble. Der Texte ist im Programmheft des Basler Theaters 1969/70, Nr. 6 veröffentlicht.
[5] Dürrenmatt: Gespräche I (Anm. 1), S. 338.
[6] Friedrich Dürrenmatt: Notizen zu „*Titus Andronicus*". In: Ders.: Theater- Schriften und Reden II. Dramaturgisches und Kritisches. Hg. v. Elisabeth Brock-Sulzer. Zürich 1972, S. 188. Friedrich Dürrenmatt: Im Banne der „Stoffe". Gespräche III: 1981-1987. Hg. von Heinz Ludwig Arnold in Zsarb. mit Anna von Planta und Jan Strümpel. Zürich 1996. Die Wiederentdeckung durch die Bühne begann 1955 mit Peter Brooks Inszenierung durch die Royal Shakespeare Company in Stratford-upon-Avon mit Laurence Olivier in der Rolle des Titus und Vivien Leigh als Lavinia. Mit dieser Inszenierung ging er 1957 auf eine Europatournee. Peter Brook hatte dann auch die Inszenierungen von Dürrenmattschen Stücken besorgt: „*Der Besuch der alten Dame*" 1957/58 in New York und London und 1963 „*Die Physiker*" in London.

sich erheblich zwischen dem Theatererlebnis in Paris und der Bearbeitung von 1970. 1961 erwähnte er in einem Gespräch mit Horst Bienek, dass er zu diesem Zeitpunkt nicht an eine Bearbeitung dachte. Er sieht das Shakespearesche Stück vielmehr als Anregung zu einem eigenen Werk, der Bankgeschichte „*Frank der Fünfte*", zu der ihn weder Brecht noch Ionesco, sondern Shakespeare inspiriert habe: „Den Entschluss, eine Bankgeschichte zu schreiben, habe ich 1958 in Paris gefasst, als ich die Engländer ‚*Titus Andronicus*' spielen sah."[7] Erst mit dem Basler Unternehmen wird der Status einer eher freien Anregung durch das Shakespeare-Stück für ein eigenes Werk mit eigenständiger Stoffgrundlage abgelöst durch den neuen Zugriff einer direkten Auseinandersetzung mit dem Stoffangebot des „*Titus*". In dieser, so hebt der Autor hervor, sei er in seiner Freiheit gegenüber der Vorlage noch über seine erste Shakespearebearbeitung, über den „*König Johann*", hinausgegangen.[8]

Warum aber hatte Dürrenmatt gerade dieses Stück so fasziniert? Welche ästhetische Lesart seiner Zeit wollte er mit dem Stoffangebot dieser Tragödie transportieren? Und welchen Status kann der Dürrenmatt-Text beanspruchen; wo ist sein literarischer Ort in Bezug auf die Shakespearesche Vorlage?

I Dürrenmatts Interesse an Shakespeares „*Titus Andronicus*"

Zunächst ist festzuhalten, dass Dürrenmatt nicht von einem einheitlichen Gesamtkorpus des Shakespeareschen Werkes ausgeht – nur ein Teil der Stücke scheint ihm für eine Bearbeitung geeignet. Bis heute gibt es auch in der Shakespeareforschung selbst immer wieder Diskussionen um eine individuelle Urheberschaft. Anders als in der neueren Literaturgeschichte liegt bei Shakespeare in jedem Fall kein eindeutiges Verhältnis zwischen einer individuellen, ganz persönlichen Autorschaft und den Texten vor. Damit wird der Deutung eine wesentliche Möglichkeit entzogen, nämlich das

---

[7] Dürrenmatt: Gespräche I (Anm. 1), S. 119.
[8] Friedrich Dürrenmatt: Die Entdeckung des Erzählens. Gespräche II: 1971-1980. Hg. von Heinz Ludwig Arnold in Zsarb. mit Anna von Planta und Jan Strümpel. Zürich 1996, S.345. „*König Johann*" ist eine Bearbeitung von Shakespeares „*The Life and Death of King John*", das wiederum – neben einer Chronik – vermutlich auf „*The Troublesome Reign of John, King of England*" zurückgeht, ein Stück, das in zwei Teilen 1591 publiziert worden war. Als Vorläufer kann auch John Bale's (1495-1563) Versdrama „*Kynge Johan*" (etwa 1538) gelten, das als das älteste erhaltene historische Drama den Übergang von dem alten morality play zum Historiendrama markiert.

Werk als Ausdruck einer Gestaltungsabsicht zu interpretieren, die sich mit der Entwicklung der Individualität des Autors, den Bildungs- und Erfahrungsmomenten der Zeit vermittelt in der Biografie wandelt.

Es wird oft angenommen, dass es sich bei „*Titus Andronicus*" um ein Jugendstück handelt, jedoch vor allem deshalb, weil diejenigen Werke, die dem kathartischen Einfühlungsmuster näher liegen, wie „*Hamlet*" oder „*King Lear*", in rückwärts gekehrter Teleologie als Zielpunkt von Shakespeares künstlerischer Entwicklung unterlegt werden.[9] Auch Dürrenmatt hält den „*Titus*" für eine auf den Erfolg berechnete Konzession an den Publikumsgeschmack. Dieser war in England seit der Mitte des 16. Jahrhunderts durch den Typ der *revenge tragedy*[10] (Rachetragödie) nach dem Modell des Seneca bestimmt. Demzufolge erscheint Dürrenmatt der „*Titus*" als ein Jugendstück, in dem Shakespeare noch auf eine Erwartungshaltung eingeht und noch nicht auf der Höhe eines eigenen Modells steht. Dürrenmatt urteilt jedoch nicht nach literaturgeschichtlichen Kriterien, sondern als Theaterpraktiker und weist so die Herabsetzung des Stücks als ,Jugendsünde' ab.[11]

Er unterscheidet nach ganz anderen Kriterien im Dramen-Korpus zwischen Stücken, die zum Kernbestand der Tradition gehören, da sie sich in der Tradierung zu universellen Mustern verdichtet haben, und Stücken, die eigentlich nicht mehr spielbar seien, weil sie entweder in ihrer inneren Logik nicht mehr nachvollziehbar seien oder in ihrer Stofflichkeit den Denkstrukturen und Werten der Moderne nicht mehr entsprächen. Zu den unantastbaren Beständen dieses europäischen Kanons zählen für ihn vor allem „*Hamlet*"[12] und „*Lear*"[13]. Unter die heute nicht mehr unmittelbar wirksamen Werke gehören für ihn neben dem „*King John*": „*Troilus and Cressida*"[14], „*Antony and Cleopatra*"[15], der 2. Teil von „*King Richard III*" aufgrund der heute nicht mehr möglichen Schlachtenszenen[16], „*Timon of Athens*"[17], „*All's well*

---

[9] Zur Frage der Datierung des Stücks siehe: Anne-Kathrin Marquardt: The Spectacle of Violence in Julie Taymor's Titus. Ethics and Aesthetics. Berlin 2010 sowie die Einleitung in: William Shakespeare: Titus Andronicus. The Arden Shakespeare Third Series 1995.

[10] Zur Geschichte des Genres siehe Fredson Thayer Bowers: Elizabethan Revenge Tragedy 1587-1642. Gloucester. Mass. 1959; John Kerrigan: Revenge Tragedy: Aeschylus to Armageddon. Oxford 1996.

[11] Dürrenmatt: Gespräche II (Anm. 8), S. 74.

[12] Dürrenmatt: Gespräche I (Anm. 1), S. 338 und Dürrenmatt: Gespräche II (Anm. 8), S. 22 f.

[13] Dürrenmatt: Gespräche I (Anm. 1), S. 132 und 310; Dürrenmatt: Gespräche II (Anm. 8), S. 22. An zwei Stellen wird auch die Komödie „*Measure for measure*" dazugerechnet. Dürrenmatt: Gespräche I (Anm. 1), S. 310 und S. 312.

[14] Dürrenmatt: Gespräche I (Anm. 1), S. 310, S. 324 und S. 338.

[15] Dürrenmatt: Gespräche II (Anm. 8), S. 21.

[16] Dürrenmatt: Gespräche II (Anm. 8), S. 21 f.

that ends well[18] und vor allem natürlich „*Titus Andronicus*". Im Ergebnis seiner intensiven Lektüre kommt er 1968 sogar zu dem Schluss: „Ich bin augenblicklich in einer Art ‚Shakespeare-Krise', weil ich den ganzen Shakespeare durchgelesen habe – und ich bin überrascht, wie wenig von den Stücken Shakespeares man eigentlich noch spielen kann."[19]

An die großen Tragödien, an „*Hamlet*" und „*Lear*", will Dürrenmatt ausdrücklich nicht rühren, wie er mehrfach betont. „*Lear*" ist ihm „einfach als Menschenschicksal faszinierend"[20]. „*Hamlet*" zu bearbeiten mache für ihn „keinen Sinn"[21], weil er „für jede Generation wieder ein Problem [ist] – er ist sozusagen ein menschlicher Archetypus wie Don Quijote und Robinson Crusoe". Diese beiden Werke „sind beispielsweise aus meiner Perspektive Klassiker, die in unserer Zeit durchaus noch möglich sind".[22]

Die anderen Stücke werden aber nicht verworfen, ganz im Gegenteil – ihre Unvollkommenheit im Vergleich zu den festen Traditionsbeständen reizt Dürrenmatt besonders zur Auseinandersetzung. Die Gründe dafür waren durchaus vielfältig. Bei „*King John*" etwa erwähnt er eine ganz persönliche Identifikation mit dem Typus des Einzelgängers. Dürrenmatt mag in diesem Stück die von ihm mit Basel intendierte Möglichkeit gesehen haben, sich vom Theaterbetrieb zu neuen Produktionen tragen zu lassen, die dann freilich ganz und gar seinen Stempel tragen sollten.[23]

Im Fall von „*Troilus and Cressida*" zog Dürrenmatt die Tatsache besonders an, dass es sich hier um die Dramatisierung des Versromans „*Troilus and Criseyde*" (1380) von Geoffrey Chaucer handelte, was ihm als Modell für ein episierendes Theater dienen konnte.

> Warum interessiert mich *Troilus und Cressida*? Ich lese das Shakespearesche Stück, lese es sehr genau und begreife es nicht [...] Shakespeare hat nichts anderes getan, als den populären Roman von Chaucer als Drama auf die Bühne gesetzt, ohne ihn eigentlich zu verändern [...] Da reizt mich in erster Linie der Stoff, die Frage nach seiner Struktur, nach dem dramatischen Moment.[24]

---

[17] Dürrenmatt: Gespräche I (Anm. 1), S. 310.
[18] Dürrenmatt: Gespräche I (Anm. 1), S. 312.
[19] Dürrenmatt: Gespräche I (Anm. 1), S. 312.
[20] Dürrenmatt: Gespräche I (Anm. 1), S. 313.
[21] Dürrenmatt: Gespräche I (Anm. 1), S. 338.
[22] Dürrenmatt: Gespräche II (Anm. 8), S. 23 und 22.
[23] Dürrenmatt: Gespräche I (Anm. 1), S. 309 f., S. 315 und S. 318.
[24] Dürrenmatt: Gespräche I (Anm. 1), S. 324 f.

Bei „*Titus Andronicus*" interessierte ihn u. a. das Fehlen einer direkten Katharsis. Er sah in dem Stück vielmehr eine Art Bilderreihung, die er als
interessante Technik wahrnahm, Konflikte zu gestalten:

> *Titus Andronicus* ist ein Greuelstück nach der damaligen dramaturgischen Mode,
> ein Jugendstück Shakespeares […] Mich interessierte es nun, die Möglichkeiten
> der elisabethanischen Bühne auf die heutige Bühne zu übertragen, das heißt, wie
> damals eine Dramatik zu planen, die darauf zielt, Grundkonflikte aneinanderzu-
> reihen wie an der Kette.[25]

Konsequent verändert er in seiner Umarbeitung die strukturelle Grundanlage,
indem er die Handlung in neun Szenen gliedert, die Bild-Charakter tragen.

Eine weitere Deutungsdimension gerade dieses Stücks baut auf der Rolle
von Grausamkeit und Gewalt auf, die im Original reichlich genutzt werden.
Peter Brook, der den „*Titus*" wieder auf die Bühne geholt hatte, gehört zu
den Regisseuren und Theatertheoretikern, die den Ansatz eines „Theaters
der Grausamkeit" als feste Referenz für das moderne Theater verankerten.[26]
Diese Theaterauffassung wurde von Antonin Artaud u. a. in seinem 1933
an der Sorbonne gehaltenen Vortrag „*Le théâtre et la peste*" entwickelt.
Darin vergleicht er die Funktion des Theaters mit dieser verheerenden Epi-
demie. Es müsse den Zuschauer – so wie diese die gesamte Menschheit
existenziell infrage stellende Krankheit – über die in Sprache gedeutete
Welt hinauszwingen. Und dies könne nur durch vorsprachlichen Affekt und
Terror geschehen.

> Wenn das essentielle Theater wie die Pest ist, dann nicht weil es ansteckend wäre,
> sondern weil es wie die Pest Offenbarung ist, Heraustreten, das nach Außen trei-
> ben einer latenten Grausamkeit, durch die sich bei einer Person oder einem Volk
> alle perversen Möglichkeiten des Geistes verankern. Wie die Pest ist dieses Thea-
> ter die Zeit des Bösen, der Triumph der dunklen Kräfte, die eine noch viel tiefere
> Kraft bis zum Erlöschen nährt. […] Und so sind alle großen Mythen dunkel; man
> kann sich die wundervollen Mythen nicht vorstellen jenseits einer Atmosphäre
> von Gemetzel, Folter, vergossenem Blut […]. Das Theater, wie die Pest, ist das
> Spiegelbild dieses Gemetzels, dieser essentiellen Trennung. Es löst Konflikte,
> entbindet Kräfte, eröffnet Möglichkeiten, und wenn diese Möglichkeiten und die-

---

[25] Dürrenmatt: Gespräche I (Anm. 1), S. 120.

[26] 1963-1964 hatte Peter Brook zusammen mit Charles Marowitz unter dem Titel *Das
Theater der Grausamkeit* einen Workshop durchgeführt: 1.Teil nach: Ableman, Artaud,
Robbe-Gillet, Jean Genet, John Arden, Margaretta d'Arcy, Charles Marowitz; 2.Teil
nach: Jean Genet und Bernard Frechtman. Siehe hierzu auch den Artikel zum 80. Ge-
burtstag von Peter Brook von Marowitz über die Theatre of Cruelty Season der Royal
Shakespeare Company: http://www.swans.com/library/art11/cmarow19.html.

se Kräfte dunkel sind, dann ist dies nicht die Schuld der Pest oder des Theaters, sondern die Schuld des Lebens.[27]

Dürrenmatt ist sich der Tatsache bewusst, dass es sich hier um eines der blutigsten Stücke der gesamten Theatergeschichte handelt.[28] Er bekennt sich zu diesem Aspekt des Stücks und will es auf keinen Fall glätten oder politisch korrekt überzeichnen, was er beispielsweise Brecht bei seiner Bearbeitung des „*Faust*" von Marlowe vorwirft: „Wenn man ein solches Schauerstück will, dann soll man es auch so spielen, wie es ist, also ehrlich als Schauerstück. Man darf dann nicht auf schön bearbeiten wie Brecht den Marlowe."[29] Dürrenmatt hatte auch gar keine Probleme mit der Gewaltdarstellung. In den 1980 für den Band 11 der Werkausgabe eigens verfassten „*Materialien zu ‚König Johann' und ‚Titus Andronicus* " bietet Dürrenmatt eine sehr eigene Interpretation über die ideengeschichtlichen und ästhetischen Wurzeln der Titus-Figur an. Der Vorname stelle seiner Meinung

---

[27] Antonin Artaud: Le théâtre et la peste. In: ders. : Le théâtre et son double. Paris 1964, S. 44/45: „Si le théâtre essentiel est comme la peste, ce n'est pas parce qu'il est contagieux, mais parce que comme la peste il est la révélation, la mise en avant, la poussée vers l'extérieur d'un fond de cruauté latente par lequel se localisent sur un individu ou sur un peuple toutes les possibilités perverses de l'esprit. Comme la peste il est le temps du mal, le triomphe des forces noires, qu'une force encore plus profonde alimente jusqu'à l'extinction. […] Et c'est ainsi que tous les grands Mythes sont noirs et qu'on ne peut imaginer hors d'une atmosphère de carnage, de torture, de sang versé toutes les magnifiques Fables […]. Le théâtre, comme la peste, est à l'image de ce carnage, de cette essentielle séparation. Il dénoue des conflits, il dégage des forces, il déclenche des possibilités, et si ces possibilités et ces forces sont noires, c'est la faute non pas de la peste ou du théâtre, mais de la vie." [Übersetzung von A.-K. M.]

[28] Ein englischer Kritiker hielt einmal fest, dass es in diesem Stück 14 Morde, davon 9 auf offener Bühne, 6 abgetrennte Körperteile, eine Vergewaltigung durch mehrere Personen, eine Beerdigung bei lebendigem Leibe, einen Fall von Wahnsinn und einen von Kannibalismus gibt, alles in allem 5,2 Grausamkeiten pro Akt oder eine alle 97 Zeilen. Diese Aufzählung folgt: S. Clark Hulse: Wresting the Alphabet: Oratory and Action in Titus Andronicus. In: Criticism. Vol. XXI. 2/1979. S. 106-18. Angesiedelt in einer mit Versatzstücken aus der Geschichte künstlich rekonstruierten römischen Antike, stellt das Stück im Hauptplot den römischen Feldherren Titus Andronicus in den Mittelpunkt, der seinem Kaiser und seinem Vaterland alles opfert. Doch rächt sich die zunächst besiegte und dann doch zur Kaiserin erhobene Gotenkönigin Tamora für die rituelle Tötung ihres Sohnes nach der Schlacht, indem sie ihre verbliebenen Söhne dazu ermutigt, Titus' Tochter Lavinia zu vergewaltigen, ihr dann die Zunge herauszuschneiden und die Hände abzuschlagen, damit sie die Täter nicht benennen kann. Als es doch zu deren Entlarvung kommt, lädt Titus die Königin zum Festmahl, bei dem sie ihre eigenen Söhne als Speise vorgesetzt bekommt. Dem Muster der revenge tragedy folgend, sterben am Ende alle Protagonisten.

[29] Dürrenmatt: Gespräche I (Anm. 1), S. 311.

nach einen Bezug zu der Figur des Thyestes aus dem Atriden-Mythos her, der auch die Titelgestalt einer Tragödie Senecas ist.[30] Andronicus hingegen verweise auf die „*Gesta Romanorum*", mehr jedoch noch auf die Geschichte des Andronikos Komnenos I., dessen extrem grausame Hinrichtung in einer historischen Beschreibung von Dürrenmatt genussvoll über drei Seiten hinweg ausgebreitet wird[31] und so an den Anfang von Foucaults Studie „*Surveiller et Punir*" (1975) erinnert. Bei beiden erscheint die Wertestruktur der Welt in der Spiegelung durch den gequälten Körper, der zeichenhaft die Ordnung der Dinge bezeugt, die in jedem der abgetrennten oder verstümmelten menschlichen Teile sein irdisches Pendant hat.

Aber Dürrenmatt scheint in seiner Bearbeitung nicht vordergründig auf die Schock-Wirkung des Ausstellens physischer Grausamkeit abgehoben zu haben: „Ich habe viel weniger Leichen als Shakespeare, weil ich zum Beispiel nie Schlachten beschrieben habe [...] In meiner Bearbeitung des *Titus Andronicus* kommt sogar ein Neger, der bei Shakespeare stirbt, mit dem Leben davon."[32] Er lässt in der Tat den Repräsentanten des Bösen, Aaron, am Leben, während er die oft als Vorbote der Einfühlungsästhetik verstandene Figur des jungen Lucius gar nicht erst in sein Stück integriert, sondern der neu eingefügten Gegenfigur des Goten Alarich die Schlussreplik über die Sinnlosigkeit geschichtlichen Handelns überträgt.

Worin besteht nun die besondere Anziehungskraft gerade dieses Stücks für Dürrenmatt? 1972 teilt er in einem Gespräch mit, dass er das Shakespearesche Stück so sehr schätze, gerade weil es ihm als Vorentwurf für die späteren großen Tragödien erscheint:

> Wir suchen den *Titus Andronicus* zu entschärfen und sagen: Es ist ein Jugendstück, ein junger Mensch macht alle Greuel! Aber dass dahinter ganz andere Motive stehen, dass der Titus Andronicus sich wahnsinnig stellt, dass da schon das Hamlet-Motiv, dass da schon das Lear-Motiv vorkommt, das ist das Interessante an der ganzen Sache.[33]

---

[30] Zum Zusammenhang zwischen revenge tragedy und Seneca-Rezeption im Kontext des Atriden-Mythos siehe: Anne-Kathrin Marquardt: Spuren des Atriden-Mythos im Werk William Shakespeares. In: Marion George, Andrea Rudolph, Reinhard Witte (Hg.): Die Atriden. Literarische Präsenz eines Mythos. Dettelbach 2009, S. 97-110. Zur Problematik der Gewaltdarstellung in „*Titus Andronicus*" am Beispiel der Verfilmung von Julie Taymor (1999) siehe Marquardt: The Spectacle of Violence (Anm. 9).

[31] Friedrich Dürrenmatt: WA. Bd. 11. Zürich 1998. Dürrenmatts „*Titus Andronicus*" wird aus dieser Ausgabe zitiert. Die Seitenzahlen erscheinen dann direkt im Text.

[32] Dürrenmatt: Gespräche III (Anm. 6), S. 81.

[33] Dürrenmatt: Gespräche II (Anm. 8), S. 74 f.

Und an anderer Stelle spricht er sogar davon, dass ihn an diesem wahrhaft grausamen Stück gerade nicht das schockierende Element angezogen habe. Er erkennt dem Stück die Qualität des Poetischen zu, das er herausarbeiten wolle, und das er gerade im Vorverweis auf „*Lear*" und „*Hamlet*" sieht.

> Zum Beispiel haben mich im *Titus Andronicus* nicht das Morden, das Handabhacken oder alle die Greueltaten gelockt, sondern das Poetische: Gerade das herauszuarbeiten, was ich im Titus Andronicus sah, nämlich den Ur-Lear und den Ur-Hamlet von Shakespeare.[34]

Hatte Dürrenmatt zunächst deutlich unterschieden zwischen *Hamlet* und *Lear,* verstanden als klassischen „menschlichen Archetypen", und den heute nicht mehr unmittelbar zugänglichen, aber offenen Stücken, scheint der „*Titus*" gerade deshalb interessant gewesen zu sein, weil er Elemente von beiden in sich trägt. Der Begriff des Poetischen legt nahe, dass er „*Hamlet*" und „*Lear*" eher einem kathartischen Tragödien-Modell zuordnete.[35] In diesem Paradigma reift eine Hauptfigur, mit der sich das Publikum identifizieren soll, zu einem tieferen Verständnis von Menschlichkeit. Mit der Postulierung der Möglichkeit eines solchen Fortschreitens rekurriert dieses Form-Muster auf Emanzipation des Individuums und Veränderbarkeit der Welt.

Dem steht Dürrenmatt skeptisch gegenüber. So weist er eine ideologische Ausfüllung dieses Tragödien-Modells zurück. Das Rom des Titus Andronicus erscheint ihm als Metapher für jede auf Ideologie gegründete Gesellschaft, also ebenso für die „spätbürgerliche" wie die „spätsozialistische"[36]. Das emanzipative Element in der Ästhetik Dürrenmatts zeigt sich in seinem Anspruch auf Darstellung und Deutung der Realität im Bild bzw. in Form und Werk, wobei jedoch jeder Anspruch der Kunst auf Veränderung und Einflussnahme abgelehnt wird.

> Die Gefahr für den Schriftsteller liegt heute anderswo. Der Schriftsteller wird allzu leicht verführt, eine Rolle zu spielen, die ihm nicht zukommt. Die versagende Philosophie überreichte ihm das Szepter. Nun sucht man bei ihm, was man bei ihr nicht fand, ja, er soll gar die fehlende Religion ersetzen. Schrieb der Schriftsteller

---

[34] Dürrenmatt: Gespräche II (Anm. 8), S. 7.

[35] Eine solche Interpretation war bis zur zweiten Hälfte des 20. Jahrhunderts weit verbreitet. Zwischen den 50er- und 70er-Jahren vollzog sich dann allmählich eine Wende, z. B. durch den Einfluss von Jan Kotts „*Shakespeare heute*", wodurch viele Repertoire-Stücke Shakespeares weitaus pessimistischer interpretiert wurden.

[36] Dürrenmatt: Notizen zu „Titus Andronicus" (Anm. 6), S. 191.

einst Dinge, so schreibt er jetzt über Dinge [...] Nichts ist gefährlicher für den Künstler als die Überschätzung der Kunst.[37]

Gerade deshalb tabuisiert der ansonsten nicht gerade ängstliche Autor, wenn es um die Kritik am bildungsbürgerlichen Repertoire geht, den „*Hamlet*" und den „*Lear*". Die großen Modelle sind für ihn die Voraussetzung für eine ästhetische Gegenstrategie, die immerhin noch auf Lesbarkeit, Darstellbarkeit und Deutung im Werk setzt.

Diese Gegenstrategie gründet wiederum auf diejenigen Elemente in Shakespeares „*Titus*", die keine Einfühlung zulassen und stärkere dekonstruierende Akzente setzen, wie dann die Analyse zeigen wird. Ganz explizit wird dies in der von Dürrenmatt gewählten Genre-Bezeichnung: Komödie. Damit wird kein Bezug zum Lachtheater hergestellt, sondern eine distanzierende, desillusionierende und parodierende Relation zur Tragödie Shakespeares evoziert. Auf diese Weise relativieren sich die Ansprüche beider Formparadigmen gegenseitig und halten sich zugleich in der Balance.

Brooks Proben in Paris scheinen in dieser Hinsicht ein Schlüsselerlebnis gewesen zu sein. Dort spürte er „Pathos", obwohl er, wie er einräumt, das Englisch Shakespeares eigentlich nicht verstand.[38] Das kathartische Überschreiten des bloß Vorhandenen teilte sich ihm somit jenseits der verstandenen Sprache durch den schauspielerischen Akt und das generierte Bild mit. In seiner Rede von 1956 weist er dem intellektualisierten Denken die Kausalität zu, der Kunst aber das Sehen im Bild. Er hält den Konflikt zwischen beiden für unaufhebbar und weist der Dichtung die Funktion zu, sich im Aushalten der Spannung zu bewähren:

---

[37] Friedrich Dürrenmatt: Vom Sinn der Dichtung in unserer Zeit. Vortrag 1956. In: Ders.: Theater-Schriften und Reden I. Hg. v. Elisabeth Brock-Sulzer. Zürich 1972, S. 63.

[38] Die Möglichkeit, sich Shakespeare über das Bild und nicht in erster Linie über die Sprache nähern zu können, neiden englischsprachige Regisseure gelegentlich den Deutschen. In einem Interview führt der Regisseur Peter Sellars aus: „Standard: Worin liegt der Unterschied zwischen der angelsächsischen Shakespeare-Tradition und der im deutschsprachigen Raum?
Sellars: Deutschsprachige Künstler müssen nicht mit Shakespeares Originaltext hadern! Ihr könnt mit Bildern arbeiten. Von den Deutschen bevorzuge ich übrigens die altmodischen Inszenierungen. Die britische Tradition mag ich gar nicht. Die Deklamationen sind bedeutungslos, so clever und intellektuell, aber ohne Gefühl. Der Körper beginnt hier (zeigt knapp unter den Hals). Es bleibt eine Illusion zu glauben, der Darsteller wüsste, was er gesagt hat, und der Zuseher verstünde, was er gehört hat. Die Bedeutung ist nicht klar, sie ist dunkel und fremd." In: Der Standard. 17. Juni 2009.

Im Denken manifestiert sich die Kausalität hinter allen Dingen, im Sehen die Freiheit hinter allen Dingen [...] Sehen und Denken erscheinen heute auf eine eigenartige Weise getrennt. Die Überwindung dieses Konflikts liegt darin, dass man ihn aushält. Nur durch Aushalten wird er überwunden. Kunst, Schriftstellerei ist, wie alles andere auch, ein Bewähren. Haben wir das begriffen, ahnen wir auch den Sinn.[39]

Die Vorlage des Shakespeareschen Stücks scheint gerade das für ihn realisieren zu können. In ihr ist bereits die Spannung angelegt zwischen tragischen Elementen, die auf „menschliche Archetypen" rekurrieren, und dekonstruierenden Elementen der Komödie.

II Dürrenmatts „*Titus Andronicus*"[40]

Im Folgenden soll versucht werden, der inneren Kohärenz dieser Bearbeitungsintention nachzugehen, sich der immanenten Logik von Dürrenmatts „*Titus Andronicus*" anzuvertrauen und dabei weniger danach zu fragen, wie nah oder fern er dem Shakespeareschen Original steht.[41]

Zunächst konzentriert Dürrenmatt die Handlung um eine intellektuelle Problemstellung. Die ‚These' des Stücks besteht in der Frage, ob Rom durch die bloß technisch-materielle Überlegenheit seiner Waffen die Welt dominiere oder durch ein höheres Recht, das sich der Gerechtigkeit als absolutem ethischen Gut annähert. In Bezug auf den aktuellen Entstehungskontext des Stücks um 1970, also unter den Auspizien des Kalten Krieges, meint er den Anspruch sowohl des kapitalistischen wie des sozialistischen Modells auf absolute Herrschaft im Namen übergeordneter Werte, hier eben dieses Fundamentalwertes der Moderne, der Gerechtigkeit.

---

[39] Dürrenmatt: Vom Sinn der Dichtung in unserer Zeit (Anm. 37), S. 64.

[40] Programmheft, Pressespiegel und Szenenfotos der Uraufführung am Theater Düsseldorf durch Karl Heinz Stroux am 12.12.1970 können eingesehen werden im Theatermuseum der Landeshauptstadt Düsseldorf. Leider konnten die Abbildungsrechte aus Kostengründen nicht erworben werden.

[41] Zu diesem Aspekt gibt es zwei ausgezeichnete Studien. Es handelt sich um Urs H. Mehlin: Claus Bremer, Renate Voss: *Die jämmerliche Tragödie von Titus Andronicus*; Friedrich Dürrenmatt: *Titus Andronicus*; Hans Hollmann: *Titus Titus* – Ein Vergleich. In: Jahrbuch der Shakespeare-Gesellschaft West 1972, S. 73-98. Darin vergleicht der Autor eine modernisierende Übersetzung, die Bearbeitung Dürrenmatts und die freie Version von Hollmann in Bezug auf ihr Verhältnis zum Original. Siehe auch: Hanna Rumler-Groß: Thema und Variation: eine Analyse der Shakespeare- und Strindberg Bearbeitungen von Dürrenmatt unter Berücksichtigung seiner Komödienkonzeption. Köln, Wien 1985. Darin findet sich auch ein synoptischer Vergleich zwischen Originalfassung und Bearbeitung.

Das erste Bild, das die Kaiserwahl zeigt, spielt die Logik dieser These durch. Für Saturninus spricht das formale Rechtsprinzip der *primo genitur*, obwohl er des Thrones nicht würdig ist. Bassianus als Zweitgeborener erhebt seinen Anspruch im Namen von Werten wie „Tugend", „Recht", „Mäßigung", „Edelmut" (S. 117), jedoch vor allem mit dem Argument der „Stimmenmehrheit". Er wendet sich an die Römer und fordert sie auf, für die Freiheit ihrer Wahl zu kämpfen, allerdings nur, weil dies seine eigentliche Machtbasis ist. Es stehen sich hier also zwei fundamentale Prinzipien gegenüber: die Legitimation der Macht und des Machtzugangs in der Kontinuität durch ein gesetzliches Verfahren der Machttransition und das eher revolutionäre Muster, nach dem man sich durch die Massen zur Herrschaft tragen lässt. Keines ist dem anderen ethisch überlegen. Es geht keinesfalls um den Kampf eines guten gegen ein böses, eines richtigen gegen ein falsches Prinzip im Sinne der Schillerschen Tragödie oder der Romantik. So spricht Marcus Andronicus, Titus' Bruder, auch sachlich die beiden Thronprätendenten gleichermaßen an als: „Ihr Prinzen, die durch Anhang und Partein / Ehrgeizig strebt nach Herrschaft und Gewalt" (S. 118).

Die Pattsituation zwischen beiden Blöcken bringt den siegreichen Feldherrn Titus in die privilegierte Situation des Schiedsrichters, der sich sogar – als dritte Option – selbst zum Kaiser machen könnte. Was ihn dafür qualifiziert, ist weder die Geburt noch die Zustimmung der Massen, sondern seine Bereitschaft, alles für den Herrschaftsanspruch Roms, gegründet auf einer scheinbar überlegenen Rechtsauffassung, zu opfern: „Ich hab das Recht, den Kaiser zu bestimmen,/ Bezahlt durch meiner Söhne Blut" (S. 124). Seine Kinder starben fürs Vaterland (S. 120), die Schlachtung eines Feindes dient der Ritualisierung, der „frommen Pflicht" (S. 121), in der dieser Wert befestigt wird, und an diesem Heldenkult nimmt auch Lavinia, seine Tochter, teil. Er entscheidet sich scheinbar selbstlos für Saturnin im Namen des konservativen Rechtsprinzips der Legitimität und gegen das revolutionäre Rechtsprinzip des Volkswillens:

> Die Größe Roms ist nicht das Schwert, sie ist / Das Recht, mit dem es diese Welt regiert. / Und fällt dies Recht, hat Rom das Recht verloren, / Die Völker seinem Recht zu unterwerfen. / Doch diesem Recht sind selbst wir unterworfen. / Des Kaisers erster Sohn sei deshalb Kaiser. / So will's das Recht, drum geb' ich den Befehl, / Kraft dieses Rechts zum Kaiser ihn zu krönen. (S. 125).

Doch die auffällige Wiederholung des Begriffs „Recht" macht ihn zur leeren Worthülse, sodass die Sprache nicht mehr zur Aufklärung eines Sachverhaltes, sondern eher zur Verdeckung einer Intention dient. Folgerichtig enthüllt Titus' Sohn Mutius die wirklichen Beweggründe – der schlechtere Prätendent wäre leichter manipulierbar:

> Doch war den populären Bassian zu wählen / Dir zu gewagt, er hätte dich nicht nötig, / Die Liebe seines Volkes trüge ihn. / Du wählst zum Kaiser Saturnin; gehasst / Von allen, muss er dich jetzt brauchen / Als Werkzeug seiner Macht, und um den Pakt / Zu schließen, wirbt er um Lavinia. / All deine Züge sind vorausberechnet. / Für deinen Einfluss gingst du über Leichen. / Was du dein Recht nennst, dient nur deinem Zweck. (S. 128)[42]

Offensichtlich war schon vorher zwischen Saturnin und Titus ausgemacht, dass Lavinia die neue Kaiserin würde, sodass Titus über seine Tochter zum Schattenherrscher geworden wäre. Es handelt sich lediglich um eine Maskerade des Rechts, deren Kern ein simpler Geschäftsabschluss ist, dessen Vertragsklauseln in dem Moment aufgehoben sind, als sich die Objekte dieser Vereinbarung als Subjekte verselbstständigen. Bassianus und Lavinia bestehen auf ihrer Liebe und fliehen. Titus' Sohn verteidigt die Schwester, entscheidet sich also für den Individualwert der Liebe und wird folgerichtig vom Vater getötet, der sein glänzendes Machtkalkül auseinanderfallen sieht. In der Replik wird dies deutlich: „*Titus*: Du stehst dem Recht im Wege. *Mutius*: Ich stehe deiner Politik im Wege" (S. 127 f.). Mutius reicht seinem Vater selbst das Schwert, mit dem dieser ihn tötet. Die Tötung des Kindes durch den Vater, die eigentlich eines der stärksten Wirkungsmotive des Tragischen ist, wird hier jedoch parodistisch gegen das Tragische gekehrt. Indem Recht zur kalkulierten Politik degeneriert, werden sowohl der tragisch überhöhte Verteidiger der Individualwerte, Mutius, wie der tragisch überhöhte Träger des gesellschaftlich tragenden Rechtsprinzips, Titus, zu Parodien ihrer selbst: „Dem Vater darf man niemals widersprechen / Schon gar nicht einem Held im Lorbeerkranz. Du wirst mich töten, / Bigott und stur, so wie's die Posse will / Der Politik, in die du dich verstrickst." (S. 128).

Die Gewalt zielt hier keinesfalls auf Terror und Schrecken. Sie wird zum Mittel komischer Distanzierung heroischer Handlungsmuster. Beabsichtigt ist jedoch nicht amüsiertes Lachen im Sinne eines komplizenhaften Einfühlens in eine menschliche Schwäche, die der Zuschauer sogar teilen kann. Grausamkeit ist hier die Verweigerung jeglicher Illusion. Der Mörder am eigenen Kind handelt nicht im Namen großer universeller Werte, sondern nur, weil er sein ‚vernünftiges' Konstrukt zerbrechen sieht, das ihm wichtiger ist als seine Kinder. Aber auch das Opfer bekräftigt die wirkende Reali-

---

[42] Auch Saturnin ist sich des Kalküls von Titus bewusst: „Verstellter, falscher Hund. Du kröntest mich / Bloß in der Hoffnung, über Rom zu herrschen." (S. 181).

tät solcher Motivation, gegen die es keine Auflehnung gibt. Es erlangt nicht die tragische Würde des Scheiternden, sondern nur den Status des sinnlos Sterbenden, weshalb er dem Vater selbst die Waffe reicht.

Dürrenmatt reflektiert hier in einem Metadiskurs auch noch die ästhetischen Dimensionen dieses Sachverhaltes. Saturninus empfindet „Schauer" und bezieht seine Reaktion beim Anschauen des Mordes auf die aristotelische Katharsistheorie von Mitleid und Schrecken: „als hätte sie / Mein Lieblingsdichter Sophokles gedichtet" (S. 129). Aber das Warum der Tat kann Saturnin nicht verstehen, da für ihn doch klar ist, dass der Deal geplatzt ist und er die Feindin und Barbarin, die gefangene Gotenkönigin, heiraten wird. Die Logik der Poetik ist genau so verlogen wie die Logik der Vernunft. Die Tragödie manipuliert die Gefühle. Die Vernunft wiederum hat keinerlei emanzipative Funktion, sie verkommt zur Aufwand-Nutzen-Relation.

Nun scheint die Gotenkönigin und neue Kaiserin Roms Tamora vom Mitleid getrieben zu sein, da sie die Hinrichtung von Lavinia und Bassianus verhindert. Hier rekurriert Dürrenmatt auf das Iphigenie-Muster in der Interpretation von Goethe, nach dem das Beispiel höherer Menschlichkeit den Barbaren läutert und Feinde in Freunde wandelt. Saturninus kommentiert Tamoras Bitte um Gnade mit Worten, die wie eine intertextuelle Persiflage des Thoas bei Goethe erscheinen und die Relation von Barbar und zivilisierter Griechin ins Komische verkehren:

> *Tamora*: Nicht also Herr! Das wolln die Götter nicht. / Bedenke: Bassian ist außer sich. / Sein unverstellter Zorn zeigt seinen Schmerz. / Nicht bring ein Wahn dich um den tapfren Bruder, / Verzeih ihm, verzeih Lavinia, / Verzeih auch ihren ungestümen Brüdern. / Und sehn sie mich als ihre Feindin noch, / Weil ich als Gotin ihre Feindin war, / So lernen sie mich nun als Freundin kennen. *Saturnin*: Befreit sie von den Netzen! / Nach so viel Unsinn, Morden, Todesopfern, / Hör endlich ich die Stimme eines Menschen, / Die Menschlichkeit verkündet. Wie das Licht / Nach grauser Nacht durch dunkle Wolken bricht, / Die Kaiserin besiegte mich. Lass frei, / Tribun, die ich dir übergeben. Was / Zum Tod bestimmt, sei jetzt bestimmt zum Leben. (S. 132 f.)[43]

---

[43] Johann Wolfgang von Goethe: Iphigenie auf Tauris. 5. Aufzug/3. Auftritt:
„*Thoas:* Du glaubst, es höre / Der rohe Skythe, der Barbar, die Stimme / Der Wahrheit und der Menschlichkeit, die Atreus, / Der Grieche, nicht vernahm?
Iphigenie: Es hört sie jeder, / Geboren unter jedem Himmel, dem / Des Lebens Quelle durch den Busen rein / Und ungehindert fließt. [...] / O laß die Gnade wie das heil'ge Licht / Der stillen Opferflamme mir, umkränzt / Von Lobgesang und Dank und Freude, lodern.
Thoas: Wie oft besänftigte mich diese Stimme!
Iphigenie: O reiche mir die Hand zum Friedenszeichen!
Thoas: Du forderst viel in einer kurzen Zeit.
Iphigenie: Um Guts zu tun, braucht's keiner Überlegung.

„Wahn", „Unsinn", „Nacht" werden gegen „Licht" und „Menschlichkeit" gesetzt und damit der emanzipative Diskurs des 18. Jahrhunderts aufgerufen. Natürlich handelt es sich in Wirklichkeit auch hier nur um ein Machtkalkül, doch dieses schließt nun Titus aus jeder Gesellschaftlichkeit ausdrücklich aus, und zwar sowohl von der Sphäre der Macht, also der des Kaisers, den er doch erst gemacht hatte, als auch von seiner eigenen Familie, die ihm den Tod des Bruders anlastet. Hier ist der Wendepunkt in der inneren Entwicklung der Titus-Figur markiert. Erst als er mit seiner Berechnung gescheitert ist, als er seinen Sohn getötet hat, um seine Machtoption zu sichern, distanziert er sich von dieser Logik. Die erste Szene schließt mit einer Bildbezugnahme auf den „Lear" und zwar auf die Szene, in der Lear seine tote Tochter Cordelia in den Armen hält.[44]

> Mein Fleisch von meinem Fleisch, mein armer Sohn. / Begriff' ich bloß, was ich getan, begriff' / Ich auch die Welt, der die Gerechtigkeit / Nur Morde bringt und keine Ordnung schafft [...] So komm, mein Sohn, ich schleife dich / In deine Gruft zu deinen Brüdern. (Regieanweisung: Er schleift seinen Sohn fort). (S. 136)

Der Sohn, der die individuelle Lebensentscheidung Lavinias zur Liebe mit Bassianus verteidigt hatte und damit seinem Vater untreu wurde, hat, wie Cordelia, die menschlichen Interessen eines idealen Vaters vertreten, nicht die Sachinteressen des realen Vaters. Sein Tod markiert die innere Umkehr des Titus. Doch diese drückt sich nicht in der Sprache aus, die, wie in der Mordszene, dem komisch distanzierenden Wirkungsmuster folgt. Erst das Bildzitat aus dem „Lear" erzeugt „Pathos". Dieses Bild macht deutlich, warum Titus bis in den Abgrund des Wahnsinns getrieben werden muss, um den Wahnsinn der vernünftig geordneten Machtsphäre zu durchschauen. Es handelt sich hier um eine wirklich tragische Szene und um eine wirkliche Katharsis, die nicht auf einer Gewaltdarstellung beruht, denn der Mord ist bereits vollzogen. Es geht um das innere Leiden im und am Erkennen der Sinnlosigkeit des Handelns, das immer schon auf Inhumanität gegründet war.

Thoas: Sehr viel! denn auch dem Guten folgt das Übel.
Iphigenie: Der Zweifel ist's, der Gutes böse macht. / Bedenke nicht; gewähre, wie du's fühlst."
[44] Diese Szene ist bei Shakespeare sehr viel emotionaler, sowohl die Klage Lears als auch die letzten Worte Edgars, der ebenfalls auf das Gefühl und nicht auf die Konvention setzt: „Lear: Howl, howl, howl, howl! – O! you are men of stones. / Had I your tongues and eyes, I'd use them so / That heaven's vault should crack. – She's gone for ever. – [...] Edgar: The weight of this sad time we must obey; / Speak what we feel, not what we ought to say." Akt 5/Szene 3. Das Gefühl ist hier die positive Kraft, die die Tragik der Situation in ihrer Menschlichkeit erfasst, während das der Konvention genügende Sprechen als unangemessen abgewiesen wird.

Die Grausamkeiten häufen sich weiter: Titus' Tochter Lavinia wird vergewaltigt, zwei seiner Söhne werden unschuldig zum Tode verurteilt. Das Geschehen kulminiert in der Verhöhnung des Titus' durch Saturninus, der ihm für seine abgeschlagene Hand die Begnadigung der Söhne verspricht. Hier zeigt sich der besondere allegorische Einsatz der Grausamkeit bei Dürrenmatt. In der Bühnenanweisung soll Titus mit dem Rücken zum Publikum stehen. Die Selbstverletzung erscheint so nur als der äußere Vollzug der inneren Verstümmelung und reiht nun Titus endgültig ein in die Schar der menschlich Verkrüppelten: Lavinia, die im Krieg verwundeten Soldaten und nun auch er, der sowohl seelisch als auch körperlich entstellt ist. Jetzt trennt sich Titus explizit von der Logik der Macht, die er einst selbst bedient hatte und die ihm jetzt wahnsinnig erscheint: „Denn Torheit ist's, sein Vaterland zu lieben, / Die Söhne diesem Raubtier hinzuschmeißen. / Unsinn regiert die Welt, genährt durch Dummheit." (S.156 f.).

Dieser innere Wandel spiegelt sich im Text durch einen bewussten stilistischen Bruch. Während in den vorangegangenen zwei Bildern ein hoher pathetischer Ton und rhythmisches Sprechen vorherrschten, wird nun in Prosa verhandelt. Während in den ersten zwei Szenen Sophokles als Repräsentant des Einfühlungstheaters aufgerufen wurde, wird jetzt ein Theater im Theater eingesetzt, das auf distanzierende und parodierende Elemente gegründet ist. Gemeinsam mit den verstümmelten Soldaten, die hier eine ähnliche Funktion ausüben wie der Clown bei Shakespeare (Akt 4/Szene 3), führt er Stücke zum Lob der Macht auf, die durch Übertreibung kritische Distanz entbinden und durch Lachen befreien. Die Goten in Rom kommentieren diese Strategie so:

> Chiron: Der Kerl spinnt [...] / Spinnt komplett. Er zieht / Mit allen Invaliden durch die Gassen / [...] Sie krähen Lieder von der Größe Roms / Und auf die weise Herrschaft Saturnins. / Die Polizei ist machtlos, denn kein Recht / Verbietet solchen Lobgesang auf Staat / Und Vaterland, obgleich, kaum zu ertragen [...] / Auch führen sie Theaterstücke auf, / Dass sich das Publikum vor Lachen krümmt, / Wenn zwei Beinlose einen Zweikampf führen. / Doch niemand kann das Possenspiel verbieten, / Denn allzu patriotisch sind die Stücke. (S. 165)

Das Theater im Theater spielt auch bei Shakespeares „*Hamlet*" eine bedeutende Rolle. Dort wird es eingesetzt, um an das Gewissen des Täters zu appellieren, damit sich die Gesellschaft vom Verbrechen durch Sühne reinigen kann. Das setzt die Realität von Recht und Unrecht voraus. Bei Dürrenmatt hingegen hat es eine parodierende Spiegel-Funktion. Recht erscheint nur als eine ideologische Verkleidung der Macht, und das Theater ist dann der Ort der Entlarvung dieses falschen Anspruchs.

Die durch die innere Resistance von Titus' Oppositionspartei der Ausgestoßenen und Verkrüppelten in die Krise geratene römische Herrschaft wird dann auch noch von den Goten bedroht. Titus' Sohn Lucius war zu den Goten gegangen, um ein Heer zu erlangen, mit dem er Rom schlagen könne. Die von Dürrenmatt hinzugefügte Figur des Alarich erweist sich als ebenso roh und gewalttätig wie die Römer. Jedoch versucht er nicht, sich hinter leeren Werten zu verstecken. Auch er lässt Lucius nur am Leben, weil er „nützlich" (S. 160) ist. Der Römer kann bei diesem Pakt die technischen Errungenschaften der Kriegsstrategie (S. 161) und moderne Kriegsmaschinerie (S. 163) in die Waagschale werfen. Von einer zivilisatorischen Erhöhung zu mehr Recht und Ethik ist dabei keine Rede, weder von der Seite des Lucius noch von der Alarichs. Beiden geht es um die Dominanz in der Welt. Barbarentum und Hochtechnologie gehen so ein Zweckbündnis ein. Diese für den Handlungsverlauf eigentlich nicht notwendige Szene dient der intellektuellen Kontextualisierung. Auf diese Weise wird der Fokus von der individuellen Katharsis in Titus hingelenkt zu der Unmöglichkeit, dass aus dieser individuellen Wandlung wirkliche Veränderung ausgehen kann.

Tamora schlägt in dieser Situation innerer und äußerer Bedrohung vor, sich mit beiden Feinden an einen Tisch zu setzen und eine diplomatische Lösung vorzuspielen. Sie will Titus töten und mit Alarich ein Zweckbündnis eingehen. Dafür verkleidet sie sich in die Allegorie der Rache und ihre Söhne in die des Raubs und des Mordes. Sie hofft dadurch, den wahnsinnigen Alten zu betrügen, der jedoch das Manöver durchschaut. Zugleich sinnt Titus auf eine Strategie, die genau diese allegorische Zuschreibung dann realisiert. Er tötet Raub und Mord und realisiert so Rache. Er tötet auch seine Tochter.[45] Und nun setzt eine fast mechanische Kette von Mord und

---

[45] In diesem Zusammenhang lohnt ein Blick auf Dürrenmatts Projekt einer Neubearbeitung der „Emilia Galotti" von Lessing, die ebenfalls im Rahmen des Basler Projektes geplant war, jedoch erst 1974 in Zürich von ihm inszeniert wurde. Dürrenmatt sah den dramatischen Angelpunkt des Stücks nicht in der eher oberflächlichen Gesellschaftskritik am Adel aus der Sicht des Bürgertums. Seiner Meinung nach sind nicht nur der Fürst und der unterwürfige Beamte Zielpunkte der Kritik Lessings, sondern vor allem der Vater, der seine Tochter tötet, als universelle Metapher für jede Gesellschaft, die ihre Kinder im Namen einer autoritären Doktrin opfert. Dies stellt noch einmal eine Lesart für Titus als Mörder seiner beiden Kinder, Mutius und Lavinia, bereit. Dürrenmatt: Gespräche I (Anm. 1), S. 339: „Ich finde, dass in der Emilia Galotti etwas ganz Gewaltiges steckt, nämlich die Größendarstellung des Absolutismus. Denn nicht nur der Fürst ist ein Absolutist, sondern auch der Vater, der einfach seine Tochter zum Selbstmord zwingt; dass Marinelli kein Bösewicht ist, sondern eine Figur, die wir täglich erleben: der Beamte, der eigentlich nur um seinen Posten kämpft und aus Angst, ihn zu verlie-

Rache ein: Titus tötet Tamora, Saturninus tötet Titus, Lucius tötet Saturninus und zuletzt der Gote Alarich seinen Verbündeten Lucius, den er nun nicht mehr braucht. Alarich lässt die gesamte römische Zivilisation auslöschen, und zugleich behält er das letzte Wort, mit dem auch er sich historisiert und relativiert:

> Vom Himmel stieg Gerechtigkeit und ward / Zur Rache, die Gerechtigkeit verlangte, / Die wieder nach der Rache schrie; und so, / Die eine stets die andere gebärend, / Geht's weiter im stupiden Lauf der Zeit. [...] Einst herrschte es [Rom], nun herrschen wir, nach uns / Sind andere an der Reihe, uns drohn Hunnen, / Den Hunnen Türken, diesen die Mongolen; / Sie alle gierig nach der Weltherrschaft, / Die eine kurze Weltsekunde unser. / Was soll Gerechtigkeit, was soll da Rache? / Nur Namen sind's für eine üble Mache. / Der Weltenball, er rollt dahin im Leeren / Und stirbt so sinnlos, wie wir alle sterben: / Was war, was ist, was sein wird, muss verderben. (S. 197)

Aaron, die Inkarnation des Bösen bei Shakespeare, kommt bei Dürrenmatt in der Tat mit dem Leben davon. Doch dahinter verbirgt sich keinesfalls ein Refugium der Menschlichkeit. Er verkörpert einen vorzivilisatorischen und vorhistorischen Zustand, wie ihn Rousseau einst der verdorbenen Zivilisation entgegengestellt hatte. Doch er ist alles andere als eine ideale Illustration des ,bon sauvage'. Hier wird er reduziert auf eine bloß materielle Existenz des Fressens und der Sexualität, der seinen Sohn, den er mit Tamora, der Barbarin, gezeugt hatte, mit in diese Naturwelt ohne moralische Selbstreflexion zurückführt: „Dem Beischlaf, nicht dem Geist, verdanke ich mein Glück, / Drum, Söhnchen, kehren wir nach Afrika zurück [...] So sind wir wieder, was wir einst gewesen, / Nicht Sklaven Roms, doch freie Kannibalen." (S. 169)

Dürrenmatt lässt den Zuschauer ent-täuscht zurück, indem er ihm jede ideale Fluchtmöglichkeit, die europäisches Denken seit dem 18. Jahrhundert entworfen hatte, entzieht. Das trockene Statement, mit dem das Stück endet, würde jedoch banal wirken, wie der billige und ein wenig beliebige Topos von der schlechten Natur des Menschen, gegen die nicht anzukommen ist. Doch mithilfe der indirekten Zitate großer Muster, des Lear, des Hamlet, der Iphigenie, der Emilia Galotti, gelingt es ihm, eine Spannung aufzubauen. Die tragischen Grundmodelle geben dem gelegentlich etwas allzu glatten Bonmots Tiefgang und reißen eine existenzielle Kluft auf, die nicht zu schließen ist und auch nicht geschlossen, sondern ausgehalten werden soll. Es handelt sich hier um eine ganz und gar Dürrenmattsche Sicht, die den *„Titus Andronicus"* in eine Reihe mit den anderen Werken des Autors stellt.

---

ren, so und so handelt, aber trotzdem weggeschmissen wird. Das nenne ich kritisches Theater. Das Durchdenken der vorhandenen Theaterstücke, das Weiterspielen ist nötig."

III „Wir können den Shakespeare ändern, wenn wir ihn ändern können."[46] – zum Status von Dürrenmatts Bearbeitung

Doch warum greift Dürrenmatt hier auf ein ausgeschriebenes Spielkonstrukt zurück? Im „Besuch der alten Dame" oder auch in den „Physikern" war es ihm doch hervorragend gelungen, diese Spannung zwischen Tragischem und Komischem in einem originalen Gegenwartsstoff zu halten. In der Sekundärliteratur findet man immer wieder den Verweis auf eine Schaffenskrise, die am Beginn der siebziger Jahre in der Komödie „Der Mitmacher" kulminiere, die nicht nur vom Publikum nicht angenommen worden war, sondern gelegentlich auch von der Kritik und der Literaturwissenschaft als Scheitern und Zeichen abnehmender Gestaltungskraft interpretiert wurde.[47] Dem steht entgegen, dass sich Dürrenmatt in seinen Bearbeitungen durchaus nicht als Epigone sah. Seine Inszenierung des „Urfaust" kommentiert er beispielsweise als eine Korrektur des Kollegen Goethe, der sich im „Faust I" ganz und gar vertan habe.[48] Er schreibt sich vielmehr in die Bearbeitungstradition ein, in der z. B. mythologische Stoffe immer wieder aufgegriffen wurden und in eigenständigen Deutungen zu Originalwerken geführt haben. Auch Gérard Genette schreibt den Texten, die aus dieser Aneignungsform hervorgegangen sind, den Status von Originalwerken zu und trennt deutlich zwischen einer bloßen Anpassung an veränderte Theater- oder Leseverhältnisse und einer wirklichen „Transposition": „Die ernste Transformation oder Transposition ist zweifellos die wichtigste unter sämtlichen hypertextuellen Praktiken, und das schon allein [...] aufgrund der historischen Bedeutung und der ästhetischen Vollkommenheit mancher Werke, die unter diese Kategorie fallen."[49] Jean Giraudoux sieht darin sogar eine Grundqualität der europäischen Literatur überhaupt. Wenn er 1922 in seinem Stück „Siegfried" mit dieser Ambivalenz zwischen Original und Ré-écriture spielt, dann in dem Bewusstsein, von

---

[46] Bertolt Brecht: Studium des ersten Auftritts in Shakespeares „Coriolan". In: Gesammelte Werke in 20 Bänden. Bd. 16: Schriften zum Theater 2, Frankfurt am Main 1967, S. 879.

[47] Siehe hierzu Ulrich Weber: Dürrenmatts Spätwerk – Die Entstehung aus der „Mitmacher"-Krise. Eine textgenetische Untersuchung. Frankfurt a. M./Basel 2007.

[48] Siehe hierzu den Beitrag zur Urfaust-Bearbeitung in diesem Band.

[49] Gérard Genette: Palimpseste. Die Literatur auf der zweiten Stufe. Berlin und Frankfurt am Main 1993, S. 287. In diesem Buch untersucht Genette die Beziehungen zwischen einem Ausgangstext A (Hypotext) und einem Folgetext B (Hypertext), einem Text zweiten Grades, da er trotz seiner Eigenständigkeit als Werk in einem spannungsreichen Verhältnis zum Ausgangstext steht, ihn überlagert, ihn, wie ein Palimpsest, überschreibt.

dieser großen Tradition getragen und genährt zu sein: „Das Plagiat ist die Grundlage jeder Literatur, mit Ausnahme der ersten, die im übrigen unbekannt ist."[50]

Wenn Dürrenmatt sich also auf Goethes „*Iphigenie*" als Bearbeitung des Euripides bezieht, dann ganz gewiss nicht, um den Stellenwert seiner Bearbeitungen zu nivellieren, sondern sie ganz im Gegenteil als Beiträge zur Weltliteratur aufzuwerten: „Goethes *Iphigenie* ist eine Umarbeitung des Euripides, und Molière hat ja fast nur umgearbeitet, ebenso wie Shakespeare. Die haben einander quasi abgeschrieben. Das gibt die Erleichterung, dass man einen Stoff schon vorfindet."[51]

Dem Schreiben nach Geschriebenem haftete auch nach dem Aufkommen der Genieästhetik am Ende des 18. Jahrhunderts durchaus kein Stigma an. Dürrenmatt suchte in vielen Richtungen nach möglichen Stoffen, in denen eine immer abstrakter, komplexer und undurchschaubarer werdende Welt in konkreten Bildern lesbar gemacht werden konnte. Es finden sich autobiografische, mythologische, geschichtliche Suchrichtungen.[52] Offensichtlich verwies ihn sein Erlebnis bei der Inszenierung des „*Titus Andronicus*" von Peter Brook auf die Möglichkeit, in bereits vorhandenen theatralischen Bildern und Stoffkonstrukten nach Lösungen zu suchen. In diesem Zusammenhang finden sich auch in den Gesprächen immer wieder Äußerungen über den Stellenwert der Tradition und über die Möglichkeit, in der Auseinandersetzung mit ihr zu neuen Stoffen zu kommen. So sieht er in einem Gespräch mit Peter André Bloch gerade im Steinbruch der nicht mehr spielbaren Stücke immense Kapazitäten für neues Material:

> Selbstverständlich gibt es viele Werke Shakespeares, die man nicht zu bearbeiten braucht, die sind vollkommen, großartig, in sich geschlossen. Daneben gibt es aber bei ihm viel Material, das zu bearbeiten sich lohnt. Das ist Theaterarbeit, und diese besteht für mich vor allem im konsequenten Durchdenken eines Stoffs. Was ist ein Stoff? Ein Stoff ist die verkürzte, die übertriebene Vorführung, Demonstration der Wirklichkeit, die nicht *ein* Bild erträgt, sondern nur in unendlich vielen Bildern zu beschreiben ist.[53]

Shakespeares Original, in seiner Spannung zwischen distanzierenden und einfühlenden Elementen, enthielt in Dürrenmatts Sicht offensichtlich Mittel einer solchen mehrdimensionalen Bildlichkeit. Es konnte so eine Antwort

---

[50] Jean Giraudoux: Siegfried. Paris 1991, S. 303. „ Le plagiat est la base de toutes les littératures, excepté de la première, qui d'ailleurs est inconnue."
[51] Dürrenmatt: Gespräche I (Anm. 1), S. 310.
[52] Siehe dazu Friedrich Dürrenmatt: Labyrinth. Turmbau. Stoffe I-IX. Zürich 2002.
[53] Dürrenmatt: Gespräche I (Anm. 1), S. 328.

auf eine Fragestellung sein, die er bereits 1956 aufgeworfen hatte, als er die Schwierigkeiten für den modernen Autor thematisierte, die bestehende Welt im Bild zu deuten, ohne auf abstrakte Konzepte und Ideologien ausweichen zu müssen.

> Was soll der Schriftsteller tun? Zuerst hat er zu begreifen, dass er in dieser Welt zu leben hat. Er dichte sich keine andere, er hat zu begreifen, dass unsere Gegenwart auf Grund der menschlichen Natur notwendigerweise so ist. Das abstrakte Denken des Menschen, die jetzige Bildlosigkeit der Welt, die von Abstraktheiten regiert wird, ist nicht mehr zu umgehen [...] Der Schriftsteller gebe es auf, die Welt retten zu wollen. Er wage es wieder, die Welt zu formen, aus ihrer Bildlosigkeit ein Bild zu machen.[54]

Als Beispiel einer solchen bildhaft deutenden Eigenwelt nennt er in dieser Rede Swifts „*Gullivers's Travels*", einen komischen Roman des 18. Jahrhunderts, also ein in der Literaturgeschichte verankertes Grundmuster. In der Dramatik scheint Shakespeare für ihn ein solches Modell darzustellen. Da zudem sowohl „*King John*"[55] als auch „*Titus Andronicus*" dem deutschen Publikum damals kaum bekannt waren, konnten sie als neue Stoffe präsentiert werden. Der Verweis auf Shakespeare ermöglichte zwar die Referenz auf ein bestimmtes Theatermodell, das in den sechziger Jahren beim breiten Publikum wohl vor allem von einem eher sentimentalisierenden und kathartischen Blick der Gegenwart auf diesen Autor getragen war. Man erinnere sich nur an die Interpretation des Hamlet durch Laurence Olivier (in der Verfilmung aus dem Jahr 1948).[56] Um so mehr musste eine Stück-

---

[54] Dürrenmatt: Vom Sinn der Dichtung in unserer Zeit (Anm. 37), S. 63.

[55] „*King John*" war immerhin schon 1941 durch Leonard Steckel (1901-1971) am Züricher Schauspielhaus aufgeführt worden. Steckel hatte 1963 in der Uraufführung von Dürrenmatts „*Herkules und der Stall des Augias*" am Züricher Schauspielhaus Regie geführt, 1966 in Dürrenmatts „*Meteor*" sowie in dem Film „*Grieche sucht Griechin*" (1966) mitgespielt.

[56] Auch Brecht hatte eine besondere Abneigung gegen die Modernisierung als Sentimentalisierung insbesondere durch Laurence Olivier: „Es gibt heute eine eigentümliche Meinung vom Fortschritt, die das Theater bei der Wiederentdeckung großer Werke aus der Vergangenheit sehr hindert. Der Fortschritt bestand nach dieser Meinung darin, dass das Schaffen immer weniger primitiv und naiv wurde, je mehr die Zeit fortschritt [...] Als der englische Schauspieler Olivier Shakespeares ‚Heinrich V.' verfilmte, begann er den Film mit der Darstellung der Premiere an Shakespeares Globe-Theater. Die Spielweise war als pathetisch, steif, primitiv, nahezu albern dargestellt. Dann ging die Spielweise in eine ‚moderne' über. Die rohen alten Zeiten waren überwunden, es wurde differenziert, elegant, überlegen gespielt. Kaum ein Film hat mich so geärgert. Welch eine Meinung, die Regie Shakespeares könnte so viel dümmer und roher gewesen sein

bearbeitung schockieren, die über den Autorennamen Shakespeare eine Erwartungshaltung aufbaute, die dann doppelt gebrochen wurde. Zum einen war das Original bereits mit extrem grotesken Elementen angefüllt und zum anderen wird dies durch Dürrenmatts gezielt antikathartische Bearbeitung noch verstärkt. Hanna Rumpler-Groß führt den Skandal bei der Uraufführung gerade darauf zurück, dass man Shakespeare so viel Grausamkeit nicht zugetraut hatte und deshalb viele schockierende Stoffelemente, die doch auch schon im Original nicht gerade selten sind, der Bearbeitung durch Dürrenmatt zuschrieb.[57] Für den Zuschauer handelte es sich bei dem konkreten Theatererlebnis also nicht um ein bestätigendes Nachvollziehen der Konventionen, was in der Logik des Repertoiretheaters gelegen hätte, sondern um Neues, das nicht durch Vergleich mit dem Original im Text oder mit einer Inszenierungstradition belastet war.

Wie ging Dürrenmatt nun konkret vor? Gérard Genette nennt als erste und ursprünglichste Form der „Transposition" die Übersetzung. Da Dürrenmatt selbst seinem Englisch nicht vertraute, war er auf Übersetzungen angewiesen, die er jedoch nicht danach beurteilte, ob sie dem Original entsprachen oder nicht, sondern ob sie einen einheitlichen Stil aufwiesen. Bei „*King John*" beispielsweise ließ Dürrenmatt eine Übersetzung anfertigen, die er dann sehr frei, eben als Stoff, überschrieben hat: „Wir haben eine Rohübersetzung herstellen lassen, und dann habe ich zu arbeiten begonnen, indem ich einfach den Stoff als Stoff nahm, den man zum Teil verwenden kann, aus dem man aber zum Teil etwas ganz Neues machen kann."[58] Nach der Qualität einer Übersetzung von Hans Rothe (Shakespeare-Übersetzer und Regisseur 1894-1963) befragt, bekennt Dürrenmatt, dass ihn vor allem die Einheit des Stils im Zieltext interessiere. Diese findet er erstaunlicher-

---

als die des Herrn Olivier." Bertolt Brecht: Werke. Bd. 24. Schriften Bd. 4: Texte zu Stücken. Berlin und Frankfurt am Main 1991, S. 414 f.
[57] Rumler-Groß: Thema und Variation (Anm. 41), S. 198.
[58] Dürrenmatt: Gespräche I (Anm. 1), S. 309. Diese Kritik findet sich auch in Urs H. Mehlins Auseinandersetzung mit einer modernisierenden Übersetzung des „*Titus Andronicus*". Er merkt an, dass die Annäherung an die Sprache der Gegenwart den Text zugänglicher für die Rezeptionsgewohnheiten der Gegenwart macht. Zugleich verstellt sie ästhetische Erlebniszugänge, beispielsweise über die Allegorik oder die Einfühlung, die einer unmittelbaren Aktualisierung entgegenlaufen. Es stellt sich damit die grundlegende Frage, wieviel Bestätigung der Rezeptionserwartung notwendig ist, um ein Gegenwartspublikum zu erreichen, und wieviel konserviert werden sollte, um diesen Erwartungshorizont gerade durch die historische Distanz zu durchbrechen. Da heute im Theater Provokation und Persiflage bei der Interpretation der „Klassiker" überwiegt, ist es fast schon wieder „provokativ" auf gut gesprochene Sprache und Wiedergabe der ursprünglichen Wirkungsstrategien zu setzen. Mehlin: (Anm. 41), S. 78 f.

weise mehr bei den Romantikern als bei moderneren Übersetzungen: „Der Fehler von Rothe ist, dass er überhaupt keine Sprache hat. Wenn man sich nun an eine Shakespeare-Übersetzung macht, so kann man nur noch verblüfft sein über die Sprachmeisterschaft eines Schlegel oder Tieck."[59] Gleichwohl scheint sie ihm für sein Theaterprojekt und für seine Zeit als unangemessen. Er entscheidet sich wiederum für die Einheit des Stils, allerdings eben für die Einheit seines eigenen Stils. Dabei wird am Ende alles überarbeitet und der einzige verbleibende Originalsatz muss aus Gründen der Stimmigkeit eliminiert werden.

> Schon allein die Rohübersetzung zeigt ja eine unglaublich barocke Sprache. Es hat nun aber gar keinen Sinn, das beibehalten zu wollen. Es ist mir dabei etwas vom Komischsten passiert, was ich je erlebt habe. Ich war Shakespeare gegenüber lange unsicher, weil ich immer sein Stück retten wollte, bis ich merkte, dass das einfach nicht geht. Es sollte eine Übersetzung sein, man sollte noch sagen können, es sei eine Bearbeitung [...] Auf der ersten Probe nun, die ich besuchte, kam ein Schauspieler und sagte zu einem Satz: ‚Könnte man den nicht auslassen?' Da musste ich ihm sagen, dass ausgerechnet dieser Satz von Shakespeare sei. Den hatte ich immer stehengelassen, weil doch eben etwas von Shakespeare bleiben sollte, und den habe ich immer vor mir hergeschoben, durch das ganze Stück, aus Pietätsgründen, und habe ihn schließlich dort stehengelassen, wo er dann den Schauspieler gestört hat! Der hat also automatisch gespürt, dass da etwas nicht stimmt, und ist regelmäßig drüber gestolpert.[60]

Bei „*Titus*" hingegen, den er bekanntlich nicht zuerst als Text, sondern als Theatererlebnis wahrnahm, schlug Dürrenmatt einen anderen Weg ein. Er benutzte die Übersetzung von Baudissin (gehörte zum Shakespeare-Übersetzerteam um Ludwig Tieck, 1789-1878), jedoch in einer sehr freien Weise. Dürrenmatt hält das Original für „unübersetzbar", also nicht unmittelbar für die moderne Bühne geeignet, sodass eine umfassende Bearbeitung notwendig war. Gleichwohl wollte er ausdrücklich den Autor Shakespeare respektieren und nicht als Persiflage dekonstruieren. Ihm erschien die eigenständige, stilistisch einheitliche und als Werkangebot formell geschlossene „Transposition" als „treue" Übertragung, insofern sie sowohl den Stoff als auch die bei Shakespeare vorhandenen vielfältigen ästhetischen Strategien aufnahm und unter den Bedingungen seiner Zeit zu Ende dachte.

---

[59] Dürrenmatt: Gespräche I (Anm. 1), S. 311.
[60] Dürrenmatt: Gespräche I (Anm. 1), S. 311.

Ich schlug einen anderen Weg ein, nicht den der Übersetzung oder der Persiflage, sondern den der Bearbeitung: Bearbeitung aus Treue Shakespeare gegenüber. Das mag paradox erscheinen, stellte sich jedoch zwangsläufig ein. Indem ich mich nur meiner Sprache bedienen konnte, um den Eindruck eines Werkes wiederzugeben, den es mir damals als theatralisches und nicht als literarisches Ereignis machte, bemächtigte sich auch meine Sprache des Stoffs und wandelte ihn nach ihren Gesetzen um.[61]

Um den Status dieser Bearbeitung zu bestimmen, sei hier noch einmal auf Genette verwiesen. Dieser hatte Beispiele aus dem französischen Theater der Zwischenkriegszeit genutzt und anhand von Jean Cocteaus Bearbeitungen des Sophokles' und des Shakespeares („*Antigone*" 1922; „*Romeo und Julia*" 1924; „*Ödipus Rex*" 1925) gezeigt, dass Verknappung, Vereinheitlichung und Vereinfachung im Verhältnis zum Original zu einem eigenständigen Werkangebot geführt hatte. Die „Verknappung" setze es sich zur Regel,

einen Text zu kürzen, ohne irgendeinen thematisch bedeutenden Teil wegzulassen, ihn aber in einem knapperen Stil umarbeitet und damit mit neuem Aufwand einen neuen Text hervorbringt, der im Extremfall kein einziges Wort des Originaltextes beibehält. Deshalb besitzt die Verknappung [...] den Status eines *Werks*: Man spricht von einer gekürzten Fassung von *Robinson Crusoe*, ohne in jedem Fall den Verkürzer nennen zu können, aber man spricht von der *Antigone* Cocteaus ‚nach Sophokles' [...] die hier betriebene ‚Kontraktion' [ist] eine Akzentuierung, eine Zuspitzung und im Grunde eine Aktualisierung der Knappheit des Sophokles, die sich in einer wörtlichen Übersetzung nur schwer wiedergeben lässt. Cocteau treibt das in Sophokles bereits angelegte auf die Spitze [...] Der von Cocteau umgearbeitete Sophokles ist echter als echt. [...] Dieses Paradox verweist jedoch auf eine Feststellung, die sich bei anderen Arten von hypertextuellen Praktiken treffen lässt: Es ist besser, einen Text auf die Spitze zu treiben, als seinen Charakter abzuschwächen und ihn folglich zu banalisieren.[62]

---

[61] Dürrenmatt: Notizen zu „Titus Andronicus" (Anm. 6), S. 189.
[62] Genette: Palimpseste (Anm. 49), S. 323 f. Genette bezieht sich noch auf ein weiteres Beispiel, das ähnliche Intentionen verfolgt wie Dürrenmatt. Es handelt sich um „*Macbett*" (1972) von Ionesco. Die Bemerkungen Genettes ließen sich problemlos auf das Dürrenmattsche Stück übertragen: „Die Personen Shakespeares behalten ihren Rang und ihre Identität, und die Handlung spielt nach wie vor am schottischen Hof. Manche Vulgarismen in der Rede mögen an die burleske Travestie gemahnen, aber ihre wesentliche Funktion besteht nicht darin, den Shakespeareschen Hypotext ins Lächerliche zu ziehen, sondern ihn bloß zu aktualisieren und in den üblichen Idiolekt des dramatischen Werks von Ionesco zu übersetzen [...] *Macbett* ist eher eine ernste Nachbesserung [...] Sagen wir mit anderen Worten, dass *Macbett* eine ionescoisierende Transposition von *Macbeth* ist, nicht mehr oder weniger ‚ernst' als *Die Stühle* oder *Die Nashörner* [...] Und wie jede Verschärfung treibt auch diese nur die Wahrheit ihres Hypotextes bis zum äußersten Lärm und Getöse. Der Begriff Hypertext erhält hier seine intensive und superlativische Bedeutung: Macbett ist ein (noch)

Genau für diese Zuordnung entschied sich auch Friedrich Dürrenmatt: *„Titus Andronicus – Eine Komödie nach Shakespeare"*. Er verweist dabei nicht nur auf den Titus selbst, sondern ebenso auf Modelle wie den Lear, den Hamlet, die Iphigenie, die Emilia Galotti, die seiner Bearbeitung die eigentliche Tiefe vermitteln, da sie die Spannung zwischen den idealen Projektionen seit dem 18. Jahrhundert und den Tendenzen ihrer Infragestellung herstellen. Dürrenmatt hat sich viel darauf zugute gehalten, dass er zu denen gehörte, die die Auseinandersetzung mit Shakespeare-Stücken zu einem wesentlichen Themenbereich der Dramatikentwicklung nach 1970 gemacht hatten. Allerdings hatte er sich, als er dies rückblickend konstatierte, bereits vom Theater abgewendet. Immerhin legte er noch 1989 großen Wert darauf, die Grenze der Bearbeitung niemals überschritten zu haben. Er blieb bei dem Ziel „halb Shakespeare, halb Dürrenmatt":

Ich habe einen unbekannten Shakespeare bearbeitet, *König Johann* und *Titus Andronicus*, als ihn noch niemand spielte. Shakespeare ist heute quasi Freiwild für die Regisseure [...] Was die Gegenwart spielt, das ist eben das, was heute die Regisseure reizt. Mein Theater reizt sie nicht mehr, darüber beklage ich mich auch nicht, und jetzt habe ich mit dem Theater abgeschlossen.[63]

---

exzessiverer Macbeth, ein hyperbolischer Macbeth, ein Hyper-Macbeth." S. 482 ff. Es ist vielleicht kein Zufall, dass die Düsseldorfer Inszenierung von Dürrenmatts Bearbeitung (12.12.1970) von Karl Heinz Stroux besorgt wurde, der seit 1959 mit Ionesco zusammenarbeitete. Es sei hinzugefügt, dass eine Enkelin des Regisseurs, Louisa Stroux, die Lavinia in der „Titus Andronicus" Bearbeitung von Botho Strauss unter dem Titel „Die Schändung" an der Seite von Bruno Ganz als Titus, am Bochumer Theater 2006 spielte.
[63] Friedrich Dürrenmatt: Dramaturgie des Denkens. Gespräche IV: 1988-1990. Hg. von Heinz Ludwig Arnold in Zsarb. mit Anna von Planta und Jan Strümpel. Zürich 1996, S. 59. Zu Dürrenmatts „König Johann" siehe auch Wilhelm Hortmann: Shakespeare on the German Stage. The Twentieth Century. Cambridge University Press 2009, S. 232-236. Hortmann erklärt den Erfolg dieser Bearbeitung (nach der Uraufführung 1968 wurde das Stück von 22 verschiedenen Theatern in fast 500 Aufführungen aufgenommen) durch deren Verankerung in der 68er-Bewegung, die eine Veränderung des Systems für möglich hielt, während die nachfolgende Generation, für die bei ihm Heiner Müller steht, eine tiefgreifendere Interpretation von Shakespeare vorgelegt habe. Die Linie der „Titus Andronicus"–Bearbeitungen wird in dieser Publikation (erste Auflage 1998) nicht gesondert behandelt. „It was only when the ‚system' was not to be overrun in a first dash, when the terrorism of the ‚Baader-Meinhof Group' and its successor organisation, the RAF [...] involved the revolutionary idea in powerful self-contradictions while the counter-measures of the government curtailed civil liberties and caused endless recriminations and bitter infighting, that the sanguine superficiality of Dürrenmatt's analysis could be perceived. When hopes were grinding to a halt in the mid-seventies, Dürrenmatt's versatile propagandist of reason was no longer heard on the German stage. The time had come for the sterner philosophy of history and the more profound vision of Heiner Müller." (S. 236).

Don Quijote als Gleichnis des mutigen Menschen. Ein hermeneutischer Zugang zu Dürrenmatts Cervantes-Rezeption

PIERRE BÜHLER

Don Quijote ist eine prägende Figur der Weltliteratur. Dieser Aufsatz gibt sich zum Ziel, Friedrich Dürrenmatts Interpretation dieser berühmten Gestalt zu erörtern. Es fällt nämlich auf, dass der spanische Ritter an verschiedenen Stellen von Dürrenmatts Werk auftaucht und dabei auch eine Schlüsselrolle bekommt. Es entsteht hier eine interessante Berührung zwischen dem schweizerischen Schriftsteller, Maler und Dramatiker und der Weltliteratur.

Zugleich verfolgt der Aufsatz ein methodisches Anliegen: Da Dürrenmatt immer wieder, auch beim Don-Quijote-Motiv, sowohl im Bild als auch im Text gearbeitet hat, versuche ich, schrittweise eine kleine, einfache Methode zur Interpretation von Bildern in ihrer Interaktion mit Texten zu entwickeln. Ich steige deshalb beim großen Gemälde „*Don Quijote*" von 1987 ein und suche dann nach weiteren Bildern und Texten, die im breiteren Umfeld des Gemäldes die verschiedenen Facetten von Dürrenmatts Auseinandersetzung mit Cervantes' Ritter kennzeichnen. In diesem Sinne wird es um Interaktionen zwischen Bildern und Texten, Texten und Texten sowie Bildern und Bildern gehen. Dieser Beitrag befasst sich deswegen mit Intertextualität, „Interpikturalität" und „Inter-Textua-und-Pikturalität". Das sind von mir geprägte Neologismen, denn soviel ich weiß, existiert diesbezüglich bislang in der Forschung keine allgemein verbindliche Terminologie. Im weitesten Sinn könnte man sagen, dass hier verschiedene Facetten von Intermedialität bei Dürrenmatt untersucht werden.

Mein methodischer Ansatz ist von der Hermeneutik inspiriert, insbesondere von den bei Rudolf Bultmann[1] und Paul Ricœur[2] entwickelten hermeneutischen Kategorien. Zugleich entsprechen die einzelnen Schritte meiner Analyse ungefähr den drei Etappen, wie sie in Erwin Panofskys Modell zur Interpretation von Bildern zu finden sind.[3]

---

[1] Rudolf Bultmann: Das Problem der Hermeneutik. In: Glauben und Verstehen. Vol. II. Tübingen (1952). 3. Aufl. 1961, S. 211-235.
[2] Paul Ricœur: Hermeneutics and the Human Sciences. Essays on Language, Action and Interpretation. Cambridge/Paris 1981, besonders: The hermeneutical function of distanciation, S. 131-144, und Appropriation, S. 182-193.
[3] Vgl. Erwin Panofsky: Ikonographie und Ikonologie. Einführung in die Kunst der Renaissance. In: Sinn und Deutung in der bildenden Kunst. Köln 1975, S. 36-67.

Pierre Bühler

1. Der erste Blick oder die Klärung des Vorverständnisses

Werfen wir einen ersten Blick auf das Bild, das für unsere Erörterung von Dürrenmatts Cervantes-Rezeption im Zentrum steht[4]: Abbildung 1 (Ende des Textes).

Panofsky würde diesen ersten Schritt als „vorikonographische Beschreibung" bezeichnen; in Bultmanns Terminologie könnte man vom „Vorverständnis" sprechen. Es geht darum, uns unserer ersten Wahrnehmung des Bildes und der Reaktion, die dieses in uns als Betrachtern auslöst, bewusst zu werden. Auf einer ganz elementaren Ebene versucht dieser erste Blick, in freier Anlehnung an Bultmann, unser „Lebensverhältnis zur Sache" wiederzuerkennen, die im Bild auf dem Spiel steht.[5]

In der Mitte des Bildes sehen wir einen alten Mann mit einem langen weißen Bart und ein vergleichbar betagtes, mageres Pferd. Beide fallen von der oberen rechten Ecke des Bildes zur unteren Ecke links; man könnte sagen, dass die beiden Figuren auf den Betrachter zustürzen. Bei ihrem Sturz verfangen sie sich in Stromleitungen. Mit ihnen durch die Luft fliegend, jedoch zur linken oberen Ecke ausgerichtet, sehen wir einen frei schwebenden Speer. Am linken Bildrand steht ein dicker Strommast, der durch viele Drähte mit anderen Masten im Hintergrund des Bildes verbunden ist. Über dem Strommast ist ein großer Kreis erkennbar: eine Sonne oder ein Mond? Oder ist es vielleicht ein großer Kopf? Die Hypothese eines Kopfes könnte stimmen, falls wir die beidseitigen, orangefarbenen Flecken als Haare betrachten können. Vom Strommast hängen – in der entgegengesetzten Richtung zum Mann und zum Pferd, von der oberen linken Ecke zur unteren rechten Ecke – Stofffetzen, die Bruchstücken eines leuchtend roten Umhanges gleichen und mit dem Weiß und dem Türkisblau des Mannes und des Pferds stark kontrastieren. In der Mitte des unteren Bildrandes ist ein Teil des Gesichts eines Betrachters erkennbar, eines eher übergewichtigen Mannes, der sich mit entsetztem Blick von der Szene abzuwenden scheint. Die Kombination der drei Gesichter, desjenigen des Pferdes, des stürzenden Mannes und des Betrachters, erzeugt ein Klima von Überraschung und

---

[4] Aus technischen Gründen wird das Gemälde hier schwarzweiss reproduziert. Eine farbige Fassung sowie Reproduktionen der weiter unten besprochenen Bilder können auf folgender Internet-Seite: http://www.hermes.uzh.ch/personen/buehler.html eingesehen werden. Wir danken dem Centre Dürrenmatt für die Überlassung der Abbildungsrechte für diese Ausgabe (© Centre Dürrenmatt Neuchâtel/Schweizerische Eidgenossenschaft).
[5] Vgl. bei Bultmann die oft wiederkehrende Formel „unser Lebensverhältnis zur Sache im Text".

132

Schrecken. Dieses Gefühl von massiver Angst wird noch verstärkt durch große Löcher: die Ohren, die geweiteten Augen und Nüstern des Pferdes, die Augen und der offene Mund des stürzenden Mannes und die Augen des Betrachters. Die Szene ist tragisch: Der Sturz drückt eine schreckliche Niederlage aus. Doch gleichzeitig verleiht eine groteske Übertreibung der Szene eine komische Note. Was könnte diese seltsame Szene bedeuten?

2. Der zweite Blick oder die Distanzierung durch Kontextualisierung

Panofsky würde diesen zweiten Schritt als „ikonographische Analyse" bezeichnen. Indem der Betrachter Recherchen anstellt bezüglich des Kontexts des Bildes, des Künstlers, der konkreten Umstände, möglicher Quellen der dargestellten Figuren, der Themen und Typen, und nach ähnlichen Darstellungen in der menschlichen Kultur sucht, gewinnt er Distanz zum ersten Blick auf das Gemälde und seine unmittelbare Reaktion darauf und schafft so Raum für eine reflektiertere Auffassung des Bildes als künstlerisches Werk. Mit Ricœur können wir von einer kreativen Distanzierung sprechen: Die Kontextualisierung hilft uns, das Gemälde in seinem ureigenen Stil, als ein Werk mit ganz spezifischen Eigenschaften zu begreifen.

Verschiedene Querverbindungen helfen uns in diesem zweiten Schritt, das zu interpretierende Werk genauer zu bestimmen und die ursprünglichen Konturen dessen zu erkennen, was Umberto Eco als die „*intentio operis*" bezeichnet.[6]

a)   Ein kurzer, unten am Bild angebrachter Text, die Bildlegende, hilft uns, das Werk zu kontextualisieren: Es ist mit „*Don Quijote*" betitelt, was natürlich sofort eine Interaktion mit einem anderen Text, dem berühmten Roman aus dem frühen 17. Jahrhundert, hervorruft. Das Gemälde ist also der Hauptfigur von Miguel de Cervantes Saavedras gleichnamigem Roman „*Don Quijote de la Mancha*" gewidmet. Dieses Bild ist eine Illustration von Cervantes' Roman. Was will es in Hinsicht auf diese Romanfigur zum Ausdruck bringen?

b)   Einen zweiten Hinweis liefert die Tatsache, dass sich dieses Gemälde im *Centre Dürrenmatt* in Neuenburg befindet.[7] Es gehört also zur Bildersammlung des Schweizer Schriftstellers, Malers und Dramatikers Friedrich Dürrenmatt. Es wurde noch nie im Rahmen

---

[6] Umberto Eco: The Limits of Interpretation. Bloomington 1990.
[7] http://www.bundesmuseen.ch/cdn/ (letzter Besuch: 24.05.2010).

einer Publikation seiner Werke veröffentlicht. Es ist das einzige große Gemälde, das Dürrenmatt in seinen späten Jahren der Figur von Don Quijote gewidmet hat.[8] In diesen Jahren beschäftigte sich Dürrenmatt mit verschiedenen apokalyptischen Figuren, und so ist auch dieses Bild von einer endzeitlichen Stimmung durchdrungen. Die Beziehung zwischen dem Bild und dem Künstler eröffnet ein weites Feld möglicher Interaktionen, die zu erforschen sind: Existieren weitere Bilder in Dürrenmatts Gesamtwerk, die uns bei der Interpretation dieses Gemäldes von 1987 nützlich sein könnten? Finden sich in Dürrenmatts umfassendem Gesamtwerk als Dramatiker, Schriftsteller und Essayist irgendwelche Verweise auf die Figur von Don Quijote? Existieren vielleicht Texte von Dürrenmatt mit aufschlussreichen Kommentaren zu seinen Zeichnungen und Gemälden? Kommen in seinen Theaterstücken Szenen vor, in denen Cervantes' Held erscheint?

c)   Gleichzeitig müssen wir uns darüber im Klaren sein, dass es sich hier nicht um das erste Bild von Cervantes' Romanfigur handelt. Die Kunstgeschichte kennt unzählige Darstellungen von Don Quijote. Somit stellt sich die Frage, ob Dürrenmatt von anderen Darstellungen des Ritters von der Mancha inspiriert wurde. Zu seinem künstlerischen Hintergrund gehören z. B. die französischen Karikaturisten Honoré Daumier und Gustave Doré. Einzelne Drucke und Stiche aus deren Sammlungen finden sich in Dürrenmatts Bibliothek. Somit wäre unter anderem ein Vergleich mit Gustave Dorés berühmten Stichen von 1869 von besonderem Interesse für unsere Nachforschungen.[9]

Für ein vertieftes Verständnis des Bildes werden wir diese verschiedenen Aspekte sukzessive erforschen. Das folgende, vom Verfasser des Aufsatzes erstellte Diagramm gibt einen Überblick über die einzelnen Schritte des Vorgehens:

---

[8] Für die wichtigsten Zeichnungen und Bilder vgl. Friedrich Dürrenmatt: Bilder und Zeichnungen, Zürich 1978; Friedrich Dürrenmatt. Schriftsteller und Maler. Zürich 1994; Les mythes de Dürrenmatt. Dessins et manuscrits. Collection Charlotte Kerr Dürrenmatt. Genève 2005; Dürrenmatt dessine. Œuvres de la collection du Centre Dürrenmatt Neuchâtel. Paris 2006.

[9] Vgl. Miguel de Cervantes Saavedra: L'ingénieux hidalgo don Quichotte de la Manche. Avec 370 compositions de Gustave Doré gravées sur bois par H. Pisan. S. l. A. de Vesgre, 1981 (Reproduktion der ersten Ausgabe: Paris 1869).

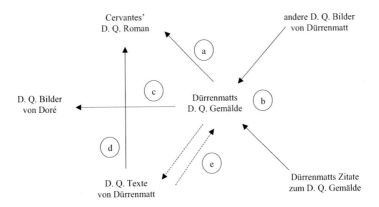

3. Auf dem Weg zu einem vertieften Verständnis

Der dritte Arbeitsgang, der das Kernstück dieses Aufsatzes bildet, kann in Panofskys Terminologie als der Schritt der „ikonologischen Interpretation" bezeichnet werden. Sein Ziel ist es, die „eigentliche Bedeutung" des Bildes, das heißt seinen intrinsischen Inhalt und seinen Symbolgehalt zu entschlüsseln, um den Bezug mit der Lebenswelt des Betrachters herzustellen.

Wie wir schrittweise entdeckt haben, ist unser Bild an der Schnittstelle einer Vielzahl von Interaktionen mit anderen Bildern und Texten anzusiedeln. Diese verschiedenen Interaktionen werden uns bei der „ikonologischen Interpretation" des Bildes behilflich sein.

a) Dürrenmatts Bild und Cervantes' Roman

Auf einer ersten Interpretationsebene können wir unser Gemälde als eine bildnerische Interpretation von Cervantes' Roman auffassen, wie dies die Bildlegende suggeriert. Die Darstellung evoziert die Schlüsselszene im achten Kapitel des Romans: Von ritterlicher Leidenschaft geblendet, betrachtet Don Quijote Windmühlen als große, bedrohliche Riesen und greift sie mit seinem Pferd an. Doch er verliert diese Schlacht: Die Segel der angegriffenen Windmühle heben Pferd und Ritter in die Höhe, um sie alsbald unsanft zu Boden zu schleudern. Don Quijotes Knappe Sancho Pansa versucht hilflos, die Folgen der Niederlage zu mildern; er eilt herbei, um seinen Herrn aus seiner misslichen Lage zu befreien.

Dürrenmatts Gemälde stellt diesen aussichtslosen Kampf des Ritters dar. So können wir den geschlagenen Don Quijote erkennen, mit seinem Pferd Rosinante und dem erschrockenen Sancho Pansa als Beobachter der Szene. Doch weshalb führt der Maler Stromleitungen und Masten anstelle der Windmühlen ein? Eine weitere Interaktion hilft uns, auf diese Frage eine Antwort zu finden.

b) Zitate und andere Bilder Dürrenmatts im Zusammenhang mit dem Gemälde
In „*Les mythes de Dürrenmatt*", einem nach Dürrenmatts Tod erschienenen Buch, beschreibt Charlotte Kerr, Dürrenmatts zweite Frau, wie das Paar auf einer Spanienreise im Oktober 1986 auf den Spuren von Don Quijote die Gegend der Mancha entdeckte. Die Landstraße, auf der sie fuhren, war gesäumt von mächtigen, Riesen ähnlichen Strommasten. Plötzlich sagte Dürrenmatt zu seiner Frau: „Würde Don Quijote in der heutigen Zeit leben, würde er gegen sie kämpfen und nicht gegen die Segel von Windmühlen!" An jenem Abend begann er, in sein Skizzenbuch zu zeichnen: Strommasten und einen Don Quijote, der sich mit seinem Pferd in den Hochspannungsleitungen verfängt.[10] Nun können wir nachvollziehen, wie diese Skizzen zum vorliegenden Bild führten.

In der ersten Skizze sehen wir nur Strommasten und Drähte, die wie Riesen über die Bäume emporragen. In der unteren Bildhälfte sind kleinere Pfosten erkennbar, die an Grabkreuze erinnern, oder gar auf die Kreuze von Golgotha anspielen?

In der zweiten Skizze erscheint eine menschliche Figur (mit einem Ritterhelm?), die sich anscheinend in den Drähten von Stromleitungen verheddert hat. Darüber können wir möglicherweise einen durch die Luft sausenden Speer erkennen. Die beiden Strommasten muten wie Entwürfe zu Riesen an.

Die dritte Skizze stellt keine weiträumige Szenerie mehr dar. Die Aufmerksamkeit wird jetzt voll auf die menschliche, in den Drähten der Strommasten verheddert Figur gelenkt; zusammen mit dem Pferd ist sie so angeordnet, wie sie im späteren Werk erscheinen wird. Der Speer erscheint nun hinter dem stürzenden Ritter. Der Hintergrund ist schwarz, und am linken Bildrand ist nur ein Strommast erkennbar. Doch Don Quijote und Rosinante fallen bereits in dieselbe Richtung wie im späteren Gemälde. Aufgrund der uns nun bekannten Beziehung zwischen den Strommasten und den Giganten können wir jetzt auch den großen Kreis oben links in

---

[10] Les mythes de Dürrenmatt (Anm. 8), für das Zitat: S. 184, für die Skizzen: S. 189-191.

Dürrenmatts Gemälde als Kopf eines Riesen identifizieren und die dunkelroten Fetzen im Hintergrund als dessen Umhang.

Aufgrund der Verknüpfung des Gemäldes mit den vorhergehenden Skizzen und der überlieferten Bemerkung Dürrenmatts können wir nun verstehen, weshalb er die Windmühlen durch Strommasten ersetzte. Wir können darin eine künstlerische Bemühung erkennen, das Geschehen vom 17. ins 20. Jahrhundert zu verlagern, damit die Niederlage von Don Quijote eine stärkere Wirkung auf den heutigen Betrachter erzielen möge.

c) Dürrenmatts Bild und Gustave Dorés Stiche

Der Vergleich mit Gustave Dorés berühmten Stichen[11] verleiht unserer Interpretation einen weiteren Horizont. Die Szene der Windmühlen wird von Doré in zwei Bildern dargestellt, um zwei Aspekte des Kampfes darzustellen – den Beginn und das bittere Ende.

Das erste Bild stellt eine weite Landschaft mit einer langen Reihe Windmühlen dar. Im Vordergrund sehen wir, wie sich Don Quijote im Segel der Windmühle verfängt und vom Boden hochgehoben wird. Mit anderen Worten: Der Stich zeigt den Anfang der Niederlage. Auf der anderen Seite des Bildes sehen wir Sancho Pansa und seinen Esel, die den Vorgang beklagen. Die Bewegung im Bild verläuft von unten nach oben, aber wir wissen, dass Don Quijote und sein Pferd bald in einer Bewegung von oben nach unten, wie in Dürrenmatts Gemälde, hinuntergeworfen werden.

Dorés zweiter Stich zeigt das Ergebnis der Schlacht in einem Ausschnitt von Nahem: Don Quijote und Rosinante liegen beide zu Füßen der Windmühle auf dem Rücken am Boden. Sancho Pansa schaut klagend die Szene aus der Nähe an, seinen widerstrebenden Esel nach sich ziehend. Er scheint sich aber zu fürchten, näher zu kommen.

Interessanterweise bildet Dürrenmatts Gemälde genau den Augenblick zwischen den beiden Stichen Dorés ab: Während Doré den Beginn und das Ende der Schlacht illustriert, stellt Dürrenmatt den Moment der Niederlage selbst dar, den Fall von Don Quijote und Rosinante, wie sie durch die Drähte stürzen und höchstwahrscheinlich Stromschläge abbekommen. Es scheint, dass er gerade am Augenblick der Niederlage als einer apokalyptischen Situation interessiert ist.

Wir können uns nun fragen, ob ein Zusammenhang zwischen diesem Bild und Dürrenmatts expliziten Hinweisen auf Cervantes' Figur in seinen Schriften besteht.

---

[11] Vgl. Anm. 9.

d) *Dürrenmatts Texte zu Don Quijote*

In Dürrenmatts Werk[12] finden sich etwa 15 Hinweise auf Don Quijote, davon einige nur als Andeutungen, andere ausführlicher, einige beiläufiger und andere grundlegender Art.[13] Ich wähle daraus vier wichtige Stellen aus, welche für die Hauptakzente in Dürrenmatts Interpretation von Cervantes' Ritter stehen. Sie mögen uns Anhaltspunkte für die Interpretation von Dürrenmatts Don-Quijote-Gemälde geben.

In *„Anmerkung zur Komödie"*[14] erläutert Dürrenmatt seine Auffassung des Komischen im Gegensatz zum Tragischen. Er bespricht dabei verschiedene Beispiele aus der Theaterwelt, insbesondere Aristophanes, betont dann aber anschließend, dass seine Konzeption des Komischen seine wichtigste Inspirationsquelle eigentlich in neuzeitlichen Romanen finde, welche die Wirklichkeit des Menschen durch groteske Übertreibung aufdecke: die Gestalten der Riesen bei Rabelais, Swifts Gulliver, der Zwergen, Riesen und intelligenten Pferden begegnet, welche die Menschen wie Tiere behandeln, sowie Cervantes' Ritter Don Quijote, der die Narrheit der Welt durch seine närrische Leidenschaft entlarvt. An anderen Stellen schließt Dürrenmatt Hermann Melvilles Wal Moby Dick in diese Aufzählung ein. Diese modernen Romane sind insofern einzigartig, als sie, wie die Komödie im Gegensatz zur Tragödie, Distanz schaffen, welche die Sinnlosigkeit und Engstirnigkeit der Welt enthüllen. Die durch die Übertreibung geschaffene Distanz lässt die Lesenden weniger aus Mitleid weinen als vielmehr über diese Welt lachen. „Das Groteske ist eine der großen Möglichkeiten, genau zu sein." (S. 25) Don Quijote steht hier, wie die anderen erwähnten Figuren, für diese groteske Komik, die ein neues, unbequemes, aber nötiges Licht auf die Situation der Menschheit in der Welt wirft. Es ist „nicht die Kunst der Nihilisten, sondern weit eher der Moralisten, nicht die des Moders, sondern des Salzes" (S. 25).

Ähnliche Akzente setzt der kurze Text *„Rede von einem Bett auf der Bühne aus"*[15]. Anlässlich der Vergabe eines Ehrendoktortitels in Philadel-

---

[12] Ich zitiere Dürrenmatts Texte nach folgender Ausgabe: Friedrich Dürrenmatt: Werkausgabe in siebenunddreißig Bänden (WA). Zürich 1998.

[13] Als Beispiele eher beiläufiger Art: Dürrenmatt spielt damit, Theologen und Philosophen ins selbe Verhältnis wie Don Quijote und Sancho Pansa zu setzen, wobei die zwei Rollen, Ritter und Knappe, ausgetauscht werden können. Oder er vergleicht die Beziehung zwischen Don Quijote und Dulcinea mit der Beziehung zwischen zwei Figuren in einem seiner Theaterstücke (Doc und Ann in *„Der Mitmacher"*).

[14] Friedrich Dürrenmatt: Anmerkung zur Komödie, 1952. In: WA. Bd. 30, S. 20-25. Seitenzahlen im Text.

[15] Friedrich Dürrenmatt: Rede von einem Bett auf der Bühne aus, 1969. In: WA. Bd. 32, S. 138-140. Seitenzahlen im Text.

phia im Jahre 1969 erwähnt Dürrenmatt in Hinsicht auf sein Verhältnis zur amerikanischen Literatur drei Schlüsselszenen in Poes *„Im Malstrom"*, in Twains *„Menschenfresserei in der Eisenbahn"* und in Melvilles *„Moby Dick"*. Dazu sagt er, Bezug nehmend auf weitere Gestalten der Weltliteratur, darunter auch Don Quijote: „Diese drei Geschichten stellen für mich Grundsituationen dar, in die der Mensch immer wieder gerät, wie in Homers *Odyssee*, in Cervantes' *Don Quijote* oder in Swifts *Gullivers Reisen*." (S. 140) Daher lässt sich sagen, dass Don Quijotes Niederlage im Kampf gegen Windmühlen (oder gegen Hochspannungsleitungen!) solch eine menschliche Grundsituation darstellt. Dürrenmatt fügt hinzu: „Diese Grundsituationen zu durchschauen ist wichtiger als die Mondfahrt, die nichts ist als eine Flucht von der Erde und damit eine Flucht vor dem Menschen." (S. 140)

Weitere Hinweise können in Dürrenmatts langem, theoretischem Kommentar zum Scheitern seines Theaterstücks *„Der Mitmacher"*[16] gefunden werden. An mehreren Stellen evoziert er die Figur von Don Quijote, um Figuren in seinem Stück zu interpretieren. In diesem Kontext fällt folgende Bemerkung stark auf, in der Dürrenmatt einen Gegensatz zwischen Don Quijote und Don Juan als seinem dramaturgischen Antipoden formuliert: „Ist Don Quijote religiös gesehen ein Gleichnis des gläubigen Menschen, so Don Juan eine kühne, ja dämonische Übertragung Gottes ins Menschliche [...]" (S. 136). In diesem Sinne ist Don Quijote ständig mit einer Welt konfrontiert, die nicht seiner Glaubensüberzeugung entspricht, sodass er immer wieder an ihr scheitern muss. Das macht für Dürrenmatt die Gemeinsamkeit und den Unterschied zwischen einem tragischen und einem komischen Held aus, den er durch einen Vergleich zwischen Ödipus und Don Quijote zum Ausdruck bringen kann:

> [...] wenn etwas den komischen und den tragischen Helden verbindet, so ihr Scheitern und die Verständlichkeit ihres Scheiterns. Was sie unterscheidet, ist nur, *woran* sie scheitern [...] Nur insofern halte ich vom Komischen mehr, als ich den Don Quijote höher als den Ödipus einschätze: An den Göttern zugrunde gehen oder am Schicksal ist ehrenhaft, wenn auch unvermeidlich; daran zugrunde zu gehen, dass die Welt der eigenen Vorstellung nicht entspricht, vor dieser ewig komischen Lage, in der der Mensch steckt, habe ich den größten Respekt. (S. 196)

Eine Synthese all dieser Hinweise gibt uns eigentlich Dürrenmatts Theaterstück *„Die Ehe des Herrn Mississippi"*, das in erster Version 1950 geschrie-

---

[16] Friedrich Dürrenmatt: Der Mitmacher. Ein Komplex, 1976. In: WA. Bd. 14. Seitenzahlen im Text.

ben und dann im Laufe der Jahre in verschiedenen Fassungen aufgeführt wurde.[17] Dieses Stück ist für unsere Untersuchung von besonderer Bedeutung, da in der Schlussszene eine der Figuren des Stücks als Don Quijote erscheint, der mit einer Windmühle kämpft. In diesem Stück stellen verschiedene männliche Figuren unterschiedliche Lebenseinstellungen dar, die alle mit Anastasia, einer Frau, welche die Welt symbolisiert, kämpfen. Alle männlichen Figuren, jede auf ihre eigene Art, versuchen, diese Welt für sich zu gewinnen, sie zu beeinflussen und sie besser zu machen. Aber Anastasia, „die Welt", kann nicht verändert werden, und letztendlich betrügt sie alle. Unter den männlichen Figuren ist auch Graf Bodo von Übelohe-Zabernsee zu finden, ein verkommener Adliger, der die christliche Lebenseinstellung verkörpert. Er versucht, die Beziehung zu Anastasia als ein Abenteuer der Liebe zu leben, „dieses erhabene Unternehmen, das zu bestehen oder in dem zu unterliegen die größte Würde des Menschen ausmacht" (S. 58). Dieses Zitat ist einem langen Monolog entnommen, in welchem Übelohe dem Publikum zu erklären versucht, was wohl die Absicht des Autors in diesem Theaterstück sei, und insbesondere auf ihn selbst bezogen, Übelohe, „den einzigen, den er [der Autor] mit ganzer Leidenschaft liebte" (S. 58):

> Oh, ich will es ihm glauben, dass er mich nicht leichtfertig schuf, irgendeiner zufälligen Liebesstunde verfallen, sondern dass es ihm darum ging, zu untersuchen, was sich beim Zusammenprall bestimmter Ideen mit Menschen ereignet, die diese Ideen wirklich ernst nehmen und mit kühner Energie, mit rasender Tollheit und mit einer unerschöpflichen Gier nach Vollkommenheit zu verwirklichen trachten, ich will ihm das glauben. Und auch dies, dass es dem neugierigen Autor auf die Frage ankam, ob der Geist – in irgendeiner Form – imstande sei, eine Welt zu ändern, die nur existiert, die keine Idee besitzt, ob die Welt als Stoff unverbesserlich sei [...]. (S. 57)

Für Übelohe bedeutet dieser Kampf mit der „Welt", dass er Anastasia zu retten versucht, indem er sie liebt. Durch die Liebe, so seine Überzeugung, wird sie radikal verändert werden. Doch scheitert er daran, dass Anastasia auch diese seine Liebe verrät. So kommentiert Übelohe in Hinsicht auf seinen Autor dieses Scheitern an Anastasia:

> So ließ der Liebhaber grausamer Fabeln und nichtsnutziger Lustspiele, der mich schuf, dieser zähschreibende Protestant und verlorene Phantast, mich zerbrechen, um meinen Kern zu schmecken – o schreckliche Neugierde –, so entwürdigte er mich, um mich nicht einem Heiligen ähnlich – der ihm nichts nützt –, sondern ihm

---

[17] Friedrich Dürrenmatt: Die Ehe des Herrn Mississippi, (1950) 1980. In: WA. Bd. 3. Seitenzahlen im Text.

selbst gleichzumachen, um mich nicht als Sieger, sondern als Besiegten – die einzige Position, in die der Mensch immer wieder kommt – in den Tiegel seiner Komödie zu werfen: Dies allein nur, um zu sehen, ob denn wirklich Gottes Gnade in dieser endlichen Schöpfung unendlich sei, unsere einzige Hoffnung. (S. 158)

Es ist offensichtlich, dass hier Übelohe genau mit derselben Schwierigkeit wie Don Quijote kämpft: Mit größter Leidenschaft unternimmt er es, seine Idee an der Welt zu vollziehen, und scheitert an dieser Welt, die ihn verrät. Der Monolog bildet deshalb einen entscheidenden Schlüssel zur Interpretation von Don Quijotes Niederlage im Kampf gegen die Windmühlen, „die einzige Position, in die der Mensch immer wieder kommt". Daher überrascht es nicht, dass Übelohe in der letzten Szene des Stückes als Don Quijote verkleidet erscheint, „einen verbeulten Helm aus Blech auf dem Kopf, eine verbogene Lanze in der Rechten, immer wieder getaucht in den kreisenden Schatten einer Windmühle" (S. 113). In einer langen Tirade fordert Don Quijote - Übelohe die gefährliche Windmühle zum Kampf heraus:

Sieh mich, Windmühle, schmatzender Gigant,
den Bauch mit Völkern mastend,
die dein bluttropfender Flügel zerhackt
Sieh Don Quichotte von der Mancha,
den ein versoffener Wirt zum Ritter schlug,
der eine Saumagd liebt in Toboso
Oftmals zusammengehauen, oftmals verlacht
Und dennoch dich trotzend.
Wohlan denn! (S. 113 f.)

Aber einmal mehr kann die Schlacht nur in einer Niederlage enden, die Übelohe auf paradoxe Weise als ewige Komödie zur Herrlichkeit Gottes beschreibt:

Wie du uns aufhebst mit deiner sausenden Hand
Ross und Mann, jämmerlich beide,
wie du uns in das schwimmende Silber
des gläsernen Himmels schmetterst:
Stürze ich auf meiner Schindmähre
Über deine Grösse hinweg
In den flammenden Abgrund der Unendlichkeit
Eine ewige Komödie
Dass aufleuchte Seine Herrlichkeit
Genährt durch unsere Ohnmacht. (S. 114)

*e) Dürrenmatts Texte als vorwegnehmende Interpretation seines
späteren Gemäldes?*

Für den Menschen ist ständiges Besiegtwerden, wiederholtes Unterliegen
eine Grundsituation, die sein eigentliches Wesen oder, wie Übelohe sagt:
seinen Kern enthüllt. Im strengen Sinn des Wortes ist diese Situation *apo-
kalyptisch*, da das griechische Wort *apokalypsis* „Enthüllung, Offenbarung"
bedeutet. Diese Offenlegung geschieht durch eine groteske Übertreibung,
die komisch und tragisch zugleich ist. Die Distanz, welche diese groteske
Dimension schafft, erlaubt dem Publikum, sich selbst aus einer neuen Perspektive zu betrachten.

Von einem religiösen Standpunkt aus enthüllt die gleiche Grundsituation
die Wirklichkeit des gläubigen Menschen. Wie Übelohe es aus christlicher
Sicht formuliert: „Dies allein nur, um zu sehen, ob denn wirklich Gottes
Gnade in dieser endlichen Schöpfung unendlich sei, unsere einzige Hoffnung." Deshalb wohl kann Übelohe, wenn er als Don Quijote zurück auf
die Bühne kommt, am Ende seiner Tirade dieselbe Spannung als „ewige
Komödie" ausdrücken, die zwischen göttlicher Herrlichkeit und menschlicher Ohnmacht steht.

So finden wir in Dürrenmatts Texten zur Gestalt von Don Quijote, ob-
schon sie in seinem Werk weiter zurückliegen (1950-1976), so etwas wie
eine vorwegnehmende Auslegung seines späteren Gemäldes von 1987: ein
bewusst groteskes Bild, um die Grundsituation des Scheiterns an der Welt,
„in die der Mensch immer wieder kommt", *auf einen einzigen Blick*
darzustellen. Und diese Grundsituation erfährt der gläubige Mensch als
tragikomischen Zusammenprall seines Gottes mit der widerständigen Welt.
In diesem Sinne ist Don Quijote auch Gleichnis des gläubigen Menschen

4. Aneignung durch Distanzierung

Zum Schluss möchte ich unsere kleine Untersuchung kurz evaluieren. Dazu
werde ich zu Ricœurs hermeneutischen Kategorien zurückkehren.[18] In seiner Hermeneutik besteht der Hauptzweck der Interpretation in der Möglichkeit einer *Aneignung*: Die Textwelt (oder hier: die Bildwelt) eröffnet
dem Leser (oder dem Betrachter des Bildes) ein neues *Selbstverständnis*.
Diese Aneignung jedoch ist nur durch *Distanzierung* möglich.

Indem das Gemälde sehr konzentriert *den* Schlüsselmoment in Cervantes' langem Roman einfängt, wirkt es sehr direkt auf den Betrachter. Durch

---

[18] Vgl. Anm. 2.

seine Aktualisierung auf den heutigen Elektrizitätskonsum fordert es gerade auch den zeitgenössischen Betrachter heraus. Wie wir in unserem „ersten Blick" sahen, scheinen Don Quijote und Rosinante auf den Betrachter des Bildes zuzustürzen, wie wenn sie den Zuschauer in ihren Sturz durch die Elektrizitätsleitungen hindurch mitreißen könnten.

Verschiedene Interaktionen zwischen Texten und Bildern erlaubten uns, das Gemälde in Distanz zu setzen und es von verschiedenen Perspektiven aus zu interpretieren. Die aufeinander folgenden Interpretationsschritte führten uns zu Beobachtungen, welche unsere zwei ersten Blicke vertieften und progressiv einen neuen Zugang zur sehr direkten Unmittelbarkeit der Szenerie ermöglichten. Aus dieser Distanz heraus wird der Betrachter in die Lage versetzt, wahrzunehmen, dass er sich das Bild aneignen kann, indem er sich mit Don Quijote als einem Menschen identifiziert, der immer wieder mit einer Welt zu tun bekommt, die seine Lebensüberzeugung zu Fall bringt. Von einer religiösen Perspektive aus könnte man sagen: als einem Menschen, der Ohnmacht ohne Verzweiflung durchlebt, weil er darauf vertraut, dass es um den Prüfstein für Gottes unendliche Gnade in dieser endlichen Welt geht.

Dürrenmatt sprach oft in dieser Weise von den mutigen Menschen, die er in seinen Theaterstücken porträtiere, diesen mutigen Menschen, die nicht an der Welt verzweifeln, sondern es unternehmen, diese zu bestehen:

> Nun liegt der Schluss nahe, die Komödie sei der Ausdruck der Verzweiflung, doch ist dieser Schluss nicht zwingend. Gewiss, wer das Sinnlose, das Hoffnungslose dieser Welt sieht, kann verzweifeln, doch ist diese Verzweiflung nicht eine Folge dieser Welt, sondern eine Antwort, die man auf diese Welt gibt, und eine andere Antwort wäre das Nichtverzweifeln, der Entschluss etwa, die Welt zu bestehen, in der wir oft leben wie Gulliver unter den Riesen. Auch der nimmt Distanz, auch der tritt einen Schritt zurück, der seinen Gegner einschätzen will, der sich bereit macht, mit ihm zu kämpfen oder ihm zu entgehen. Es ist immer noch möglich, den mutigen Menschen zu zeigen.[19]

Nicht ganz zufällig taucht hier wieder Gulliver auf, der bei Dürrenmatt oft zusammen mit Don Quijote zitiert wird. In diesem Sinne hätte es hier ebenso gut heißen können: „[...] der Entschluss etwa, die Welt zu bestehen, in der wir oft leben wie Don Quijote im Kampf gegen die Windmühlen".

---

[19] Friedrich Dürrenmatt: Theaterprobleme, 1954. In: WA. Bd. 30, S. 63.

Abbildung 1

Dürrenmatts Dialog mit Schiller

VÉRONIQUE LIARD

1959 erhält Friedrich Dürrenmatt den Schiller-Preis der Stadt Mannheim. Seine Rede anlässlich der Preisverleihung[1] zeugt von einem zwiespältigen Verhältnis zu Schiller. Schon die Behauptung, er komme nun nicht darum herum, Schiller mitzufeiern, lässt, wenn nicht Böses, so doch gemischte Gefühle ahnen. Die Tatsache, dass er weder Literaturwissenschaftler noch Schillerkenner sei, erschwere ihm die Sache. Im Allgemeinen, heißt es in der Rede weiter, störten ihn als Schriftsteller die Klassiker mehr, als dass sie ihm nützten. Sie sollten keine Vorbilder, sondern nur Anreger sein. So könne er nur von dem Dialog berichten, den er mit Schiller führe und vom Bilde, das er sich von ihm mache, „vom Bilde zum persönlichen Arbeitsgebrauch, zur Kontrolle des eigenen Arbeitens"[2]. Auf dieses Bild konzentrieren sich die folgenden Ausführungen. Es besteht auf den ersten Blick aus einzelnen Bewunderungstupfen und breiten Kritikflächen. Wenn von Schillers Stärken die Rede ist, folgt nämlich stets eine Einschränkung, die sie abschwächt. So lobt Dürrenmatt Schillers außerordentlich klaren Kopf, fügt aber sofort hinzu, in der damaligen deutschen Literatur sei dies keine „so große Seltenheit wie in der heutigen"[3] gewesen. Man bemerke nebenbei die geschickte Anspielung auf einen im 20. Jahrhundert weitverbreiteten wirren, desorientierten Geist. Schillers Schriften werden von Dürrenmatt als große, allseits bewunderte Prosa gewürdigt, jedoch erscheinen sie ihm „wie in Begriffen versteinert, mit allzu viel Sinn belastet, ästhetisch und ethisch zugleich, moralisierend, kaum zu widerlegen, aber isoliert, bedeutungslos für die Gegenwart, erhaben, doch unfruchtbar"[4]. Schillers Philosophie komme vielen veraltet, spekulativ, schematisierend vor. Doch gesteht er Schiller den Rang eines großen Theoretikers zu, der „über alle Regeln, Kniffe, Möglichkeiten" genauestens Bescheid weiß und sich bestens darauf versteht „zu exponieren, einzuteilen, zu steigern, zu retardieren, die Abgänge und Auftritte zu gestalten, Schlusspointen zu setzen"[5]. Es rieche aber, so Dürrenmatt, „nach literarischer Klüngelwirtschaft"[6]. Alles beim Stückeschreiben werde bei ihm genau untersucht und kalkuliert: sowohl

---

[1] Friedrich Dürrenmatt: Friedrich Schiller. In: Literatur und Kunst. Zürich 1986, S. 82-102.
[2] Dürrenmatt: Friedrich Schiller (Anm. 1), S. 84.
[3] Dürrenmatt: Friedrich Schiller (Anm. 1), S. 84.
[4] Dürrenmatt: Friedrich Schiller (Anm. 1), S. 85.
[5] Dürrenmatt: Friedrich Schiller (Anm. 1), S. 87.
[6] Dürrenmatt: Friedrich Schiller (Anm. 1), S. 87.

das Verhältnis zwischen Investitionen und Ertrag als auch der auf eine bestimmte Wirkung zielende Aufbau. Das Theater werde somit zu einer erlern-
baren Wissenschaft, bei welcher alles erklärbar sei. Schiller wisse Effekte einzusetzen, „oft unbedenklich, Hollywood könnte es nicht besser und dicker"[7].
Im Laufe der Rede wird Dürrenmatts Kritik immer weniger durch mildes Lob
ausgeglichen. Schillers Dramaturgie ziele, meint er, auf das Rhetorische, was
eine geschlossene und soziale Hierarchie voraussetze, die völlig überaltet sei.
Während Shakespeare Freude am Rhetorischen habe, setze Schiller die Rhetorik „aus einem Willen zur Klarheit, zur Deutlichkeit"[8] ein. Für Shakespeare,
Molière oder Nestroy sei die Unmittelbarkeit der Bühne kein Problem: Sie
seien nämlich „die legitimsten Herrscher auf der Bühne, Schiller einer ihrer
größten Usurpatoren"[9], der sich, im Gegensatz zu Shakespeare, keine schwer-
verständlichen Monologe erlauben könne. Als Dramatiker sei Schiller „ein
Verhängnis des deutschen Theaters, will man ihn als Lehrmeister einsetzen"[10],
da er ein Sonderfall, unwiederholbar sei und in dieser Hinsicht von keinerlei
Nutzen. Auch wenn Dürrenmatt seine Meinung durch Wörter wie „vielleicht",
„möglicherweise", „offenbar" und „wahrscheinlich" persönlich werden lässt
und dadurch etwas entschärft, ja sogar schließlich als unwichtig hinstellt, so
ist seine Rede hier nicht gerade schmeichelhaft. Die Reaktion des Publikums
war auch teilweise dementsprechend heftig, unter anderem als Dürrenmatt
Schiller als „bisweilen unfreiwillig komisch"[11] bezeichnete. Er hatte zwar am
Anfang seiner Rede behauptet, es geschehe nicht aus Respektlosigkeit, wenn
er Schiller nicht ins Vorbildliche erhebe, doch mögen seine Worte für manche, und auf jeden Fall für das ihm wohlwollende Schiller-Komitee, recht hart
geklungen haben.

Doch kann nicht geleugnet werden, dass an anderer Stelle seine Kritik
durch sein Verständnis für Schillers Verhalten und sein Interesse an dessen
Erkenntnissen und Anregungen relativiert wird. Nachdem Dürrenmatt Schillers Dramaturgie kommentiert hat, wendet er sich nämlich seiner Ethik und
seiner Politik zu und stellt die Frage nach der Berechtigung der Kritik, Schiller habe seine Zeit zunächst kühn angepackt, um sie später fallen zu lassen,
um Klassik, Zeitloses zu treiben. Dürrenmatt nimmt Schiller in Schutz und
betrachtet ihn im Kontext seiner Zeit und seiner Lebensumstände:

---

[7] Dürrenmatt: Friedrich Schiller (Anm. 1), S. 88.
[8] Dürrenmatt: Friedrich Schiller (Anm. 1), S. 90.
[9] Dürrenmatt: Friedrich Schiller (Anm. 1), S. 90.
[10] Dürrenmatt: Friedrich Schiller (Anm. 1), S. 97.
[11] Dürrenmatt: Friedrich Schiller (Anm. 1), S. 92.

Er war von Halbheiten umstellt, in kleinen Verhältnissen, krank, stets in Geldsorgen. Auf seine Gönner und Freunde angewiesen, an die Fron seiner Professur für allgemeine Geschichte gefesselt [...] Die Zugehörigkeit zur Nation, die ihn zu ihrem Nationaldichter erhob, betrachtete er als ein Pech, nicht als ein Glück, das Jahrhundert, in welchem er lebte, verabscheute er.[12]

Für Dürrenmatt urteilte Schiller nicht unpolitisch, sondern kleinstaatlich, als Bürger des Weimarer Kleinstaates. Nicht die Nation war wichtig; so konnte er nicht in ihrem Namen oder gar im Namen der ganzen Welt handeln. Er wurde gezwungen, eine Welt zu akzeptieren, die er verurteilte. Die Verhältnisse ändern zu wollen war wohl zwecklos. Eines seiner Grundgefühle sei die politische Ohnmacht gewesen. Er konnte nur versuchen, den Menschen für die Freiheit zu ändern, eine Freiheit, die sich eigentlich nur in der Kunst rein manifestieren konnte, da es im täglichen Leben kaum Freiheit gab. Schiller verstand, meint Dürrenmatt, dass reines Denken sich nicht umsetzen lässt und die Dinge vom Denken her nie zu erreichen sind.

Nur so können wir sein Pathos, seine Rhetorik als etwas Einmaliges erkennen, nicht als etwas Hohles, Übertriebenes, wie es oft scheint, scheinen muss, sondern als ein ungeheures Gefälle vom Denken zur Welt hin, als die Leidenschaft der Denkkraft selbst, die überzeugen will, ohne die Klarheit zu verlieren.[13]

Schiller war ein Kind seiner Zeit, und nur so dürfe er beurteilt werden. Und auch wenn Schiller, so wie Brecht, keine brauchbaren Antworten geliefert habe, so habe er jedoch verschlüsselte Elemente hinterlassen. Er gehöre zu den Dichtern, die unsere Richter seien, deren Stil wir bewundern, ohne uns um ihr Urteil zu kümmern. Sie seien unser Gewissen, das uns nie in Ruhe lässt. Hinter Schillers Können verberge sich ein anderes Wissen, „die Erkenntnis von Gesetzen, die nicht vom Objekt, vom Drama herstammen"[14], sondern vom Subjekt, vom Dichter, der entweder naiv oder sentimentalisch die Welt durch das Theater darzustellen versucht.

Wenn man von Schillers Einteilung ausgeht, so kann Dürrenmatt zu den sentimentalen Dichtern gerechnet werden, insofern dieser „über den Eindruck, den die Gegenstände auf ihn machen", reflektiert[15] und uns mit Ideen rührt. Aber Dürrenmatt ist nach Schillers Definitionen weder als satyrisch noch als elegisch einzustufen. Er macht weder „die Entfernung von

---

[12] Dürrenmatt: Friedrich Schiller (Anm. 1), S. 95.
[13] Dürrenmatt: Friedrich Schiller (Anm. 1), S. 100.
[14] Dürrenmatt: Friedrich Schiller (Anm. 1), S. 88.
[15] Friedrich Schiller: Über naive und sentimentale Dichtung. Stuttgart 2002, S. 38.

der Natur und den Widerspruch der Wirklichkeit mit dem Ideal"[16] zu seinem Gegenstand, noch setzt er „die Natur der Kunst und das Ideal der Wirklichkeit so entgegen, dass die Darstellung der ersten überwiegt"[17]. Es geht Dürrenmatt nicht um ein Ideal. Er ist Schriftsteller geworden, „um den Leuten lästig zu fallen". Dabei kümmert er sich nicht um die „müßige" Frage, ob er ein guter Schriftsteller sei. Hauptsache sei wohl, man werde eines Tages von ihm sagen, er sei ein „unbequemer Schriftsteller"[18] gewesen. Die Hauptaufgabe, die er in seiner Arbeit sieht, ist in seinem wohl berühmtesten Satz zusammengefasst: „Ich bin ein Protestant und protestiere... ich bin da, um zu warnen." Darin ist er, wie er mehrmals betonte, auch in seiner Schiller-Rede, von Brecht weit entfernt. Er teilt Ionescos Ansicht, die Bühne dürfe keine didaktische Absicht verfolgen. Kunst ist ohnmächtig und soll keinen Trost spenden; sie soll nur ein Zeichen setzen. Der Dichter „muss angreifen, aber nicht engagiert sein"[19].

Bei Schiller, wie übrigens auch bei Brecht, soll Kunst Freude, Genuss sein, schreibt Dürrenmatt. Es frage sich nur, meint er weiter, ob der Mensch den Genuss wolle, den man ihm vorschlägt. „Vielleicht will dieser Mensch gerade ein nicht kommentiertes, unabsichtliches Theater, um seine Schlüsse selber zu ziehen [...]."[20] Bei Dürrenmatt kann die Welt, die Gesellschaft nicht verändert werden. In den *„21 Punkten zu den Physikern"* heißt es: „Die Dramatik kann den Zuschauer überlisten, sich der Wirklichkeit auszusetzen, ihn aber nicht zwingen, ihr standzuhalten oder sie gar zu bewältigen"[21]. Dürrenmatt bleibt, wie Schiller, ein Rebell, wird aber nicht wie Brecht zum Revolutionär. Denn: „Was alle angeht, können nur alle lösen", und „Jeder Versuch eines Einzelnen, für sich zu lösen, was alle angeht, muss scheitern" (Punkte 17 und 18 zu den Physikern). Dem Einzelnen bleibt heute nur das Gefühl der Ohnmacht. „Der Einzelne hat die Welt zu bestehen. Von ihm aus ist alles wieder zu gewinnen. Nur von ihm, das ist seine grausame Einschränkung"[22]. Der Mensch, der sich mutig seine Schuld eingesteht, erlebt eine außerordentliche Situation, deren Lösung seine Umwelt nicht positiv verändern wird, doch wird er im Chaos der Wirklichkeit seine innere Ordnung finden. Der Einzelne kann nur das Seine tun, nach bestem Wissen und Gewissen.

---

[16] Schiller: Über naive und sentimentale Dichtung (Anm. 15), S. 39.
[17] Schiller: Über naive und sentimentale Dichtung (Anm. 15), S. 47.
[18] Dürrenmatt: Friedrich Schiller (Anm. 1), S. 31-32.
[19] Horst Bienek: Werkstattgespräche mit Schriftstellern. München 1965, S. 129.
[20] Bienek: Werkstattgespräche (Anm. 19), S. 112.
[21] Friedrich Dürrenmatt: Die Physiker. Zürich 1985, S. 93.
[22] Friedrich Dürrenmatt: Vom Sinn der Dichtung in unserer Zeit. In: Literatur und Kunst (Anm. 1), S. 67.

Wenn es um die Form und den Inhalt des Dramas geht, meint Dürrenmatt von Schiller nichts lernen zu können. Zunächst, wie gerade erwähnt, weil er bezweifelt, vom Allgemeinen her das Besondere erreichen zu können.[23] Aber auch weil die Macht der Schillerschen Helden eine sichtbare Macht ist, was heute nicht mehr der Fall ist: „die heutigen Staatsaktionen sind nachträgliche Satyrspiele, die den im Verschwiegenen vollzogenen Tragödien folgen"[24]. Während Schiller von der Bühne eine bewusst künstliche Welt forderte, kein Abbild, sondern ein ideales Vorbild, kann dies in der heutigen Zeit nicht mehr das Ziel der modernen Dramaturgie sein. Darin liege Schillers Grenze. Er stilisiere die Menschen, um die Geschichte interpretieren zu können, er helle die Welt auf, indem er ihren Sinn zeige, wobei es dann keine andere Realität mehr gebe als die Idee hinter der Geschichte. Schillers „Wilhelm Tell" ist für Dürrenmatt ein besonders sensibles Thema. Schiller sehe „das schweizerische Volk als Idee, während der Einzelne, der idealisierte, sentenzenredende Bauer keine Realität mehr hat"[25]. Dürrenmatt kann auch unmöglich mit dem historischen, vorhersehbaren Charakter der Schillerschen Stücke einverstanden sein. Der Ursprung des Theaters darf „nicht nur historisch rekonstruierbar (und damit hypothetisch), sondern auch in der Gegenwart nachweisbar sein"[26]. Bei Schiller ist alles genau durchdacht und es scheint nur *eine* Möglichkeit zu geben. Für Dürrenmatt aber ist das Wirkliche „ein Sonderfall des Möglichen und deshalb auch anders denkbar. Daraus folgt, dass wir das Wirkliche umzudenken haben, um ins Mögliche vorzustoßen".[27] Das Mögliche warnt vor einer möglichen Wirklichkeit. Der Dramatiker ist kein Geschichtsschreiber, der erzählt, was der Held getan hat, sondern was er hätte tun können. Logiker erscheinen grotesk, weil sie eine künstliche Ordnung einführen wollen und die Welt „von einem Punkt außerhalb" leiten wollen. Der geschickte Dramatiker setzt den Zufall wirksam ein, sodass er eintreten lässt, was planmäßig vorgehende Menschen zu vermeiden suchten. Eine solche Geschichte ist paradox, aber im Paradoxen erscheint die Wirklichkeit. Ob in seinen Theaterstücken wie „Die Physiker", „Die Panne", „Der Meteor" oder in seinen Kriminalromanen spielt der Zufall bei Dürrenmatt eine zentrale Rolle, da er jeder Logik widerspricht. Menschliche Ver-

[23] Friedrich Dürrenmatt: Theaterprobleme. In: Theater. Essays und Reden. Zürich 1985, S. 65.
[24] Dürrenmatt: Theaterprobleme (Anm. 23), S. 59-60.
[25] Friedrich Dürrenmatt: Wilhelm Tell. Schauspiel von Schiller. In: Kritik. Kritiken und Zeichnungen. Zürich 1998, S. 67.
[26] Friedrich Dürrenmatt: Sätze über das Theater. In: Text + Kritik Nr. 50/51. München 1980, S. 1.
[27] Friedrich Dürrenmatt: Justiz. Zürich 1985, S. 87.

nunftgebilde fallen durch ihn zusammen und werden durch andere oder entgegenliegende ersetzt.

In seinem Verhältnis zur Tragödie unterscheidet sich Dürrenmatt am deutlichsten von Schiller. Dem mit Schauerlichem überladenen Stück „*Die Räuber*" fehle „der Ausgleich des Komischen, das gerade hier so bitter nötig wäre und Shakespeare so groß macht; wo wir es vorhanden glauben, ist es unfreiwillig...“[28]. Das Unternehmen des „*Don Carlos*", so Dürrenmatt, sei keine Tragödie, sondern eine Posse. Das Tragische sei menschlich, das Komische unmenschlich. Die Mächtigen, die Schiller auftreten lässt, sind von ihren Opfern, von den Menschen, getrennt und somit unmenschlich. „Der Königsmantel ist das erhabenste Clownkostüm, das wir kennen.“[29] Für Dürrenmatt gibt es keine tragischen Helden mehr, sondern nur noch Tragödien, „die von Weltmetzgern inszeniert und von Hackmaschinen ausgeführt werden“[30]. Die heutige Macht wird nicht mehr von Wallensteinen ausgeübt, die Mächtigen sind austauschbar, ihre Gräueltaten zu grausam, zu mechanisch, zu sinnlos.

> Die Tragödie setzt Schuld, Not, Maß, Übersicht, Verantwortung voraus. In der Wurstelei unseres Jahrhunderts, in diesem Kehraus der weißen Rasse, gibt es keine Schuldigen und auch keine Verantwortlichen mehr. Alle können nichts dafür und haben es nicht gewollt.[31]

Das Tragische sei zwar noch möglich, wenn auch nicht mehr als reine Tragödie. Tragisches könne nur noch aus der Komödie erzielt werden. Die Komödie, so Dürrenmatt, sei kein Ausdruck der Verzweiflung, sondern der Entschluss, die Welt zu bestehen, die als Ungeheuer hingenommen werden muss, vor dem aber nicht kapituliert werden darf. Humor sei in unserer Zeit die Sprache der Freiheit. Tierischer Ernst schade nur der Bühne. Das Komische mache die Gegenwart sichtbar. Es könne Konkretes schaffen, das Gestaltlose gestalten, das Chaotische formen. Während die Tragödie Distanz überwinde, schaffe die Komödie Distanz.

> Die Tragödie will ergreifen, die Komödie uns zum Lachen bringen. Ergreifen kann uns nur etwas, mit dem wir uns zu identifizieren vermögen in irgendeiner Weise, das uns angeht; lachen können wir nur über etwas, wovon wir uns distanzieren.[32]

---

[28] Friedrich Dürrenmatt: Die Räuber. Schauspiel von Schiller. In: Kritik. Kritiken und Zeichnungen (Anm. 26), S. 44.
[29] Friedrich Dürrenmatt: Zwei Dramaturgien im Theater (Anm. 24), S. 148.
[30] Dürrenmatt: Theaterprobleme (Anm. 23), S. 59.
[31] Dürrenmatt: Theaterprobleme (Anm. 23), S. 62.
[32] Dürrenmatt: Theaterprobleme (Anm. 23), S. 148.

Das Beispielhafte, Gleichnishafte ist das Ziel. Dürrenmatt sieht seine Stücke meistens als Komödien. „Der Meteor", „Die Physiker", „Die Ehe des Herrn Mississipi" bezeichnet er als Komödien, „Ein Engel kommt nach Babylon" ist eine „fragmentarische Komödie", „Frank V." die „Komödie einer Privatbank", „Romulus der Grosse" „eine ungeschichtliche historische Komödie", „Titus Andronicus" „eine Komödie nach Shakespeare". Über den „Besuch der alten Dame", „eine tragische Komödie", schreibt Dürrenmatt, es sei ein böses Stück, das nicht böse, sondern human, mit Trauer und Humor gespielt werden müsse.[33] Theaterstücke sind Gegenwelten, in denen Dürrenmatt durchspielt, was uns droht.[34] „Tragisch und komisch zugleich heißt nicht, dass sich das Tragische und das Komische aufheben, sondern dass sich die Tragik und die Komik schroff gegenüberstehen […]."[35]

Dürrenmatt gesteht ein, dass die Kunst der Groteske die Grausamkeit der Objektivität besitzt,

doch ist sie nicht die Kunst des Nihilisten, sondern weit eher der Moralisten, nicht die des Moders, sondern des Salzes. Sie ist die Angelegenheit des Witzes und des Verstands […], nicht dessen, was das Publikum unter Humor versteht, einer bald sentimentalen, bald frivolen Gemütlichkeit. Sie ist unbequem, aber nötig.[36]

Für Dürrenmatt muss der Schriftsteller Kunst da schaffen, wo sie niemand vermutet. „Die Literatur muss so leicht werden, dass sie auf der Waage der heutigen Literaturkritik nichts mehr wiegt: Nur so wird sie wieder gewichtig."[37] Dadurch, dass das Theater scheinbar unverbindlich ist, wird es etwas Verbindliches, denn es appelliert aus seiner Freiheit heraus, das heißt unwillkürlich, an das Gewissen. „In der unwillkürlichen Moralität des Theaters liegt seine Moral, nicht in seiner erstrebten."[38] Die Situationen, die auf der Bühne durchgespielt werden, sind keine Deutung derselben oder gar der Welt. Sie machen die Welt nur verstehbar. Der Zuschauer bezieht das Gesehene auf seine Zuschauerwirklichkeit. Was dabei herauskommt, kann man weder vorhersagen noch einkalkulieren. Es gehe, so Dürrenmatt, um die Frage: „Was stellt der Autor dar?" und nicht um die Frage der Absicht,

[33] Dürrenmatt: Der Besuch der alten Dame (Anm. 23), S. 144.
[34] Friedrich Dürrenmatt: Die Welt als Labyrinth. Zürich 1986, S. 57.
[35] Friedrich Dürrenmatt: Zwanzig Punkte zum „Meteor". In: Der Meteor. Zürich 1980, S. 160.
[36] Dürrenmatt: Anmerkung zur Komödie. In: Theater (Anm. 24), S. 25.
[37] Dürrenmatt: Theaterprobleme (Anm. 23), S. 71.
[38] Friedrich Dürrenmatt: Der Rest ist Dank. In: Literatur und Kunst (Anm. 1), S. 112.

denn *das* sei allein seine Sache. „Ein Stück hat keine andere Aussage als seine Idee."[39] Doch an anderer Stelle schreibt er:

> Durch den Einfall, durch die Komödie wird das anonyme Publikum als Publikum erst möglich, eine Wirklichkeit, mit der zu rechnen, die aber auch zu berechnen ist. Der Einfall verwandelt die Menge der Theaterbesucher besonders leicht in eine Masse, die nun angegriffen, verführt, überlistet werden kann, sich Dinge anzuhören, die sie sich sonst nicht so leicht anhören würde. Die Komödie ist eine Mausefalle, in die das Publikum immer wieder gerät und immer noch geraten wird.[40]

In seiner Schiller-Rede kritisiert Dürrenmatt die Manipulation des Publikums durch den Dichter, das zugegeben freiwillig betrogen sein will, doch aufgeklärt und zum Nachdenken angeregt werden soll. Aber er tut ja in seinen Stücken dasselbe und dazu ist ihm strenge Rationalität im Aufbau und im Dialog nötig, was er allerdings bei Schiller bemängelte. Auch wenn es ihm hauptsächlich um Warnung und nicht um Veränderung des Menschen geht, fungiert er als „Aufklärer". Das Publikum soll die Ungerechtigkeit der Welt als Wirkung bestimmter Ursachen erkennen und „das Rasen eines Karl Moor, eines Ferdinand nicht nur mit Mitleid und Furcht entgegennehmen, sondern auch billigen"[41]; sein Zorn soll entfacht werden. Also doch Ähnlichkeiten zwischen Schiller und Dürrenmatt.

Auch Schiller hat übrigens die Kunst des Komödienschreibens gelobt. In der Tragödie, schreibt er, geschehe durch den Gegenstand allein recht viel, in der Komödie geschehe alles durch den Dichter.[42] Die Tragödie gehe vom Verstand, die Komödie vom Herzen aus; die Tragödie errege Leidenschaft, die Komödie wehre sie ab.

> Wenn also die Tragödie von einem wichtigern Punkt ausgeht, so muss man auf der andern Seite gestehen, dass die Comödie einem wichtigern Ziel entgegengeht, und sie würde, wenn sie es erreichte, alle Tragödie überflüssig und unmöglich machen.[43]

Aufgabe der Komödie sei es, die Freiheit des Gemüts in uns hervorzubringen und zu nähren; die Tragödie solle helfen, die gewaltsam aufgehobene Gemütsfreiheit wiederherzustellen. Es scheint, dass Dürrenmatt mit seinen „Komödien" diesem Ziel näher gekommen ist.

---

[39] Dürrenmatt: Theaterprobleme (Anm. 23), S. 60.
[40] Dürrenmatt: Theaterprobleme (Anm. 23), S. 64.
[41] Dürrenmatt: Friedrich Schiller (Anm. 1), S. 91.
[42] Schiller: Über naive und sentimentale Dichtung (Anm. 15), S. 43.
[43] Schiller: Über naive und sentimentale Dichtung (Anm. 15), S. 44.

Dürrenmatt behandelt ebenfalls das Thema der „Freiheit", wenn auch anders. Für ihn ist der mutige Mensch frei, der Eigenverantwortung zeigt und versucht, trotz des Gefühls seiner Ohnmacht die Welt zu bestehen. Vom Einzelnen aus ist alles wieder zu gewinnen. Nur von ihm, das ist seine grausame Einschränkung"[44]. In „*Der Besuch der alten Dame*" ist Ills Tod gleichzeitig „sinnvoll und sinnlos"[45], wie Dürrenmatt selbst in einem Kommentar über sein Stück schrieb. Der mutige Mensch, der sich seine Schuld eingesteht, erlebt eine außerordentliche Situation, deren Lösung seine Umwelt nicht positiv verändern wird, doch wird er im Chaos der Wirklichkeit seine innere Ordnung finden. Der Einzelne kann nur das Seine tun, ahnend, dass die Zeit einer großen Befreiung, eine Zeit von neuen Möglichkeiten gekommen ist. Freiheit ist als Grundbedingung des Menschen immer vorhanden, auch wenn er in Ketten geboren würde, aber wohl nur persönliche Gedankenfreiheit, denn das Leben kennt keine Freiheit und die Welt wird der Mensch weder ändern noch zur Freiheit verhelfen können. „Was alle angeht, können nur alle lösen" und „Jeder Versuch eines Einzelnen, für sich zu lösen, was alle angeht, muss scheitern." (Punkte 17 und 18 zu den Physikern). Es geht also in Ills Beispiel nicht um die Aufopferung des Lebens in moralischer Absicht, um Verleugnung des Selbsterhaltungstriebs, um Altruismus oder Todesverachtung, es geht um das Anerkennen der eigenen Schuld, um das Akzeptieren der Sühne um der Gerechtigkeit willen. Das größte Übel, so Dürrenmatt, ist nicht die Knechtschaft, sondern die Schuld. Dies zu zeigen ist seine Aufgabe, Ehrlichkeit und Boshaftigkeit seien seine dramaturgische Pflicht, auch wenn es wohl wenig nützt.

Trotz aller Kritik teilt Dürrenmatt, so scheint es, Schillers Wissen um die Grenzen des Dichters, der aus seinen Ideen die Welt neu zu schöpfen versucht, doch nie zur Wirklichkeit durchdringen kann. Er bewundert Schillers strenge selbstkritische Haltung, wodurch „seine Kompromisse keine faulen [waren], sein Idealismus nicht weltfremd, sein Denken nicht nur abstrakt"[46]. Schiller konnte selbst die Gefahr bannen, vor der er sentimentale Dichter warnte: in die Ideenwelt zu flüchten. Dadurch kann er Dürrenmatt nur sympathisch sein, der stets im Konkreten verwurzelt bleibt und Ideen Ideen sein lässt, wohl wissend, dass er die Welt nicht verändern kann. Schiller fasste die Freiheit nicht als System auf, sondern wünschte sie dem Leben zuliebe. Ihm war der Mensch wichtiger und liebenswerter als der Staat. Er war sich dessen bewusst, dass die Erfüllung des menschlichen Schicksals jenseits der Politik

---

[44] Dürrenmatt: Vom Sinn der Dichtung in unserer Zeit. In: Literatur und Kunst (Anm. 1), S. 67.

[45] Dürrenmatt: Der Besuch der alten Dame (Anm. 23), S. 143.

[46] Dürrenmatt: Friedrich Schiller (Anm. 1), S. 99.

liegt und dass der Schriftsteller sich der Politik nicht verschreiben kann, sondern dem ganzen Menschen gehört. Auch Dürrenmatt ist dieser Meinung, wenn er schreibt, der Schriftsteller dürfe zwar politisch sein, aber sich nicht für eine Partei engagieren, da Schreiben kein Akt des Philosophierens oder der Empörung sei. „Jeder wirkt dann am meisten, wenn er das Seine treibt, der Dramatiker, wenn er Stücke schreibt"[47]; so soll er, in diesen Momenten, ganz Dramatiker sein. Als solcher zeigt er jedem Menschen, dass sein Schicksal wohl „jenseits der Politik" liegt, nämlich in seinem eigenen Fortschritt, der mit dieser großen Nüchternheit dem Staate gegenüber beginnt, die bei Schiller spürbar ist.

Aber Schillers größtes Verdienst war wohl für Dürrenmatt die Erkenntnis, dass der springende Punkt in der Dramatik darin liege, „eine poetische Fabel zu finden", wodurch die Dramatik zum Versuch werde, „mit immer neuen Modellen eine Welt zu gestalten, die immer neue Modelle herausfordert"[48]. So verfährt ja Dürrenmatt, der die Welt als „Materie" verwendet, als „Steinbruch", womit er Eigenwelten aufstellt, die wiederum Materialien zu Überlegungen und zum Neubau anderer Abbildungen der Welt bieten können.

Es scheint, dass Dürrenmatt Schiller als Theoretiker der dramatischen Kunst überholt findet, ihn aber als wichtigen Ansatzpunkt und Anreger für die Reflexion über seine Zeit ansieht. In vielen Punkten, wir haben es gesehen, ist Dürrenmatt doch nicht so weit von Schiller entfernt. Vielleicht könnte man mit diesem Satz von Dürrenmatt dessen Nähe zu Schiller am besten beschreiben: „Man darf nie aufhören, sich die Welt vorzustellen, wie sie am vernünftigsten wäre"[49]. Außerdem können wir ja unsere Zeit in jener Schillers wiederfinden, „nicht nur, weil die Bedeutung Deutschlands höchst zweitrangig und Europa selbst eine Ansammlung von doch recht zweifelhaften Kleinstaaten geworden ist, sondern weil auch wir in unsere Schranken gewiesen sind"[50].

Und schließlich verbindet Dürrenmatt auch Persönliches mit Schiller. Weil er ebenso schweizerte wie Schiller schwäbelte, und auch weil Schiller mit „*Wilhelm Tell*" das Nationaldrama der Schweizer schrieb und nicht jenes der Deutschen.[51] Mit Schiller fühlt sich Dürrenmatt sicher in guter Gesellschaft:

---

[47] Dürrenmatt: Friedrich Schiller (Anm. 1), S. 80.

[48] Dürrenmatt: Friedrich Schiller (Anm. 1), S. 101.

[49] Friedrich Dürrenmatt: Hingeschriebenes. In: Philosophie und Naturwissenschaft. Essays und Reden. Zürich 1986, S. 13.

[50] Dürrenmatt: Friedrich Schiller (Anm. 1), S. 96.

[51] Dürrenmatt: Friedrich Schiller (Anm. 1), S. 82.

Wer allzu schön redet, kommt mir provinziell vor.
Die Sprache, die man redet, ist selbstverständlich.
Die Sprache, die man schreibt, scheint selbstverständlich;
In diesem „scheint" liegt die Arbeit des Schriftstellers verborgen.[52]

Beide haben diesbezüglich hervorragende Arbeit geleistet und treffen sich darin auf jeden Fall wieder.

---

[52] Dürrenmatt: Persönliches über Sprache (Anm. 1), S. 123.

Lesarten – Goethes „*Urfaust*" bei Brecht und Dürrenmatt

MARION GEORGE

Friedrich Dürrenmatts Verhältnis zu Bertolt Brecht war alles andere als einfach. Immer wieder wurde er von der Literaturkritik darauf angesprochen, wie er sich zum Theaterkonzept und den Stoffen des anderen verhalte. Immer wieder wies er eine Parallelisierung zurück, die seine Stücke als bloße Reaktionen auf die Modelle des großen Theaterreformators in eine epigonale Position zwangen.[1] Der Tod Brechts 1956 erlöste ihn nicht aus der Rolle des Getriebenen. Dass er nun als Nachfolger und Platzhalter Brechts gefeiert wurde,[2] war eine ambivalente Ehrung, da sie seine Eigenständigkeit und seine dezidierte Abgrenzung vom Älteren ignorierte: Die fünfziger und sechziger Jahre markierten ja eigentlich den Höhepunkt und die internationale Anerkennung des Schweizer Autors mit Welterfolgen wie „*Der Besuch der alten Dame*" (1956) oder „*Die Physiker*" (1962), um nur einige zu nennen.

Und in der Tat scheint auf den ersten Blick beide Autoren – den 1898 geborenen Bertolt Brecht und den 1921 geborenen Friedrich Dürrenmatt – mehr zu trennen als nur die Differenz einer Generation: Der historische Erfahrungsraum des 20. Jahrhunderts bot kaum Gelegenheit für gleichlaufende deutsche und Schweizer Biografien. Da ist das Trauma des 1. Weltkrieges zu nennen, die Weimarer Republik mit ihrer extremen Politisierung, der Expressionismus mit seiner neuen Formensprache, das Exil mit den auch ganz lebensweltlichen Erfahrungen in unterschiedlichsten gesellschaftlichen Kon-

---

[1] Als Beispiele dafür gelten beispielsweise „*Frank der Fünfte. Oper einer Privatbank*" (1959), das ein Thema der „*Dreigroschenoper*" (1928) von Brecht aufgenommen habe, oder noch „*Die Physiker*", die als Reaktion auf Brechts „*Leben des Galilei*" (1938/39) angesehen werden. Auch das große Interesse an Shakespeare teilen beide Autoren. Siehe dazu den Beitrag in diesem Band.

[2] Jean-Claude Marrey: Dürrenmatt dramaturge baroque de la justice. In: L'avant-scène théâtre, no. 249 vom 15.09.1961, S. 7: „Il a pris, avec une toute autre philosophie et en utilisant des moyens scéniques totalement différents, la place laissée vacante par la mort de Bertolt Brecht." Zur Rezeption von Dürrenmatt in Frankreich auch vor dem Hintergrund des Modells Brecht siehe Véronique Liard: Friedrich Dürrenmatt, Französisch, Frankreich und die Franzosen. In: Véronique Liard, Marion George (Hg.): Spiegelungen – Brechungen. Frankreichbilder in deutschsprachigen Kontexten. Berlin 2011. Zum Verhältnis Brecht - Dürrenmatt siehe Hans Mayer: Brecht und Dürrenmatt oder Die Zurücknahme (1962). In: Hans Mayer (Hg.): Über Friedrich Dürrenmatt und Max Frisch. Pfullingen 1977, S. 15-34.

texten und nicht zuletzt die Entscheidung für ein eigenes Theaterprojekt in einem experimentellen Nachkriegsstaat, das beispielgebend weit über diesen hinaus wirkte, was das besondere Profil Brechts prägte. Dem steht eine eher ruhige Schweizer Existenz gegenüber. Und man musste sich schon bemühen, um irgendeine oppositionelle Position beziehen zu können.[3] Natürlich spielten der deutsche Buchmarkt, die Medien und die deutschsprachige Theaterlandschaft eine bedeutende Rolle für die Etablierung des Schriftstellers Dürrenmatt nach 1945, und natürlich reiste er in kosmopolitischen Dimensionen, beteiligte sich als Weltbürger an den zentralen politischen Diskussionen seiner Zeit, bezog Position im künstlerischen wie im gesellschaftlichen Bereich. Aber das Epizentrum dieser Wirkungskreise blieb stets die Schweiz. Nicht ohne Grund wurde er neben Max Frisch zum Repräsentanten eines spezifisch schweizerischen Beitrags zur europäischen Nachkriegsliteratur. Und doch ist eine Beziehung zwischen dem deutschen und dem Schweizer Dramatiker nicht zu übersehen.

Was also verband, was trennte diese beiden Bühnenautoren? Diese Frage soll hier weniger anhand der theoretischen Positionierungen beider erörtert werden. Vielmehr steht die Auseinandersetzung mit dem Sturm und Drang und ganz besonders mit Johann Wolfgang von Goethes „*Urfaust*" im Mittelpunkt. Doch zunächst stellt sich überhaupt erst einmal die Frage nach dem Status eines Textes, der von seinem Verfasser niemals als eigenständiges Werk anerkannt und der erst 1887 wiederentdeckt worden war, nachdem die spätere Fassung, der „*Faust I*", bereits eine national- wie weltliterarische Wirkungsgeschichte entfaltet hatte.

I Goethes „*Faust*"-Varianten

Die Fachschaft der Germanisten schätzte den Fund des „*Urfaust*"-Manuskripts außerordentlich, freilich nur als Quelle und Vorstufe zum besseren Verständnis des ‚eigentlichen' Werkes, des „*Faust I*". Auf diese Weise konnte besser nachvollzogen werden, wie Goethe seinerseits an die vorgefundene Text- und Darstellungstradition der Faust-Sage anknüpfte und die Genretransposition vom narrativen Volksbuch bzw. vom oral tradierten Puppenspiel zu einer dramatischen Form vollzogen hatte, die auf eigentümliche Weise Satire und Tragödie, mittelalterliche Reminiszenzen (wie der

---

[3] Als eine solche Opposition gegen den Vater erklärte Dürrenmatt später seine Mitgliedschaft in einer Fröntler-Vereinigung 1941. Es handelt sich bei dieser „Frontenbewegung" um eine rechte, antikommunistische und nationalistische politische Strömung in der Schweiz, die eher marginalen Charakter hatte und 1940 verboten wurde.

Knittelvers) mit hohem Pathos (im Madrigal- und Blankvers) oder moderner Prosa und psychologisierendem Einsatz der Volkspoesie (Repräsentation von Sexualität und Wahnsinn bei Gretchen) mischte. An eine eigenständige Werkqualität, die wiederum eine eigenständige Rezeptionsgeschichte initiieren könnte, hatte der Germanist Erich Schmidt 1887 sicherlich nicht gedacht, als er die Abschrift eines von Goethe am Musenhof Anna Amalias vorgelesenen Textes aus der Feder des Hoffräuleins Luise von Göchhausen edierte.[4] Die von Goethe selbst veröffentlichte Fragmentform, entstanden 1788-1790, übertrug die meisten Prosaszenen in Versform, ließ einige der bereits vorgeformten und später wieder eingefügten Szenen (wie das bedeutende Schlussbild im Kerker) aus und deutete eine philosophische Rahmung der Gelehrten- und der Gretchentragödie an. Dieses Fragment hat niemals einen eigenständigen Werkstatus erlangt.

Trotz zahlreicher Veränderungen und Neugruppierungen des Stoffs nahm die Endfassung von 1808 also das wesentliche Konstrukt der Urfassung, entstanden 1772-1775, auf, vereinheitlichte aber die Handlung und verband die beiden recht heterogenen Problemkreise des Strebens nach Erkenntnis einerseits und der Liebe, der Schuld und des tragischen Untergangs von Margarete andererseits enger miteinander. Es handelte sich dabei nicht um ein oberflächliches Andienen an den herrschenden Zeitgeschmack, sondern um eine umfassende zeitgeschichtliche und philosophische Kontextualisierung, die sich vor allem in den drei Vorspielen und der Walpurgisnachtszene ausdrückte. Doch auch in dieser letzten Version blieb ein gewisses Nebeneinander von Satire und Tragödie, von distanzierenden und einfühlenden Elementen, von sehr konkreter habitueller Zeichnung der Personen und fast

---

[4] Eine erneute Edition erfolgte im Umkreis der Inszenierung von Brecht/Monk 1954: Urfaust / Faust. Ein Fragment. Bearbeitet von Ernst Grumach, Berlin (DDR) 1954. (=Werke Goethes. Herausgegeben von der Deutschen Akademie der Wissenschaften zu Berlin unter Leitung von Ernst Grumach. Faust. Bd. 1). Es handelt sich hier um einen Grundzug der ostdeutschen akademischen Forschung, dass sie mit den aktuellen kreativen Prozessen in Kontakt blieb. Und auch umgekehrt griffen bedeutende Regisseure und Theaterleute auf die Vorarbeiten der Forschung zurück. So jedenfalls sah das Volker Klotz noch unmittelbar nach dem Ende der DDR, wenn er in Bezug auf die *Komische Oper Berlin* schreibt: „Felsensteins Theater zog, gründlicher als irgend ein andres, wissenschaftliche Mitarbeiter und wissenschaftliche Methoden heran: bei der kritischen Herstellung des Aufführungsmaterials, bei geschichtlicher und stilistischer Analyse der Werke, bei der Erörterung ihres gegenwärtigen ästhetischen Gebrauchswerts. So entstand ein fruchtbares Treffen zwischen sonst streng getrennten Institutionen, das nicht allein dem jeweiligen Kunstprodukt und seinem abendlichen Publikum zugute kam. Es zeigte sich auch, wie beide Seiten, die gemeinhin ihre Berührungsängste hätscheln, dabei nur gewinnen können." Volker Klotz: Was war anders, besser? Rückblick auf Eigenarten der DDR-Kultur. In: Sinn und Form. Heft 2 (1991), S. 326.

allegorischen Deutungsinstanzen, das vielleicht gerade die Vielschichtigkeit des Werkes begründet. Aus der Autorensicht ist jedoch der „*Faust I*" die einzige Referenz. Aus der Perspektive heutiger juristischer Standards hätte der Verfasser sicherlich einen akzeptablen Rechtsgrund, gegen die Aufführung einer nichtautorisierten Vorform seines Werkes zu klagen. Zwischen beiden Versionen, dem „*Urfaust*" und „*Faust I*", besteht eine geschichtliche und werkgenetische Kontinuität, die es dem Literarhistoriker unmöglich macht, die eine Fassung gegen die andere auszuspielen. Die Vorstellung, Goethe habe im „*Faust I*" den revolutionären Geist der Urfassung zurückgenommen, d. h. den ‚Klassiker' Goethe gegen den ‚Stürmer und Dränger' auszuspielen, erscheint unter diesem Gesichtspunkt abwegig.

Und doch erschien der „*Urfaust*" Brecht – und Generationen von Regisseuren nach ihm – als eigenständiges Text- und Formangebot, das zugleich auf den „*Faust I*" bezogen blieb, der als Erwartungshaltung an jede Inszenierung herangetragen wird, da gerade diese Fassung durch die Schule, aber auch durch die weltliterarische Rezeption präsent ist. Dieses ganz besondere Verhältnis zwischen zwei Versionen eines Stoffs von ein und demselben Autor zeigt sich besonders in der Schlussszene. Im Sturm-und-Drang-Stück wird die bevorstehende Hinrichtung Gretchens ohne transzendierende Bezüglichkeit auf Heil und Rettung durch Buße in Szene gesetzt. Ihre Abkehr von Faust und ihr Einverständnis in ihren Tod lassen sich als Zeichen des Wahnsinns, als groteskes Beharren auf moralischen Leitwerten in einer vom Bösen beherrschten Welt, mithin als Irrweg des Individuums in einer rettungslos verlorenen Realität auffassen. Im „*Faust I*" präzisiert Goethe durch den Chor der Engel, der die Rettung explizit macht, die idealistische Lesart: Die Schuld, die der Einzelne durch sein irdisches Streben auf sich lädt, kann durch Reue aufgehoben werden. Zudem war durch Gretchens Rettung auch schon das Ende von „*Faust II*" angedeutet. Die in die Trivialität herabgesunkenen Verse vom Ewig-Weiblichen, das den strebenden und dabei fehlgehenden Mann erlösend nach oben zieht, erzeugen heute gelegentlich eher Komik als ‚Erhebung der Seele'. Der werkgeschichtlich eigentlich frühere „*Urfaust*" nimmt in gewissem Sinne das versöhnliche Ende des „*Faust I*" zurück. Er mag im Lichte unserer Erfahrung ‚wahrer' erscheinen als der ‚ideologisch' glättende spätere Text. Das Schlussbild der Sturm-und-Drang-Version eröffnet gerade in der kritischen intertextuellen Bezugnahme auf den klassischen Text ein Potenzial der Provokation und der Parodie im Sinne einer desillusionierenden Entschleierung. Das Tragikkonzept der aristotelischen Einfühlungsdramatik im „*Faust I*" kann im impliziten Dialog mit der Erstfassung durch eine Wirkungsstrategie des Schocks, der absurden Zuspitzung, die jedoch nicht minder tragisch erschütternd sein kann, parodiert werden.

Für den Theaterpraktiker handelt es sich also um zwei eigenständige, aber immer aufeinander bezogene Werkangebote, die man ganz isoliert betrachten, sie parodistisch aufeinander beziehen oder gegeneinandersetzen kann. Seit der Inszenierung von 1952/53 haben so beide Fassungen eine eigenständige Wirkungsgeschichte entfaltet, die jedoch implizit immer auf die jeweils andere Version rekurriert. Jede „Urfaust"-Inszenierung baut eine Spannung zum „Faust I" auf, aber seit der Aufführung durch das Berliner Ensemble hat sich auch der Blick auf diejenige Textfassung verändert, die über 150 Jahre hinweg die Rezeption bestimmt hatte. Die nachfolgende deutsche Inszenierungsgeschichte des „Faust I" scheint wiederum vieles aufgegriffen zu haben, was bei Brecht schon angelegt war.

II Brechts „Urfaust"-Inszenierung

Wie sieht nun Brechts Auseinandersetzung mit dem Sturm und Drang aus? Sie reicht bis in die zwanziger Jahre zurück und bezog sich zunächst auf einzelne Werke wie die frühen Stücke Schillers oder den „Hofmeister" von Lenz.[5] Diese literarische Strömung der siebziger und achtziger Jahre des 18. Jahrhunderts wurde im 19. Jahrhundert vor allem als Vorstufe zur klassischen Perfektion, als Jugendrevolte anmaßender ‚Selbsthelfer' und ‚Originalgenies' oder als Vorbote der ebenso ‚kranken' Romantik wahrgenommen. Erst der Expressionismus entdeckte die polemische und formalästhetische Sprengkraft des Sturm und Drang wieder. Er bot Anknüpfungspunkte für eine ästhetische oder existenzielle Fundamentalopposition gegen die bürgerliche Gesellschaft im Geiste Friedrich Nietzsches, aber auch sozialkritische Diskurse und Formmuster, die für ein gesellschaftsbezogenes Theaterkonzept interessant waren. Hier konnte Brecht unmittelbar anschließen. Doch eigentlich relevant wurde seine Auseinandersetzung mit dem Sturm und Drang 1949, als sich Brecht entschloss, seiner Theaterkonzeption in der DDR einen praktischen Umsetzungsraum zu geben, der mit dem gesellschaftlichen Umfeld in einem engen, jedoch keinesfalls unmittelbaren Zusammenhang stand. Das Berliner Ensemble trug dabei durchaus Züge eines gigantischen Einmannprojektes. Es lässt sich aber auch in die sehr deutsche Tradition einordnen, die nicht vorhandene staatliche Identität durch ein Na-

---

[5] Marion Marquardt: Zu einigen Aspekten der Hofmeister-Bearbeitung von Bertolt Brecht. In: Exil und Avantgarde (=Exilforschung. Ein internationales Jahrbuch. Bd. 16). München 1998, S. 142-156.

tionaltheater in einer idealen Projektion gleichsam zu erfinden. Brecht hat in diesen Dimensionen gedacht, wenn er nach Modellen Ausschau hielt, die im Formalen wie Inhaltlichen als Kanon und Repertoire dienen konnten, und wenn er sich selbst nicht nur als Bühnenautor profilierte, sondern auch als Dramaturg und Regisseur. Nun werden Linien konstruiert, die vom Elisabethanischen Theater bis zu Büchner führen. Lenz' „*Hofmeister*", wie dem gesamten Sturm und Drang, kam dabei die Rolle eines Verbindungsgliedes zu, das einerseits die Rückbindung an Shakespeare ermöglichte, andererseits noch die Balance zwischen Realismus und ideellen Projektionen, für die Brecht den Begriff des Poetischen benutzt, hielt. Dabei spielte der „*Urfaust*" zunächst keine Rolle.

> Die Linie, die zu gewissen Versuchen des epischen Theaters gezogen werden kann, führt aus der elisabethanischen Dramatik über Lenz, Schiller (Frühwerk), Goethe (,Götz' und ,Faust' beide Teile), Grabbe und Büchner.[6]

Für Brecht ergab sich aber noch eine andere Problematik, die aus eben diesem Anliegen folgte, dem neuen Staat ein neues Nationaltheater als ideelle Projektion begleitend an die Seite zu stellen. Die kulturelle Identität der DDR war nämlich nicht nur aus den avantgardistischen Strömungen der Weimarer Republik gespeist, die sich entsprechend den unterschiedlichen Exilländern der linken Intelligenz in der Zeit der nationalsozialistischen Diktatur sehr verschieden weitergebildet hatten. Die DDR musste sich vielmehr nach ihrer Gründung um konsensuelle, gelegentlich sehr bürgerlich traditionelle Kulturmuster bemühen, um in der ersten Zeit vor der endgültigen Spaltung ein gesamtnationales Entwicklungsziel und dann nach dem Mauerbau das ,bessere' nationale Kulturmodell propagieren zu können. „*Faust I*" und „*Faust II*", vor allem der Schlussmonolog Fausts, galten als unantastbare Heiligtümer, weil sie als Vorverweise auf ein gesamtnationales Modell wie auch auf ein utopisches Gesellschaftsprojekt galten.[7] Brecht hatte im Goethejahr 1949 an den Proben zu der berühmten Faust-Inszenierung von Wolfgang Langhoff (1901-1966, er spielte den

---

[6] Zitiert nach Käthe Rülicke: Die Dramaturgie Brechts. Theater als Mittel der Veränderung. Berlin 1966, S. 94.

[7] Ein illustrierendes Beispiel für die Verbindung zwischen einer bestimmten Interpretation von Goethes „*Faust*" und der sozialistischen Utopie stellt das Bauensemble der Karl-Marx-Allee in Berlin dar. An zwei zentralen Hochhäusern am Strausberger Platz steht auf der einen Seite ein Zitat aus dem Schlussmonolog Fausts: „Solch ein Gewimmel möcht ich sehn, auf freiem Grund mit freiem Volke stehn." Auf der anderen Seite findet sich ein Zitat von Brecht: „Als wir aber dann beschlossen, endlich unsrer Kraft zu trauen und ein schönres Leben aufzubauen, haben Kampf und Müh uns nicht verdrossen."

Mephisto) am *Deutschen Theater* in Berlin teilgenommen, die ihn sicherlich zu einer eigenständigen Lesart anregten, denn in dieser Zeit überwog auch im Ostteil der humanistische Ton im eher naturalistischen Interpretationsstil der Stanislawski-Schule.[8]

Die Brechtsche Ästhetik, die sich aus der Provokation und der Opposition zum bürgerlichen Bildungs- und Genusstheater entwickelt hatte, stellte diesen Konsens in Frage. Paradoxerweise bekam das *Berliner Ensemble* nach dem Krieg nur in Ostberlin eine Chance, wo man eine gewisse Weiterführung linker Kulturmuster aus der Weimarer Republik unterstützte und durchaus um Brecht warb. Brecht hatte es immerhin auch anderswo versucht: Für die amerikanische Besatzungszone bestand ein Einreiseverbot; für die Schweiz, wo er bis 1949 hoffte, Fuß fassen zu können, existierte nur eine Aufenthaltsgenehmigung. 1950 erhielt der Staatenlose die österreichische Staatsbürgerschaft, was jedoch einen allgemeinen Skandal und einen 13 Jahre währenden Boykott in Österreich auslöste.[9] Das westliche ‚demo-

---

[8] Brecht verfolgte im Gegensatz zu Stanislawski eine distanzierende und verfremdende Art der Darstellung. Zum Inszenierungsstil bemerkt er: „es wurde reichlich gebrüllt, was hierzulande der ausdruck der leidenschaftlichkeit ist". Bertolt Brecht: Arbeitsjournal. Hg. v. Werner Hecht. Bd. 2. Frankfurt am Main 1981, S. 909 ff.

[9] Siehe hierzu die Dissertation des österreichischen Autors und Regisseurs Kurt Palm: Vom Boykott zur Anerkennung. Brecht und Österreich. Wien 1983, 2. Auflage 1984. Aus Anlass des 50. Todestages von Brecht, der in Österreich besonders begangen wurde, beschreibt Palm diesen Vorgang so: „1950 wurde dem Jahrhundert-Dichter die österreichische Staatsbürgerschaft verliehen: doch kein Jubel weit und breit, dafür alsbald die Rede vom ‚größten Kulturskandal der Zweiten Republik'. Die Schreckensmeldung stand zuerst in den *Salzburger Nachrichten* und lautete: ‚Kulturbolschewistische Atombombe auf Österreich abgeworfen'. Das *Linzer Volksblatt* wiederum titelte empört: ‚Er dürfte ein gefährlicher Agent sein! Und den lassen wir herein!' In anderen Blättern war noch die Rede vom ‚Poeten des Teufels', von einer ‚literarischen Ausgeburt' [...] Um zu verstehen, weshalb sich Brecht nach seiner Rückkehr aus dem Exil ausgerechnet um einen österreichischen Pass bemühte, empfiehlt es sich, einen Blick auf das Jahr 1947 zu werfen. Als Brecht im November dieses Jahres, aus den USA kommend, wieder europäischen Boden betrat, waren er und seine Frau, die Schauspielerin Helene Weigel, noch immer staatenlos. Mit Bescheid vom 8. Juni 1935 war den beiden ja die deutsche Staatsbürgerschaft ‚wegen Schädigung der deutschen Belange und Verstoßes gegen die Pflicht zur Treue gegen Reich und Volk' aberkannt worden. Nach 15-jährigem Exil in Dänemark, Schweden, Finnland, der UdSSR und den USA ließen sich Brecht und Weigel zunächst einmal in der Schweiz nieder, um die Lage zu sondieren. Für die staatenlosen Emigranten waren die Lebensbedingungen in der Schweiz allerdings alles andere als angenehm, da ihnen die ausländerfeindlichen Behörden wegen fehlender Papiere ständig Schwierigkeiten machten. In dieser Situation lernte Brecht im Frühjahr 1948 in Zürich den jungen österreichischen Komponisten Gottfried von Einem kennen, der sich als Mitglied des Direktoriums der Salzburger Festspiele um eine geistige Neuorientierung der Festspiele bemühte. Den

kratische' Nachkriegstheater konnte offensichtlich mit einem dezidiert lin-
ken Autor mit einer avantgardistischen Ästhetik noch weniger anfangen als
die ‚Diktatur' der DDR. Seine breite Wirkung als kritisches Theater des
Aufbrechens und der Neuinterpretation der Tradition entfaltete das Brechtsche Projekt in der nächsten Generation und dann im Osten wie im Westen.
So ging Egon Monk (1929-2007), der als Anreger und Mitregisseur der
„Urfaust"-Inszenierung gelten kann, 1953 in die BRD ebenso wie Hans-
Jürgen Syberberg, der die Aufführung gefilmt hatte. Und es scheint auch
kein Zufall zu sein, dass Syberberg sein Münchner Studium ausgerechnet
mit einer Dissertation über Dürrenmatt abschloss.[10]

Nach dem sehr erfolgreichen *„Hofmeister"* von 1950 machte sich das
Berliner Ensemble also 1952/53 an ein weiteres Experiment, das dieses
Mal jedoch keinen marginalen Text betraf, der gleichsam neu erfunden
werden konnte, da er als lebendig wirkende Referenz dem Publikum kaum
bekannt war. Mit dem *„Urfaust"* wagten sich Brecht und der von 1949 bis
1953 zum Ensemble gehörende Egon Monk an das Allerheiligste der deutschen Nationalliteratur.[11]

Kontakt hergestellt hatte Brechts langjähriger Freund und Bühnenbildner Caspar Neher,
der für Gottfried von Einems Oper *Dantons Tod* bei den Salzburger Festspielen 1947 die
Ausstattung gemacht hatte. Für Gottfried von Einem war bald klar, dass Brecht bei der
Neugestaltung der Festspiele eine wichtige Rolle spielen sollte. In einem Gespräch, das
ich 1983 mit von Einem führte, sagte er dazu: ‚Einer unserer Pläne sah vor, dass Berthold
Viertel Intendant des Landestheaters werden sollte, Erich Engel Oberspielleiter und
Brecht Dramaturg. Brecht war damit sehr einverstanden und machte gleich einige Vor-
schläge. Beispielsweise wollte er bei den Festspielen nicht nur den *Kaukasischen Kreide-
kreis*, sondern auch den *Faust* inszenieren. Und zwar beide Teile an einem Abend. Den
Faust sollte Fritz Kortner und den Mephisto Peter Lorre spielen.' Aber diese Pläne muss-
ten so lange als undurchführbar gelten, solange Brecht keine brauchbaren Papiere hatte.
Als sich Brecht im Frühjahr 1949 wieder in Zürich aufhielt, um mit von Einem und Caspar Neher Details für Salzburg zu besprechen, machten die Schweizer Behörden neuerlich
Schwierigkeiten. In dieser Situation hatte Brecht die Idee, sich um einen österreichischen
Pass zu bemühen und schlug von Einem kurzerhand einen Handel vor: Er würde für Salzburg ein Festspiel [geplant war ein Salzburger Totentanz] schreiben, wenn er dafür einen
Pass bekäme." Die Presse. Wien, den 5.8.2006.
[10] Hans-Jürgen Syberberg: Zum Drama Friedrich Dürrenmatts. Modellinterpretationen
zur Wesensdeutung des modernen Dramas. Diss. München 1963. Zweite Auflage 1965.
Der 1935 geborene Syberberg hat eine beachtenswerte Karriere als Filmemacher
gemacht. Weitere Informationen zum filmischen Schaffen von Syberberg auf seiner
Internetseite: www.syberberg.de.
[11] Über den Verlauf des Projektes siehe Manfred Wekwerth: Schriften. Arbeit mit Brecht.
Berlin 1973, Peter Schmitt: Materialien zu Bertolt Brechts *Urfaust*-Inszenierungen. Erlangen 1981 und Bernd Mahl: Brechts und Monks *Urfaust*-Inszenierung mit dem Berliner
Ensemble 1952/53. Stuttgart und Zürich 1986, S. 41 ff. Dort berichtet Mahl, dass Monk

Mit diesem Projekt waren zunächst ganz praktische Fragen verbunden, denn obwohl das Handlungsgerüst im „Urfaust" bereits ausgearbeitet vorlag, fehlten doch wichtige Verbindungsszenen, ohne die die Handlungslogik nicht funktionieren konnte. Brecht, wie dann auch später Dürrenmatt, war sich im Klaren darüber, dass der Text bearbeitet werden müsse. Dies betraf sowohl die innere Kohärenz der Handlung als auch eine übergeordnete Sichtweise auf den offenen Text, von der aus eine einheitliche Inszenierungsstrategie erarbeitet werden konnte. Offensichtlich hat auch Brecht sich zunächst die Frage nach dem Status des Textes gestellt: „Es ist erlaubt, zu fragen, ob man die Skizze zu einem Stück aufführen soll, das in besonders vollendeter Form vorhanden ist."[12] Dafür spricht seiner Meinung nach nicht nur die besondere Bedeutung des Fauststoffes an sich für die deutsche Literatur, also das antiquarische Interesse an anderen Bearbeitungen des Stoffs „für die Kenner des Faustkomplexes"[13]. Er zählt den „Urfaust" neben Kleists „Guiskard" und Büchners „Woyzeck"[14] „zu einer eigentümli-

---

zunächst eine Studio-Aufführung für junge Schauspieler anregte (Beginn der Proben am 11.2.1952), die dann von Brecht kommentierend begleitet und ausgeweitet wurde. Diese wurde am *Brandenburgischen Landestheater Potsdam* (Premiere am 23.4.1953, 13 Vorstellungen) und am *Deutschen Theater Berlin* (Premiere 13.3.1953, 6 Vorstellungen) aufgeführt. In Mahls Studie können auch die benutzte Textfassung, zahlreiche Kommentare zur Inszenierung sowie Szenenfotos eingesehen werden. Das Haus am Schiffbauerdamm wurde erst 1954 Sitz des *Berliner Ensembles*. Bis dahin konnte es nur als Gast an anderen Häusern spielen. Egon Monk hat dann eine bemerkenswerte Karriere als Theaterregisseur, Filmemacher und beim Fernsehen gemacht.
[12] Bertolt Brecht: Werke. Bd. 24: Schriften 4: Texte zu Stücken. Zu: „Urfaust" von Johann Wolfgang Goethe. Berlin, Weimar, Frankfurt 1991. S. 431.
[13] Brecht: Zu: „Urfaust" (Anm. 12), S. 432.
[14] Brecht räumte Büchner in seinem Repertoire einen ganz besonderen Platz ein. Der „Woyzeck" (Uraufführung erst 1913) entfaltete dann in der Zeit der Weimarer Republik, besonders in der Interpretation von Max Reinhardt am *Deutschen Theater* 1921, eine breite Wirkung. Das *Berliner Ensemble* inszenierte ihn 1970. Dürrenmatt brachte ihn am 17.2.1972 in einer eigenen Textfassung des Fragments im *Schauspielhaus Zürich* auf die Bühne. Die beigefügten Fotos der Dürrenmattschen Inszenierung (Abbildungen 3 und 4) geben einen Eindruck von der Bühnenumsetzung. Die Rolle der Marie spielte Christiane Hörbiger, des Woyzeck Hans Helmut Dickow (1927-1989), des Hauptmanns Rudolf Buczolich und der Großmutter Angelica Arndts. Die Rechte für die Abbildungen wurden uns dankenswerterweise von dem Züricher Fotografen Leonhard Zubler für diese Publikation überlassen. Christiane Hörbiger erinnerte sich in einem Interview aus Anlass der Verfilmung von „Der Besuch der alten Dame" 2008 mit ihr in der Titelrolle an diese Zeit: „Mit Dürrenmatt habe ich mich seinerzeit noch unterhalten, auch über dieses, sein berühmtestes Stück. Mein damaliger Mann, der Journalist Rolf Bigler, hat mit Dürrenmatt die Zeitung *Sonntagsjournal* herausgegeben. Dürrenmatt war oft bei uns in der Frankengasse in Zürich. Er hat wahnsinnig gern inszeniert – ob gut, daran kann

chen Gattung von Fragmenten, die nicht unvollkommen, sondern Meisterwerke sind, hingeworfen in einer wunderbaren Skizzenform."[15] Dem Text kommt also in Brechts Sicht eine eigenständige Genrequalität zu, die auf jeden Fall erhalten bleiben müsse. So warnt er ausdrücklich davor, fehlende Übergänge und Motivationen der Figuren durch entsprechende Szenen aus dem *„Faust I"* zu ergänzen. Die Einheit ergibt sich für Brecht gerade aus dem Nebeneinander der mittelalterlichen Faustsage und des sozialkritischen Gegenwartsstoffs des Sturm und Drang von Verführung, ungewollter Schwangerschaft und Kindsmord,[16] der parallelen Verwendung des „grobianischen" Hans-Sachs-Verses und der modernen Prosa, des Humors und der bei ihm durchaus ernst genommenen Liebesgeschichte: „die kühnste und tiefste der deutschen Dramatik"[17].

Brecht wertet die klassische Fassung nicht ab. Er spricht sogar von Einschüchterung angesichts der ausgeschriebenen Perfektion. Der ästhetische Reiz des Fragments liegt für ihn aber gerade darin, dass es den Bearbeiter oder Zuschauer als Vollender des darin Angelegten in die Produktion des fertigen Werkes mit einbezieht und damit in einer aktiven Subjektposition bestätigt.

> Es ist dem Theater beim ‚Urfaust' leichter gemacht als beim fertigen Werk, der Einschüchterung durch die Klassizität sich zu erwehren und sich die Frische, den Entdeckersinn, die Lust am Neuen des erstaunlichen Textes anzueignen. Noch ist die Plastik nicht völlig Herrin des Steins geworden, man überrascht sie im Augenblick des Sieges.[18]

Wie dachte sich Brecht nun eine Inszenierungsstrategie, die eine Einheit in dem Nebeneinander, eine Lesart in der Vielfalt der möglichen Ansätze gemäß seinen eigenen theatralischen Prämissen realisieren könnte?

Zunächst entwarf er „Brückenverse", die fehlende Szenen durch epische, also narrative Überleitungen ersetzen sollten. Er verweist bereits darauf, dass man sich dabei von dem „Faustbüchlein, das dem jungen Goethe wohl vorlag"[19], inhaltlich und formell inspirieren lassen sollte. Immerhin bleibt Brecht bei einer Versform, wenngleich einer eher einfach-nüchternen und

---

ich mich nicht erinnern. Ich war damals am Zürcher Schauspielhaus engagiert." Die Presse. Wien, den 12.10.2008.
[15] Brecht: Zu: *„Urfaust"* (Anm. 12), S. 431 f.
[16] Der Faust-Stoff im Volksbuch kennt das Motiv der Sexualität. Die Figur des Gretchen und ihre Bedeutung für den Gesamtzusammenhang fügte jedoch erst Goethe hinzu.
[17] Brecht: Zu: *„Urfaust"* (Anm. 12), S. 433.
[18] Brecht: Zu: *„Urfaust"* (Anm. 12), S. 432.
[19] Brecht: Zu: *„Urfaust"* (Anm. 12), S. 432.

nicht pathetisch überhöhten, und führt keinen Prosa-Erzähler ein. Diese Verse werden jeweils von verschiedenen Schauspielern gesprochen. So wird die Einleitung, ein späterer Text Goethes aus dem Jahre 1818[20], von Mephisto vorgetragen und das Abschließen des Paktes, das im „Urfaust" fehlt, berichtet. Auch die Vergiftung der Mutter oder die Walpurgisnacht erscheinen in einer narrativen Form.

Der Bühnenraum wurde durch den Neher-Schüler Hainer Hill entworfen. Er setzt die von Caspar Neher (1897-1962)[21] entwickelte „Bühne in der Bühne" ein. Im Hintergrund war im Halbrund eine Leinwand mit Motiven eines Deckengemäldes aus dem Vatikan von Giovanni Alberti mit Tierkreiszeichen gespannt, die die Handlung in einen bei Publikum einfach abrufbaren ideengeschichtlichen Kontext stellen sollte. Dem diente auch die Einbeziehung von Elementen aus einem Holzschnitt zum Faust-Stück von Christopher Marlowe. Die konkreten Spielräume (Studierzimmer, Auerbachs Keller usw.) wurden auf niedrigen Wagen als kastenförmiges Ganzes auf die Bühne gebracht. Diese Räume waren niedrig (Neher-Höhe, d. h. ca. 5-10 cm unter der Originalhöhe) und eng, um eine bestimmte Spielhaltung zu erzwingen, die keine einfühlende oder mit großen Gesten begleitete Rhetorik zuließ. Der erste Teil sollte deutlich in der mittelalterlichen Welt verankert bleiben, die Gretchen-Tragödie hingegen als Gegenwartsstoff des 18. Jahrhunderts erkennbar sein. Eine enthistorisierende Modernisierung war ebenso wenig angestrebt wie eine naturalistische Repräsentation von Details.[22] Die Gesichter sollten hell geschminkt werden, damit in der Beleuchtung die individuellen Züge zurücktreten, jedoch nicht maskenhaft verschwinden. Die Aufführung wurde mit Musik von Paul Dessau (1894-

---

[20] Es handelt sich um: Maskenzug. Bei allerhöchster Anwesenheit Ihro Majestät der Kaiserin Mutter Maria Feodorowna in Weimar, den 18. Dezember 1818.

[21] Neher hatte Brechts episches Theater als Bühnenbildner seit den 20er-Jahren begleitet. Siehe dazu auch Susanne de Ponte: Caspar Neher – Bertolt Brecht: Eine Bühne für das epische Theater. Leipzig 2006.

[22] Mahl beschreibt dies auf der Grundlage von Materialien aus dem Brecht-Archiv: „,Das Bühnenbild muss nach dem Prinzip des Krippenspiels gemacht werden: Das grobe Holz muss in klaren, großzügigen Formen angeordnet [sein].' (BBA 1583;28) Dabei sollte ,ein Teil der Szenen ,sachlich', ein anderer ,stimmungsmäßig' beleuchtet' (BBA 2129;77) werden. Fausts Studierstube dürfe ,trotz der Armut nicht schmucklos sein. Sobald der Turm kahl ist, wird er modern.' (BBA 1584;18-19) [...] ,Kostüme dürfen nicht schön sein. Sie spielen nur eine untergeordnete Rolle. Sie müssen den Gegensatz zwischen den reichen Herren und dem niederen Volk zeigen. Die Kleider müssen wie Puppenkleider gemacht sein: Auf kleiner Fläche erscheinen große Muster.' (BBA 1583,28)" Mahl: Brechts und Monks Urfaust-Inszenierung (Anm. 11), S. 35.

1979)[23] begleitet, so etwa der von Mephisto gesprochene Prolog. Auch hier
kann von einer Schwebe zwischen moderner Distanzierung und histori-
schem Bezug ausgegangen werden. Dessaus Musikstil war in der Moderne
verwurzelt, jedoch legt das Szenario historische Musikinstrumente fest:
„Musik, festlich, Zither, Spinett, Cembalo."
Brecht zentriert das Stück entschieden in Faust. Das Böse, Mephisto, und
das zu Irrtum wie Buße fähige Menschliche, Gretchen, gewinnen für ihn
nur Bedeutung in Bezug auf Faust.

> Mephisto und Gretchen, zwei der schönsten Figuren des Welttheaters, können
> leicht dazu verführen, als Hauptpersonen behandelt zu werden; das darf nicht pas-
> sieren, sind sie doch nur wichtig wegen der Wirkung, die Faust, die einzige
> Hauptfigur, auf sie ausübt oder von ihnen bezieht. Sein Feuer ist es, in dem Gret-
> chen verbrennt, und Mephisto nimmt sein ganzes Interesse davon, dass Faust sich
> mit ihm einlässt."[24]

Eine solche ‚falsche' Lesart wirft Brecht der „bürgerlichen" Aufführungstra-
dition vor, die den „edlen" Faust in Distanz zu Mephisto hält, wodurch er
„eine passive Figur – und die ‚undankbare Rolle'"[25] werde. Er verteidigt die
offensichtlich bei Monk stark in den Vordergrund geratenen satirischen Szenen: die Schüler-Szene als Parodie des Wissensdurstes, der einst Faust in
seiner Jugend getrieben hatte; die Studenten-Szene in Auerbachs Keller als
Parodie wirklicher Liebe und wirklicher politischer Meinungsbildung. Gerade diese Tendenz ist auf offizielle Kritik gestoßen, die in der Sekundärliteratur oft lediglich als Ausdruck des Unbehagens des politischen Establish-
ments an Brechts Theater interpretiert wurde. Brecht stellt sich dieser Kritik,
die vom „technischen Stab" der Aufführung an ihn herangetragen wurde und
die offensichtlich die Spielweise der satirischen Szenen betraf, die als ober-
flächliche Banalisierung und populistische Konzessionen an das Lachtheater
wahrgenommen wurden. Brecht präzisiert, dass es hier um ein Verhältnis der
Parodie gehe und gerade nicht um „feine, schalkhafte Späße". Es sollte eine
stark kontrastierende Spannung zwischen den positiven Implikationen des
Wissens sowie des Strebens danach und der depravierten Form aufgebaut
werden, in dem es vom Teufel interpretiert und von dem Schüler dann ange-

---

[23] Dessau hatte die Musik zu Brechts „*Hofmeister*"-, „*Don Juan*"- und „*Coriolan*"-
Inszenierungen geschrieben. Mit dem Faust-Stoff hatte er sich musikalisch 1949
(Sieben Lieder zu Goethes Faust, „*Faust I*") und dann wieder 1952-53 mit „*Faust II*"
auseinandergesetzt.
[24] Brecht: Zu: „*Urfaust*" (Anm. 12), S. 434.
[25] Brecht: Zu: „*Urfaust*" (Anm. 12), S. 433.

nommen wird. Brecht bezieht sich auf das Modell Shakespeare mit seinem Nebeneinander von komischen und tragischen Elementen.

Die Verstärkung der satirischen Züge, das ‚Übertreiben' durch höchste Spannung zwischen den pathetischen Monologen Fausts und ihrer banalen Auslegung durch den Teufel, zu der Brecht ermutigt hatte und die er auch verteidigte, konnte jedoch das Stück ebenso verfehlen wie die Sakralisierung im bürgerlichen Bildungstheater. Faust wird dann nicht zu einem ewig ideal Strebenden, sondern zu einem lächerlichen Trottel, der nicht den Mut aufbringt, sich den destruktiven Konsequenzen seines Handelns zu stellen und sich hinter dem Teufel versteckt.

Die Tendenz zur Entidealisierung des Faust zeigt sich auch in anderen parallelen Vorhaben der Zeit, etwa in Hanns Eislers (1898-1962) Projekt einer Oper über diesen Stoff, die – wie schon der Name des Titels ausweist – ebenfalls den Faust des Volksbuchs in den Mittelpunkt stellt.[26] Der Pakt mit dem Teufel bindet in der ideologiekritischen Dimension der marxistischen Deutung das Streben nach Wissen wie nach irdischem Glück an den Realisierungsegoismus des Individuums. Diese ‚Dialektik der Aufklärung' spiegele sich in der Faust-Figur, deren emanzipatorischer Idealismus auf der Benutzung und Zerstörung des sozial Schwächeren, in diesem Fall Gretchens, gründet. Im Kontext der Nachkriegszeit scheint gerade Faust als ideale Projektionsfolie für eine fundamentale Bilanz und Abrechnung mit den Denkmodellen der Aufklärung, weshalb sie in Thomas Manns großem Romanwerk „Doktor Faustus" (1947) – und auch bei ihm in Bezug auf den Faust des Volksbuchs – zum Kristallisationspunkt der kritischen Auseinandersetzung wird. Gerade bei Thomas Mann wird die Spannung zwischen den idealen Ansprüchen und dem totalen Scheitern dieser modernen Legende im Angesicht der Trümmer des zerstörten Deutschlands ausgeschritten.

Der Gefahr einer lächerlichen Verkleinerung oder einer nur kritischen Dekonstruktion der Faust-Figur war sich Brecht bewusst, weshalb er sich – freilich eher im internen Rahmen – von der Monkschen Fassung distanzierte, die gerade die Entwertung jeder idealen Projektion in den Vordergrund stellte. Er wollte die Balance zwischen beiden Elementen. Und dies schien mehr gewesen zu sein als eine Konzession an die offizielle Kulturpolitik. Manfred Wekwerth beschreibt in seinen Notaten zur Inszenierung den Prozess so:

---

[26] Eisler hatte 1949 eine Rhapsodie zu Texten aus „Faust II" komponiert. 1952/53 arbeitete er an einer Oper „Johann Faustus", die Fragment blieb. Sie löste eine heftige kulturpolitische Debatte in der DDR über den „Formalismus" aus, der die nationale deutsche Identität infrage stelle.

Wir versuchen den Urfaust vom materialistisch-dialektischen Standpunkt aus zu betrachten, das heißt, wir müssen ihn neu betrachten. Was war da? Der ‚konventionelle Faust', Faust in kleinbürgerlicher Sicht als der ‚ewige Wahrheitssucher' (‚faustisches Streben', Spengler), Arroganz und Illusion des Abendlandes. Der Wahrheitssucher als biologisches Prinzip, der auf seiner Suche nach der Wahrheit (die so viel wert ist wie dem Süchtigen der Rausch) über Leichen geht, die ihm aber verziehen, ja, hoch angerechnet werden, weil es Stufen nach oben sind. Denn es wird sich ja strebend bemüht. Insofern uneigennützig, wie ja auch der Alkoholiker alles hergibt, nur um Alkohol zu bekommen. Was der Spießbürger in der trivialen Sphäre des Trinkens ablehnen würde, akzeptiert er genüsslich in der gehobenen Sphäre des ‚Denkens'. Die schauspielerische Lösung: edel, heldisch, unveränderlich, mit Vertrauen des Publikums bedacht, ohne seine Handlungen zu messen! Mit Äonen verbunden, aber nicht mit dem BGB. Wir suchen den entgegengesetzten Weg. Allerdings reicht für eine Gegenkonzeption nicht aus, den entgegengesetzten Weg zu gehen, da er nur die Polemik des ‚gesetzten' Weges ist, das heißt, nur zusammen mit diesem verständlich. Die Negation des Falschen bleibt noch falsch. Ihr fehlt der dialektische Umschlag, die Aufhebung also. Die Versuchsaufführung in Potsdam trug diese nur polemischen Züge. In Vermeidung des Helden zeigten wir nur den Scharlatan und Schwarzkünstler.[27]

Brecht strebte eine kritische Distanz zur Tradition und zugleich eine ganzheitliche Deutung derselben an, die sich nicht lediglich aus der Opposition heraus definierte. Wie kaum ein anderer Stoffkomplex stellt die Faust-Legende ein kritisches Resümee der Moderne dar, die mit dem Anspruch auf Emanzipation von der mittelalterlich beschränkten Weltsicht angetreten war und dann doch Freiheit an Unterdrückung band. Brecht wollte beide Seiten zeigen und behauptete zugleich die Aufhebbarkeit dieser Aporie. Sein Theaterprojekt nach 1945 zielte auf neue Lesarten der überkommenen Tradition von einem Standpunkt aus, der – direkt an Marx anknüpfend[28] – zumindest in der Tendenz die Bindung von Fortschritt an Ausbeutung des Schwächeren aufhob. In der „*Urfaust*"-Inszenierung nimmt der Epilog den

---

[27] Wekwerth: Schriften (Anm. 11), S. 99; auch bei Mahl: Brechts und Monks Urfaust-Inszenierung (Anm. 11), S. 41.

[28] Brecht knüpft in seiner ‚dialektischen' Auffassung des Fausts direkt an Marx an, der davon ausgegangen war, dass die „Entwicklung der Fähigkeiten der Gattung Mensch, obgleich sie sich zunächst auf Kosten der Mehrzahl der Menschenindividuen und ganzer Menschklassen macht, schließlich diesen Antagonismus durchbricht und zusammenfällt mit der Entwicklung des einzelnen Individuums, dass also die höhere Entwicklung der Individualität durch einen historischen Prozess erkauft wird, worin die Individuen geopfert werden." Karl Marx: Theorien über den Mehrwert. Kapitel 9.3. In: Marx-Engels-Werke. Berlin 1967, S. 111. In Bezug auf den Faust heißt das, dass er sich nur auf Kosten Gretchens realisieren kann, jedoch in der Perspektive ein Ausgleich möglich sei. Der teleologische Ansatz des Marxismus stimmt hier mit der teleologischen Auflösung im „*Faust II*" durchaus überein.

Monolog aus „*Faust II*" auf, wenn als „der Weisheit letzter Schluss" eine aktive Position der Weltveränderung unterstellt wird: „Die Welt bereichern ist höchster Genuss."[29] Solche Synthesen leiteten in der DDR die klassische Inthronisation des Brechtschen Theaters ein, an die nachfolgende Generationen so nicht mehr anknüpfen konnten. Der andere Rezeptionsstrang nahm vor allem die kritischen und oppositionellen Tendenzen des Brechtschen Theaters auf und radikalisierte sie zugleich.

Brechts Entscheidung für die „*Urfaust*"-Fassung stellt so ein Bekenntnis zu einer antiidealistischen Lesart des gesamten „*Faust*" dar. Er verstärkt die in dieser Version präsenteren antiaristotelischen Elemente. Aber eine Anti-Lesart oder Zurücknahme wird ausdrücklich abgewiesen. Brecht wollte ein Repertoire, das ein ganzheitliches, wenngleich auch säkularisiertes und von idealistischen Überhöhungen befreites Deutungsangebot unterbreitete, das freilich – wie jedes Theater – an einen konkreten gesellschaftlichen Wirkungsraum gebunden war und mit diesem spätestens beim Untergang der DDR vorerst verschwand.

III Brecht und die Schweiz

Wie gelangte nun diese Interpretation in den Kontext der Schweiz?

Interessanterweise zitiert Brecht Max Frisch, der an den Proben und der Erarbeitung der epochemachenden „*Hofmeister*"-Bearbeitung und -Inszenierung wohl als Gast teilgenommen hatte.[30] Zwar war Brecht als Bühnenautor bereits seit der Weimarer Republik eine Referenz, aber als Bearbeiter und Regisseur trat er vor allem mit diesem Projekt in Erscheinung. Dürrenmatt kannte sie offensichtlich auch und zollte ihr großen Respekt. 1968 heißt es in einem Gespräch mit Hans R. Lindner: „Der *Hofmeister* von Brecht ist besser als der von Lenz."[31]

Der Brechtsche Umgang mit der Tradition, insbesondere mit der Dramatik des Sturm und Drang, war also den beiden bedeutenden Schweizer Dramatikern im Textuellen wie im Bühnenpraktischen bekannt. Hinzu kam die besondere kollektive Arbeitsweise von Brecht, die offensichtlich viele Zeitgenossen faszinierte. Seine Frau Helene Weigel (1900-1971) nahm ihm als

---

[29] Brecht, Bertolt: Zu: „*Urfaust*" (Anm. 12), S. 429.
[30] Bertolt Brecht: Werke. Bd. 24: Schriften 4: Texte zu Stücken. Zu: „*Der Hofmeister*" von J. M. R. Lenz. Berlin, Weimar, Frankfurt 1991, S. 370.
[31] Friedrich Dürrenmatt: Der Klassiker auf der Bühne. Gespräche I: 1961-1970. Hg. von Heinz Ludwig Arnold in Zsarb. mit Anna von Planta und Jan Strümpel. Zürich 1996, S. 314.

loyale Intendantin die sicherlich sehr aufreibende Verwaltungstätigkeit ab. Ein ganzer Stab an jungen ehrgeizigen Regisseuren, Autoren, Schauspielern und devoten Mitarbeiterinnen realisierten die Intentionen des Meisters sowohl zu dessen Lebzeiten als auch danach, als das *Theater am Schiffbauerdamm* bereits den Status eines Heiligtums erlangt hatte. Brecht gründete sogenannte „Brigaden", die einzelne Aufführungsprobleme thematisierten und Varianten vorschlugen. Die Aufführungen wurden dokumentiert und die Kommentare dazu veröffentlicht. Damit potenzierte sich jede kreative Anstrengung Brechts, und sein Ensemble gewann die Dimensionen einer wahren Theaterfabrik. Ein paralleles Projekt stellte das *living theatre* in New York dar, das 1947 im Umkreis des Workshops von Erwin Piscator u. a. von der Deutschen Judith Malina gegründet wurde und die europäische Moderne, so auch Brecht, auf die Bühne brachte. Dieses Modell kollektiven Arbeitens mit einigen sehr diktatorischen Implikationen erfuhr in den sechziger Jahren eine Weiterführung im Geiste der 68er-Bewegung, etwa bei Rainer Werner Fassbinder (1945-1982). Dürrenmatts Versuch, in Basel, dann in Zürich selbst theaterpraktisch tätig zu werden, ist sicherlich auch von diesem Arbeitsmodell inspiriert worden und musste dann vermutlich vor allem aus gesundheitlichen Gründen abgebrochen werden.[32]

Bertolt Brecht wiederum hatte zunächst als Autor eine besondere Beziehung zur Schweiz und ganz besonders zu Zürich. Das Zürcher Schauspielhaus war seit der Machtergreifung der Nationalsozialisten zum Sammelpunkt für kritische deutsche Intellektuelle geworden. Einige der wichtigsten Stücke Brechts erlebten dort ihre Uraufführung. Zwar war die politische Ausrichtung dieser Künstler der offiziellen Schweiz eher suspekt; durch diesen Transferprozess gelangte jedoch auch die Avantgarde der Weimarer Republik mit ihrer ganz und gar neuartigen Formensprache in das Nachbarland, an die gerade Frisch und Dürrenmatt dann wiederum auf ganz eigenständige Weise nach 1945 anknüpfen konnten. Uraufführungen von Stücken Brechts, Frischs und Dürrenmatts dominierten das Repertoire an Gegenwartsstücken am Zürcher Schauspielhaus in den vierziger, fünfziger und sechziger Jahren.[33] Und Brecht kannte und schätzte Dürrenmatt natür-

---

[32] Siehe dazu: Dürrenmatt: Gespräche I (Anm. 31), S. 306 f.

[33] Folgende Stücke sind zu nennen: Von Brecht „*Mutter Courage und ihre Kinder*" (1941); „*Der gute Mensch von Sezuan*" (1943); „*Das Leben des Galilei*" (1943); „*Herr Puntila und sein Knecht Matti*" (1948); „*Turandot oder der Kongress der Weißwäscher*" (1969). Von Frisch: „*Santa Cruz*" (1946); „*Nun singen sie wieder*" (1945); „*Die chinesische Mauer*" (1946); „*Als der Krieg zu Ende war*" (1949); „*Graf Öderland*" (1951); „*Don Juan oder Die Liebe zur Geometrie*" (1953); „*Biedermann und die Brandstifter*" (1958); „*Die große Wut des Philipp Hotz*" (1958); „*Andorra*" (1961); „*Biogra-*

lich, wenngleich er offensichtlich auch dessen sehr empfindliches Temperament in Rechnung stellt, als er in einem Brief an Kurt Hirschfeld vom Schauspielhaus Zürich bezüglich der Züricher Inszenierung von „Romulus der Große" (1949) vorsichtige Ratschläge gibt: „Lieber H., dies die Anmerkungen zum ‚Romulus', die aber Dürrenmatt auf keinen Fall zu Gesicht bekommen sollte, da er sich Magisterliches bestimmt verbitten würde."[34]

Dürrenmatt wiederum konnte an Brechts Tendenz zur Absage an das Einfühlungstheater und an die neuen ästhetischen Mittel anknüpfen, die im Laufe des 20. Jahrhunderts unter anderem auch durch Brecht entwickelt wurden. Zugleich ist eine deutliche Distanz zur philosophischen Untersetzung des Theaters spürbar. Dürrenmatt gehörte zu einer anderen Generation, die die europäische Nachkriegsgesellschaft keinesfalls als „Lehre" oder „Antwort" auf die Jahrhundertkatastrophe von Faschismus und Krieg betrachtete und der Demokratie nicht an sich den Stellenwert eines positiven Telos der Geschichte zuschreiben mochte. Zwar gibt es auch bei ihm politische Implikationen, doch diese beziehen sich auf das Zeigen der Aporien im Bild, nicht auf deren Überwindung. Für ihn präsentiert Brecht eine Welt ohne Geheimnis, ohne Bewusstsein für die Unwägbarkeiten sozialen Handelns und für die Grenzen der menschlichen Natur. So heißt es in einem Gespräch mit Heinz Ludwig Arnold, der ihn nach seiner Beziehung zu Brecht befragte:

> Ich glaube, man kann etwas, was man als Geheimnis an sich empfindet, nämlich die Welt und unser Sein in dieser Welt, nicht geheimnislos darstellen. Man kann nicht so tun, als sei die Welt nur deshalb gefährdet, weil sie ganz bestimmte Mängel habe. Die Welt ist ja durch das Irrationale, das in ihr liegt, gefährdet, sie ist gerade darum gefährdet, weil sie nicht rational zu lösen ist. Und ich glaube, damit hängt auch meine Beziehung zur Religion zusammen und meine Abwehr gegen das nur Logische und gegen das Dogmatische. Der Versuch, das Geheimnisvolle dogmatisch, oder, was für mich das gleiche ist, ideologisch darzustellen, empört mich.[35]

---

fie: Ein Spiel" (1968); „Jonas und sein Veteran" (1989). Von Dürrenmatt: „Der Besuch der alten Dame" (1956); „Frank der Fünfte" (1959); „Die Physiker" (1962); „Herkules und der Stall des Augias" (1963); „Der Meteor" (1966); „Die Wiedertäufer" (1967); „Der Mitmacher" (1973); „Achterloo" (1983).

[34] Bertolt Brecht: Werke. Bd. 29: Briefe 2: 1941-1956. Berlin, Weimar, Frankfurt 1998, S. 520. Brecht bezieht sich auch auf Dürrenmatt in seinem Beitrag für die Darmstädter Gespräche über das Theater 1955. Siehe Bertolt Brecht: Werke. Bd. 23: Schriften 3: 1941-1956. Berlin, Weimar, Frankfurt 1998, S. 340 ff.

[35] Friedrich Dürrenmatt: Im Banne der „Stoffe". Gespräche III: 1981-1987. Hg. von Heinz Ludwig Arnold in Zsarb. mit Anna von Planta und Jan Strümpel. Zürich 1996, S. 18 f.

Dürrenmatt wendet sich nicht gegen die linke politische Haltung Brechts, sondern gegen jede ideologische Weltdeutung. Der im Theaterraum mögliche visuelle Kommentar zur gesprochenen Sprache durch Bühnenbild, Gestik usw. konnte für ihn im Bild die wahren Implikationen der Sprache entschleiern. Alle politischen Diskurse erscheinen dann als Verzerrungen der „menschlichen Natur", die sich stets wieder Geltung verschafft, wenn sie durch gesellschaftliche Kontrollinstanzen jeder Art auf eine moralische oder ideologische Sollerwartung hin unterdrückt wird. Immerhin war das Vorhandensein einer solchen letzten metaphysischen Voraussetzung jeder Deutung für Dürrenmatt nicht strittig.

> Für mich ist die Gesellschaft ein Problem, ich stehe der Gesellschaft nicht gegenüber, ich bin ein Teil von ihr. Wie für Brecht. Aber für Brecht war das Problem lösbar, für mich nicht. Ein unlösbares Problem ist ein Paradoxon, in seiner Erscheinung eine Groteske. Für mich ist der Kapitalismus ein Ausdruck der menschlichen Natur. Die ist schrecklich. Der Marxismus ist eine intellektuelle Idee, die immer wieder an der menschlichen Natur scheitert. Auch schrecklich, aber nicht schrecklicher.[36]

Dürrenmatt argumentiert hier nicht anders als Rousseau, der ebenfalls eine nicht mehr hinterfragbare ‚Natur' gegen Zivilisation und Fortschritt setzte. Doch diese ist für den Autor des 20. Jahrhunderts nicht mehr positiv besetzt. Der Mensch ist für ihn eben gerade nicht gut. In keinem der Dürrenmattschen Stücke begegnet man einer Denkfigur wie dem ‚bon sauvage', die als ideale Projektion der depravierten Gesellschaft entgegengehalten werden kann. Und daher ist ihm Geschichte weder Progression noch Regression, was stets einen Bezugspunkt voraussetzen würde, von dem aus solche Entwicklungslinien zu ziehen wären. Sie ist ihm vielmehr Variation der immer gleich schlechten Natur des Menschen, die im Atomzeitalter nur eine andere technische Vernichtungskapazität in die Hände bekommt. Zugleich handelt es sich dabei um eine metaphysische Annahme, denn die negative menschliche Natur ist eine rein spekulative Setzung, die bei Dürrenmatt als vor-soziale und vor-geschichtliche Konstante menschliches Verhalten und dessen Spiegelung in der theatralischen Darstellung motiviert. Hierin besteht zweifellos die Differenz zu Brecht, der von einem eher sozial bestimmten Kausalnexus bei der dramatischen Repräsentation von Handlungen ausging, aber vermutlich auch zur nächsten Generation nach Dürrenmatt, die in der Dekonstruktion jeglicher metaphysischer Begründung noch weit über ihn hinausgehen sollte. Dürrenmatt blieb hingegen ein Aufklärer, wenngleich ein tief enttäuschter.

---

[36] Dürrenmatt: Gespräche III (Anm. 35), S. 225.

IV Dürrenmatts „*Urfaust*"-Inszenierung

Als Friedrich Dürrenmatt dann in Basel sein eigenes Projekt kollektiver Theaterarbeit umsetzen wollte, konnte er auf das Brechtsche Theaterprojekt und die dort betriebene Neubearbeitung von Traditionsbeständen in der Perspektive eines modernen Repertoires Bezug nehmen. Zunächst fällt auf, dass Dürrenmatt eine ähnliche literaturgeschichtliche Reihe konstruiert wie Brecht. In einem Gespräch aus dem Jahre 1970 beruft er sich auf „die revolutionäre deutsche Klassik (wie ich das nenne), die wirklich in der Form revolutionären Dramen"[37]. Er nennt explizit Lessing, den „*Urfaust*", den „*Ugolino*" von Gerstenberg und Büchner, ist jedoch dem ‚klassischen' Repertoire gegenüber weitaus kritischer als sein Vorgänger. Stärker noch als Brecht möchte er das kritische Potenzial der Texte herausarbeiten, freilich ohne den Werkrahmen der Ursprungstexte zu zerstören. Dürrenmatt bemüht sich um eine Lesart, die „werktreu" bleibt, indem sie diese kritischen Intentionen im Text selbst aufsucht und sie in der Inszenierung so betont, dass sie alle anderen möglichen Deutungen überschreibt. Schon bei Brecht setzte diese Tendenz zur „Vereindeutigung" komplexer Texte ein. Dürrenmatt geht darin, auch in seinem „*Urfaust*", noch einen Schritt weiter, jedoch stets so, dass der Ausgangstext respektiert wird. Deutlicher als Brecht distanziert sich Dürrenmatt von den Fortschreibungen des Fauststoffs bei Goethe selbst. Von einer „Einschüchterung" durch den „*Faust I*" ist nichts zu spüren: „Nehmen wir als Beispiel den *Urfaust*. Das Stück ist von ungeheurer Kühnheit, das Goethe mit seiner späteren *Faust*-Fassung restlos vermasselt hat."[38] Und an anderer Stelle: „Was den *Urfaust* betrifft, so finde ich ihn weitaus kühner, psychologisch und in jeder Hinsicht faszinierender als *Faust I* und *Faust II*. Ich würde sagen, *Faust I* ist ein verdorbener *Urfaust*."[39] Goethe ist ihm geradezu der Verderber der deutschen Literatur, da er sie in eine zu wenig revolutionäre und zu sehr idealisierende Richtung gewiesen habe: „Die ungeheure Überbewertung, die wir beispielsweise von einem Goethe haben, der ein bürgerlicher Dichter war, trägt große Schuld dran, dass weite Gebiete der deutschen Literatur brachliegen."[40] Er betont den kritischen Umgang, den man gerade bei Goethe forcieren müsse.[41]

[37] Dürrenmatt: Gespräche I (Anm. 31), S. 341.
[38] Dürrenmatt: Gespräche I (Anm. 31), S. 321.
[39] Dürrenmatt: Gespräche I (Anm. 31), S. 341.
[40] Dürrenmatt: Gespräche I (Anm. 31), S. 313.
[41] Seine Polemik erklärt sich auch aus dem Schweizer Diskursfeld. Vor dem Hintergrund des sogenannten *Züricher Literaturstreits* im Jahre 1966 greift er den Umgang Emil Staigers mit Goethe an, den er für eine Sakralisierung hält, während es ihm vor

Während Brecht auf eine neue Qualität der Interpretation des „*Faust*" abhob, die sich ganzheitlich auf die Tradition bezieht, um selbst Tradition werden zu können, ging es Dürrenmatt stärker um eine Anti-Lesart, um eine provokative Abgrenzung, die nur zu verstehen ist, wenn man den Widerstand, gegen den sie sich richtet, als unausgesprochene Voraussetzung mit einbezieht. Bei Dürrenmatt ist es das bürgerliche Bildungstheater, das Lesarten bevorzugte, die das Publikum in seinem Rezeptions-Habitus bestätigte. Dieser gründete auf der Erwartungshaltung der bestätigenden Spiegelung von Grundwerten wie klassische Bildung, Humanität, Einfühlung, Versöhnung, Idealität, transzendentale Versöhnung mit den Widersprüchen der Wirklichkeit in tradierten ästhetischen Formen. Dazu gehören u. a. eine idealisierende, stark rhetorische Bühnensprache, eine zurückgenommene Körperlichkeit und ein sparsamer Einsatz von nonverbalen theatralischen Strategien sowie ein eher illustrierendes Bühnenbild. Ein solches Theater existiert heute kaum noch, weshalb das Provokationspotenzial in Dürrenmatts Inszenierungen schwerer nachvollziehbar ist. Dürrenmatt ist vom „*Urfaust*" angezogen, weil er meint, hier brauche nichts überarbeitet zu werden. Er beinhalte an sich ein provokatives Potenzial, das umso glaubwürdiger für die ästhetischen Muster der Gegenwart zeugt, weil der ‚Dichterfürst' selbst sich ihrer darin bedient. Der „*Faust I*" wird dem bildungsbürgerlichen Establishment zugerechnet und der Sturm-und-Drang-Text als Möglichkeit gesehen, die Moderne aufzuwerten, wenn man die ohnehin vorhandenen polemischen Elemente noch mehr herausstreichen würde.

Dürrenmatt will das Publikum durch seinen Inszenierungsstil nicht in eine ganzheitliche Lesart des Stücks einführen, die möglichst viele Aspekte des Textangebots anbietet, sondern er möchte es für die „Kühnheit" des Stücks durch Effekte der Überraschung empfänglich machen. Die beabsichtigte Wirkung ist „Erschrecken" im Sinne eines punktuellen und plötzlichen Bewusstseins dafür, dass die sentimentale Überschreibung des Fauststoffs durch das Einfühlungstheater, das in der Bühnentradition des „*Faust I*" bis dahin überwog, eigentlich eine Fälschung darstelle. Diese habe die ästhetischen und gesellschaftskritischen Elemente „weginszeniert", die doch zeigen würden, dass sich die Gegenwartsliteratur ganz besonders auf diesen Text berufen könnte. Bei dieser Sicht beruft er sich ausdrücklich auf Brecht.[42]

---

allem um eine kritische Lektüre geht, die die klassischen Texte in die lebendige Gegenwart hineinholt. In dieser Diskussion ging es eigentlich nicht um Goethe, sondern um das Recht der Gegenwart auf eine eigenständige künstlerische Ausdrucksform, die gerade auf die Distanz zu einer bildungsbürgerlich verklärten Tradition abhob. Dürrenmatt: Gespräche I (Anm. 31), S. 321.

[42] Dürrenmatt: Gespräche I (Anm. 31), S. 73.

Das [der „*Urfaust*"] ist ein herrliches Stück, das muss nur durch die Regie wieder in seiner Kühnheit gesehen werden. Da ändere ich keine Zeile, sondern da muss ich jetzt nur daran denken, was bei diesem *Urfaust* eigentlich passiert, und das Publikum muss erschrecken, wenn es sieht, wie kühn der *Urfaust* eigentlich ist.[43]

Dürrenmatt radikalisiert in seiner Inszenierungsstrategie sowohl den Goetheschen Text als auch die Brechtsche Ausdeutung desselben. Zugleich sieht er darin keinesfalls eine weitgehende Bearbeitung. Anders als bei den beiden Shakespearestücken „*König Johann*" (1968) und „*Titus Andronicus*" (1970), denen er den Status einer tiefgreifenden Umdichtung zuerkennt, die durchaus eigenständigen Werkcharakter trägt, insistiert Dürrenmatt hier auf die Qualität einer „werkgetreue(n) Arbeit", einer der „textgetreuesten Aufführungen des *Urfaust*"[44]. Er bezeichnet seine Auseinandersetzung mit diesem Stück als eine rein dramaturgische Bemühung um eine neue Lesart. Das Publikum sollte den authentischen alten Text „neu sehen", indem „eine andere Optik" gewählt wird. Dürrenmatt erwähnt, dass er den „*Urfaust*" auf Band gesprochen und sich dann beim Abhören Bilder zum Text vorgestellt habe, die er dann auf der Bühne umsetzen könne: „Ich habe einfach eine andere Optik als Goethe genommen; ich erzähle die Ballade gewissermaßen optisch."[45] Auch hier dürfte ein tiefgreifender Unterschied zur Arbeitstechnik von Brecht vorliegen, der weitaus konzeptiver und unter Einbeziehung wissenschaftlicher Ansätze und kollektiver Diskurse Inszenierungsstrukturen konstruierte. Dürrenmatt vertraut hier vor allem seinem eigenen Bildfindungsprozess, der im Hören und Sehen von Texten gründet.

Wie sieht nun die Inszenierung selbst aus? Sie lässt sich relativ genau rekonstruieren einmal durch den Text und die mit diesem veröffentlichten Notizen, dann durch ein Gespräch aus dem Jahr 1970, in dem Dürrenmatt seine Inszenierung kommentiert, und natürlich auch durch Szenenfotos, von denen hier zwei präsentiert werden können.

Der dramatische Text ist in 24 Szenen überführt; die Pause ist nach der 13. Szene. Dürrenmatt setzt textuelle wie theatralisch bildhafte Strategien ein, die freilich aufeinander bezogen bleiben und hier nur aus analytischen Gründen gesondert betrachtet werden sollen. Da Dürrenmatt auf Texttreue setzt, sind diesbezügliche Veränderungen weniger deutlich. Er bezieht sich unmittelbar auf Brecht, wenn er ausdrücklich auf die Einbeziehung von Textteilen aus dem „*Faust I*" und „*Faust II*" zur Homogenisierung der ein-

---

[43] Dürrenmatt: Gespräche I (Anm. 31), S. 323.
[44] Dürrenmatt: Gespräche I (Anm. 31), S. 344.
[45] Dürrenmatt: Gespräche I (Anm. 31), S. 344.

zelnen Szenen verzichtet und auf das Volksbuch verweist.[46] Aber er benutzt keine Übergangsverse im Stil der *„Urfaust"*-Sprache im derben Knittelvers, sondern bindet den *„Urfaust"* durch die Prosa noch stärker an das Volksbuch. Allerdings führt er keinen externen Erzähler ein, der die Illusion einer allwissenden Metainstanz erzeugen würde. Mephisto, der als Leiche auf einem Seziertisch auf die Bühne gefahren wird, erhebt sich, tritt nach vorn zum Publikum und berichtet das Leben Fausts und das Thema des ersten Auftritts und begibt sich dann wieder in seine Lage als totes Requisit. Diese narrativen Passagen finden sich nicht im ganzen Stück, sondern nur im Teil der Gelehrtentragödie (Szene 1, 3, 4, 6, 8) und werden stets von Mephisto gesprochen, während Dürrenmatt im Gretchenteil der dramatischen Eigendynamik folgt. Szene drei und vier, also der Teufelspakt und die Verkleidung des Teufels als Faust, sind in Prosa hinzugefügte Übergänge, um die Logik der Handlung weiterzuführen.

Brecht hatte wie Dürrenmatt den *„Urfaust"* als Fragment aufgefasst. Brecht spricht von einer Skizze und vergleicht ihn mit einer bildhauerischen Formvariante, in der das fertige Werk bereits vorscheint. Dürrenmatt hingegen trennt ganz deutlich, indem er dem *„Urfaust"* eine weitere Genrequalität zuspricht. Für ihn ist er eine Ballade. Dieses Genre, das der Sturm und Drang aus der Volksdichtung in eine Kunstform überführt hatte, vereinte dramatische, erzählende und lyrische Elemente. In ihrer populären Ausprägung war sie nicht in erster Linie an den geschriebenen Text, sondern an die orale Praxis gebunden, etwa als Moritat, als Liedgeschichte, als Marionettentheater oder als kommentierte Bildererzählung auf Jahrmarktsbühnen. Dürrenmatt benutzt Genreelemente der Ballade als textuelle Inszenierungsstrategien. So setzt er nicht nur epische Elemente dramatisch ein, sondern benutzt ebenso lyrische Formen in narrativer Funktion. Das betrifft am deutlichsten das Gedicht *„Heidenröslein"*, das Goethe 1771 auf der Grundlage eines Volksliedes aus dem 16. Jahrhundert geschrieben hatte, um sein Sesenheimer Liebeserlebnis mit Friederike Brion zu gestalten. Es wird neu in den Text aufgenommen (14. Szene), jedoch nicht in der tradierten und in zahlreichen romantischen Vertonungen (u. a. durch Schumann, Schubert und Brahms) belegten lyrischen Funktion. Die Studenten und die als Allegorien der herrschenden Moral eingeführten religiösen Instanzen (Kardinal, Bischof, Abt, Mönch) rezitieren jeweils eine Zeile allerdings nur der ersten Strophe. Jedem Zuschauer aus dem deutschsprachigen Kultur-

---

[46] Friedrich Dürrenmatt: Werkausgabe in 30 Bänden. Bd. 13: Goethes Urfaust, ergänzt durch das Buch von Doktor Faustus aus dem Jahre 1589. Büchner: Woyzeck. Züricher Fassung. Zürich 1986. Darin: Notizen zum *Urfaust*, S. 195. Der Dürrenmattsche *„Urfaust"* wird nach dieser Ausgabe zitiert. Seitenzahlen befinden sich direkt im Text.

raum war damals die Fortsetzung geläufig. Die Rose wehrt sich, ist aber gegen den Gewaltakt des ‚Brechens' machtlos. Damit ist schon hier das Gewaltsame und Betrügerische in der Beziehung zwischen Faust und Gretchen, aber auch die Ohnmacht des jungen Mädchens angesichts ihrer sozialen Determination und der herrschenden Rollenmuster vorweggenommen. Dürrenmatt setzt also einen lyrischen Text, der in dieser Wirkungsfunktion in der Erwartungshaltung der Zuschauer zutiefst verankert war, episch ein, denn das Wesen der narrativen Darstellung eines Geschehens besteht gerade darin, vom bereits stattgehabten Ende aus strukturierend und gestaltend vor allem den Weg dahin in den Fokus zu rücken.

Auch das Lied vom König aus Thule wird in einer neuen Weise eingesetzt. In der Szene *Auerbachs Keller* werden die bereits oben erwähnten allegorischen Interpretationsinstanzen (Kardinal, Bischof, Abt, Mönch) eingeführt, die so in keiner der Goetheschen Fassungen vorkommen. Diese rezitieren das von Gretchen in Szene 10 gesprochene Gedicht vom König in Thule, jedoch wiederum nur die ersten drei Strophen. Bei Goethe wird das ausdrücklich gesungene Lied von der tiefen, über alles Materielle hinausreichenden und noch im Tode bestehenden Liebe zwischen einem König und seiner „Buhle" von einer atmosphärischen Komponente eingeleitet („Mir läuft ein Schauer am ganzen Leib" *Urfaust*. Vers 610[47]), die die Transzendierung sinnlichen Lebensgenusses durch den Tode nahelegt. Zugleich bereitet dieses Lied die Entdeckung des Schmuckkästchens vor, durch das Verführung und materieller Besitz zueinander ins Verhältnis gesetzt werden. All das wird bei Goethe nicht explizit erklärt, da er die inneren Widersprüche von Margarete mehr zeigt als deutet: die unklare Mischung von erwachender Sexualität, tiefer Liebe, sozialen Aufstiegswünschen, Eitelkeit usw. Dürrenmatt legt in seiner doppelten Verwendung des Gedichts eine eindeutigere Lesart nahe. Der Text von der Liebe des Königs in Thule erscheint als eine ideologisch vorgegebene Lüge der öffentlichen Moralinstitutionen. Als verinnerlichte moralische Lehre wird er dann von Gretchen rezitiert mit der Regieanweisung: „Sie sagt ein Gedicht auswendig her" (S. 64). So verknüpft Dürrenmatt die vulgäre materialistische Lebenswelt der Studenten in *Auerbachs Keller*, deren einziger Lebenszweck saufen, huren und politisieren ist, mit der Welt Gretchens, die dadurch sehr viel weniger rein und ideal erscheint. Zugleich kann er sich bei dieser Lesart durchaus auf Goethe berufen. Die sozial konkrete Verankerung des Charakters von Margarete wird gerade in dieser Szene deutlich. Sie hält das

---

[47] Die Originalzitate der Goetheschen Texte folgen dem Paralleldruck der drei Versionen herausgegeben von Ulrich Gaier. Stuttgart 2005.

Schmuckkästchen für ein Pfand, auf das die Mutter Geld geliehen hat. Als bigott frömmelnde Witwe sichert diese den Kleinbürgerstatus der vaterlosen Familie, auf den Gretchen durchaus stolz ist, durch nicht gerade christlichen Geldverleih. Gretchen erkennt in ihrer Jugend ihr Kapital und vergleicht sich mit dem Habitus der Edelfrau, die das Gold auch öffentlich tragen darf.

Eine ähnliche Entidealisierung beabsichtigte Dürrenmatt in der Interpretation des berühmten Religionsgesprächs zwischen Faust und Gretchen, das er als „groteske Angelegenheit" gesehen wissen will. Für ihn ist das pantheistische Sturm-und-Drang-Bekenntnis des „geilen Faust" nur ein Trick, um Gretchen ins Bett zu bekommen.[48]

Insgesamt überwiegen die visuellen theatralischen Deutungselemente, während am Text selbst eigentlich nur wenig geändert wird. Schon Goethe hatte Räume wie Stube, Kerker usw. und Gegenstände wie Kästchen, Gold usw. typologisch genutzt, aber die Sprache bleibt immer leitend, wenngleich sie weit über den rhetorischen Gestus der ‚Über-Ich'-Sprache der vom Sturm und Drang abgelehnten ‚klassischen' Barocktragödie hinausgeht und zahlreiche psychologische und soziale Elemente mittransportiert. Diese ‚Es'-Sprache wird dann etwa in Büchners „*Woyzeck*" wieder aufgenommen, den Brecht wie Dürrenmatt als zentrales Stück im modernen Repertoire verankert wissen wollten.

Wie sehen nun die Bildstrategien aus, die den Text auf andere Weise in einer neuen Betrachtungsperspektive erfassen sollten? Die Bühne ist von Illusionselementen, wie z. B. den gotischen Gewölben, die üblicherweise den Anfangsmonolog illustrieren, befreit. Dürrenmatt lässt ein „rohes Holzgerüst" auf der Bühne errichten, das den Effekt eines „Theaters im Theater" erzielen sollte. Aus den beigefügten Szenenfotos geht hervor, dass Dürrenmatt dabei weitaus radikaler vorging als Brecht. Alle Requisiten befinden sich bereits vor den Augen des Publikums und werden von den Schauspielern selbst nach vorn getragen, um den theatralischen Raum jeweils bewusst in Szene zu setzen, d. h. nachdem der Vorhang aufgezogen

---

[48] Dürrenmatt: Gespräche I (Anm. 31), S. 347. An dieser Szene hatte sich auch Brecht gerieben, sie dann allerdings mehrschichtig interpretiert: „Gretchens Frage bildet die Grundlage für den Ausbau des weiteren Verhältnisses. Faust entzieht sich ihr mit der Berufung auf den Humanismus – die große Idee. Gretchen kann auf zweierlei Art gezeigt werden: Klug im Sinne des Volkes – sie übt Kritik und entlarvt damit seinen idealistischen Gedankenflug als Ausflucht. Oder sie kann einfach dumm sein – sie versteht ihn nicht. Man kann auch die Situation ganz verkleistern: Beide unterliegen dem reinen physischen Trieb und in ganz ungeklärter Lage gehen sie ins Bett." Zitiert nach Mahl: Brechts und Monks Urfaust-Inszenierung (Anm. 11), S. 159.

wird, wird erst die Studierstube mit wenigen charakteristischen Möbeln aufgebaut: links ein Seziertisch, rechts das Schreibpult und in der Mitte eine Schultafel. Damit wird die Problematik stärker in die Gegenwart hineingenommen. Goethe hatte den mittelalterlichen gegen den aufklärerischen Wissensbegriff (etwa in der Figur des Wagner) gestellt und das Streben nach einem ganzheitlichen und organischen Verstehen als Ziel des Faustischen Strebens in Szene gesetzt. Brecht behält den ideengeschichtlichen Bezugsrahmen des Übergangs vom Mittelalter zur Moderne bei, verfremdet ihn aber. Dürrenmatt reduziert und spitzt zugleich zu, wenn er die drei typologischen Funktionen des modernen Wissenschaftsbetriebs durch Gegenstände bezeichnet: die Lehre (durch die Tafel), die schriftliche Fixierung in Statistiken und Publikationen (durch das Schreibpult) sowie die Forschung, die hier als Sektion der toten Natur im Paradigma des aufklärerischen Wissens dargestellt ist.

> Das Konzept ist insofern eine Erweiterung der *Play-Strindberg*-Bühne, als ich auf die Bühne eine Bühne stelle; es spielt alles auf einem Podium, das gleichzeitig auch als Tisch gebraucht werden kann. Die Verwandlungen selber geschehen ohne Bühnenarbeiter, durch die Schauspieler. Die Studenten sind bald Zuschauer, bald spielen sie mit, bald sind sie Bühnenarbeiter, bald Polizei, Henker – das ist ein Konzept, das ich auch aus einer alten Form genommen habe, dem Puppenspiel.[49]

Die distanzierende Tendenz wird darüber hinaus noch durch andere spezifisch theatralische Bildmittel unterstützt. So isst Faust während seines Monolog aus einem Essnapf. Die pathetische Klage über die Wissensgrenzen erfährt in dieser Geste einen Kommentar, der im Bild – nicht in Text und Sprache – zeigt, dass der gesamte Wissensbetrieb ein bloßes Erwerbsinteresse befriedigt. Das gleiche Requisit erscheint dann wieder in der Schülerszene, als der Teufel, verkleidet als Faust, dem jungen Studenten eine ganz und gar moderne Berufsberatung zuteil werden lässt, bei der ‚ideales' Streben zugunsten von individueller Bereicherung aufgegeben wird.

Ein weiteres Beispiel für den Einsatz von Bildkommentaren zum Text findet sich in Szene 2 bei der Beschwörung der Geister. Im „*Urfaust*" beschwört Faust zunächst das Zeichen des Makrokosmos, dann den Erdgeist. Bei Dürrenmatt schreibt Mephisto zwei Gleichungen an die Schultafel. Für den Makrokosmos steht das mathematische Zeichen der Unendlichkeit, für den Erdgeist die berühmte Einsteinsche Umrechnungsformel von Materie in Energie. Damit werden zwei sehr moderne Wissensverweise aufgerufen:

---

[49] Dürrenmatt: Gespräche I (Anm. 31), S. 343.

Fausts Erkenntnis reicht weder an die Unendlichkeit heran, noch vermag sie die Materie im Geiste der Moderne zu beherrschen.

Die habituelle Konkretisierung der Figuren im Gretchen-Teil wird durch banale Alltagstätigkeiten aufgenommen. Die Szene *Garten* wird nicht als idealer Ort, als geheimer oder idealer oder paradiesischer Garten, ins Bild gesetzt, sondern durch das Aufhängen von Wäsche begleitet. Die *Brunnenszene*, in der Gretchen mit dem Moraldiskurs der wohlmeinenden Öffentlichkeit konfrontiert wird, ist nun in die Bügelstube verlegt. Damit findet der Dialog einen realistischen, mal komischen, mal sozial kommentierenden Kontrapunkt. Zugleich zeigt er die Enge von Gretchens praktischem Lebensraum, der ihre Verhaltensweisen und die Determination des Handelns durch soziale Strukturen erklärt.

Dürrenmatt erreicht eine stärkere Homogenität sowohl im Verhältnis zum Text Goethes als auch zur Inszenierung Brechts, indem er Figuren zusammenzieht, die dadurch in ihrer Funktion für das Stück vereinheitlicht werden. Das betrifft den Erdgeist, Wagner, den ältesten Studenten und den bösen Geist, die in der Züricher Inszenierung von Willy Birgel (1891-1973) gespielt wurden, und die Rolle der Marthe und des Lieschens. Damit erscheinen sie nicht mehr als individuelle Charaktere, sondern als Variationen der negativen gesellschaftlichen Instanzen.[50]

Alle grausamen Taten Gretchens, der Giftmord an der Mutter, die Geburt und die Tötung des Kindes (in „*Faust I*" wird sie indirekt für den Tod des Bruders im Duell verantwortlich gemacht), geschehen bei Goethe in keiner der Fassungen direkt auf der Bühne. Sie erscheinen lediglich in den Gewissensqualen und dann in der Schlussszene in absurden, vom Wahnsinn diktierten Passagen Gretchens. Dürrenmatt hingegen lässt Margarete die Verse, in denen sie ihr sexuelles Verlangen nach Faust sehr direkt ausspricht, vor dem offenen Sarg der Mutter sprechen, der in rhythmischer Parallelisierung zu den Versen von Valentin zugenagelt wird.[51] Gretchens sexuelle Subjektposition, die bei Goethe sehr deutlich zum Ausdruck kommt, ist damit von Anfang an mit dem Mord als Preis dieser individuellen Befrei-

---

[50] Siehe hierzu die Szenenfotos, die Leonhard Zubler freundlicherweise für diese Publikation zur Verfügung gestellt hat (Abbildungen 1 und 2). Die Rolle des Faust spielte Attila Hörbiger und den Mephisto Hans Helmut Dickow. Gretchen wurde von der jungen Schauspielabsolventin Anne-Marie Kuster verkörpert.
[51] „Mein Schoos! Gott! drängt / Sich nach ihm hin / Ach dürft ich fassen / Und halten ihn." *Urfaust*, Vers 1098-1101, so auch bei Dürrenmatt (S. 103). Goethe glättet in „*Faust I*": „Mein Busen drängt / Sich nach ihm hin.", Vers 3406/7. Er orientiert damit vom sexuellen auf den sentimentalen Kontext im Bild des Busens (im 18. Jahrhundert nicht nur auf den weiblichen Körper bezogen) als Sitz des Herzens.

ung verbunden. Sie erscheint damit ebenso egoistisch wie Faust, da sie ihre sexuelle Befreiung und den erhofften sozialen Aufstieg durch Mord realisiert.

In der *Szene Dom* (Szene 19) fällt das Mädchen nicht nur in Ohn-Macht, also in eine Objektsituation, die ihren freien Willen determinierend überschreitet, sondern die Wehen setzen ein. In der Regieanweisung heißt es: „Margarete wälzt sich unter Schreien." (S. 111), was durch das Hohnlachen Valentins begleitet werden soll. Damit wird kreatürliches Leiden gegen die grausame Verurteilung durch das gesellschaftliche Vorurteil in Szene gesetzt. Szene 21, die Verhaftung Gretchens, die bei Goethe ebenfalls nicht gezeigt wird, kommt ganz ohne gesprochenen Text aus. Aber das tote Kind wird in einer Zinkwanne mit seiner Mutter und Mörderin den Blicken der Vertreter der Rechtsordnung im Stück selbst und zugleich dem Publikum ausgesetzt.

Auch die Interpretation des Schlusses, der ganz entscheidend für die Lesart des gesamten Stückes ist, wird mit theatralischen Bildmitteln neu gedeutet. Die eigentlich wenig bedeutende *Szene Nacht. Offen Feld* (sogenannte *Rabensteinszene*, bei Brecht gestrichen), die im „*Urfaust*" aus nur sechs Dialogzeilen besteht und zeigt, wie Faust und Mephisto auf schwarzen Pferden zur Rettung Gretchens eilen, wird bei Dürrenmatt erheblich ausgeweitet. Diese sechs Zeilen werden durch Studenten aus der Szene *Auerbachs Keller* und die dort eingeführten typologischen Vertreter der christlichen Moral mehrfach identisch gesprochen. Die Wiederholung erfüllt keine sprachgebundene Mitteilungsfunktion, sondern erzeugt ein rhythmisches Element der Monotonie, Ausweglosigkeit und Grausamkeit sowie einen Bildkontrast zu Gretchen, die zur Hinrichtung geführt, von diesen Moralinstanzen geschoren wird, die Abendmahlsoblate bekommt und zuletzt den Kopf auf den Richtblock legt. Ihr Tod erhält so keinerlei idealisierende Implikationen nach dem Muster von Schuld, Buße und Verzeihung im Jenseits, sondern sie wird als passives Opfer der sozial und ethisch begründeten Vorurteilsstrukturen gezeigt.

Bevor der Henker zum Schlag mit dem Beil ausholt, hält Mephisto die Zeit an. Die nachfolgende Szene, die im Original im Kerker spielt, vollzieht sich gleichsam unter dem Beil auf dem Blutgerüst und weckt damit keine Erwartungen auf ein tragisch-läuterndes und versöhnliches Ende. Margarete zeigt die gleichen Zeichen des Wahnsinns wie im Original. Allerdings gewinnt sie keine Position von Wahl und Selbstbestimmung. Sie unterwirft sich vielmehr dem Richtspruch der weltlichen Moral. Sie klammert sich an Henker und Richtblock, die zuvor durch die allegorischen Instanzen eindeutig auf die Herrschaftsmoral bezogen waren. Damit verliert das Ende jede kathartische Implikation, die eine Bewusstwerdung des Subjektes voraussetzen würde. Am Ende hat die soziale Logik gesiegt. Gretchen hat sich nicht befreit, sondern unterworfen.[52] Und in der Tat endet das Stück nicht mit den vernichtenden Worten des Teufels: „Sie ist gerichtet!" (im „*Urfaust*" ruft sie nach Heinrich, ihrer wahren Liebe), allerdings auch nicht mit denen der „*Faust I*"-Version, in der der Chor der Engel Mephistos Deutung widerspricht: „Sie ist gerettet", sondern mit dem Fallen des Beils.[53]

Die Wirkung dieser theatralisch-bildlichen Ausdeutung radikalisiert die Szene, und zugleich beschneidet sie Deutungsebenen gerade dadurch, dass sie Gretchen zum sich sprachlos unterwerfenden Opfer macht. Bei Goethe ist der Kerker, in dem er den Schluss ansiedelt, kein realistischer, sondern ein im theatralischen Sinne typologischer Raum, in dem sich die Subjektwerdung Gretchens vollzieht. Am Beginn symbolisiert der Kerker das Eingeschlossensein und damit die Objektposition des jungen Mädchens, das noch dazu Fesseln trägt, die ihr äußeres wie inneres Gefangensein in den Strukturen der Realität wie in ihrer sinnlichen Bindung an Faust repräsentieren. In dieser Phase zeigt sie alle Zeichen des Wahnsinns, der sie zum hilflosen Gegenstand eines Geschehens macht, das sie an keinem Punkt wirklich kontrollieren konnte.[54] Faust befreit sie von diesen Fesseln und gibt ihr damit eine Wahlmöglichkeit, da sie jetzt entscheiden kann, ob sie einem Mann folgt, der sie nicht liebt, sondern sie nur aus schlechtem Gewissen befreit, oder ob sie ihre Individualität durch die Annahme von Verantwortung für ihre Taten bis in die Freiheit zum Tode hin verteidigen will.[55] Bei Goethe handelt es sich somit nicht nur um den Sieg des Vorurteils, sondern auch um den Triumph der Willensfreiheit, wenngleich Goe-

---

[52] Brecht kommentiert: „Faust wird klar: Lässt sich Gretchen mit dem Teufel retten? Da liegt auch die Fabel des Stücks. Eine Rettung durch Mephisto gibt es für Gretchen nicht." Zitiert nach Mahl: Brechts und Monks Urfaust-Inszenierung (Anm. 11), S. 168.
[53] Brecht geht von einer Rettung aus: „Hauptpunkt ist die Verzweiflung Faustens, dass sich Gretchen nicht retten lassen will. Sie hat in ihrem Wahnsinn so viel Klarheit gewonnen, dass sie nicht weg will. Das ist im Grunde die Wiederholung der Szene in Gretchens Kammer, die jetzt ins Tragische geht. Das setzt voraus, dass Faust die Situation erkennt: Gretchen entgeht der ewigen Verdammnis." Zitiert nach Mahl: Brechts und Monks Urfaust-Inszenierung (Anm. 11), S. 170.
[54] Brecht kommentiert: „Gretchen hat den tiefsten Grad der Vernichtung erreicht. Sie zeigt eine, von Faust ausgelöste, irre, wilde Sinnlichkeit, die Faust mit Entsetzen sieht." Zitiert nach Mahl: Brechts und Monks Urfaust-Inszenierung (Anm. 11), S. 169.
[55] Hier gibt es durchaus eine Parallele zur Figur der Ottilie aus Goethes 1809 erschienenem Roman „*Die Wahlverwandtschaften*".

the niemals in das Schillersche „*Maria Stuart*"-Pathos fällt.[56] Dürrenmatt hingegen sieht lediglich „ausweglose(n) Tragik"[57] und verstärkt alle desillusionierenden Elemente des Originals bis die ausgleichende Grundintention desselben in eine groteske Überzeichnung umschlägt.

Was lässt sich nun aus dieser vergleichenden Gegenüberstellung ablesen? Zunächst nur, dass das Theater als Kunstform der unmittelbaren Präsenz auf die eigene Zeit und deren Problemhorizont antwortet. So gesehen sind Goethes „*Urfaust*", dessen Weiterführung in „*Faust I*", Brechts Inszenierung wie auch die Dürrenmattsche gleichermaßen adäquate Reaktionen auf veränderte gesellschaftliche Realitäten und Ideenhorizonte. Damit wird die Geschichtlichkeit jedes dieser Projekte unmittelbare Dimension der Interpretation, jedoch auf eine ganz besondere Weise. Sie kann sich nicht auf eine werkimmanente Hermeneutik in der Tradition Schleiermachers zurückziehen, da der Werkbegriff selbst durch die verschiedenen Versionen infrage gestellt ist. Aber auch das Beschneiden von Geschichtlichkeit auf das Sozial-Faktische im Stile der sozialgeschichtlichen Forschung oder des New Historicism griffe zu kurz. Die Geschichtlichkeit entfaltet sich hier vielmehr in der Spannung zwischen einer Textkonstante, dem „*Urfaust*" von Goethe, und den doch extrem unterschiedlichen Lesarten derselben in der Fortentwicklung im „*Faust I*" durch Goethe selbst sowie der durchaus werkgetreuen Aufnahme der Sturm-und-Drang-Fassung durch Brecht und Dürrenmatt. Dabei nimmt Brechts „*Urfaust*"-Inszenierung eine besondere Stellung ein. Durch sie gewinnt eine eher vorläufige Textversion Werkstatus und geht mit einer eigenständigen Wirkungsgeschichte in das Repertoire ein.[58] Brecht bereichert damit den aktiv spielbaren Dramenbestand der deutschen Nationalliteratur um

---

[56] Auch die Brechtnachfolge in der DDR hatte Probleme mit der Figur des Gretchens. Peter Hacks, der ebenfalls den Schluss des „*Urfaust*" vorzieht, kritisiert sehr harsch. In seinen „*Faust-Notizen*" (1962) heißt es: „Ich finde, obgleich ich angestrengt danach suche, an Gretchen nicht das Positive [...] Da ist eine junge Kleinbürgerin, ausgestattet mit [...] Sinn für Geld und Besitz; mit beklagenswert dürftigen Mitteln kämpft sie um einen Mann, der zu gut für sie ist [...] Was wir, mithin, für Gretchen tun können, können wir nicht durch Hebung ihres Charakters tun, sondern ausschließlich durch Senkung ihrer Umwelt. Sie lebt ‚in diesem Kerker', eine Gefangene. Der böse Geist in der Dom-Szene ist ihr Kerkermeister; er könnte agieren in der Maske einer überdimensionalen Frau Marthe oder, wenn man auf eine Personifikation des Über-Ichs hinauswill, als Chor ihrer Mit-Kleinbürger." In: Peter Hacks: Massgaben der Kunst. Berlin 1978, S. 80. [mehrere Editionen zwischen 1977 und 2003 als Bände 13,14,15 der Werkausgabe des Eulenspiegel-Verlags Berlin]

[57] Dürrenmatt: Gespräche I (Anm. 31), S. 342.

[58] Für 2009 konnten vier Aufführungen in Erfurt, Frankfurt, Moers und Chemnitz ermittelt werden, für 2010 drei in Hamburg, Nancy und Detmold, wobei diese Aufzählung sicherlich nicht vollständig ist.

ein Stück, und zwar unter Umgehung der Instanz des Originalautors. Dürrenmatt geht darin sogar noch einen Schritt weiter, indem er den *„Urfaust"* gegen Goethe selbst kehrt.

Zugleich tritt dadurch der *„Urfaust"* in Konkurrenz zum *„Faust I"*. Alle nachfolgenden Inszenierungen in West wie Ost[59] nehmen die bei Brecht zum ersten Mal herausgearbeitete Relativierung der idealistischen Ideenkonstruktion des *„Faust I"* und *„Faust II"* auf, verstärken diese aber deutlich. Den Weg in diese Richtung weist nicht zuletzt auch Dürrenmatts Inszenierung, die stärker enthistorisiert, desillusioniert und damit die Faust-Legende zum zeitlosen Mythos vom Versagen emanzipativen Denkens überhaupt transformiert. Am Ende steht „Faust – das Endspiel", wie es in einer Kritik der Inszenierung von *„Faust I"* am *Deutschen Theater Berlin* von Michael Thalheimer aus dem Jahre 2004 heißt:

> Gott ist gestrichen. Es gibt hier keinen Himmel. Der Teufel ist demnach auch gestrichen. Denn wenn die ganze Welt schon die Hölle ist, hat jeder schwefelstankumflorte Pferdefuß seinen Verführungswitz verloren [...] ,Ach wäre ich nie geboren' ist der Schlüsselsatz dieser Inszenierung. Hülsmann spielt das, als käme sein Faust direkt aus Becketts *Warten auf Godot*, wo es heißt, der Mensch werde ,rittlings über Gräbern' geboren [...] Ein Ausgesetzter, Unbehauster, ein mal herrisches, mal bittendes Kind. Ein Diktator, der im Befehlsgebell à la Hitler die Welt und den Teufel zu sich zitiert, um alles zu wollen und genau zu wissen, dass da längst nichts mehr zu holen ist. Außer gigantischen Verbrechen. Denn Faust ist, wenn er denn sonst nichts ist, ein Krimineller im großen Stil [...] Gretchen ist ungeheuer hart. Und um so brutaler zu brechen und zu knicken. Starr und total unsüß, ist es das erste Opfer, das diesem fürchterlichen Kerl auf seiner Selbstvernichtungsraserei über den Weg läuft. Blutverschmiert, besudelt am Ende im Kerker, der ihr Bett ist. Woraus sie sich mit einem Schnitt durch den Hals befreit. Weder gerichtet noch gerettet. Nur erlöst. Die Tragödie wird nicht beweint. Sie wird konstatiert: So ist dieses Leben. Ein krimineller Fall.[60]

---

[59] Bernd Mahl geht in seinem Buch kurz auf die DDR-Inszenierungsgeschichte des *„Faust"* ein. Mahl: Brechts und Monks Urfaust-Inszenierung (Anm. 11), S. 204.
[60] Gerhard Stadelmaier: Verdammter Faust. In: Frankfurter Allgemeine Zeitung. Nr. 243 vom 18.10.2004, S. 37.

Abbildung 1: Attila Hörbiger (Faust) und Hans Helmut Dickow (Mephisto) in der „*Urfaust*"-Inszenierung von Friedrich Dürrenmatt (Uraufführung 22. Oktober 1970) im Schauspielhaus Zürich

Abbildung 2: Attila Hörbiger (Faust) und Anne-Marie Kuster (Gretchen) in der „*Urfaust*"-Inszenierung von Friedrich Dürrenmatt (Uraufführung 22. Oktober 1970) im Schauspielhaus Zürich

Abbildung 3: Hans Helmut Dickow (Woyzeck) und Rudolf Buczolich (Hauptmann) in der Inszenierung von Georg Büchners „*Woyzeck*" von Friedrich Dürrenmatt (Uraufführung 17. Februar 1972) im Schauspielhaus Zürich

Abbildung 4: Hans Helmut Dickow (Woyzeck), Christiane Hörbiger (Marie) und Angelica Arndts (Großmutter) in der Inszenierung von Georg Büchners „*Woyzeck*" von Friedrich Dürrenmatt (Uraufführung 17. Februar 1972) im Schauspielhaus Zürich

„Der grässliche Fatalismus der Geschichte": Friedrich Dürrenmatt und Georg Büchner

ULRICH WEBER

Prolog in der Akademie

Peter Handke war 31, Reiner Kunze 44, Christa Wolf 51, Wolfdietrich Schnurre 63 – so rechnete sich Friedrich Dürrenmatt in einem Exemplar des Reclambändchens mit den Büchner-Preis-Reden 1972-1983[1] aus, vermutlich, als dem damals 65-jährigen Autor im Mai 1986 die Verleihung des wichtigsten deutschen Literaturpreises angekündigt wurde. Max Frisch hatte ihn 28 Jahre zuvor bekommen. Dürrenmatt war nicht unsensibel gegenüber der Wertschätzung durch die literarische Öffentlichkeit. In der Tat musste er, der immerhin während Jahren zum Favoritenkreis für den Literaturnobelpreis gezählt hatte, die bisherige Nicht-Berücksichtigung unter den Autoren, die „in deutscher Sprache schreiben, durch ihre Arbeiten und Werke in besonderem Maße hervortreten und die an der Gestaltung des gegenwärtigen deutschen Kulturlebens wesentlichen Anteil haben"[2] (wie es in der Satzung der Akademie heißt), als weiteres Indiz dafür nehmen, dass er zwar seit seinen Großerfolgen der fünfziger und frühen sechziger Jahre zum kanonisierten Schullektüre-Autor geworden war, als Schriftsteller in Deutschland aber trotzdem oder gerade deswegen nicht mehr wirklich ernst genommen wurde. Dass er den Preis dann doch noch bekam, war weniger als Anerkennung seines Spätwerks denn als Abtragung einer Altlast zu verstehen. „Spätestens damals, vor dreißig Jahren, hätte ihm die Deutsche Akademie für Sprache und Dichtung den Büchner-Preis verleihen müssen und risikolos verleihen können",[3] meint Georg Hensel in seiner Laudatio mit Verweis auf den Welterfolg *Der Besuch der alten Dame*, und der Präsident der Akademie, Herbert Heckmann, entschuldigte sich: „Auch ich dachte, Dürrenmatt hätte den Büchner-Preis schon längst."[4]

---

[1] Büchner-Preis-Reden, 1972-1983. Stuttgart 1984. Vgl. die Abbildung im Katalog der Autorenbibliothek Friedrich Dürrenmatts in der Datenbank HelveticArchives, Signatur SLA-FD-D-01-SZ-A-07/02-2. https://www.helveticarchives.ch/ (7.2.2011).

[2] http://www.deutscheakademie.de/preise_buechner_satzung.html (7.2.2011).

[3] Georg Hensel: Komödien der Untergänge. Lobrede auf Friedrich Dürrenmatt, den Träger des Georg-Büchner-Preises 1986. In: Frankfurter Allgemeine Zeitung. 11. Oktober 1986.

[4] „Wir werden Manöverkritik betreiben". In: Börsenblatt für den deutschen Buchhandel. 17.10.1986, S. 2775/2780.

Die Auszeichnung kann jedoch auch unter dem Gesichtspunkt der Ver-
bundenheit des Geehrten mit Georg Büchners Werk verstanden werden,
und in dieser Hinsicht kam die Ehrung genau zum richtigen Zeitpunkt, hatte doch Dürrenmatt soeben die dritte Fassung seiner Komödie „*Achterloo*"
abgeschlossen, in der der Schriftsteller Georg Büchner seinen Auftritt hat.

Büchner ist eine der Galionsfiguren der literarischen Moderne,[5] bei Dürrenmatt spielt er allerdings für das kanonisierte Werk von „*Romulus der
Große*" (1949) über die frühen Kriminalromane (1951/52) und den „*Besuch
der alten Dame*" (1956) bis zu den „*Physikern*" (1962) und zum „*Meteor*"
(1966) kaum eine Rolle, er taucht in Dürrenmatts dramentheoretischen
Äußerungen nur ganz am Rande auf, und es gibt, abgesehen von den lauen
Rezensionen und beiläufigen Erwähnungen von Dürrenmatts Zürcher „*Woyzeck*"-Inszenierung von 1972, auch kaum Forschungsliteratur zum Verhältnis
Dürrenmatt - Büchner. Erst mit „*Achterloo*" und der Verleihung des Büch-
ner-Preises gerät Dürrenmatt in den Focus der Büchner-Rezeptions- und
Wirkungsforschung.[6] Doch die Frage nach seiner Beziehung zu Büchner
führt zunächst zu den Anfängen seines Schreibens zurück.

„*Weihnacht*" – eine Initiation

Dürrenmatt selbst hat in den autobiografischen Teilen seiner „*Stoffe*"
verschiedene schriftstellerische Initialszenen präsentiert. Eine davon spielt
in Zürich:

> Ich begann Erzählungen zu schreiben, die erste, *Weihnacht*, am Heiligen Abend
> 1942. Ich war am Morgen bei trübem, naßkaltem Wetter zufällig auf den Gedenk-
> stein Büchners gestoßen und schrieb danach die wenigen Sätze der Erzählung in
> einem Café im Niederdorf ohne zu stocken in ein Notizbuch. Dann fuhr ich nach
> Bern zum Weihnachtsfest.[7]

Durch die Erzählung über den Besuch beim Büchner-Gedenkstein stellt
sich Dürrenmatt im Rückblick geradezu bekenntnishaft in eine Tradition

---

[5] Vgl. Dietmar Goltschnigg (Hg.): Georg Büchner und die Moderne. Texte, Analysen,
Kommentare. 3 Bde. Berlin 2001-2004.
[6] Vgl. Goltschnigg: Georg Büchner und die Moderne (Anm. 5). Bd. 2, S. 131-133. In
Dietmar Goltschnigg: Rezeptions- und Wirkungsgeschichte Büchners. Kronberg/Ts.
1975 bleibt Dürrenmatt noch unerwähnt.
[7] Friedrich Dürrenmatt: Labyrinth: Stoffe I-III. Werkausgabe in 37 Bänden. Zürich 1998
(im Folgenden zitiert als „WA"). Bd. 28, S. 279.

und weist indirekt auf das Märchen der Großmutter im „*Woyzeck*"[8] hin, das bereits vor diesem Hinweis des Autors von der Forschung als Prätext zu „*Weihnacht*" angesprochen worden war.[9]

Friedrich Dürrenmatts Kurzgeschichte zeigt ein Ich, das über eine schneebedeckte Ebene geht, in die Stille schreit, ohne sich hören zu können, am Boden ein lebloses, puppenhaftes Christuskind findet, dessen Heiligenschein nach altem Brot und dessen Kopf nach Marzipan schmeckt. Der Ich-Erzähler lässt das Kind liegen und geht weiter. Die Referenz zu Büchners Märchen vom Waisenkind, das auch bei den Gestirnen keinen Trost findet, liegt in der knappen Form mit den identischen Anfangsworten „Es war" und vor allem in der kosmischen Einsamkeit, die durch die desillusionierende Nennung von Himmel, Sonne, Mond und Sternen in beiden Texten evoziert wird. Aus dem armen Waisenkind des Märchens wird ein absolut isoliertes „Ich". Gegenüber dem lakonischen Märchenton in hessischem Dialekt und der syndetisch-parataktischen Reihung Büchners ist Dürrenmatts Ich-Erzählung mit ihrem demonstrativen Formwillen, der asyndetischen Fügung von einfachen, teilweise elliptisch verkürzten Aussagesätzen und mit ihrem Pathos der Verlorenheit durch den Expressionismus geprägt, der wiederum Büchner zu seinen Ahnen zählte.

Die Entstehung des kurzen Texts „*Weihnacht*" nahm der Student Dürrenmatt damals wohl kaum als herausragendes Ereignis wahr, erwähnt er sie doch in den Briefen an die Eltern aus jener Zeit, in denen er ausführlich über seine zeichnerischen und literarischen Versuche schreibt, mit keinem Wort. Doch indem er sie 1952 an den Anfang des Sammelbandes seiner frühen Erzählungen („*Die Stadt*") stellt[10], sie so als ältesten Text ins gültige Werk aufnimmt[11] und später in autobiografischem Kontext darauf zurückkommt, macht er Georg Büchner zum Wegbegleiter seiner literarischen Initiation, die sich als gescheitertes religiöses Initiationsritual der Eucharistie präsentiert.

Die Erzählung entsteht in der Zeit des Zweiten Weltkriegs, die den verschonten jungen Mann ratlos gegen eine allumfassende Sinnlosigkeit rebellieren lässt, da die von der Elterngeneration angebotenen Weltmodelle alle Glaubwürdigkeit verloren haben. Der Germanistikstudent Fritz Dürrenmatt,

---

[8] Georg Büchner: Werke und Briefe. Münchner Ausgabe. Hg. von Karl Pörnbacher, Gerhard Schaub, Hans-Joachim Simm und Edda Ziegler. München 1988, S. 252.
[9] Vgl. z. B. Armin Arnold: Friedrich Dürrenmatt (Köpfe des XX. Jahrhunderts 57). Berlin 1969, S. 10; Peter Spycher: Friedrich Dürrenmatt – Das erzählerische Werk. Frauenfeld, Stuttgart 1972, S. 40.
[10] Friedrich Dürrenmatt: Die Stadt. Zürich 1952, S. 11.
[11] Friedrich Dürrenmatt: Die Stadt. Zürich 1952, S. 11.

der an die Tür seiner Zürcher Studentenbude die Anschrift „nihilistischer Dichter" heftet, sucht gerade während dieses Winters 1942/43 Väter und Großväter für seine angestrebte Dichtung: Büchner, Grabbe, Kafka, Heym hinterlassen wohl die nachhaltigsten Eindrücke. Nicht, dass ihm diese Autoren an der Universität besonders nahegelegt würden: In Bern liest Fritz Strich über Goethe, in Zürich Emil Staiger über Hölderlin. Die Frage ist denn auch nicht eine akademische, sondern eine existenzielle: Wie schreibt ein junger Autor in der Schweiz, in der Scheinidylle der angeblichen Freiheits- und Friedensinsel, während die Schlacht von Stalingrad tobt? Wie kann Zeitgenossenschaft Ausdruck finden im Bewusstsein, dass das Wesentliche außerhalb des eigenen Erfahrungshorizonts stattfindet und man sich gewissermaßen auf der historischen Zuschauerbank befindet?[12] Dürrenmatt orientiert sich bei seinen Anfängen als Dramatiker an literaturgeschichtlichen Modellen einer Ästhetik des Grotesken: In seinem ersten Drama, zunächst „*Der Knopf*" genannt, das er als Manuskript unter dem Titel „*eine komödie*" im Herbst 1943 abschließt, nimmt er die Sprache, mit der er auf seine unsichtbare Kriegsumwelt zu reagieren versucht, aus der Literatur. Adam heißt der Protagonist, der als entlassener Soldat durch die Trümmer einer Stadt geht. „Fliegendreck" und „Ferkelschrei" heißen etwa weitere Akteure, was an sprechenden Namen bei Grabbe wie „Rattengift" erinnert. Die Omnipräsenz von Zerstörung, Gewalt, Sexualität und Tod verbindet Dürrenmatts dramatischen Erstling ebenso mit „*Dantons Tod*" wie die Komposition als Stationendrama aus scheinbar zufällig aneinandergereihten Szenen ohne klare Tektonik, aber mit einer Zentralfigur, sodass Dürrenmatt im Rückblick zu Recht von „Szenen in büchnerschem Stil"[13] spricht. Die derbe, zotenreiche Sprache erinnert deutlich an Büchners revolutionäres Paris in „*Dantons Tod*": „FLIEGENDRECK: he! kann einer nicht seine portion unzucht haben! kann einer nicht mit ruhe zwischen zwei schenkel [sic] liegen. scher dich zum teufel."[14] Die Bemühung um drastische Metaphern, um grotesken Witz zeigt ebenfalls den Einfluss von Büchners Revolutionsdrama: „o, deine brüste! sie sind seile, daran sich einer hängen möchte. In deinem nabel ertränke ich mich und deine schamlip-

---

[12] Vgl. dazu Peter Utz: Die Katastrophe im Blick. Literarische Betrachtungen zur Schweiz auf der Zuschauerbank. In: Elio Pellin und Ulrich Weber (Hg.): „Wir stehen da, gefesselte Betrachter". Theater und Gesellschaft. Göttingen, Zürich 2010 (Sommerakademie Centre Dürrenmatt Neuchâtel; 2), S. 15-37.

[13] Friedrich Dürrenmatt: Labyrinth (Anm. 7), S. 209.

[14] Friedrich Dürrenmatt: eine komödie. Schweizerisches Literaturarchiv. Nachlass Dürrenmatt. Manuskript FD-A-m2 II, S. 1.

pen sind eine wunderschöne gui[l]lotine".[15] Und als weiteres Mittel in der Tradition von „*Dantons Tod*" und „*Woyzeck*" setzt Dürrenmatt derbe Chansons oder Volkslieder ein; eines davon, vorgetragen vom „Einbein Rasputin", spielt direkt auf den „*Woyzeck*" an: „ich musst in den krieg / mein weib hiess marie / der general zog die hose aus / und schlief mit ihr / dideldideldum [...] sie bekam ein kind / war weiss wie der schnee [...]"[16] Inmitten des Szenarios von Lust, Gewalt und Tod werden philosophisch-theologische Reden gehalten; wie ein Abklatsch des Pantheismus im ironischen Gespräch zwischen Payne und Mercier in „*Dantons Tod*" („wenn der liebe Herrgott in jedem von uns Zahnweh kriegen, den Tripper haben [...] kann"[17]) klingt der Dialog zwischen Clairy und Vogeltritt: „CLAIRY: so will ich dir meine zweifel in aller ruhe auseinanderlegen und vor dir in aller sorgfalt meine philosophischen unterhosen aufknöpfen. gesetzt das[s] diese leere bouteille gott sei, so habe ich gott ausgetrunken, gott ist in mir, folglich bin ich gott."[18] Auch der Zynismus gegenüber den Schwächsten verbindet Dürrenmatts „*komödie*" mit „*Dantons Tod*": Billaud, Mitglied des Wohlfahrtsausschusses, meint auf die Mitteilung des Gefängnisschließers, in St. Pelagie würden Gefangene im Sterben liegen und nach einem Arzt verlangen: „Das ist unnötig, so viel Mühe weniger für den Scharfrichter", und auf den Hinweis, es seien schwangere Frauen dabei: „Desto besser, da brauchen ihre Kinder keinen Sarg."[19] Bei Dürrenmatt heißt es: „*ein* WEIB *stürzt herein. umklammert* SCHNABELS *knie*: zu essen. meine kinder sterben im hunger / SCHNABEL *stösst sie mit füssen* / gib ihnen leichen zu fressen."[20], und auf den Ausruf des sterbenden Weibs: „mein bauch" antwortet Schnabel mit einer Aufforderung, die die berühmte Frage aus Büchners „Fatalismus-Brief" vom März 1834 (und dessen Wiederaufnahme durch Danton in Szene II, 5) anklingen lässt: „brennt nieder! saufft! hurt! schlagt tot! dass wir uns die ewige verdammnis verdienen."[21]

Es erübrigt sich, den Affinitäten und Anklängen weiter im Detail nachzuhorchen – Dürrenmatt entwickelt eine deutlich unter dem Einfluss Büchners stehende Tonlage – eine Rebellion gegen das Leid in der Welt, die einer Ästhetik des Grauens folgt und eine Maske zynischer Lust aufsetzt. – Es werden die deutlich epigonalen Züge bei fehlender philosophisch-ästhetischer

[15] Dürrenmatt: eine komödie (Anm. 14), S. 2.
[16] Dürrenmatt: eine komödie (Anm. 14), S. 14.
[17] Georg Büchner: Werke und Briefe (Anm. 8), S. 106.
[18] Dürrenmatt: eine komödie (Anm. 14), S. 20.
[19] Büchner: Werke und Briefe (Anm. 8), S. 115.
[20] Dürrenmatt: eine komödie (Anm. 14), S. 29.
[21] Dürrenmatt: eine komödie (Anm. 14), S. 29.

Durchdringung des Stoffs sein, die Dürrenmatt davon abhielten, das Stück in
sein gültiges Werk aufzunehmen. Es blieb bei einer Überarbeitung im Jahr
1952 (wobei die Büchner-Reminiszenzen teilweise zurückgenommen wurden) und dem Abdruck dieser Neufassung unter dem Titel „*Untergang und
neues Leben*" im Anhang des ersten Bandes der Werkausgabe von 1981.[22]
    Auch in Dürrenmatts 1947 uraufgeführtem Stück „*Es steht geschrieben*"
sind die hier beschriebenen Stilmittel sichtbar, etwa in den Bürgerszenen,
in denen sich die Lüsternheit in gleichem Maße auf das andere Geschlecht
wie auf die öffentlichen Hinrichtungen richtet.[23] – Max Frisch, der als bereits etablierter Autor das Manuskript dieses Stücks las, wandte sich darauf
in einem Brief an den noch unbekannten Studenten Fritz Dürrenmatt, in
dem er seine Bewunderung für dessen kraftvollen und bildmächtigen dramatischen Wurf ausdrückte, nicht ohne darauf hinzuweisen, dass „gewisse
Einflüsse noch allzu spürbar sind", er habe neben Claudels „*Seidenem
Schuh*" „manchmal an den genialischen Georg Büchner"[24] gedacht.

Eigene Wege

Büchner wird von Dürrenmatt in der Folge kaum erwähnt, und es finden
sich auch kaum mehr intertextuelle Bezüge oder Stilanleihen. Andere Autoren wie Aristophanes, Shakespeare, Nestroy, Wedekind oder Brecht werden wichtiger; Dürrenmatt entwickelt seinen eigenen Stil und stellt ihn in
einen literaturgeschichtlichen Kontext. Nur einmal, in den „*Theaterpro-
blemen*" von 1955, erwähnt er Büchner kurz in seiner dramengeschichtli-
chen Argumentation: Er deutet den „*Woyzeck*" als sozialgeschichtliche
Fortsetzung des bürgerlichen Trauerspiels:

> Wenn nun bei Lessing und bei Schiller das bürgerliche Trauerspiel eingeführt
> wird, so sieht damit das Publikum sich selbst als leidenden Helden auf der Bühne.
> Dann ging man noch weiter. Büchners Woyzeck ist ein primitiver Proletarier, der
> weniger darstellt, sozial gesehen, als der durchschnittliche Theaterbesucher. Das
> Publikum soll nun eben gerade in dieser extremen Form des Daseins, in dieser
> letzten, erbärmlichsten Form auch den Menschen, sich selbst, sehen.[25]

---

[22] Friedrich Dürrenmatt: Untergang und neues Leben. In: WA. Bd. 1, S. 259-292. Das
zitierte Lied des einbeinigen Rasputin findet sich weitgehend unverändert auf S. 270,
die übrigen zitierten Büchner-Anlehnungen fehlen in der überarbeiteten Fassung.
[23] Friedrich Dürrenmatt: Es steht geschrieben. In: WA. Bd. 1, S. 9-148, z. B. S. 45 ff.
[24] Max Frisch: Brief an Friedrich Dürrenmatt. 22.1.1947. In: Max Frisch/Friedrich Dürrenmatt: Briefwechsel. Mit einem Essay des Herausgebers Peter Rüedi. Zürich 1998, S. 96.
[25] Friedrich Dürrenmatt: Theaterprobleme. In: WA. Bd. 30, S. 57 f.

Wenn Dürrenmatt in der Fortführung der Argumentation auf die zeitgenössischen Möglichkeiten des Theaters zu sprechen kommt und schreibt: „Die Kunst dringt nur noch bis zu den Opfern vor, dringt sie überhaupt zu Menschen, die Mächtigen erreicht sie nicht mehr",[26] dann lässt sich diese Aussage besser auf den „*Woyzeck*" oder auf Horváths Tragödien der kleinen Leute beziehen denn auf Dürrenmatts eigene Dramatik, stellt er doch selten die Opfer ins Zentrum, rückt vielmehr zweifelhafte Herrscher, politische und ökonomische Potentaten oder wissenschaftliche und literarische Ausnahmeerscheinungen ins Scheinwerferlicht; oft inszeniert er seine Schachspiele der Macht als Schein-Staatsaktionen mit einem demonstrativen Gestus des ‚Als ob es heute noch die echten Repräsentanten gäbe'.

Wenn man den reifen Dürrenmatt als Dramatiker betrachtet, kommt man mithin nicht auf direktem Weg zu Georg Büchner. Viel näher liegen Bezüge zu Schiller – obwohl Dürrenmatt die Skepsis gegenüber Schillers Pathos der Tragödie mit Büchner teilt und für seine Dramaturgie der Distanz weiterhin das auch Büchner vertraute Stilmittel der Groteske verwendet. Dürrenmatt ist in seiner Opposition viel konkreter auf Schiller bezogen als in seiner Sympathie auf Büchner. Sein Konzept der dramatischen Gegenwelten kann in der Nachfolge der Schillerschen Verfremdung ins Ideale gesehen werden: als eine Formung der undarstellbaren Welt zur Kenntlichkeit durch die Verfremdung ins Groteske. Enger in der Traditionslinie Büchners als Dürrenmatts antimimetische Dramatik kann man das zeitgenössische Dokumentartheater sehen, verfolgt doch Büchner wie jenes mit seiner Montagetechnik aus Textdokumenten bei aller selbstbezüglichen ästhetischen Reflexion einen kritisch-realistischen, veristischen Ansatz:

> [...] der dramatische Dichter ist in meinen Augen nichts, als ein Geschichtsschreiber, steht aber über Letzterem dadurch, daß er uns die Geschichte zum zweiten Mal erschafft und uns gleich unmittelbar, statt eine trockne Erzählung zu geben, in das Leben einer Zeit hinein versetzt, uns statt Charakteristiken Charaktere, und statt Beschreibungen Gestalten gibt. Seine höchste Aufgabe ist, der Geschichte, wie sie sich wirklich begeben, so nahe als möglich zu kommen.[27]

Das sind Sätze, die Dürrenmatt niemals unterzeichnet hätte.

Der a-tektonischen Stationendramaturgie Büchners, die noch prägend für Dürrenmatts erste Stücke war, steht beim reifen Dürrenmatt eine Neigung zu klaren symmetrisch-tektonischen Kompositionsformen – oft verbunden

---

[26] Dürrenmatt: Theaterprobleme (Anm. 25), S. 60.
[27] Brief an die Familie. 28.7.1835. In: Georg Büchner: Werke und Briefe (Anm. 8), S. 305 f.

mit der Form eines doppelten Durchgangs – gegenüber. Je mehr Dürrenmatt seine eigene groteske Ästhetik der Tragikomödie entwickelt, desto
mehr rückt die Affinität zu Büchner in den Hintergrund.

Erneute Begegnung: „*Woyzeck*" am Schauspielhaus

Die Kritik war einigermaßen erstaunt,[28] dass Dürrenmatt bei seiner Inszenierung von Büchners „*Woyzeck*" am Schauspielhaus Zürich im Jahr 1972
(Premiere: 17.2.) das Stück im Unterschied zu seinen erfolgreichen und
spektakulären Basler Shakespeare- und Strindberg-Adaptionen von
1968/69 behutsam anfasste und die Tragödie nicht ins Komisch-Groteske
kehrte, um derart Distanz zu erzeugen. Er ließ den Wortlaut zu großen Teilen unverändert und beschränkte sich darauf, aus dem Textmaterial ein
spielbares Drama zu machen, wie viele andere Regisseure und Dramatur-
gen: „[...] beim [Woyzeck] war wiederum das alte Problem zu lösen, welche Szenen aus dem Bündel von Fragmenten zusammenzustellen seien. Ich
wählte eine neue Fassung: meine."[29] – Dürrenmatt spricht von einer „Collage nach meinen dramaturgischen Gesichtspunkten"[30]. Als besonderen
Eingriff gegenüber anderen Interpretationen und Zusammenstellungen der

---

[28] So Günter Rühle in der *Frankfurter Allgemeinen Zeitung* vom 22.2.1972 und Benja-
min Henrichs in der *Süddeutschen Zeitung* vom gleichen Tag.

[29] Friedrich Dürrenmatt: Anmerkungen [zu *Urfaust* und *Woyzeck*]. In: WA. Bd. 13, S. 194.

[30] Dürrenmatt: Anmerkungen (Anm. 29), S. 197. Dürrenmatt arbeitet, wie er im Exemplar in seiner Bibliothek notiert, mit der Ausgabe Georg Büchner: Woyzeck. Texte und
Dokumente. Kritisch herausgegeben von Egon Krause. Frankfurt: Insel 1969. Zugleich
stützt er sich aber auch auf die kritische „Hamburger Ausgabe" von Werner R. Leh-
mann (Hamburg 1967), deren Bände 1 und 2 sich ebenso in seiner Bibliothek finden
wie die „Münchner Ausgabe": Georg Büchner: Werke und Briefe. Dramen, Prosa,
Briefe, Dokumente. Mit einem Nachwort von Fritz Bergemann. München [5]1971, in die
er handschriftlich die Szenenfolge seiner Fassung notiert. Weiter hat er in seinen
Beständen ein Bibliotheksexemplar gehortet: Hans Mayer: Georg Büchner. Woyzeck.
Vollständiger Text und Paralipomena. Dokumentation (Dichtung und Wirklichkeit.
Hg. von Hans Schwab-Felisch und Wolf Johst Siedler). Frankfurt, Berlin 1963. Es
kommen in späteren Jahren weitere Büchner-Ausgaben hinzu, darunter die Neufassung
der „Münchner Ausgabe" von 1981 mit den Kommentaren von Karl Pörnbacher,
Gerhard Schaub, Hans-Joachim Simm und Edda Ziegler (3. Aufl. 1984) sowie die
Büchner-Monografie von Gerhard P. Knapp. Vgl. den Online-Katalog der Autorenbibliothek Friedrich Dürrenmatts im Centre Dürrenmatt Neuchâtel in der Datenbank
HelveticArchives: https://www.helveticarchives.ch/archivplansuche.aspx. Der Katalog
ist noch in Arbeit. Zur Zeit der Drucklegung waren noch nicht alle Büchner-Ausgaben
katalogisiert.

Szenenfolge erwähnt er die Identifikation von Barbier und Unteroffizier aus H1 mit Woyzeck und Tambourmajor aus H4, sodass Woyzeck seinen ihn demütigenden Nebenbuhler rasieren muss. Dieser Kunstgriff war auch für Dürrenmatts Regie zentral: „Dürrenmatt hat die Inszenierung anscheinend auch ganz auf diesen Motivationspunkt hin entwickelt, als wolle er probieren, ob die Szene paßt", schreibt Günter Rühle in der „*Frankfurter Allgemeinen Zeitung*" vom 22.2.1972. Zudem ordnet und interpretiert Dürrenmatt die „*Woyzeck*"-Fragmente in seinen 23 „Bildern" so, dass der Titelheld sich am Schluss nicht im Wasser das Leben nimmt, vielmehr im letzten Bild zu Hause neben dem ertrunkenen Kind und der ermordeten Marie auf dem Bett liegt. (Dies ist eine zwar selten gespielte und in Lesefassungen kaum zu findende, aber durchaus bekannte Lesart in der Büchner-Dramaturgie und -Philologie.) Der Akzent auf der Rasierszene, verbunden mit dem am Schluss überlebenden Woyzeck, wird es Dürrenmatt Jahre später in „*Achterloo*" erlauben, sich für Woyzeck eine fortgesetzte Lebensgeschichte als Barbier und Henker auszudenken.

Dürrenmatts „*Woyzeck*"-Inszenierung hat keine hohen Wellen geschlagen und wurde bald abgesetzt. Günter Rühle, um nur ein repräsentatives Beispiel der Kritik zu zitieren, ordnet sie in der „*Frankfurter Allgemeinen Zeitung*" der „Krisengeschichte dieses Dramatikers, der der stärkste war und noch immer keinen Nachfolger fand", zu. Er findet das Stück „episch gelängt", den Schluss „nicht frei von Irritation", moniert trotz grundsätzlich wohlwollender Prüfung der Inszenierung teilweise dilettantische Regiefehler Dürrenmatts; findet die Inszenierung „flächiger, als sie sein darf" und „das dramaturgische Konzept Dürrenmatts fesselnder als die Darstellung".

Unmittelbar nach der Premiere der „*Woyzeck*"-Inszenierung fängt Dürrenmatt mit der Arbeit am Stück „*Der Mitmacher*" (Uraufführung am Schauspielhaus Zürich im März 1973) an. Man kann sich fragen, ob die Zentralfigur, Doc, der Leichenvernichter, nicht auch als eine Art neuer Woyzeck konzipiert ist, zugleich Opfer und Täter, der gedemütigt wird und seine Geliebte, die auch jene seines ihn demütigenden mafiösen Auftraggebers ist, zwar nicht selbst umbringt, aber doch ihre Leiche im Säurebad auflöst. Auch in diesem Fall liegt die Hauptfigur am Ende neben dem toten Sohn und der toten Geliebten (unsichtbar im Kühlraum) am Boden, auch er physisch überlebend und zugleich vernichtet in seiner ganzen Existenz.

Ulrich Weber

Büchner als Wissenschaftler – Die Preisrede

Als Friedrich Dürrenmatt 1986 mit dem Georg-Büchner-Preis ausgezeichnet wird und am 10. Oktober in Darmstadt seine Dankesrede hält, zeigen sich Kritik und Publikum, eingestimmt durch eine Laudatio von Georg Hensel, die Dürrenmatt als pointensicheren und grimmigen Komödienautor würdigt, und mehrheitlich wohl in Unkenntnis von Dürrenmatts jüngeren erkenntniskritisch ausgerichteten Essays und Vorträgen, wiederum überrascht davon, dass der geehrte Dramatiker weder humorvoll über sein eigenes dramatisches Werk spricht noch über Büchners Theaterstücke und ihre revolutionäre Bedeutung für die moderne Dramatik, dass er sich vielmehr in dichtem, eher monotonem Vortrag auf Büchners wissenschaftliche Arbeit konzentriert: Zum Ausgangspunkt seiner Erörterungen nimmt er Büchners Pläne zu einer Vorlesung über die Geschichte der deutschen Philosophie im Anschluss an Descartes und Spinoza – ein Unternehmen, von dem Dürrenmatt vermutet, es sei „vermittels der beiden mit Leibniz' letzten radikalen Metaphysiken" darum gegangen, „zu überprüfen, wie weit mit der Mathematik zu kommen sei".[31] Er referiert in der Folge ausführlich Büchners Zürcher Probevorlesung *„Über Schädelnerven"* und situiert Büchner als Schüler Goethes und Lorenz Okens in einer philosophischen und naturwissenschaftlichen Übergangsphase zwischen dem deutschen Idealismus, dem Materialismus von Marx und Feuerbach und dem Darwinismus. Er kommt zur etwas gewagten Annahme, dass die Zürcher Probevorlesung an Stelle der geplanten Vorlesung über die neuere deutsche Philosophie getreten sei. „Büchner wurde aus der Philosophie in die Naturwissenschaft geschleudert",[32] stellt er fest und schließt daraus, „in der Vorlesung über Schädelnerven sei seine eigene Phi-

---

[31] Friedrich Dürrenmatt: Georg Büchner und der Satz vom Grunde. In: WA. Bd. 36, S. 59-71, hier S. 60.
[32] Dürrenmatt: Georg Büchner (Anm. 31), S. 62. Dürrenmatt unterstreicht diese Sichtweise noch einmal kurz vor seinem Tod im Gespräch mit Christian Haller (vgl. Friedrich Dürrenmatt: Dramaturgie des Denkens. Gespräche 1988-1990. Zürich 1996, S. 185 f.). Die Lebensphase Büchners, in der sich dieser Wechsel abspielte, war so kurz, dass derartige Vermutungen über eine endgültige Neuorientierung höchst spekulativ erscheinen. Es waren primär pragmatische Gründe, die Büchner in Zürich vorerst zur Beschränkung auf die vergleichende Anatomie und zur Zurückstellung der Pläne zu einer Vorlesung über Philosophie führten, sodass man – gerade angesichts von Büchners frühem Tod – nicht davon ausgehen kann, dass dieser Wechsel von der Literatur zur Philosophie und von dieser zur Naturwissenschaft definitiv und ausschließlich war. Vgl. Jan-Christoph Hauschild: Georg Büchner. Biographie. Stuttgart, Weimar 1993, S 575 f.

losophie versteckt"[33]. Der in Frankreich und England vorherrschenden teleologischen, die Natur auf Zwecke hin deutenden Naturauffassung stellt Büchner die „deutsche" entgegen, die er selber vertritt. Der Kern dieser kausal orientierten, nach Wirkungen fragenden „philosophischen" Position der Naturwissenschaft besteht, so Dürrenmatt, Büchner paraphrasierend, darin, dass „die Natur nicht nach Zwecken" handle, sondern „in allen ihren Äußerungen sich unmittelbar selbst genug" sei. „Alles, was sei, sei um seiner selbst willen da. Das Gesetz dieses Seins zu suchen, sei das Ziel [...]." Das ganze körperliche Dasein des Individuums werde dieser Haltung zufolge „nicht zu seiner eigenen Erhaltung aufgebracht, sondern es werde die Manifestation eines Urgesetzes, eines Gesetzes der Schönheit, das nach den einfachsten Rissen und Linien die höchsten und reinsten Formen hervorbringe."[34]

Indem Dürrenmatt Büchners Naturauffassung in einen Kontext mit Kants Philosophie stellt, macht er ihre Grenzen aus modern-naturwissenschaftlicher Sicht deutlich: Er sieht in dieser Suche nach dem Gesetz der Schönheit – historisch bedingt – einen wissenschaftlichen Irrweg. Zwar ist diese von Büchner vertretene Schule in ihrer Kritik der teleologischen Naturauffassung richtig, doch verfällt sie, so Dürrenmatt, mit der Suche nach der idealen Urform des Tiers einem Regress in die Metaphysik, der unvereinbar ist mit der wenig später entwickelten Evolutionstheorie und einem modernen Konzept von Naturwissenschaft, für welches der Regressus ad infinitum, die Frage nach der Ursache der Ursache, unumgänglich ist.[35] Mit der Orientierung an der idealistisch-morphologischen Wirbeltheorie Goethes und Lorenz Okens befand sich Büchner in der Tat in einer Richtung der Forschung, die zwei Jahrzehnte später durch Thomas Henry Huxley unter dem Einfluss der Evolutionstheorie Charles Darwins widerlegt wurde.[36]

---

[33] Hauschild: Georg Büchner (Anm. 32), S. 64. Diese These wird inhaltlich von der Büchner-Forschung geteilt. Vgl. Goltschnigg: Georg Büchner und die Moderne (Anm. 5). Bd. 3, S. 132, und Otto Döhner: Neue Erkenntnisse zu Georg Büchners Naturauffassung und Naturforschung. In: Georg Büchner-Jahrbuch 2 (1982), S. 126-132, hier S. 129.
[34] Dürrenmatt: Georg Büchner (Anm. 31), S. 63.
[35] Nicht den Regress ad infinitum kritisiert Dürrenmatt an Büchners Konzeption, wie Goltschnigg (Goltschnigg: Georg Büchner und die Moderne. Anm. 5. Bd. 3, S. 131) und Dedner (Ulrike Dedner: Deutsche Widerspiele der Französischen Revolution. Reflexionen des Revolutionsmythos im selbstbezüglichen Spiel von Goethe bis Dürrenmatt. Tübingen 2003, S. 261-297, hier S. 288) aufgrund der etwas verwirrenden Satzkonstruktion Dürrenmatts verstehen, sondern dass Büchner diesem Regress, wie er ja gemäß Kants – von Dürrenmatt zustimmend angeführter – kritischer Philosophie für die Naturwissenschaft unumgänglich ist, durch den Rückgriff auf das metaphysische Konzept einer idealen Urform entgehen wollte.
[36] Vgl. Goltschnigg: Georg Büchner und die Moderne (Anm. 5), S. 131.

Ulrich Weber

Dürrenmatt sieht Büchner am Übergang zu einem modernen Konzept von Naturwissenschaft und am Anfang der technisch-wissenschaftlichen Moderne, „als sich die Triebräder des wissenschaftlichen und technischen Zeitalters langsam in Bewegung setzten":[37]

> [...] noch zögerten einige, wie Büchner, noch war man auf das unerbittliche Gesetz der Evolution nicht gestoßen, dann stürzte sich notwendigerweise, es gab keine andere Wahl, die Wissenschaft in den Mahlstrom der Gründe, in das größte und kühnste, aber auch gefährlichste Wagnis, das der menschliche Geist je unternommen hat und unternimmt, weil er, indem er die Natur stellt, auch sich selber stellt; sie war es, die den Menschen aufklärte.[38]

Nicht primär in den politischen Konzepten sieht Dürrenmatt die Dynamik der Moderne begründet, sondern in der rasanten Entwicklung der Wissenschaften und deren technischer Ausbeutung. Wenn er dabei so sehr auf die Relevanz Immanuel Kants für die moderne Konzeption der Wissenschaft setzt, obwohl Kant in Büchners Werk kaum eine Rolle spielt, so liegt der Schluss nahe, dass es ihm in seinem Porträt Büchners zwischen Naturwissenschaft, Philosophie und Dramatik indirekt auch um ein Selbstporträt geht: Dürrenmatt schreibt in den „Stoffen", das Studium insbesondere der „Kritik der reinen Vernunft" sei für ihn entscheidender geworden, als er damals, während seines Philosophiestudiums, erahnen konnte, nämlich als eine Philosophie des Scheiterns, die die Ausgänge aus dem Labyrinth menschlicher Erkenntnis zugemauert habe und die metaphysischen Fragen in den Bereich des wissenschaftlich Unbeantwortbaren und des Glaubens gerückt habe.[39] Dürrenmatt stellt als Folge der Kantischen Metaphysikkritik die Aufspaltung in zwei Kulturen fest. Die eine, naturwissenschaftliche, führe mit jedem zusätzlichen Wissen, jedem neuen Grund des Grundes, weiter ins Nicht-Wissen hinein, die andere, literarische, sei zur sophistischen Bedeutungslosigkeit verdammt, wenn sie nicht ideologisch der Macht zudiene. Bereits 1956 hatte Dürrenmatt im Aufsatz „Vom Sinn der Dichtung in dieser Zeit" den Verdacht geäußert, „ob nicht die Form der heutigen Philosophie die Naturwissenschaft sei, ob wir uns nicht einer Täuschung hingeben, wenn wir glauben, immer noch die alte Philosophie des Worts in irgendeiner Form aufrechterhalten zu können [...]"[40]. Und er ist nicht müde geworden, auf die Relevanz des Verständnisses der Mathematik

---

[37] Dürrenmatt: Georg Büchner (Anm. 31), S. 70.
[38] Dürrenmatt: Georg Büchner (Anm. 31), S. 67 f.
[39] Vgl. Friedrich Dürrenmatt: Turmbau: Stoffe IV-IX (WA. Bd. 29), S. 122-124.
[40] Friedrich Dürrenmatt: Vom Sinn der Dichtung in dieser Zeit. In: WA. Bd. 32, S. 60-69 und S. 62.

und der Naturwissenschaften für jegliche Art des modernen Schreibens hinzuweisen, seine literarische Praxis darauf abzustimmen und sie in seinen poetologisch-erkenntniskritischen Essays (wie „*Albert Einstein*") theoretisch zu fundieren. Dabei wird ihm Büchner, der sich unter Berufung auf die „Natur" der Opposition von Körper und Geist, von Natur und Moral, von Dichtung und Forschung entgegenstellt, ohne dass Dürrenmatt dies explizieren würde, zur Leitfigur.

Doch nicht nur in seiner Hinwendung zur Naturwissenschaft und seinen Versuchen, die zwei Kulturen zu vereinen, ist Büchner für Dürrenmatt ein Wesensverwandter; auch in seiner politischen Haltung identifiziert sich Dürrenmatt indirekt mit Büchner, setzt er ihn doch als Rebellen und Skeptiker dem geschichtsphilosophischen Dogmatismus von Marx entgegen:

> Büchner empörte sich über die Zustände, Marx sah sein Denken durch die Zustände bestätigt, Büchner sah den Menschen an sich selber scheitern, Marx übersah den Menschen. Büchner war Realist, er sah im Verhältnis zwischen Armen und Reichen das einzige revolutionäre Element in der Welt. Hinter Marx wird Hegel sichtbar, dessen von Fichte übernommene Dialektik, [...] das Blut stampfende Schreiten des Weltgeistes durch die Zeit.[41]

Auch Dürrenmatt war „überzeugt vom gräßlichen Fatalismus der Geschichte, von der entsetzlichen Gleichheit der Menschennatur und der unabwendbaren Gewalt der menschlichen Verhältnisse"[42]. In der Gegenüberstellung von Büchner und Marx verweist Dürrenmatt implizit auf eine Konstellation, in die er sich selbst eingezwängt sah: Der Marxismus, den er in verschiedenen Essays seit den späten 1960er-Jahren als Irrweg mit zwar berechtigten politischen Grundanliegen, aber ideologisch-religiösen Zügen problematisiert, wird ihm indirekt von der von Brecht ausgehenden Kritik als Maßstab vorgehalten, dem er nicht genüge.

Fortschritt ist ihm eine sehr zweifelhafte Kategorie, wie er mit dem fingierten Blick des Sokrates auf die Moderne deutlich macht, der unter Stirnrunzeln und Kopfschütteln die Perversionen der Aufklärung zur Kenntnis nimmt.

Dürrenmatt schließt seine Rede mit dem „gespenstischen Bild" von Büchner im November 1836, „überzeugt vom gräßlichen Fatalismus der Geschichte" in Zürich „am Tage mit dem Skalpell in leidenschaftlichem Trotz auf der Suche nach dem Gesetz der Schönheit, Fische, Frösche und Kröten sezierend und für seine Vorlesungen präparierend, die Lupe vor den

---

[41] Dürrenmatt: Georg Büchner (Anm. 31), S. 65 f.
[42] Dürrenmatt: Georg Büchner (Anm. 31), S. 70.

kurzsichtigen Augen, des Nachts in der Spiegelgasse 12 über Büchern sitzend und am *Woyzeck* schreibend"[43], und zitiert zum Schluss aus den „*Woyzeck*"-Fragmenten die Szene H3, 1 im Hof des Professors bzw. Doktors, in dem die ganze Perversion einer wissenschaftlichen Forschung zum Ausdruck kommt, die von der Suche nach der „organischen Selbstaffirmation des Göttlichen" redet und dabei den Menschen Woyzeck zum malträtierten Versuchsobjekt degradiert.

Es ist jene Perversion der *ratio*, die Dürrenmatt selbst – mit weit von Büchner entfernten dramatischen Mitteln – im Stück „*Die Physiker*" thematisiert.

„*Achterloo*" – mit Büchner von der Rolle

Der Büchner-Vortrag entwickelt sich also zu einem indirekten intellektuellen Selbstporträt Dürrenmatts. Damit korrespondiert die eingangs erwähnte Tatsache, dass in der im gleichen Jahr publizierten Neufassung der Komödie „*Achterloo*" die Figur Georg Büchner als Autor des Stücks im Stück und *alter ego* des realen Autors auftaucht.

Kritik und Forschung sind teilweise ziemlich harsch, um nicht zu sagen vernichtend mit „*Achterloo*" umgegangen: Gerhard P. Knapp schreibt dazu in seiner Dürrenmatt-Monografie: „Als Beitrag zur Büchner-Rezeption des 20. Jahrhunderts leistet ‚Achterloo' nichts. Büchner und Dürrenmatt haben philosophisch und weltanschaulich so gut wie nichts gemein."[44] Und die Quintessenz von Knapps kurzer Pauschalkritik: „Übersteigerung komödiantischer Mittel steht hier an Stelle von textimmanenter Stringenz. Die Verweise auf eine außertheatralische Realität zerflattern in Nonsense und selbstgefälligem Agnostizismus."[45] – Doch verdient der „*Achterloo*"-Komplex „wider eine prompte Erledigung" (Ulrike Dedner) einen genaueren Blick.[46]

---

[43] Dürrenmatt: Georg Büchner (Anm. 31), S. 70 f.
[44] Gerhard P. Knapp: Friedrich Dürrenmatt. Stuttgart 1993 (3., erw. Aufl.), S. 129.
[45] Knapp: Friedrich Dürrenmatt (Anm. 44), S. 130.
[46] Zu einer fruchtbaren Interpretation der Komödie „*Achterloo*" in ihrem Bezug zu Büchner vgl. v. a. Dietmar Goltschnigg: Dürrenmatts Tragikomödie „Achterloo". Ein Stück Welt- und polnischer Zeitgeschichte. In: Literatur im Zeugenstand. Beiträge zur deutschsprachigen Literatur- und Kulturgeschichte. Festschrift zum 65. Geburtstag von Hubert Orłowski. Hg. von Edward Białek, Manfred Durzak und Marek Zybura. Frankfurt am Main etc. 2002, S. 393-410, sowie Ulrike Dedner: Deutsche Widerspiele der Französischen Revolution (Anm. 34).

Wie entsteht der Bezug zu Büchner? Wie kommt es, dass der Autor das Stück im „Nachwort zu *Achterloo IV'*" als „indirektes Porträt Büchners"[47] deklarieren kann? Am Anfang steht das bereits erwähnte „dramaturgische" Weiterdenken des „*Woyzeck*" mit Dürrenmattscher Logik: „Ohne ‚*Woyzeck*' wäre ‚*Achterloo*' nicht entstanden",[48] sagt Dürrenmatt im Gespräch und erläutert den Anschluss weiter:

> Für mich war das Verrückte im *Woyzeck* immer, daß ein Barbier ein Messer kauft. Er rasiert in einer der ersten Fassungen Büchners den Tambourmajor, der mit der Marie geschlafen hat, er hat ihn ‚unter dem Messer' und tötet ihn nicht: ‚Kann Gott das Geschehene ungeschehen machen?' Büchner wiederholt das Rasiermotiv in der letzten Fassung, Woyzeck rasiert den Hauptmann, tötet wieder nicht. Und dann ist die kleine Szene, wie er beim Juden ein Messer kauft zum Töten der Marie, offenbar der Lagerhure. Seine legitime Mordwaffe, sein Rasiermesser wendet er gegen die eigentlich Schuldigen nicht an. Er tötet jene, die von den Schuldigen ebenso mißbraucht wird er, darum hat er auch ein anderes Messer genommen. [...] Woyzeck ist [...] begnadigt worden unter der Bedingung, er werde Scharfrichter, Henker. Der Henker war der Ausgestoßenste der Gesellschaft: Mörder wurden begnadigt und zum Henker gemacht.[49]

Doch ist dieser Woyzeck nach „*Woyzeck*" nicht die zentrale Figur des Stücks. „*Achterloo*" ist allerdings zunächst eine indirekte Darstellung der Ereignisse in Polen im Herbst/Winter 1981, als die von Lech Wałesa angeführte Gewerkschaftsbewegung Solidarność als politische Opposition rasant an Ausstrahlungskraft gewann, das System infrage stellte und schließlich von General Jaruzelski durch die Ausrufung des Kriegsrechts und die Verhaftung Wałesas in der Nacht vom 12. zum 13. Dezember 1981 zerschlagen wurde. Die damals in der westlichen Presse im Spannungsfeld des Kalten Krieges vorherrschende Sicht auf Jaruzelski als Handlanger Moskaus wird von Dürrenmatt mit einer Interpretation des Generals als Vernunftpolitiker hinterfragt, der durch sein Vorgehen eine Katastrophe in Form einer direkten Konfrontation der Supermächte vermeiden will und dafür die undankbare Rolle des Verräters auf sich nimmt. Absurderweise – und im Unterschied zum realen historischen Geschehen – wird sein Vorge-

---

[47] Friedrich Dürrenmatt: „Nachwort zu *Achterloo IV*". In: Friedrich Dürrenmatt: Achterloo I. Komödie in zwei Akten. Rollenspiele. Protokoll einer fiktiven Inszenierung von Charlotte Kerr sowie Achterloo III. Achterloo IV. Komödie. WA. Bd. 18, S. 541-567, hier S. 562.
[48] Charlotte Kerr: Protokoll einer fiktiven Inszenierung. In: Dürrenmatt: Achterloo (Anm. 47), S. 125-266; hier S. 225.
[49] Charlotte Kerr: Protokoll einer fiktiven Inszenierung. In: Dürrenmatt: Achterloo (Anm. 47), S. 225 f.

hen durch eine patriotische Frau zunichte gemacht, die ihn ermordet und so, im Willen, das Land von der Tyrannei zu befreien, den Einmarsch der ,befreundeten' Supermacht provoziert, wie am Schluss angedeutet wird. Dieses Geschehen wird nicht von den zeitgenössischen Protagonisten repräsentiert, vielmehr in ein historisch-literarisches Rollenspiel verwandelt, in dem sich anachronistisch zusammengewürfelte Figuren aus verschiedenen Epochen wie die Hauptfigur Napoleon (für Jaruzelski), Richelieu (für Kardinal Glemp), Jan Hus (für Wałesa) und andere begegnen. Am Schluss stellt sich das Ganze jedoch auf einer dritten Spielebene als therapeutisches Rollenspiel in einer psychiatrischen Klinik heraus, das aus dem Ruder läuft und mit einem realen Mord endet.

Woyzeck und Marion sind in diesem Dispositiv die Vertreter der ,kleinen Leute', die zu Instrumenten der Machtpolitik werden: Der Barbier und Henker Woyzeck spricht in seinen Repliken im Dialog mit Napoleon in Versatzstücken von Büchners Woyzeck, während Napoleon in seinen Antworten teilweise die Dialogpartner Woyzecks – den Arzt, den Tambourmajor etc. – zitiert. Marion, die promiskuitive, passionierte Grisette aus „*Dantons Tod*", ist in Dürrenmatts Stück Woyzecks Tochter; auch ihr legt Dürrenmatt Büchners Worte in den Mund, allerdings ist aus der Nymphomanin, die der erotischen Entgrenzung des Selbst verfallen ist, ein patriotisches Callgirl geworden, das seine weiblichen Reize für politische Zwecke – den Aufstand unter der Führung des Ketzers Jan Hus – einsetzt (vielmehr von Hus dafür instrumentalisiert wird) und zuletzt – in weiterer Rollenüberlagerung – als eine neue Judith den feindlichen Feldherrn Holofernes umbringt, als den sie Napoleon sieht. Ihr Motiv: Das Vaterland an seinem Verräter zu rächen, zugleich aber auch konkret ihren Vater Woyzeck, den Napoleon, nachdem er ihn als Henker benutzt hatte, erschießen ließ.

Bei dieser intensiven Präsenz von Büchner-Figuren – auch Robespierre hat seinen Auftritt in „*Achterloo*"– stellt sich die Frage nach Analogien der Komposition. – Natürlich ist Dürrenmatts Art der Collage von Prätexten wie die Art der Figurengestaltung nur vordergründig verwandt und in der Funktionsweise zugleich weit entfernt vom Vorgehen Büchners in „*Dantons Tod*" oder „*Woyzeck*". Doch gibt es durchaus tiefer gehende Parallelen: Napoleon ist die zentrale Figur, in zwei Akten bekommt er Besuch von allen anderen Figuren, in doppeltem Durchgang in gleicher Reihenfolge. Ihm kommt annähernd die strukturelle Rolle Dantons in Büchners Stück zu. Die Problematik von Danton und Napoleon ist vergleichbar: Beide stehen einer revolutionären Eigendynamik gegenüber, die selbstzerstörerische Züge annehmen muss, im Falle Dantons durch die Perpetuierung der „terreur", der Vernichtung der Fraktionen untereinander, im Falle Napoleons in

„*Achterloo*" durch die zerstörerischen Konsequenzen eines kompromisslo-
sen Freiheitskampfes innerhalb eines antagonistischen weltpolitischen
Machtgefüges. Napoleons Absage an heroische Posen angesichts der bluti-
gen Eigendynamik der Revolution bei Dürrenmatt lässt die Haltung
Dantons zumindest anklingen.[50] – Doch während Büchners Danton als
Nicht-Handelnder in der Tradition von Hamlets melancholischem Zaudern
erscheint, ist Napoleon alles andere als passiv, obwohl er das ganze Stück
hindurch ins Bett will und durch Besuche daran gehindert wird – was die
ganze Szenerie zu einer Art verkehrtem „Grand lever" macht (und zugleich
Büchners Engführung von Bett und politischer Bühne aufnimmt): Wie
schon sein Vorgänger Romulus ist er bei vordergründiger Passivität sehr
zielstrebig in seinen Aktionen und Anweisungen; er ist nicht durch Skrupel
und die Perspektive der Sinnlosigkeit der Geschichte gelähmt, sondern kalkuliert nicht ohne Zynismus den nötigen Verrat zur Vermeidung eines grö-
ßeren Blutvergießens und zur Rettung des Vaterlandes durch die Verhaftung von Hus und vielen Mitstreitern und eine Säuberungsaktion innerhalb
der Partei.

Zugleich vollzieht das Stück eine Reflexion über die historisch und er-
kenntnismäßig veränderte Situation gegenüber Büchners Zeit, wie sie
schon in der Büchner-Preis-Rede anklang: Marion erzählt das Märchen der
Großmutter aus „*Woyzeck*" – womit sich in Dürrenmatts Werk der Kreis zu
„*Weihnacht*" schließt. Napoleon reagiert darauf: „Siehst du, das war eine
schöne Geschichte. Heut könnt sie deine Großmutter nicht erzählen. Ein
Stück faul Holz ist lebendiger als der Mond, die Sonn schrecklicher als ein
verwelkt Sonneblum, die Stern fürchterlicher als tote goldne Mücken; und
daß die Erd ein umgestürzter Hafen sei, ist ein zu liebliches Bild."[51]

Die Uraufführung von „*Achterloo*" am Schauspielhaus Zürich war nur
ein mäßiger Erfolg, und das Stück wurde von keinem großen Theater übernommen. Dürrenmatt kam in der Folge mit der Münchner Schauspielerin
und Regisseurin Charlotte Kerr, seiner späteren Frau, ins Gespräch über
„*Achterloo*", sie verfasste ein Protokoll ihrer Unterhaltungen, das drei Jahre
später – kurz nach der Büchner-Preis-Rede – mit einer Neufassung von
„*Achterloo*" und einer Serie von zeichnerischen „Assoziationen mit einem
dicken Filzstift" unter dem Titel „*Rollenspiele*" als Buch erschien. In die-

---

[50] „Ich weigere mich, noch einmal ein Schlächter zu sein, auch wenn ich siegen könnte:
Allzuleicht stürzen heute die Sieger Völker ins Unglück. Wehe den Siegern. [...] Ich bin
das kleinere Übel, das die große Pose verhindert: den Heldenkampf eines Volkes mit
Millionen von Toten. [...] Jemand muß den Verräter spielen, und ich spiel ihn, gehaßt
von allen, verachtet von allen." Dürrenmatt: Achterloo (Anm. 47), S. 109 f.

[51] Dürrenmatt: Achterloo (Anm. 47), S. 109.

sem „Protokoll einer fiktiven Inszenierung" ist nachzulesen, wie sich Georg Büchner selbst in Dürrenmatts Überdenken der Fassung der Uraufführung in das Stück einfügt:

> Was ich mir vorstelle, ist zunächst einmal eine leere Bühne. Büchner tritt auf. Er hält ein Manuskript in der Hand. Er tritt vors Publikum, an die Rampe und sagt: „Ich bin Georg Büchner ..." Und Büchner stellt sich mit dem Text eines Lexikonartikels vor (wie einst die Physiker am Ende des gleichnamigen Stücks), stellt sich als Autor eines neuen Stücks vor. „Mein Stück ist natürlich fertig, aber wirklich fertig wird der Text erst auf der Bühne, im Zusammenprall mit den Schauspielern, das Ende schreibe ich immer erst auf der Bühne." Damit beginnt er wie wild zu schreiben, zerknüllt ein Blatt, wirft es hinter sich [...].

Die Bühne wird allmählich eingerichtet, der schlafende Napoleon im Bett wird auf die Bühne gesenkt,

> Büchner geht zu ihm, rüttelt ihn wach, drückt ihm das Manuskript in die Hand, geht zu seinem Tisch, setzt sich, schreibt weiter. Er schreibt das ganze Stück durch, drückt den Schauspielern immer wieder Zettel in die Hand mit Textänderungen, aber die spielen gar nicht sein Stück, er bildet sich nur ein, daß sie es spielen, sie werfen die Zettel weg, er schreibt, zerknüllt, zerreißt Geschriebenes, am Schluß, sehe ich, ist der ganze Bühnenboden bedeckt mit Papier.[52]

Welche Bedeutung hat diese wichtigste Änderung in der dritten „*Achterloo*"-Fassung?[53] Sie radikalisiert zunächst den Charakter des Spiels im Spiel, der „*Achterloo*" mit „*Dantons Tod*" verbindet,[54] und zugleich demonstriert sie den Charakter des Unabgeschlossenen und Ungeordneten.

In seiner Dankesrede für die Verleihung des Ehrendoktorats der Universität Neuchâtel stellte Dürrenmatt 1981 das „*Woyzeck*"-Fragment in den Rahmen eines dramenhistorischen Abrisses: „Doch das moderne Theater beginnt mit einem ungeordneten Haufen loser Blätter, hinterlassen von einem Professor der vergleichenden Anatomie in Zürich, der mit 24 Jahren starb. Die Tragödie eines einfachen Soldaten, der die Welt, die ihn aus-

---

[52] Charlotte Kerr: Protokoll einer fiktiven Inszenierung. In: Dürrenmatt: Achterloo (Anm. 47), S. 128 f.

[53] Die nahe bei „*Achterloo III*" liegende Fassung „*Achterloo II*" wurde nur in französischer Übersetzung in: Lettre internationale. Paris. Nr. 8. Frühjahr 1986, publiziert. Auch die weiteren zahlreichen Zwischenstufen, die im Nachlass vorliegen, werden hier nicht berücksichtigt. Auf die 1988 uraufgeführte und in „*Achterloo*" (Anm. 47), S. 413-537 publizierte Fassung „*Achterloo IV*" komme ich punktuell zu sprechen.

[54] Vgl. Dedner: Deutsche Widerspiele der Französischen Revolution (Anm. 35), S. 283 ff.

nützt, die ihn zugrunde richtet, nicht versteht [...]."⁵⁵ Das Bild vom wirren Haufen von Manuskriptseiten wird über die biografische Tragik von Büchners frühem Tod hinaus – als ein Gegenbild zum Anspruch Hegels, mit seiner Philosophie des Geistes den notwendig sich vollziehenden historischen Prozess zugleich zu beschreiben und zu realisieren – implizit zum Signum der Moderne. Das Unabgeschlossene wird in Dürrenmatts Interpretation, die sich weit über sein Stück „Achterloo" hinaus in seinem Spätwerk immer wieder findet, zum Unabschließbaren. Und die konstituierenden, ‚modernen' Faktoren dieser Unabschließbarkeit rücken in der Überarbeitung von „Achterloo" gegenüber der ursprünglichen parabolischen Handlung ins Zentrum: Zum einen werden der Anspruch, ein „Zeitstück" zu schreiben, und die Fähigkeit, Gegenwart in Szene zu setzen, unter Bezug auf die Medialität wie auf die kosmologische Relativität des Hier und Jetzt grundsätzlich problematisiert. Zum andern geht die Einführung der Autorfigur einher mit einer konsequenten Zunahme der Rollenverwirrungen und –überlagerungen, die den ursprünglichen Plot und die ursprüngliche Beziehung von historischer Realität (von 1981) und Rollenspiel beinahe bis zur Unkenntlichkeit in den Hintergrund drängen.⁵⁶

Dürrenmatt zeigt also einen Dramenautor, der nicht Herr der Lage ist, der die Rollenmuster zwar findet, aber nicht zum Stimmen bringt, einen Autor, der den Handlungen der Protagonisten hinterherschreibt, statt sie durch sein Schreiben in ihrem Handeln bestimmen zu können. – Indem Dürrenmatt das Zeitstück als Rollenspiel aufzieht, greift er auf ein Verständnis von politischem Handeln zurück, wie es etwa im barocken Welttheater zum Ausdruck kam: „Das Leben des Menschen ist ein bloßes Schauspiel, in welchem zwar die Personen verändert werden, das Spiel aber einerlei ist und von vornen wieder seinen alten Anfang nimmt", heißt es in Daniel Casper von Lohensteins „Großmütigem Feldherrn Arminius" (I, 1102); die Welt bietet Paradigmata, Muster an, die von den Akteuren der Geschichte übernommen werden können.

In der Geschichte, auf der Bühne des Welttheaters werden immer wieder dieselben Rollen gespielt, nur die Akteure wechseln. [...] Das Paradigmatische in diesem Sinn gehört mehr noch als das Allegorische zur Eigenart des Barock. Vom

⁵⁵ Friedrich Dürrenmatt: Rede zur Verleihung des Ehrendoktorats der Universität Neuchâtel. In: Hommage à Friedrich Dürrenmatt. Neuchâtel 1981, S. 27.
⁵⁶ „Achterloo IV" zeigt „Achterloo III" gegenüber eine erneute Straffung des Texts und macht die Grundkonzeption wieder etwas besser erkennbar. Zugleich wird jedoch auch die Distanz zum ursprünglichen historischen Auslöser – zu den Ereignissen in Polen 1981 – und der davon ausgehenden Referenz der Figuren thematisiert.

Dichter erwartet man nicht, daß er historisch getreu schildere oder frei erfinde, sondern daß er die ‚Muster der Lebensweisen' finde und wiedergebe.[57]

Wenn Dürrenmatt 150 Jahre nach Büchner und 200 Jahre nach der Französischen Revolution die Frage nach dem Paradigmatischen in der Geschichte szenisch thematisiert, dann geschieht dies aus einer fundamentalen Skepsis gegenüber allen gesellschaftlichen Fortschrittskonzeptionen der Moderne heraus.[58] „Was geschehen muss, geschieht immer wieder"[59], stellt Jeanne in *„Achterloo IV"* fest. Das Paradigmatische wird zum Ausdruck einer zyklischen Geschichtskonzeption, wie sie in der Vormoderne vorherrschend war und im Rad der Fortuna ihr Sinnbild hatte. Indem Dürrenmatt an Napoleon und die Französische Revolution anknüpft, stellt er die Verbindung zu einer Zeit her, in der überhaupt erst der Gedanke eines vektoriellen, unumkehrbaren Fortschritts in der Geschichte und des Anbruchs einer qualitativ neuen Zeit etabliert wurde – ob diese neue Zeit nun als bereits angebrochene oder durch die Revolution zu erreichende aufgefasst wurde. Aus dieser Perspektive wird gerade die geschichtsphilosophisch-utopische Befreiungs- und Fortschrittsidee zu einem Faktor, der das Katastrophenpotenzial der Geschichte steigert:

> Wir denken unsere Möglichkeiten zu Ende, und im Versuch, sie zu verwirklichen, schaffen wir eine Wirklichkeit, die uns zugrunde richtet. Die verfluchten Utopien. Opfer unseres Denkens, legen wir den Kopf unter das Fallbeil unserer Gedanken.[60]

Marx selbst sagt als Figur der mit ihm verbundenen Geschichtsvision ab:

> MARX I: Die Weltrevolution fand nur in meinem Kopfe statt. Die aus dem Untergang der bürgerlichen Gesellschaft hervorgegangene volksdemokratische Gesellschaft hat die Klassengegensätze nicht aufgehoben. Sie hat nur neue Klassen, neue Bedingungen der Unterdrückung, neue Gestaltungen des Kampfes an die Stelle der alten gesetzt. Im Schlamm der menschlichen Trägheit dreht sich das Rad der Geschichte sinnlos um seine Nabe weiter. Die Gesetze der Weltgeschichte erweisen sich als irr […].[61]

---

[57] Heinz-Otto Bürger: „Dasein heisst eine Rolle spielen". Studien zur deutschen Literaturgeschichte. München 1963, S. 86.
[58] Vgl. dazu Peter von Matt: Der Liberale, der Konservative und das Dynamit. In: Elio Pellin und Ulrich Weber (Hg.): „Wir stehen da, gefesselte Betrachter" (Anm. 12), S. 69-85.
[59] Dürrenmatt: Achterloo (Anm. 47), S. 476.
[60] Dürrenmatt: Achterloo (Anm. 47), S. 482.
[61] Dürrenmatt: Achterloo (Anm. 47), S. 397.

Der „irre Mensch" erweist sich, so wird der Gedanke in „*Achterloo IV*"
weitergeführt, als normal, „dem von Katastrophe zu Katastrophe kopflos
taumelnden Weltgeist nachrennend".[62] Aufklärung und Phantasma spiegeln
sich.

Der Irre, der sich für Georg Büchner hält, wird zur Figuration der illusi-
onslosen Erkenntnis: „Wenn ich dichten will, bin ich Georg Büchner,
dichte ich, weiß ich die grauenhafte Wahrheit."[63] Gemeint ist damit jenes
Fazit des Briefes vom März 1834 an Wilhelmine Jaeglé, wo angesichts der
Geschichte der Französischen Revolution vom „grässlichen Fatalismus der
Geschichte" die Rede ist und wo es weiter heißt:

> Ich finde in der Menschennatur eine entsetzliche Gleichheit, in den menschlichen
> Verhältnissen eine unabwendbare Gewalt, Allen und Keinem verliehen. Der Ein-
> zelne nur Schaum auf der Welle, die Größe ein bloßer Zufall, die Herrschaft des
> Genies ein Puppenspiel, ein lächerliches Ringen gegen ein ehernes Gesetz, es zu
> erkennen das Höchste, es zu beherrschen unmöglich.[64]

Von zentraler Bedeutung für Dürrenmatts skeptischen Blick auf die Ge-
schichte mit Büchners Augen ist dessen Monolog in „*Achterloo III*" gegen
Ende des Stücks: Er beginnt mit teilweise wörtlichem, teilweise variieren-
dem Zitat aus Büchners Probevorlesung. Dürrenmatt geht jedoch über seine
Büchner-Preis-Rede hinaus, indem er, vom Büchner-Zitat in den eigenen
Rollentext übergehend, diesen Ansatz rückbezieht auf das poetische Werk:
„Nach dieser Philosophie bin ich [i. e. „Büchner" in „*Achterloo*", U. W.] in
meinen wissenschaftlichen Studien [...] vorgegangen, aber auch in meinem
politischen Manifest [...] und nicht zuletzt in meinen poetischen Arbeiten.
Mich interessierte nicht der Zweck der menschlichen Unternehmungen,
sondern deren Ursachen."[65] Begriffe wie Freiheit, Gerechtigkeit, Tugend
und Laster werden als „Netz" bezeichnet, „worin sich der Mensch verfängt", und die Frage schließt sich an, „warum sich der Mensch [...] in das
Gefängnis seiner Werte sperrt, die er sich selber schafft"[66].

Dürrenmatts Büchner, zugleich Autor und Akteur, schreibt sein Stück
‚*Achterloo*' – wie er im Monolog weiterfährt – als paradoxes Unternehmen,

> „die komische Tragödie eines Aufstands, der unterblieb, weil ein Irrer vernünftig
> zu sein versuchte und einen Krieg vermied, der die Menschheit zugrunde gerichtet

[62] Dürrenmatt: Achterloo (Anm. 47), S. 526.
[63] Dürrenmatt: Achterloo (Anm. 47), S. 443.
[64] Büchner: Werke und Briefe (Anm. 8), S. 288.
[65] Dürrenmatt: Achterloo (Anm. 47), S. 405.
[66] Dürrenmatt: Achterloo (Anm. 47), S. 405 f.

hätte, um einen Frieden zu retten, an dem die Menschheit zugrunde geht, einge-
webt in Ursachen, die zufällig zu Wirkungen wurden, die sich wiederum zu Ursachen neuer zufälliger Wirkungen verwandelten, ein Teppich, der hinabreicht bis
zu dem nur mit Hypothesen ahnbaren Beginn des Alls, mündend in der Unendlichkeit des Nichts, und darum habe ich, um die Konstellation nachzubilden, die
das Geschehen am 12. und 13. Dezember 1981 hervorbrachte, Muster aus ganz
anderen Zeiten genommen, weil jedes Muster des unendlichen Teppichs anderen
Mustern gleicht. Doch ist es für mich, Georg Büchner, unerträglich, unter Irren
der einzige Vernünftige zu sein, die Muster hielten sich kaum an meinen Text, sie
redeten, was sie wollten, und nun rutscht gar die Handlung wie die Laufmasche
eines billigen Strumpfes in die Zeit fast sechshundert Jahre vor Christi Geburt,
hinunter zu Judith und Holofernes. Ich werde von nun an nichts mehr schreiben.[67]

Dürrenmatt führt in *„Achterloo"* jene „entsetzliche Gleichheit" und „un-
abwendbare Gewalt" in der Menschheitsgeschichte ins Bild, die Ausdruck
eines allenfalls erkennbaren, aber nicht beherrschbaren „ehernen Gesetzes"
ist. In *„Achterloo IV"* wird dieser Monolog noch radikalisiert, unter anderem mit einer wiederholten Unterstreichung jener „Ursachen, die den Menschen zwingen zu müssen",[68] womit wieder die Nähe zur Thematisierung
dieses Fatalismus der Geschichte in *„Dantons Tod"* angedeutet wird. Dort
heißt es, wiederum in Selbstzitat Büchners aus seinem „Fatalismus-Brief":
„Es muß, das war dies Muß. Wer will der Hand fluchen, auf die der Fluch
des Muß gefallen? Wer hat das Muß gesprochen, wer? Was ist das, was in
uns hurt, lügt, stiehlt und mordet?"[69] Die Kombination von Ursachen, so
wiederum Dürrenmatts Büchner, „die zufällig zu Wirkungen wurden, die
sich wiederum zu Ursachen neuer zufälliger Wirkungen verwandelten",
zeige die menschliche Natur als „Abgrund verborgen unter einem Genist
leerer Begriffe"[70]: Wenn Büchner in *„Dantons Tod"* den illusionslosen
Blick auf den Versuch, die menschliche Autonomie in der Französischen
Revolution politisch umzusetzen, richtet, so wiederholt und erweitert Dürrenmatt diesen Blick am Ende der Moderne angesichts des Versuchs, zum
wiederholten Mal den Sozialismus zu reformieren. Er sieht in Büchner den
Vorläufer seines eigenen Don-Quijote-haften Kampfes für eine Aufklärung, an deren unumkehrbare Umsetzbarkeit im Sinne eines Fortschritts der
politischen Ordnung er doch nicht glauben mochte.

---

[67] Dürrenmatt: Achterloo (Anm. 47), S. 406.
[68] Dürrenmatt: Achterloo (Anm. 47), S. 532.
[69] Büchner: Werke und Briefe (Anm. 8), S. 100.
[70] Dürrenmatt: Achterloo (Anm. 47), S. 532.

Epilog

Es ist keineswegs so, dass Dürrenmatts pessimistisches Geschichtsbild vom „Frieden […], an dem die Menschheit zugrunde geht" in „*Achterloo IV*" in einem Festhalten an der Konstellation des Kalten Krieges und einem Ignorieren der Hoffnungsperspektive von Gorbatschows „Perestroika" begründet ist, wie Dietmar Goltschnigg behauptet,[71] – im Gegenteil: Dürrenmatt hat die „Perestroika" aufmerksam mitverfolgt und kommentiert und 1990 eine Laudatio auf Gorbatschow gehalten. Doch sein Blick in „*Achterloo IV*" ist einer, vor dem der Fortschritt der Befreiung aus dem Würgegriff des sozialistischen Totalitarismus ein relativer Erfolg ist: Die Rede für Gorbatschow, seinen letzten öffentlichen Auftritt, drei Wochen vor seinem Tod, schließt Dürrenmatt mit den folgenden Worten:

> […] wie das Weltall expandiert auch die Menschheit, in absehbarer Zeit wird sie zehn Milliarden Menschen zählen. Wir bauen uns eine technische und ökologische Katastrophenwelt auf. Die Galaxis der Armut droht die unsere des Wohlstands zu durchdringen, die freie Marktwirtschaft beschwört Krisen herauf, Hochkonjunkturen dauern nicht ewig, sie saugt wie ein schwarzes Loch die Ressourcen der Dritten Welt auf. Alte Nationen fordern wieder neue unabhängige Staaten, anderen droht der Untergang. Nie waren der Hunger, das Elend und die Unterdrückung so groß, und schon droht im Golf ein Krieg, bei dem nicht für ein Ideal, sondern für Öl gestorben wird. Wir wissen ebensowenig, wie unsere Zukunft sein wird, wie wir über die Zukunft des Weltalls wissen, in welchem wir leben. Wir können uns im Chaos verlieren oder in eine höllische Ideologie zusammenstürzen, und die atomaren Waffen sind erfunden, sie können nicht rückgängig gemacht werden. Was wir brauchen, ist die furchtlose Vernunft Michail Gorbatschows. Was sie bewirken kann, wissen wir nicht […]. Auch eine Scheinordnung, die zerstört wird, schafft eine Unordnung. Aber eine furchtlose Vernunft ist das einzige, was uns in der Zukunft zur Verfügung steht, diese möglicherweise zu bestehen, uns, nach der Hoffnung Kants, am eigenen Schopfe aus dem Untergang zu ziehen.[72]

---

[71] Vgl. Goltschnigg: Dürrenmatts Tragikomödie „Achterloo" (Anm. 46), S. 410.
[72] Friedrich Dürrenmatt: „Die Hoffnung, uns am eigenen Schopfe aus dem Untergang zu ziehen." Laudatio auf Michail Gorbatschow. In: WA. Bd. 36, S. 189-209, hier S. 208 f.

—

Krimis, Antikrimis, „Gedanken"-Krimis.
Wie Friedrich Dürrenmatt sich in ein
gering geschätztes Genre einschrieb

JOCHEN VOGT

I

Kann man die Regeln einer literarischen Gattung zugleich erfüllen und destruieren? Das hört sich nach einer postmodernen Fragestellung für ein Hauptseminar an, könnte aber auch einen Schlüssel zu einer genaueren Positionierung von Friedrich Dürrenmatts *Kriminalromanen* in der Geschichte bzw. im zeitgenössischen Feld ebendieses Genres bieten. Ich verwende den Gattungsbegriff – nach kurzem Zögern – denn auch ohne Anführungszeichen, weil Dürrenmatt zumindest die beiden kurzen Romane aus den frühen 1950er-Jahren ohne Wenn und Aber als „Kriminalromane" bezeichnet und auch ‚krimitypisch' publiziert hat. Wie bekannt, sind sie als Auftragsarbeiten schon 1951 bzw. 1952 in der auflagenstärksten Illustrierten des Landes (ca. 400 000), dem *„Der Schweizer Beobachter"* erschienen[1], was in der Zeit vor dem Siegeszug des Taschenbuchs eine durchaus übliche und massenwirksame Publikationsform für den ansonsten eher gering geschätzten ‚Krimi' war. Der Debütroman mit dem sprichwörtlich gewordenen Titel *„Der Richter und sein Henker"* wuchs sich dann über ein halbes Jahrhundert zu einem Longseller aus, der in vielen Sprachen und schätzungsweise mehr als fünf Millionen Exemplaren verbreitet ist.[2] Das ist eine Ziffer, die auch im internationalen Vergleich nur wenige Klassiker des Genres mit einem *einzelnen Titel* erreicht haben dürften; was wiederum die Frage nach den Gründen dieses Erfolgs aufwirft. Der zweite Roman, *„Der Verdacht"*, wird von der Kritik insgesamt am widersprüchlichsten beurteilt; der dritte, *„Das Versprechen"*, erscheint erst 1958, nach dem Durchbruch des Dramatikers Dürrenmatt zum internationalen Ruhm (1956/57),

---

[1] Das populäre und reformpolitisch engagierte Blatt erschien seit 1927, zunächst als Gratiszeitung (Spitzenauflage um 700 000), seit 1929 nur im Abonnement. 1937 hatte es den Kriminalroman „Krock & Co." von Friedrich Glauser in Fortsetzungen abgedruckt. Nach mehrfachem Besitzerwechsel seit 1979 gehört es inzwischen zur Axel-Springer-Gruppe.
[2] Einer der besten Dürrenmatt-Kenner, setzt allein für die deutsche rororo-Ausgabe ca. 4 Millionen Auflage an, vgl. Ulrich Weber: Friedrich Dürrenmatt. Von der Lust, die Welt nochmals zu erdenken. Bern u. a. 2006, S. 132 f.

profitiert aber seinerseits von der Massenwirksamkeit des Kinos, weil die Romanfassung (wenn auch mit einer entscheidenden Änderung) auf dem Script für den erfolgreichen Spielfilm *„Es geschah am hellichten Tage"* (1957) beruht – auch dies ein eingängiger Titel, der im kulturellen Gedächtnis haften blieb.

Nicht weniger bemerkenswert (und ebenso erklärungsbedürftig) wie der Publikumserfolg ist die Tatsache, dass inzwischen eine beträchtliche Anzahl von literaturkritischen, literaturwissenschaftlichen und nicht zuletzt literaturpädagogischen Kommentaren und Analysen zu diesen drei kleinen Romanen vorliegt, wie auch zu einigen weiteren Texten und Fragmenten, die man dem „bescheidenen aber wichtigen Korpus der Kriminalerzählungen, die Friedrich Dürrenmatt hinterlassen hat"[3] zurechnen darf. Dabei geht es um den multimedial bearbeiteten Text *„Die Panne"* (1955), um den Roman (nicht „Kriminalroman"!) *„Justiz"* (1985) und das aus dem Nachlass publizierte „Fragment eines Kriminalromans" mit dem Titel *„Der Pensionierte"* (1995), das in manchen Themen und Figuren an die frühen Krimis anknüpft. Dies kritische Interesse an Dürrenmatts Kriminalgeschichten steht allerdings in eklatantem Widerspruch zu der offenen oder stillschweigenden, jedenfalls jahrzehntelang herrschenden Missachtung der Kriminalliteratur insgesamt durch jene Instanzen literarischer Urteilsbildung – nicht nur, aber besonders im deutschsprachigen Kulturraum, und dort vor allem in den 1950er- und 60er-Jahren.

Offensichtlich war jedoch das Gütesiegel des Autornamens spätestens seit Beginn der 1970er-Jahre so wirksam, dass auch diese ‚Nebenwerke' der ernsthaften Betrachtung für würdig befunden wurden. Sachlich spricht dafür, dass sie alle in einem engen thematischen Zusammenhang mit dem Gesamtwerk, insbesondere mit Dürrenmatts Theaterstücken stehen, die – wie Ulrich Weber bemerkt – sämtlich von einer „umfassenden Verbrechens-, Schuld- und Gerichtsthematik" durchzogen sind. Allerdings hat man bisher noch kaum versucht, diese Versuche im Feld der Kriminalliteratur selbst zu positionieren, das freilich in jenem Zeitraum auch schwer überschaubar und von starken interkulturellen Unterschieden geprägt war. Immerhin ist festzuhalten, dass Dürrenmatt bis heute der einzige deutschsprachige Autor von Kriminalromanen ist, der es sogar zu einer gelegentli-

---

[3] Eugenio Spedicato: Schweizer, wie sie sein sollten. Zu Friedrich Dürrenmatts „Der Pensionierte" im Kontext seiner Detektivromane. In: Sandro M. Moraldo (Hg.): Mord als kreativer Prozess. Zum Kriminalroman der Gegenwart in Deutschland, Österreich und der Schweiz. Heidelberg 2005, S. 145.

chen Erwähnung in den notorisch selbstbezüglichen angloamerikanischen Standard- und Nachschlagewerken gebracht hat.[4]

Für den breiten und nachhaltigen Erfolg seiner Krimis in unseren Breiten darf man wohl grenzüberschreitend und ohne Umschweife die Deutschlehrer/innen haftbar machen. Im Windschatten der Theaterstücke, die Dürrenmatts Weltruhm begründeten und relativ schnell als Schullektüre in den Kanon aufgenommen wurden, wo sie sich bis heute behaupten, konnten nun – um ein vielzitiertes und einschlägiges Diktum des Autors aufzugreifen, auch seine Kriminalromane dort gelesen und diskutiert werden, „wo es niemand vermutet"[5] bzw. wo solche Texte lange Zeit nicht vorgesehen oder explizit ausgeschlossen waren: im Deutschunterricht der Mittel- und Oberstufe (oder auch im internationalen Germanistikstudium). Im Schutz des großen Namens kamen die Krimis durch die Hintertür ins Klassenzimmer. Der wahre Freund der Kriminalliteratur muss natürlich auch für kleine Wohltaten dankbar sein; bedenklich und bedauerlich bleiben jedoch der Ausnahmecharakter dieser Lektüre und die impliziten literarischen Wertungen, die mit ihr einhergehen können.

Als Begründung für den literarischen Wert und den literaturpädagogischen Triumph von Dürrenmatts Kriminalromanen gilt im Allgemeinen ihr deutlicher, ja überdeutlicher philosophischer Subtext – oder soll man sagen: Überbau? Fraglos sind sie damit anschließbar an kanonische Gegenstände des Literaturunterrichts wie die Novellen des 19. Jahrhunderts (nicht nur die „Criminal-Novellen") oder an zeitgenössisch beliebte wie den literarischen Existenzialismus eines Camus oder Sartre, der seit den 1950er-Jahren auch im Bereich der Pädagogik in Blüte stand oder auch an Kafkas Prosa, die nach ihrem Umweg über Amerika zu jener Zeit wiederentdeckt wurde. Auch dort geht es ja um Zufall und Notwendigkeit, Schuld und Sühne, Recht und Gerechtigkeit, Ohnmacht und Selbstermächtigung des Menschen. Fraglich bleibt aber, ob die Lektüre der Dürrenmatt-Romane auch als Hinführung zur *Kriminalliteratur* in all ihrer Breite und Vielfalt geeignet ist (und gewünscht wird); denn die pädagogische Wert-

---

[4] Vgl. etwa die Einträge in: Jay P. Pederson: St. James Guide to Crime & Mystery Writers. 4. Aufl. Detroit u. a. 1996, S. 237 f., sowie aktuell: Charles J. Rzepka und Lee Horsley: A Companion to Crime Fiction. Chichester UK 2010, S. 87 f. (im Kapitel „*The Crime Novel and the Literary Canon*").

[5] Zur Erinnerung: „Wie besteht der Künstler in einer Welt der Bildung, der Alphabeten? Eine Frage, die mich bedrückt, auf die ich noch keine Antwort weiß. Vielleicht am besten, indem er Kriminalromane schreibt, Kunst da tut, wo sie niemand vermutet. Die Literatur muss so leicht werden, dass sie auf der Waage der heutigen Literaturkritik nichts mehr wiegt. Nur so wird sie wieder gewichtig." In: Friedrich Dürrenmatt: Theaterprobleme (1955), jetzt in der Werkausgabe. Bd. 24. Zürich 1980, S. 71 f.

schätzung des *atypischen* Krimiautors Dürrenmatt kann ja ihrerseits normativ gewendet werden und zur Abwertung der *typischen* Themen und Strukturen des Kriminalromans bzw. Detektivromans beitragen, also das hochkulturelle Vorurteil gegen den Krimi als minderwertige Schemaliteratur bekräftigen.

Wichtig wäre es insofern, auch die besondere Position gerade dieses Autors im Feld des Genres zu bestimmen. Gern und früh, und sicher nicht völlig falsch, hat man Dürrenmatts Krimis als „Anti-Kriminalromane" etikettiert. Der Untertitel des dritten von ihnen – „*Ein Requiem für den Kriminalroman*" – ist sogar zum gern zitierten Schlagwort geworden. Blickt man aber auf die Entwicklung und Ausdifferenzierung des Genres vor und nach Dürrenmatt, und zwar sowohl im deutschsprachigen wie im internationalen Horizont, so zeugt diese paratextuelle Selbstdeutung und/oder Programmatik doch von einer Mischung aus (entschuldbarer) Ignoranz und „Arroganz"[6]; zumindest wirkt sie irritierend. Denn hier läutet ja keineswegs das Totenglöcklein, sondern zunächst einmal und lang andauernd die Kasse – sodann aber wird, durchaus unter Mitwirkung von Friedrich Dürrenmatt, wenn auch nicht von ihm allein, eine neue und spannende Runde in der Geschichte der Kriminalliteratur, also *des* literarischen Erfolgsgenres des 20. und 21. Jahrhunderts, eingeläutet.

II

Der Literaturwissenschaftler Jan Knopf hat beiläufig darauf hingewiesen, dass bei Dürrenmatts abgrenzender Bezugnahme auf den Kriminalroman richtigerweise vom „Detektivroman" die Rede sein müsste.[7] Das darf man noch weiter präzisieren: Die Kontrastfolie, von der sich dessen eigene Krimis abheben wollen und sollen, ist der Typus des ‚deduktiven' englischen Rätselromans, den Arthur Conan Doyle *in nuce* (d. h. meist noch in Form kürzerer Erzählungen) konzipierte, den Agatha Christie und ihresgleichen nach 1920 erfolgreich als Kurzroman standardisiert und so weit popularisiert haben, dass er bis heute noch das allgemeine Verständnis von dem bestimmt, was ein *Krimi* sei.

Dieser Typus, dem bei genauerem Hinsehen jedoch nur eine überschaubare Zahl von Autoren und Autorinnen zuzurechnen ist, wurde bereits in

---

[6] Armin Arnold: Die Quellen von Dürrenmatts Kriminalromanen. In: Facetten. Studien zum 60. Geburtstag von Friedrich Dürrenmatt. Hg. von Gerhard P. Knapp und Gerd Labroisse. Bern u. a. 1981, S. 153-174, Zitat S. 170.
[7] Jan Knopf: Friedrich Dürrenmatt. München 1976, S. 55.

seiner Blütezeit, also in den Zwischenkriegsjahren, sowohl in Großbritannien und den USA wie in Deutschland theoretisch gefasst und als Modell einer streng logischen oder deduktiven Detektiverzählung kanonisiert, die im Gegensatz zu fast allen anderen literarischen Formen ihren Lesern einen *rein intellektuellen* Genuss bereite, *primarily an intellectual satisfaction*, und zwar aufgrund der logischen Schlüssigkeit *(conclusiveness)* der von Detektiv oder Erzähler präsentierten Lösung des jeweiligen Falles. So formuliert etwa im Jahre 1924 Richard A. Freeman, selbst ein Autor von Wissenschaftskrimis.[8] In Deutschland feiert genau zur gleichen Zeit Siegfried Kracauer unter erheblichem rhetorischen Aufwand den Detektiv als „Darsteller der ratio", wo nicht gar als „Widerspiel Gottes"[9].

Sehr viel sachlicher (und deutlich später) argumentiert der bekennende Krimifan Bertolt Brecht in einer bis heute nachlesenswerten kleinen Gattungspoetik: „Der Kriminalroman handelt vom logischen Denken und verlangt vom Leser logisches Denken. Er steht dem Kreuzworträtsel nahe, was das betrifft. // Dementsprechend hat er ein Schema und zeigt seine Kraft in der Variation." Und weiter, mit einer brüsken Wendung gegen den auf Originalität zielenden Kunstbegriff der Moderne, postuliert Brecht, das „ästhetische Niveau" des Kriminalromans liege gerade in der „Variation mehr oder weniger festgelegter Elemente"[10]. Entscheidend ist aber auch für ihn die streng rationale, logische Analyse des jeweiligen Falls, also die *conclusiveness* als innerster Gattungskern der Detektiverzählung.

Warum aber sollte man sich, wie Dürrenmatt, an dieser Form des intellektuellen Vergnügens stoßen oder reiben? Natürlich weil das *Erzählmodell* des Detektivromans unausgesprochen immer auch als *Welterklärungsmodell* angeboten (oder auch nur so verstanden) wird; so schon in den Sherlock-Holmes-Stories, die *ratio* sowohl in reiner Form (als Logik) wie in angewandter (als Naturwissenschaft) präsentieren. Oder weil, mit Kracauer zu sprechen, die Kriminalromane durchweg die „Idee der durchrationalisierten zivilisierten Gesellschaft [...] mit radikaler Einseitigkeit erfassen und in der ästhetischen Brechung stilisiert verkörpern"[11]. Und dieser Welterklärungsanspruch tritt vielleicht kompensatorisch umso stärker

---

[8] R. Austin Freeman (1924): The Art of the Detective Story. In: Howard Haycraft (Hg.): The Art of the Mystery Story. A Collection of Critical Essays. New York 1946, S. 11 und 17.
[9] Siegfried Kracauer: Der Detektiv-Roman. Ein philosophischer Traktat. Frankfurt/M. 1926, S. 139 f.
[10] Bertolt Brecht: Über die Popularität des Kriminalromans (1936/38). In: Jochen Vogt: Der Kriminalroman. Poetik – Theorie – Geschichte. München 1998, S. 33.
[11] Vgl. Kracauer: Der Detektiv-Roman (Anm. 9), S. 105.

hervor, je mehr die Welt selber, sagen wir: zwischen 1918 und 1945, unbegreiflich und/oder unvernünftig wird. (Darauf weist übrigens Brecht hin!)

Hier findet Dürrenmatt jedenfalls seinen Stein des Anstoßes: im
Gattungsgesetz des konventionellen Detektivromans, dem er aus pragmati-
schen Gründen folgt, das ihm als weltanschauliches Modell aber zutiefst
widerstrebt und das er deshalb ‚umzubauen' versucht.

Dass er als erklärter Liebhaber oder ausgewiesener Kenner der Kriminalliteratur gelten darf, die bereits eine ansehnliche Geschichte und eine bemerkenswerte Liebhaber- und Expertenkultur aufzuweisen hat, ist (anders
als etwa bei Brecht) eher zweifelhaft, für unsere Fragestellung aber auch
unwichtig.[12] Er folgt im Grunde einer ebenso populären wie schematischen
Vorstellung vom „Krimi", die ja auch heute noch lebendig ist. Ob die sich
am Anfang bzw. Ende der 1950er-Jahre noch mit dem tatsächlichen, besonders internationalen Entwicklungsstand des Genres deckte (was sie natürlich *nicht* tat), ist eine Frage, die für ihn damals (wenn auch nicht für uns
heute) unerheblich war.

III

Dass Dürrenmatt seine Texte im Untertitel direkt oder indirekt „Kriminalromane" nennt, erfüllt (kriminalistisch gesprochen) den Tatbestand der
„Architextualität". So nennt Gérard Genette den „abstraktesten und implizi-
testen Typus" des Sachverhalts, der in der internationalen Literaturwissenschaft überwiegend als *Intertextualität* bezeichnet wird.[13] Es handelt sich
also um eine ziemlich unspektakuläre „Beziehung, die bestenfalls in einem
paratextuellen Hinweis auf die taxonomische Zugehörigkeit des Textes
zum Ausdruck kommt". Gewiss kann, wie Genette mit gewohnter Spitzfin-
digkeit sagt, „von einem Text nicht verlangt" werden, „daß er seine
Zugehörigkeit zu einer Gattung kennt und deshalb auch deklariert"; andererseits „lenkt und bestimmt" doch das „Wissen um die Gattungszugehö-
rigkeit eines Textes [...] in hohem Maße den ‚Erwartungshorizont' des
Lesers und damit die Rezeption des Werkes."[14] Beim Kriminalroman als
einer stark polarisierenden Literaturform, die einerseits mit hochkultureller

---

[12] Bei Durchsicht seiner hinterlassenen Bibliothek lernt man ihn eher als Freund von
Science Fiction und sanftem Horror kennen; ein Lieblingsautor scheint in den 1980er-
Jahren Stephen King zu sein. Diverse Krimi-Einzeltitel, die vorhanden sind, dürften
sich der neuen Verbindung zum Diogenes-Verlag verdanken (vgl. Anm. 16).

[13] Genettes terminologischer Vorschlag „Transtextualität" hat sich nicht durchgesetzt.

[14] Gérard Genette: Palimpseste. Die Literatur auf zweiter Stufe. Frankfurt/M. 1993, S. 13 f.

Missachtung zu kämpfen hat, andererseits aber auch eine beträchtliche Menge von Kennern und Liebhabern aufweist, kann eine eindeutige Gattungszuweisung besonders wichtig oder hilfreich sein.

Von sehr viel größerem Interesse ist beim Stichwort Intertextualität aber ohnehin die Frage nach konkreten Bezügen, Vorbildern, Anregungen innerhalb und außerhalb des Genres, nicht zuletzt, weil gerade das Feld der Kriminalliteratur zu dieser Zeit sehr heterogen und schwer überschaubar war. Nach Auskunft von Siegfried M. Pistorius und Peter Spycher[15] soll Dürrenmatt noch 1959 in seinem Domizil zu Neuchâtel vollständige Sammlungen der Genre-Klassiker Edgar Wallace, Agatha Christie und Georges Simenon besessen haben – in der jetzt zugänglichen Bestandsaufnahme des Schweizerischen Literaturarchivs[16] sind sie aber nicht mehr enthalten. Deshalb dürfen wir an dieser Stelle ein wenig spekulieren und nach Verbindungslinien von den drei genannten Autoren zu Dürrenmatt suchen. Die ‚Queen of Crime' könnte ihm allenfalls *ex negativo* ein Modell geliefert haben: eben jenen Rätselroman, von dem er sich so entschieden abgrenzt. Edgar Wallace, die „lebende Buchfabrik" (so Graham Greene), hat ja nur wenige regelrechte Detektivromane verfasst und seinen weltweiten Erfolg einer eher trüben Mischung von Detektion, Abenteuer und Gruseleffekten zu verdanken; man kann sich aber vorstellen, dass die grotesken Stilzüge, die sich bei ihm bewusst oder unbewusst einschleichen, den Leser Dürrenmatt amüsiert und angeregt hätten.[17]

Auf sehr viel festerem Boden stehen wir bei Georges Simenon, dessen erfolgreiche Maigret-Romane (wie auch die *non-Maigrets*) aufgrund der geographischen und kulturellen Nachbarschaft seit den 1930er-Jahren in der Schweiz präsent waren. Armin Arnold, Literaturprofessor in Kanada und Mitherausgeber eines ersten deutschen Krimilexikons[18], hat mit hoher Plausibilität zwei (jeweils kurz zuvor auf Französisch erschienene) Maigret-Romane als *plot*-Modelle für Dürrenmatts ersten und dritten Roman identifiziert: Erstens „*La premiere enquête de Maigret*" („*Maigrets erste Untersuchung*") aus dem Jahr 1949 (als Dürrenmatt bereits an „*Der Richter*

---

[15] Vgl. Peter Spycher: Friedrich Dürrenmatt. Das erzählerische Werk. Frauenfeld 1972, S. 125. Vgl. auch Anm. 6, S. 153.

[16] Siehe *www. helveticarchives.ch* unter der Kennung: SLA-FD-D-01 Bibliothek, 1940 (ca.)-1990 (Sammlungseinheit).

[17] Auf eine direkte Adaption von Wallaces Serie der „*Four just men*" in Dürenmatts Novelle „*Die Panne*" weist Arnold hin. Vgl. Arnold: Die Quellen von Dürrenmatts Kriminalromanen (Anm. 6), S. 173 f.

[18] Vgl. Reclams Kriminalromanführer. Hg. von Armin Arnold und Josef Schmidt. Stuttgart 1978. Der Eintrag zu Dürrenmatt dort S. 146 f.

und sein Henker" arbeitete). Darin gelingt es dem Berufsanfänger Jules Maigret im Jahr 1913 (vor allem wegen des Widerstands seiner Vorgesetzten) *nicht*, eine Mörderin aus besten sozialen Kreisen der Bestrafung zuzuführen, also mit polizeilichen Mitteln Gerechtigkeit zu schaffen, obwohl ihre Schuld zweifelsfrei ist; zweitens dann der Roman „*Maigret tend un piège*" („*Maigret stellt eine Falle*") aus dem Jahr 1955, in dem der inzwischen erfahrene und längst zum Kommissar beförderte Maigret einen psychopathischen Sexual- und Serienmörder fassen kann, indem er durch die Verhaftung eines angeblich Schuldigen den tatsächlichen Mörder hervorlockt, wobei eine junge Polizistin als Lockvogel fungiert.[19]

„Dürrenmatt übernahm die Hauptideen aus dem Simenon-Roman und gestaltete sie so um, dass man die Quelle zwar noch leicht erkennt, aber doch nicht von einem Plagiat die Rede sein kann", schreibt Armin Arnold.[20] Gewiss sind derartige *plot*-Anleihen keine Schande, sondern genau genommen ein tragendes Gerüst aller Literaturgeschichte. Aber man kann und sollte doch überprüfen, wie und zu welchem Ende solche Halbfabrikate jeweils verwendet werden. Dazu will ich, ohne die detaillierten Ergebnisse der Forschung hier referieren oder bewerten zu können, exemplarisch auf die zwei bekanntesten Romane Dürrenmatts eingehen.[21]

IV

In „*Der Richter und sein Henker*" geht es an der Oberfläche um polizeiliche Ermittlungen in zwei verschiedenen Fällen, in der Tiefenstruktur aber um das lebenslange Duell des Berner Polizei-Kommissärs Bärlach, der sich der Pensionierung und sogar dem Tod nahe weiß, mit seinem ehemaligen Kumpanen Gastmann, der sich als Berufsverbrecher großen Stils jeder Bestrafung entzogen und es zu großem Reichtum und Einfluss gebracht hat.

---

[19] Vgl. Arnold: Die Quellen von Dürrenmatts Kriminalromanen (Anm. 6), S. 153-174, besonders S. 158 ff., 166 ff.

[20] Vgl. Arnold: Die Quellen von Dürrenmatts Kriminalromanen (Anm. 6), S. 168.

[21] Ich verzichte auf eine Diskussion des zweiten Romans „*Der Verdacht*" (1952 ebenfalls im viel gelesenen „*Beobachter*"), die ein eigenes Thema wäre, weil Dürrenmatt hier bewundernswert früh und entschieden das Thema des Nationalsozialismus bzw. der Nachkriegskarrieren verbrecherischer NS-Ärzte aufgreift, mit seiner Durchführung im Rahmen eines Kriminalromans aber unvermeidlich scheitert, das heißt in groteske und fantastische Konstruktionen ausweichen muss. Es gibt aber auch hierzu konträre Meinungen und Urteile. Und noch ein anderes Thema sind die späteren Texte, in denen Dürrenmatt sich zunehmend von den Gattungskonventionen befreit und seine eigenen Wege weitergeht.

Da Bärlach ihn im polizeilichen Beweisverfahren, also nach den Regeln des klassischen Detektivromans, nicht überführen kann, lockt er ihn, wie zuvor angekündigt, in eine Falle: Er manövriert seinen Mitarbeiter Tschanz in eine Situation, in der dieser Gastmann erschießen muss, um seine eigene Schuld als Mörder des Polizeikollegen Schmied zu verbergen. Bärlach hat Tschanz jedoch in der Hand, weil er selbst durch ein zufällig entdecktes Indiz von jener Schuld weiß. Am Romanende deckt Bärlach bei einem üppig-grotesken Mahl seine Intrige auf und überlässt Tschanz seinem Schicksal, das ihn jedoch schnell zum Selbstmord führt.

Barlächs Falle oder Intrige ist in professioneller wie in moralischer Hinsicht höchst fragwürdig, aber durchaus genrekonform, man findet ähnliche Konstruktionen auch in der englischen oder eher noch in der jüngeren amerikanischen Tradition. Aber sie ist, wie auch die konventionellen Elemente der polizeilichen Ermittlungsarbeit, für diesen Roman nur sekundär. Und selbst das Duell von Bärlach und Gastmann ist nicht einfach der seit den Anfängen der Gattung vertraute Kampf von Gut und Böse, Recht und Verbrechen (Sherlock Holmes gegen Professor Moriarty). Dieser Zweikampf ist vielmehr nur die äußere und lebenspraktische Form einer erkenntnistheoretisch bzw. moralphilosophisch fundierten Wette, welche die beiden Konkurrenten einst in jugendlicher Hybris geschlossen hatten. Ist es wahr, dass „die menschliche Unvollkommenheit [...] und der Zufall [...] der Grund sei, der die meisten Verbrechen zwangsläufig zutage fördern müsse", wie Bärlach postuliert? Oder macht gerade die „Verworrenheit der menschlichen Beziehungen es möglich [...], Verbrechen zu begehen, die nicht erkannt werden könnten"[22], wie Gastmann mit geradezu faustischer Wortwahl[23] entgegnet?

Werden sich also die Wahrheit und – in ihrer praktischen Konsequenz – Recht und Gerechtigkeit durchsetzen? Oder kann der Übeltäter sich die Macht der ‚Weltkontingenz' zunutze machen und damit die Rechtsordnung aus den Angeln heben? Der Gang des Geschehens scheint die zweite Alternative zu bestätigen, sodass Bärlach in einem Akt existenzieller Notwehr selbst zu unrechtmäßigen, also kriminellen Mitteln, zur Selbstjustiz greifen muss, um ‚Recht zu behalten', womit er – als ein Michael Kohlhaas ganz eigener Art – selber Schuld auf sich lädt und zum zweifachen „Mörder" wird.

---

[22] Friedrich Dürrenmatt: Der Richter und sein Henker. Kriminalroman. Zürich 1986, S. 62.
[23] „Verworrenheit" ist ein literaturgeschichtliches Schlüsselwort von Luther über Goethe bis Freud; pikant ist an dieser Dialogstelle aber, dass Gastmann eben *nicht* Mephisto, sondern DEN HERRN zitiert (Faust. Erster Teil, V. 308 f.), was dem Dramatiker Dürrenmatt nicht entgangen sein sollte.

Ulrich Weber hat Bärlach als „dämonische" Figur beschrieben, die sich
selbst ermächtigt; eine ‚höhere' Gerechtigkeit herbeizuführen. Das lässt an
Kracauers Formulierung vom Detektiv als „Widerspiel Gottes" denken und
führt zur Frage, ob der selbsternannte Richter das irdische Rechtssystem
(mit all seiner Unzulänglichkeit) nicht ebenso unterläuft und infrage stellt
wie der Verbrecher. Tatsächlich belegt der Ausgang der Affäre „ironi-
scherweise nicht seine eigene Welt-These, sondern die seines Gegners [...],
das macht die gattungskritische und innovative Gestaltung Bärlachs aus."[24]
So weicht dieser in seinem Triumph scheiternde Detektiv in seinem
Charakter und Verhalten nicht nur vom klassischen Prototyp ab, er unterscheidet sich auch von zeitgenössischen Kollegen wie Philip Marlowe,
Kommissar Maigret oder Wachtmeister Studer (mit dem er allenfalls habi-
tuell verwandt ist). Überdeutlich wird sein selbstermächtigter (und gat-
tungsfremder) Rollenwechsel zum „Richter", der „seinen Henker" los-
schickt, in der Titelformulierung und in zentralen Passagen gegen Ende des
Romans, wiederum in direkter Anrede an seinen Kontrahenten:

> Du wirst mich nicht töten. Ich bin der einzige, der dich kennt, und so bin ich auch
> der einzige, der dich richten kann. Ich habe dich gerichtet, Gastmann, ich habe
> dich zum Tode verurteilt. Du wirst den heutigen Tag nicht mehr überleben. Der
> Henker, den ich ausersehen habe, wird heute zu dir kommen. Er wird dich töten,
> denn das muß nun einmal in Gottes Namen getan werden.[25]

Ein Blick auf die Erzählstruktur zeigt, dass Dürrenmatt die Form des konventionellen Detektivromans in variierter Form, also ohne logische Lösung,
als narrativen Rahmen für ein Gedankenduell benutzt, das in antithetischen
Weltanschauungsdialogen der Figuren gipfelt, die man je nach literarischem Geschmack auf Goethe oder Schiller, Dostojewski oder Kierkegaard
zurückführen oder auch schon in die Nachbarschaft eines Samuel Beckett
rücken könnte. Sie werden hier intradiegetisch präsentiert, das heißt in die
Erzählhandlung (genauer gesagt: in dialogische Personenrede) integriert.
Inhaltlich haben diese Passagen einen ‚philosophisch' verallgemeinernden
Charakter, im Blick auf die Rezeption wirken sie als Interpretationsvorga-
ben für die Leser, bleiben jedoch ambivalent genug, um Raum für verschiedene Lesarten und, besonders im didaktischen Raum, Anlass für lebhafte und entsprechend kontroverse Anschlusskommunikation zu bieten.[26]

---

[24] Ira Tschimmel: Kritik am Kriminalroman. In: Facetten. Studien zum 60. Geburtstag
von Friedrich Dürrenmatt. Hg. von Gerhard P. Knapp und Gerd Labroisse. Bern u. a.
1981, S. 181.

[25] Vgl. Anm. 22, S. 94.

[26] Für diesen Hinweis wie auch für einen zweiten danke ich Carolin John.

Dies dürfte auch ein ganz entscheidender Faktor für die unstrittige Beliebtheit des Textes bei den Deutschlehrer/inne/n (und ihren Schüler/inne/n?) sein.

V

„Das Versprechen" aus dem Jahr 1958 kann man als Zuspitzung der Problematik wie auch als Komplizierung des Erzählmodells sehen, die Dürrenmatt im ersten Roman erprobt hatte. Der Kommissär Matthäi verfängt sich, auf dem scheinbaren Höhepunkt seiner Karriere, selbst in der Falle, die er einem Sexual- und Serienmörder stellt. Zunächst verspricht er der Mutter des ermordeten kleinen Mädchens „bei meinem Seelenheil"[27], den Mörder zu finden; der institutionelle Raum von Polizeiwesen und Justiz wird damit von Anfang an quasireligiös transzendiert. Unter Zwang gesteht sodann ein unschuldig Verdächtiger, bevor er sich in der Zelle erhängt. Das Ungenügen mit dieser ‚Lösung' und die Erwartung einer Folgetat, also sein Ermittlerinstinkt, bewegen Matthäi, unter Preisgabe seiner Karriere den Fall weiter zu verfolgen. Er benutzt ein ähnlich gekleidetes Mädchen als Lockvogel, kann jedoch sein Gelübde nicht erfüllen, weil ein tödlicher Autounfall (philosophisch gesprochen: der Zufall) die nächste Untat des Serienmörders verhindert, die Matthäi korrekt prognostiziert hatte, sodass dieser ihm nun vergebens auflauert. Sein existenziell erlebtes Versagen treibt ihn in den Wahnsinn; von Alkohol und Zwangsvorstellungen betäubt, erwartet er – nun wirklich wie eine Figur von Beckett – noch jahrelang das Kommen des Mörders...

Auffällig ist, dass Dürrenmatt hier die relativ komplexe Form einer (unvollständigen) Rahmenerzählung mit zwei Ich-Erzählern wählt. Der erste, ein namenloser Verfasser von Kriminalromanen, dem Kollegen F. D. vielleicht nicht ganz unähnlich, berichtet lediglich im Kapitel 1 von seinem Zusammentreffen mit „Dr. H.", einem ehemaligen „Polizei-Kommandanten", und der gemeinsamen Autofahrt von Chur (wo er selbst einen Vortrag über „die Kunst, Kriminalromane zu schreiben" zu halten hatte) nach Zürich. Auf dieser Fahrt ergreift nun der Kommandant das Wort und erzählt, ebenfalls in Ich-Form, die Geschichte jenes Falls, und zwar in den Kapiteln 2 bis 27 die vergeblichen Mühen Matthäis, in den Kapiteln 28 bis 30 sodann (man ist derweil im legendären Restaurant Kronenhalle zu Zürich ange-

---

[27] Friedrich Dürrenmatt: Das Versprechen. Requiem auf den Kriminalroman. Zürich 1986, S. 26.

langt), die faktische Lösung des Falles, wie sie ihm selbst erst Jahre später
von der Ehefrau des psychisch gestörten Mörders auf ihrem Totenbett ‚ge-
beichtet' wurde. Vorgeschaltet sind diesen beiden Handlungsabschnitten
oder Diegesen die metanarrativen, ‚philosophischen' Erörterungen, in denen
der Kommandant einerseits eine *Kritik an der Scheinlogik des Kriminalromans* und andererseits eine *negative Metaphysik des Zufalls* entwickelt.
Auch wenn es sich mithin um die direkte Rede des Kommandanten Dr. H.
handelt, darf man diese Passage wohl als Friedrich Dürrenmatts Theorie des
Kriminalromans ansehen und entsprechend ausführlich zitieren:

> „Um ehrlich zu sein", begann Dr. H. später [...], „um ehrlich zu sein, ich habe nie
> viel von Kriminalromanen gehalten, und bedaure, dass auch Sie sich damit abge-
> ben. Zeitverschwendung. Was Sie gestern in Ihrem Vortrag ausführten, lässt sich
> zwar hören; seit die Politiker auf eine so sträfliche Weise versagen [...], hoffen die
> Leute eben, dass wenigstens die Polizei die Welt zu ordnen verstehe, wenn ich
> mir auch keine lausigere Hoffnung vorstellen kann. Doch wird leider in all diesen
> Kriminalgeschichten ein noch ganz anderer Schwindel getrieben. Damit meine ich
> nicht einmal den Umstand, dass eure Verbrecher ihre Strafe finden. Denn dieses
> schöne Märchen ist wohl moralisch notwendig. Es gehört zu den staatstragenden
> Lügen, wie etwa auch der fromme Spruch, das Verbrechen lohne sich nicht – wo-
> bei man doch nur die menschliche Gesellschaft zu betrachten braucht, um die
> Wahrheit über diesen Punkt zu erfahren –, all dies will ich durchgehen lassen, und
> sei es auch nur aus Geschäftsprinzip, denn jedes Publikum und jeder Steuerzahler
> hat ein Anrecht auf seine Helden und sein Happy-End, und dies zu liefern sind wir
> von der Polizei und ihr von der Schriftstellerei gleicherweise verpflichtet. Nein,
> ich ärgere mich vielmehr über die Handlung in euren Romanen. Hier wird der
> Schwindel zu toll und zu unverschämt. Ihr baut eure Handlungen logisch auf; wie
> bei einem Schachspiel geht es zu, hier der Verbrecher, hier das Opfer, hier der
> Mitwisser, hier der Nutznießer; es genügt, dass der Detektiv die Regeln kennt und
> die Partie wiederholt, und schon hat er den Verbrecher gestellt, der Gerechtigkeit
> zum Siege verholfen. Diese Fiktion macht mich wütend. Der Wirklichkeit ist mit
> Logik nur zum Teil beizukommen. Dabei, zugegeben, sind gerade wir von der Po-
> lizei gezwungen, ebenfalls logisch vorzugehen, wissenschaftlich; doch die Stör-
> faktoren, die uns ins Spiel pfuschen, sind so häufig, dass allzu oft nur das reine
> Berufsunglück und der Zufall zu unseren Gunsten entscheiden. Oder zu unseren
> Ungunsten. Doch in euren Romanen spielt der Zufall keine Rolle, und wenn etwas
> nach Zufall aussieht, ist es gleich Schicksal und Fügung gewesen; die Wahrheit
> wird seit jeher von euch Schriftstellern den dramaturgischen Regeln zum Fraße
> hingeworfen. Schickt diese Regeln zum Teufel. Ein Geschehen kann schon allein
> deshalb nicht wie eine Rechnung aufgehen, weil wir nie alle notwendigen Fakto-
> ren kennen, sondern nur einige wenige, meistens recht nebensächliche. Auch
> spielt das Zufällige, Unberechenbare, Inkommensurable eine zu große Rolle. Un-
> sere Gesetze fußen nur auf Wahrscheinlichkeit, auf Statistik, nicht auf Kausalität,
> treffen nur im allgemeinen zu, nicht im besonderen. Der Einzelne steht außerhalb
> der Berechnung. Unsere kriminalistischen Mittel sind unzulänglich, und je mehr

wir sie ausbauen, desto unzulänglicher werden sie im Grunde. Doch ihr von der Schriftstellerei kümmert euch nicht drum. Ihr versucht nicht, euch mit einer Realität herumzuschlagen, die sich uns immer wieder entzieht, sondern ihr stellt eine Welt auf, die zu bewältigen ist. Diese Welt mag vollkommen sein, möglich, aber sie ist eine Lüge. Laßt die Vollkommenheit fahren, wollt ihr weiterkommen, zu den Dingen, zu der Wirklichkeit, wie es sich für Männer schickt, sonst bleibt ihr sitzen, mit nutzlosen Stilübungen beschäftigt."[28]

Dies kann man eine These, vielleicht auch eine Theorie nennen, sprachlich ist es ein Monolog, fast schon ein Traktat. Die Dürrenmatt-Forschung hat denn auch nachdrücklich konstatiert, dass hier „die Ersatzmetaphysik des Zufalls zum wirkenden Zentrum der entgötterten Welt erhoben"[29] und Dürrenmatts „interessenmäßige Schwerpunktverlagerung vom Rätsel auf Weltanschauung und Ethik"[30] deutlich werde. Der Roman insgesamt gewinnt damit insofern eine allegorische oder parabolische Doppelstruktur, als die Exempelgeschichte (nur) zur Bekräftigung der vorgetragenen Weltanschauungsthese dient. Ob diese Doppelung von expliziter und impliziter Botschaft die intendierte Wirkung nun befördert oder, wie ich meine, eher behindert, weil sie einen lehrhaften Überschuss produziert, kann natürlich kontrovers diskutiert werden.

Daneben bietet das anfängliche Zusammentreffen von Polizei-Kommandant und Krimi-Autor Gelegenheit zu selbstbezüglicher Ironie (etwa mit dem hübschen Nebeneffekt, dass die Vorhaltungen, die der Kommandant dem Krimiautoren macht, den faktischen Autor Dürrenmatt gerade *nicht* treffen, auch wenn sein Doppelgänger im Roman sie über sich ergehen lassen muss) oder auch zu kleinen, teilweise aber sehr zeit- und milieugebundenen Anspielungen und Seitenhieben.[31]

Allerdings sind die internen Schwächen dieser Konstruktion nicht zu übersehen, besonders wenn man die genrespezifischen Maßstäbe anlegt. Die Handlungsführung selbst, dies wurde von der Forschung mit Recht vermerkt, bleibt insofern unplausibel, als die Polizei in der Lage sein müsste, den Mörder trotz seines tödlichen Unfalls (oder gerade wegen des spektakulären Unfalls mit einem außergewöhnlichen Wagen) identifizieren zu

---

[28] Dürrenmatt: Das Versprechen (Anm. 27), S. 11 ff.
[29] Gerhard P. Knapp: Friedrich Dürrenmatt: Der Richter und sein Henker. Frankfurt/M. 1983, S. 33.
[30] Vgl. Anm. 24, S. 181.
[31] Etwa auf Emil Staiger, den Zürcher Ordinarius für Literaturgeschichte und führenden Germanisten der 1950er-Jahre, dessen gleichzeitiger Vortrag über den späten Goethe angeblich für das bloß „spärliche" Publikum unseres Krimiautors verantwortlich gewesen sei. Vgl. Anm. 22, S. 5.

können; zumindest Matthäi müsste eine solche Eventualität bedenken.[32] Die Argumentation des Kommandanten – genauer: seine Rationalitätskritik am Ersatzobjekt Kriminalroman – macht im übrigen nur Sinn, wenn man dieser literarischen Form grundsätzlich und ernsthaft den Anspruch auf Welterklärung aufbürdet; in der Theorie der Kriminalliteratur überwiegt hingegen seit den Anfängen der Gattung eher die Auffassung, dass sie auf unterhaltende und entlastende Weise eine Ordnung im *imaginären Raum* schaffe, gerade weil diese in der sozialen Wirklichkeit vermisst wird.[33]

Die Konstruktionsmängel des Romans kann man sich in diesem Fall sehr anschaulich vor Augen führen – und zwar im Kontrast zu der genau 50 Jahre später entstandenen Filmversion *„The Pledge"* von Sean Penn (USA 2001), „based on a novel by Friedrich Duerrenmatt" (wie es im Vorspann heißt). Auch wenn für eine genauere Analyse hier kein Raum ist, lassen sich die entscheidenden Änderungen doch leicht erkennen. Zunächst die energische Aktualisierung und Amerikanisierung, also die Verlagerung in ein bestimmtes (gegenwärtiges) regionales und soziales Milieu. Damit gewinnt der Film bis in viele Details hinein eine (neue) realistische Qualität. Aber noch wichtiger dürfte der Umbau der Erzählstruktur sein. Dürrenmatts Rahmenerzählung mit doppeltem Erzähler (und damit auch die weltanschaulichen Diskurse) werden vollständig eliminiert, die Binnengeschichte eines scheiternden Ermittlers wird nun *straightforward*, in Außensicht und ohne explizite Kommentierung bzw. Problematisierung erzählt. Damit tritt die narrative Grundstruktur einer Kombination von Detektiv- und Thrillerschema[34] deutlicher hervor; sie wird aber vom persönlichen Drama der Hauptfigur begleitet, dem die Pensionierung den Lebenssinn geraubt hat, und der sich dazu noch, durch die Benutzung des ihm liebevoll zugewandten Mädchens als Lockvogel, eine schwere persönliche Schuld auflädt.

---

[32] Mit Recht und Entschiedenheit weist Arnold auf die „Dummheit" Matthäis bzw. die Schwächen der erzählerischen Konstruktion hin, die er als „Beleidigung für den gesunden Menschenverstand" wertet (vgl. Anm. 6, S. 170 f.).

[33] Diese Erklärung hat durchaus *topos*-Charakter und lässt sich in vielfachen Varianten finden: religiös (W. H. Auden), poetologisch (Dorothy Sayers), historisch-dialektisch (Brecht), sozialpsychologisch (Dieter Wellershoff). Vgl. W. H. Auden: The Guilty Vicarage (1948). In: Robert Winks (Hg.): Detective Fiction. A Collection of Critical Essays. Woodstock, Vt. 1988, S. 15-24. Die Essays von Sayers, Brecht, Wellershoff in meinem Sammelband: Vogt: Der Kriminalroman (Anm. 10), S. 33.

[34] Eine Typuskombination, die in der gegenwärtigen Kriminalliteratur weithin dominiert. Vgl. Jochen Vogt: Triumph des Thrillers? Wiederkehr des Bösen? Einige (nicht nur) erzähltheoretische Beobachtungen zur neueren Entwicklung des Kriminalromans. In: Edgar Marsch (Hg.): Im Fadenkreuz. Der Neue Schweizer Kriminalroman. Zürich 2007, S. 39-54.

Da der Film aber nicht nur *straightforward*, sondern in gewisser Weise auch *elliptisch* und damit verrätselnd erzählt, gewinnt er seiner Story erst das unverzichtbare Element aller Kriminalliteratur zurück: *suspense*, Spannung. Und zwar sowohl Thriller- wie auch Rätselspannung: Die *whodunit?*-Frage, wer denn nun wirklich der Mörder war, ist aus den filmischen Indizien gar nicht so einfach zu beantworten und provoziert erfahrungsgemäß lebhafte Diskussionen.

Auch wenn wir von filmästhetischen und darstellerischen Aspekten absehen (etwa den Bildzitaten, die auf Fritz Langs Krimiklassiker „*M – Eine Stadt sucht einen Mörder*" verweisen oder von einem grandiosen Jack Nicholson in der Hauptrolle), lässt sich hier doch sehr gut beobachten, wie der Regisseur und die Drehbuchautoren Jerzy Kromolowski und Mary Olsen-Kromolowski aus einer historisch angestaubten und konstruktiv wackeligen Erzählung einen Film von großer Eindringlichkeit und Stringenz – und nicht zuletzt einen weit besseren *Krimi* gemacht haben.[35]

VI

Zurück zu Dürrenmatt und den literarischen Anregungen, die er möglicherweise genutzt hat. Von der facettenreich erzählten Welt eines Georges Simenon wie auch vom Habitus und der Handlungsweise seines idealisierten, aber völlig undämonischen Kommissars Maigret sind die Schauplätze, Figuren und Konstellationen in Dürrenmatts Kriminalromanen doch weiter entfernt als man auf den ersten Blick, besonders wegen der *plot*-Anleihen, denken könnte. Aber natürlich ist in unserem Zusammenhang noch ein Wort über Friedrich Glauser fällig. Dass Dürrenmatt einen direkten Einfluss dieses Autors verschiedentlich geleugnet hat, der inzwischen nicht nur als *der* Schweizer Klassiker des Genres, sondern überhaupt als Gründerfigur des literarisch ernstzunehmenden Kriminalromans in deutscher Sprache gilt, dürfte wohl zum rhetorischen Inventar seiner ausgeprägten „Einflussangst" gehören.[36]

---

[35] Eine gute vergleichende Analyse unter literatur- bzw. filmdidaktischem Aspekt bei Stefan Volk (Hg.): Filmanalyse im Unterricht. Zur Theorie und Praxis von Literaturverfilmungen. Paderborn 2004, S. 144-164.

[36] Martin Stingelin: Die Einflussangst des Friedrich Dürrenmatt. In: Frankfurter Allgemeine Zeitung vom 8.9.2010, S. N4. Vgl. auch Ulrich Weber: Kafka – Dürrenmatt. Angst vor dem Einfluss? In: Irmgard Wirtz (Hg.): Kafka verschrieben. Göttingen/Zürich 2010.

Tatsache ist, dass Glausers Romane zwischen 1936 und 1939 in der Schweiz sowohl als Bücher wie zuvor auch als Fortsetzungsromane publiziert wurden, einer davon ebenfalls im *„Beobachter"*; auch, dass die Verfilmungen von Leopoldt Lindtberg (*„Wachtmeister Studer"*, 1939, und *„Matto regiert"*, 1946) sehr erfolgreich waren und dem Autor Dürrenmatt auf die eine oder andere Weise bekannt sein mussten. Aber es geht nicht um den Nachweis von punktuellen Berührungen oder Übernahmen einzelner Figuren und Motive. Heutigen Lesern, besonders nichtschweizerischen, dürfte sich zweifellos eine gewisse Familienähnlichkeit zwischen den Kriminalromanen Glausers und Dürrenmatts aufdrängen, deren Schauplätzen und einzelnen Figuren, besonders den Ermittlern Studer und Bärlach, die sich aber weitgehend dem gemeinsamen kulturellen und regionalen Rahmen verdanken. Auf den zweiten Blick fallen dann auch die Unterschiede sehr viel mehr ins Gewicht als die Ähnlichkeiten, wie man beispielhaft an Glausers durchgängiger Hauptfigur, eben dem Wachtmeister Studer, sehen kann.

Dessen Karrierehoffnungen sind durch politische Machenschaften enttäuscht worden, er dient nun als Wachtmeister bei der Kantonspolizei, wird aber bei den schwierigsten Fällen immer wieder gerufen. Er ist ein bodenständiger, fest im Alltag verwurzelter Mann mit gesundem Menschenverstand, viel Geduld und kriminalistischer Witterung. Sein oberstes Prinzip ist, sich in den Fall und sein Umfeld „einzuleben": „Ja! *Einzuleben!* Dann konnte man weiter sehen." Deshalb setzt er sich an den jeweiligen Schauplätzen, von der ärmlichen Mansardenwohnung übers Dorfwirtshaus bis zur psychiatrischen Klinik, solange fest, bis sich die Lösung quasi von selbst ergibt. Bei aller Logik und seinem Interesse für Naturwissenschaften und Medien ist er ein Gemütsmensch, voll Mitgefühl mit den Verdächtigen, Beschädigten, Ausgegrenzten aller Art, und nicht zuletzt eine Vaterfigur für junge Menschen, die in den Strudel des Verbrechens geraten sind. Mit alldem steht er dann, wie leicht zu sehen ist, doch sehr viel näher beim Kollegen (und erklärten Vorbild) Maigret als bei Bärlach oder Matthäi.

Glausers Fälle sind nicht allzu kompliziert, auch für Leser leicht durchschaubar – dem entsprechen seine ablehnenden Äußerungen über den englischen Rätselkrimi und seine Begeisterung für Georges Simenon, den er explizit seinen „Lehrer"[37] nennt. Wie Simenon geht es Glauser weniger um Fälle als um Schicksale, wobei ihm die sozialen Außenseiter besonders am Herzen liegen. Über all seinen Romanen könnte Studers Stoßseufzer stehen: „Was einfache Menschen für komplizierte Schicksale haben können!"

---

[37] Friedrich Glauser: Offener Brief über die „Zehn Gebote für den Kriminalroman" (1937). In: ders.: Gesprungenes Glas. Das erzählerische Werk. Bd. IV: 1937-1938. Zürich 2001, S. 213-221, besonders S. 220.

Wie Simenon hat er seine Stärken in der knappen Charakterzeichnung und atmosphärischen Milieuschilderung, anders als jener (und insofern wieder näher bei Dürrenmatt) pflegt er jedoch einen persönlichen, humoristisch aufgelockerten Erzählton und scheut auch vor ausgedehnten Erzählerkommentaren zu sozialen Problemen und ‚Lebensfragen‘ nicht zurück.

In gelegentlichen, aber durchaus grundsätzlichen Äußerungen zum Handwerk des Krimischreibens skizziert Glauser eine Theorie des „Füllsels“, das heißt der sekundären Themen (in seinem Fall etwa: Strafvollzug, Jugendverwahrlosung, Psychiatrie und ihre Kritik, Medien und Drogen), die das Medium des Kriminalromans transportieren könne und es erst welthaltig und dadurch auch ‚literarisch‘ mache.[38] Mit Dürrenmatt wäre er also in der Kritik des konventionellen Detektivromans wie im Versuch einig, ihn zu überwinden. Nur versucht er dies nicht mit einer philosophisch ambitionierten Diskussion von Wertfragen und Weltbildern, sondern mit einer soziologisch und psychologisch vertieften, letztlich realistischen Erzählweise. Glauser fordert von der Kriminalliteratur Welthaltigkeit, einen energischen Zugriff auf die Welt in ihrer allerdings sehr verwirrenden empirischen Vielfalt und Widersprüchlichkeit, wo Dürrenmatt sich monomanisch auf das Problem der Weltkontingenz, des Zufalls und der Sinnlosigkeit fixiert.

Dem realistischen Zugriff entspricht dann auch die regionale, fast schon ethnografische Verankerung von Glausers Fällen und die abgestufte Verwendung verschiedener Idiome (Hochdeutsch, Französisch, Schwyzerdütsch in verschiedenen Varianten). All dies findet man bei Dürrenmatt auch – aber in einer charakteristisch anderen Tonart: Wo Glauser der Wirklichkeit beobachtend auf den Pelz rückt, formt und modelt Dürrenmatt sie zu quasidramatischen oder auch paradoxen Situationen und parabolischen Konstellationen. Auch sein Hang zur grotesken Übersteigerung, besonders in der Personenzeichnung, geht auf Kosten des realistischen Details und der Differenzierung. Wo Glauser in den Grenzen des Genres seinen eigenen erzählerischen Weg findet, inszeniert Dürrenmatt an oder auf diesen Grenzen seine dramatischen „Gedanken“-Krimis. Denn für seine Romane gilt sehr genau, was ein Kenner und Freund des Autors, Hugo Loetscher, an einem ganz anderen Werk, dem Israel-Essay *„Zusammenhänge“* (1976) beobachtet und benannt hat: „Der Gedankendramaturg ist an der Arbeit: Er inszeniert Gedanken und Rollen für Ideen und setzt andererseits die Figuren der Analyse aus. Der Bericht steht neben der Theologie, aber immer wieder bricht die Fabel und Parabel durch.“[39]

---

[38] Glauser: Offener Brief (Anm. 37), S. 216 f.
[39] Vgl. Hugo Loetscher: Ein Gedankendramaturg. In: Daniel Keel (Hg.): Über Friedrich Dürrenmatt. Zürich 1986, S. 106-120, Zitat S. 118.

VII

Um die literarische Leistung des Kriminalautors Dürrenmatt aus historischer Perspektive angemessen zu beurteilen, sollten wir abschließend einen Blick auf das damalige Feld der Kriminalliteratur werfen. Oder besser zwei: einen auf die internationale Szene, einen zweiten auf den deutschsprachigen Raum.

Der konventionelle englische Detektivroman steht 1937, als Glauser gegen ihn polemisiert, noch in einiger Blüte (und wird, wie gesagt, von Brecht noch gelobt!). 1950/51 aber, und erst recht 1959, als Dürrenmatt ihn in seinen Romanen problematisiert, nähert er sich, um ein angemessenes Bild zu verwenden, bereits dem Stadium der Leichenstarre. Nicht nur sind die Variationsmöglichkeiten des Schemas inzwischen weitgehend ausgereizt; an ganz verschiedenen Orten und mit verschiedenen Schreibweisen, Zielrichtungen und Visionen haben vielmehr Autoren, die wir heute als Klassiker des Genres verehren, schon ihr jeweils eigenes Requiem auf den (alten) Kriminalroman angestimmt.

In Hollywood verfasst Raymond Chandler 1944 seinen teils polemischen, teils programmatischen (und am Ende auch ein wenig pathetischen) Essay *„The Simple Art of Murder"*, seine Abrechnung mit der *formal detective story,* deren angebliche Logik er als Künstlichkeit dekouvriert und der er nicht nur ein gravierendes Realitäts- und Realismusdefizit vorwirft, sondern interessanterweise auch einen Mangel an *Stil.* In dieser wie in jener Hinsicht hält er seinen älteren Kollegen und ‚Lehrer' Dashiell Hammett und dessen fünf Romane, geschrieben zwischen 1929 und 1934, für vorbildlich und richtungsweisend. Chandler selbst hat damals schon vier Romane veröffentlicht (seit 1939), bis 1958 werden drei weitere folgen. Die amerikanische *hardboiled school* ihrerseits ist für uns längst historisch geworden; einige ihrer Grundprinzipien prägen aber bis heute beträchtliche Teile der Spannungsliteratur.

Im gleichen Jahr 1944 veröffentlicht in Buenos Aires der Bibliothekar und *homme de lettres* Jorge Luis Borges 17 kurze Prosastücke, die er *„Ficciones"* nennt; ähnliche Texte folgen später. In einigen von ihnen, wie etwa *„La muerte y la brújula"* (*„Der Tod und der Kompass"*) wirbelt er nicht nur das Handlungs- und Rollenschema der Detektiverzählung, sondern unsere gewohnten Wahrnehmungen und Vorstellungen von Realität auf eine so unerhörte Weise durcheinander, dass ihn dann erst wieder seine postmodernen Enkel in den 1980er-Jahren halbwegs einholen können.

In Frankreich (und anderswo) schreibt ein gewisser Georges Simenon seit 1931 seine unspektakulären kleinen Romane, mit oder ohne den Kommissar Maigret, die sich vier Jahrzehnte später wie ein Riesenpuzzle zu einer großen *comédie humaine* des 20. Jahrhunderts fügen. Simenon öffnet, jedenfalls in den „Maigrets", das Modell der Detektiverzählung *à l'anglaise,* ohne seinen Umriss ganz aufzugeben, für einen soziologischen, psychologischen und anthropologischen Blick, mit dem er noch die entlegensten Winkel der französischen Gesellschaft und die verstecktesten Regungen des menschlichen Herzens ausleuchtet und damit zum Wegbereiter für mehr als eine Generation von europäischen Autoren wird.

Eine jüngere amerikanische Kollegin nannte Simenon den „größten Erzähler unserer Zeit", den „bedeutendsten(n) und am wenigsten schwierige(n) Schriftsteller unserer Zeit" – aber das war erst 1968.[40] Vorerst, im Jahr 1950, freut sich Patricia Highsmith über das Erscheinen ihres ersten Romans „*Strangers on a Train*" („*Zwei Fremde im Zug*"), der zuvor von sechs amerikanischen Verlagen abgelehnt worden war. Dort scheitert nicht die Aufklärung, sondern der Plan eines fast perfekten Verbrechens an der Weltkontingenz, am ‚menschlichen Faktor' (Graham Greene), so wie Highsmith dann mehr als 20 Romane hindurch menschliche Pläne und Handlungen (kriminell oder nicht) katastrophal scheitern lässt: an nicht kalkulierbaren Ereignissen, an unkontrollierbaren Emotionen, an unterdrückter Aggression oder uneingestandenem Begehren oder einfach nur an der Tücke des Zufalls.[41]

Jahrzehnte nach dem fast gleichzeitigen Erscheinen ihrer beiden Erstlingsromane im Jahr 1950 treffen Patricia Highsmith und Friedrich Dürrenmatt im Hause des Diogenes Verlags in Zürich zusammen, der inzwischen beide verlegt. Sie erbittet ein Autogramm von ihm und schickt ihm später ein Widmungsexemplar ihres Erzählungsbandes „*Zwölf Geschichten*" von 1979.[42]

Damit sind wir in den deutschsprachigen Raum zurückgekehrt, was Anlass zu der Feststellung gibt, dass unter den gegebenen Zeitumständen dort kaum etwas von den Innovationen aus der großen weiten Welt bekannt war oder gar breitenwirksam werden konnte. Erst im Laufe der 1950er-Jahre wurden die großen Autoren der englischen und der amerikanischen Schule zögerlich und ohne große Resonanz in deutschen Übersetzungen publiziert.

---

[40] Vgl. Patricia Highsmith – Leben und Werk. Hg. von Franz Cavigelli, Fritz Senn, Anna von Planta. Zürich 1996, S. 106.

[41] Jochen Vogt: Eine ununterbrochene Erschütterung aller Zustände. Über die Erzählerin Patricia Highsmith. In: Peter Gasser, Elio Pellin, Ulrich Weber (Hg.): „Es gibt kein größeres Verbrechen als die Unschuld". Zu den Kriminalromanen von Glauser, Dürrenmatt, Highsmith und Schneider. Zürich/Göttingen 2009, S. 91-102.

[42] Vgl. Anm. 39, S. 242: Foto mit Kommentar von P. H.: „Party bei Diogenes, Zürich. Ich bat Dürrenmatt um ein Autogramm." Das Widmungsexemplar in Dürrenmatts Bibliothek unter der Kennung SZH 01/13 (vgl. Anm. 16).

Das literarisch anspruchsvollste Projekt dieser Art, Karl Anders' „Krähenbücher" im Nürnberger Nest Verlag (ab 1949), steuerte mit allen Klassikern der *hardboiled school* an Bord geradewegs in die Pleite.[43] Dass man in der Schweiz leichter auf den französischen Simenon zugreifen konnte, wurde bereits erwähnt und spielt für Dürrenmatt eine wichtige Rolle. Deutsche Übersetzungen gibt es aber auch erst in den späteren 50er-Jahren; so zum Beispiel „*Hier irrt Maigret*" („*Maigret se trompe*", 1953) in deutscher Übersetzung von Paul Celan (!!) bei Kiepenheuer & Witsch 1955. Der Weg des deutschen Lesepublikums zur Kriminalliteratur führte offenbar unvermeidlich über den schon in der Weimarer Zeit populären Edgar Wallace (jetzt Lieblingsautor von Bundeskanzler Konrad Adenauer) und über Agatha Christie (deutsch seit 1952); beide erschienen in Goldmanns blutroter Taschenbuch-Reihe. Aber das wäre ein anderes Thema.

Was nun aber Friedrich Dürrenmatt angeht, so bringt uns dieser schnelle Rundblick zu einer in sich zwiespältigen Feststellung. Er hat sich im Kriminalgenre zweifellos als Gelegenheits-, um nicht zu sagen: Verlegenheitsautor gefühlt. Doch ist es ihm, ganz abgesehen vom ökonomischen Erfolg, durchaus gelungen, diese missachtete Form, jedenfalls in ihrer konventionellen Variante, als eine Versuchsanordnung für weltanschauliche Fragestellungen zu benutzen, die ihn grundsätzlich, lebenslang und quer durch alle literarischen Formen beschäftigten.

Dabei erfüllt er die Gattungsregeln des klassischen Detektivromans pragmatisch und rezeptionsästhetisch so weit, dass diese Texte als Krimis gelesen werden können, weicht in Handlungsführung und vor allem in den begleitenden Reflexionen aber soweit von ihnen ab, dass man sie auch „Anti-Kriminalromane" nennen darf. Dies Experiment hat er, wie wir heute sehen können, als Einziger unter den deutsch schreibenden Kollegen ver-

---

[43] Der sozialdemokratische Exilant Anders (Kurt Wilhelm Naumann) publizierte in seinem Nest Verlag neben politischer Literatur ein anspruchsvolles kriminalliterarisches Programm, das sowohl die englischen wie die amerikanischen Klassiker umfasste. Die Romane Hammetts und Chandlers, um nur zwei Beispiele zu nennen, wurden sämtlich zwischen 1949 bis 1954 publiziert (in der zweiten Hälfte der 1950er-Jahre gingen sie dann per Taschenbuchlizenz in die Krimi-Reihe des Ullstein-Verlags über). Im Nest Verlag erschien auch die erste anspruchsvolle wissenschaftliche Auseinandersetzung mit dem Kriminalroman in deutscher Sprache: Fritz Wölcken: Der literarische Mord. Eine Untersuchung über die englische und amerikanische Detektivliteratur. Nürnberg 1953. Karl Anders schied 1955 aus der Verlagsarbeit aus und wandte sich wieder der politischen Arbeit für SPD und Gewerkschaften zu. 1960/61 war er zentraler Wahlkampfplaner der SPD (erste Kanzlerkandidatur von Willy Brandt). Sehr informativ und anschaulich zur Biografie und Verlagsgeschichte: Patrick Rössler: anders denken. Krähen-Krimis und Zeitprobleme: der Nest-Verlag von Karl Anders. Erfurt 2007.

folgt, und zwar zu einer Zeit, da etwa in der westdeutschen Literatur noch das Trümmer-Thema dominiert (zeitgleich mit dem *„Der Richter und sein Henker"* erscheinen Koeppens *„Tauben im Gras"* und Bölls Kurzgeschichten *„Wanderer, kommst du nach Spa...!"*). An der literarischen Weiterentwicklung oder Modifikation von Kriminalliteratur war Dürrenmatt offensichtlich so wenig interessiert wie daran, selbst ein Genre-Autor zu werden. Deshalb folgen auch seine späteren, vielfach modifizierten und teils fragmentarischen Versuche dem einmal eingeschlagenen, sehr persönlichen Weg. Objektiv und aus dem Abstand eines halben Jahrhunderts gesehen, wird man aber dennoch sagen dürfen: Friedrich Dürrenmatt hat mit seinen Möglichkeiten (und in seinen Grenzen) durchaus mitgewirkt an der weltweiten Neuausrichtung und Ausdifferenzierung der Kriminalliteratur in der zweiten Hälfte des 20. Jahrhunderts. So ist es doch nicht ganz abwegig, ihn in einem Atemzug zu nennen mit Chandler und Borges, mit Simenon oder Highsmith. Man könnte vielleicht auch sagen: Friedrich Dürrenmatt hat sich mit seinen „Gedanken-Krimis" nachhaltig in die Geschichte eines (auch von ihm selbst) gering geschätzten Genres eingeschrieben und so (wider Willen?) zu dessen unaufhaltsam steigender Wertschätzung beigetragen.

Dürrenmatt und Hacks:
das westliche und das östliche Modell des komischen Dramas nach 1945

BERNHARD SPIES

Gewöhnlich trägt sich die Literaturgeschichte einfach zu, ohne Rücksicht auf das Bedürfnis von Bibliothekaren und Philologen nach Epochen mit eindeutigen Grenzen und klaren Leitfiguren, nach ordentlichen Entwicklungsschritten und distinkten Konturen zu nehmen. Hin und wieder aber sieht es so aus, als ob die reale Literaturgeschichte denen, die sie ordentlich archivieren sowie möglichst übersichtlich beschreiben wollen, das Geschäft auch einmal vereinfachen wollte. Zu diesen wirklich seltenen Zufällen gehört die Ost-West-Symmetrie im komischen Drama der Jahrzehnte nach dem Zweiten Weltkrieg. Diese Zeit sieht nicht nur eine umfangreiche Produktion von Komödien; das ist im 20. Jahrhundert nichts Besonderes. Auffälliger ist die Herausbildung zweier Modelle des komischen Dramas, die mit den Namen Friedrich Dürrenmatt und Peter Hacks verbunden sind. Dürrenmatt steht für eine Version der Komödie, die nur im Westen entstehen konnte und in einer spezifisch ,westlichen' Weise auf die wirkliche – und das heißt vor allem die politische – Geschichte nach 1945 reagiert; Hacks hat seine politische Entscheidung für die DDR literarisch in die Entwicklung eines Komödienmusters umgesetzt, das ausdrücklich auf den Sozialismus zugeschnitten war. Die Analogien wie die Unterschiede in der Weise, wie die beiden Theaterautoren ihre Zeitgenossenschaft literarisch praktizieren, sind nicht zu erklären, indem man sie einerseits auf die im Westen geltende Erlaubnis, Beliebiges zu schreiben und aufzuführen, andererseits auf den politischen Auftrag an die Kunst im Osten zurückführt. Ganz im Gegenteil. Dürrenmatt wie Hacks haben nicht auf Bestellung gearbeitet, beide haben sich mit ihren Dramentexten und Aufführungen bei ,ihren' Kultur- und sonstigen Politikern keineswegs Liebkind gemacht. Vielmehr haben sie die identische Welt, in der sie diesseits und jenseits des Eisernen Vorhangs lebten, auf eine Weise verfremdet, an den Pranger gestellt, verlacht und mit Sympathieerklärungen versehen, die beides zugleich waren: spezifische Beiträge zu singulären Personalwerken und komplementäre Modelle des komischen Dramas in der bipolaren Welt der zweiten Jahrhunderthälfte. Diese beiden Modelle sollen im Folgenden in den Grundzügen dargestellt werden, und zwar vom historischen Anfang her. In den 1950er-Jahren haben beide Dramatiker zwar eine Idee, aber noch keine ausgearbeitete Vorstellung dessen, was sie mit ihrer je spezifischen Variante der Komödie erreichen wollen bzw. was sie dem komischen Drama der jeweils eigenen Version zutrauen können. In dieser Phase treten die Gemeinsamkeiten zwischen den Zeitgenossen Hacks und Dürrenmatt relativ deutlich hervor. Später, im Zuge der Ausprägung des jeweiligen komisch-dramatischen Stils, bestimmen die Kontraste das Bild, auch wenn die zugrundeliegenden Ähnlichkeiten keineswegs verschwinden. Die folgende vergleichende Untersuchung soll beides herausarbeiten, das *tertium comparationis*, das beide Theaterautoren im historischen Ausgangspunkt ausbilden, wie die individuelle Besonderheit des Komödienmodells, in der auf eine jeweils sehr persönliche und doch unverkennbare Art Ost-West-Unterschiede zutage treten.

I Die traditionelle Komödie auf den Kopf gestellt: Desillusionierungsdramatik der 1950er-Jahre

Die Anfänge der Komödienschreiber Dürrenmatt und Hacks weisen in zwei nicht gerade unwichtigen Hinsichten eine merkliche Verwandtschaft auf. Beide entwickeln eine desillusionierende und ideologiekritisch gemeinte Art, mit historischen Stoffen umzugehen, und beide stellen sich in ein ähnliches Verhältnis zum Muster der traditionellen Komödie. An den ‚frühen' Komödien „*Romulus der Große*" von Friedrich Dürrenmatt und „*Der Müller von Sanssouci*"[1] von Peter Hacks wird diese Verwandtschaft sehr deutlich.

Dürrenmatts Dramenheld ist der letzte (west)römische Kaiser, dessen Absetzung von Odoaker im Jahr 476 das Ende des antiken römischen Reiches besiegelte. Groß wird diese traurigste Figur in der Reihe der römischen Kaiser bei Dürrenmatt dadurch, dass der letzte Herrscher den Untergang des römischen Imperiums nicht etwa erleidet, sondern ihn vielmehr mit äußerster Entschlossenheit selber betreibt, weil er in den Folgen der Völkerwanderung die Chance sieht, das imperialistische Monstrum des *imperium romanum* zu

---

[1] Während Dürrenmatt seinen spezifischen Komödientypus im Wesentlichen durch die Arbeit an „*Romulus der Große*" bzw. durch die mehrfache Überarbeitung dieses Dramas ausprägt, kommen bei Hacks mehrere Stücke als Beispiele für diese Phase in Betracht. Neben „*Der Müller von Sanssouci*" ließe sich auch „*Die Schlacht bei Lobositz*" (1956) anführen. Vgl. Uwe-Karsten Ketelsen: „Isten verled, porosz kamerád" oder Peter Hacks' „Die Schlacht bei Lobositz". Komödie in drei Akten. In: Walter Hinck (Hg.): Geschichte als Schauspiel. Frankfurt/M. 1981 (= suhrkamp taschenbuch 2006), S. 340–354.

beseitigen.[2] Die komödiantische Geschichtsfälschung entfaltet auf der Bühne das Paradox, dass der kaiserliche Inhaber der imperialen Macht der Einzige ist, der sie abschaffen will, während alle anderen, gerade die zum Kanonenfutter Bestimmten, den Standpunkt, dass eine große Macht sich bedingungs- und gnadenlos durchzusetzen habe, für das einzig Denkbare und überdies für einen höchsten Wert halten, der jedes Opfer legitimiert. Es gibt also keinen Mangel an komischen Szenen, in denen der kaiserliche Antiimperialist den an seiner Macht Beteiligten wie seinen Kriegs- und sonstigen Knechten den Dienst abschlägt, den diese ihm anbieten, dessen Inanspruchnahme sie aber auch verlangen. Wenige Jahre nach dem Ende des Zweiten Weltkriegs und in den Jahren des heikelsten atomaren Patts ist keine Frage, welches Reich und welchen Imperialismus Dürrenmatts „ungeschichtliche historische Komödie", so der Untertitel des Stücks, zum Thema macht. Es ist der national-sozialistische Anspruch auf Weltherrschaft, aber auch eine zu allem entschlossene Bereitschaft, im Systemgegensatz von Ost und West die Oberhand zu gewinnen, die durch die Verdrehung der historischen Konstellation am Ende des Weströmischen Reiches kommentiert wird. Genau genommen wird nicht diese Konstellation selber kritisch beleuchtet, sondern ein moralisches oder auch ideologisches Element derselben. Konfliktfeld ist ein allem Anschein nach eherner Grundsatz, der für Herrscher – mit Ausnahme des erfundenen Romulus – wie für Beherrschte selbstverständlich zu sein scheint: Die nach innen souveräne und nach außen unbeschränkt handlungsfähige Staatsgewalt hat allen Menschen als erste Lebensnotwendigkeit zu gelten, der alle anderen Notwendigkeiten und Anliegen unterzuordnen sind; diese Maxime schließt die Umkehrung ein, dass gerade bei drohendem Untergang der Macht die Parteinahme für sie eine ganz unbedingte sein müsse. Diese Stellung der Individuen zu Staat, Staatsgewalt und Vaterland wird auf mehrfache Weise thematisiert: in den Reaktionen eines fassungslosen Unverständnisses gegenüber Romulus' Verhalten, das die übrigen Dramenfiguren das ganze Stück hindurch variieren, aber auch in expliziten Stellungnahmen. So zum Beispiel im Gespräch zwischen Romulus und sei-

---

[2] „ROMULUS Ich bezweifle nicht die Notwendigkeit des Staates, ich bezweifle nur die Notwendigkeit unseres Staates. Er ist ein Weltreich geworden und damit eine Einrichtung, die öffentlich Mord, Plünderung, Unterdrückung und Brandschatzung auf Kosten der anderen Völker betrieb, bis ich gekommen bin." Friedrich Dürrenmatt: Romulus der Große. Eine ungeschichtliche historische Komödie in vier Akten. Neufassung 1980. Zürich 1984 (Dürrenmatt Werkausgabe. Hg. in Zusammenarbeit mit dem Autor, Bd. 2, im Folgenden WA), S. 77. Die Neufassung von 1980 basiert auf der zweiten und der vierten Fassung aus den Jahren 1957 und 1964. Ich zitiere aus dieser Ausgabe, weil sie die Entwicklung des Stücks wie der Dürrenmattschen Komödientheorie gut erkennen lässt.

ner Tochter, in dem sie diskutieren, ob diese ihren Bräutigam verlassen und den germanischen Kapitalisten Rupf heiraten soll, damit der Kaiser mit dessen Geld das Reich retten kann:

> REA Soll man denn nicht das Vaterland mehr lieben als alles in der Welt?
> ROMULUS Nein, man soll es weniger lieben als einen Menschen. Man soll vor allem gegen sein Vaterland mißtrauisch sein. Es wird niemand leichter zum Mörder als ein Vaterland.
> REA Vater!
> ROMULUS Meine Tochter?
> REA Ich kann doch das Vaterland unmöglich im Stich lassen.
> ROMULUS Du mußt es im Stich lassen.
> REA Ich kann nicht leben ohne Vaterland!
> ROMULUS Kannst du ohne den Geliebten leben? Es ist viel größer und schwerer, einem Menschen die Treue zu halten als dem Staat.
> REA Es geht um das Vaterland, nicht um einen Staat.
> ROMULUS Vaterland nennt sich der Staat immer dann, wenn er sich anschickt, auf Menschenmord auszugehen.
> REA Unsere unbedingte Liebe zum Vaterland hat Rom groß gemacht.
> ROMULUS Aber unsere Liebe hat Rom nicht gut gemacht. Wir haben mit unseren Tugenden eine Bestie gemästet. Wir haben uns an der Größe des Vaterlandes wie mit Wein berauscht, aber nun ist Wermut geworden, was wir liebten. (80 f.)

Das Thema, das in „*Romulus der Große*" zentral verhandelt wird, ist eine gegenwärtige *Stellung* so gut wie aller Individuen *zur staatlichen Macht*. Der historische Stoff, die letzte Episode in der Geschichte des antiken römischen Reiches, wird bei Dürrenmatt zum Sinnbild, das die ausgearbeitete Ideologie des militanten Nationalismus wie auch die scheinbar harmlose patriotische Unreflektiertheit so in Szene setzt, dass sie nachhaltig verfremdet werden und dadurch ihre Glaubwürdigkeit einbüßen.

Analoges lässt sich von Hacks' „*Der Müller von Sanssouci*" sagen. Das Stück erzählt die bekannte Anekdote vom preußischen König Friedrich II., den in seinem neu erbauten Schloss Sanssouci das Klappern einer nahegelegenen Mühle stört; der erste königliche Gedanke, dem Untertan den störenden Betrieb zu untersagen, wird nicht realisiert, weil das Gericht in Berlin, bei dem der Müller Klage gegen den königlichen Willen einlegt, dem Müller Recht gibt und der König sich dem Recht beugt. Was Hacks in diesem Drama aufgreift, ist die Legende vom Rechtsstaat Preußen, in dem alle Willkürherrschaft dadurch abgeschafft sei, dass selbst der König dem Recht untersteht, sodass die Untertanen mit einer dergestalt moderierten Herrschaft gut fahren. Was die äußeren Ereignisse angeht, so hält der Dramatiker, wie Dürrenmatt im „*Romulus*", sich an die historische Vorgabe, aber nur, um eine Deutung der Macht bzw. eine Bedeutungszuschreibung

an sie, die im ‚Stoff' schon die Materialität einer vielfach erzählten Bege-
benheit gewonnen hat, aufzugreifen und zu kritisieren.[3] In Hacks' Version
ist es der König selber, der den Müller, einen devoten Untertanen, mit einiger Gewalt nötigt, gegen den königlichen Willen zu klagen; es ist auch der
König, der für den juristischen Ausgang sorgt. Den Grund für dieses Be-
trugsmanöver legt das Stück in eine ideologische Klemme, in welcher der
große Friedrich stecke: Er bereitet den Krieg gegen Österreich vor und
kann das Misstrauen der Untertanen, das diese aus vielfältigen Gründen
gegen seine dynastischen Pläne hegen, nicht brauchen. Die Rechtsstaatsil-
lusion ist von Seiten des Königs eine strategisch inszenierte Lüge,[4] auf die
hereinzufallen den Bürgern nicht gut bekommt. Das muss als Erster der
Müller merken: Ihm wird zwar das Recht auf das Betreiben seiner Mühle
zugesprochen, aber der Knecht genommen, ohne dessen Arbeit die Mühle
nicht funktioniert – er wird zu Friedrichs Armee eingezogen. Die Schlusspointe zielt auf den Zynismus dieser Machttechnik. Friedrich versichert
dem Müller, der abermals vorspricht, zunächst sein Einverständnis damit,
dass er den Knecht behalten darf; dann fragt er den Landrat, ob der Knecht
„nach dem Gesetz" eingezogen werde, um seine persönliche Zusage in eine
Absage zu verkehren:

> FRIEDRICH *hilflos* Ja, Herr Müller, dann…Der König von Preußen ist unter dem
> Gesetz, das weiß Er selbst am besten. *Er geht weiter.*[5]

Die Schlusspointe stellt klar, dass das Gesetz wie dessen richterliche Anwendung nichts als das Herrschaftsmittel des Königs ist, dessen rechtliche Form
die Interessen des Herrschers für die Untertanen unwidersprechlich macht.

Hacks' frühe Komödie übt, wie diejenige Dürrenmatts, Kritik an einer
Stellung zur Macht, die auf einem unbegründeten guten Glauben beruht
und schädliche Konsequenzen zeitigt. Diese Ideologiekritik durch Desillusionierung teilen beide Dramatiker in den 1950er-Jahren, nicht nur mitein-

---

[3] Das Verfahren, eine historische Ereignisfolge oder auch nur eine Episode, an welche die
Tradition eine bestimmte symbolische Bedeutung geknüpft hat, im äußeren Ablauf zu
belassen, bei der Darstellung des inneren Zusammenhangs aber einen Einspruch gegen
die traditionelle Bedeutungszuschreibung auszuführen, ist weder von Dürrenmatt noch
von Hacks erfunden worden. Seit Voltaires „Pucelle" wird es häufig als Mittel der Satire
verwendet. Die weitgehende Ummotivation eines äußerlich unveränderten Handelns zählt
auch zu den prominenten Darstellungsmitteln des Dramatikers George Bernard Shaw und
seiner zahlreichen Nachfolger im frühen 20. Jahrhundert.
[4] Peter Hacks: Der Müller von Sanssouci. Ein bürgerliches Lustspiel. In: Peter Hacks: Die
frühen Stücke. Werke. Zweiter Band. Berlin 2003, S. 227.
[5] Hacks: Der Müller von Sanssouci (Anm. 4), S. 250.

ander, sondern mit vielen Zeitgenossen. Die Gegenstände wie die Maßstäbe der Kritik und damit auch deren Resultat unterscheiden sich aber erheblich. Während Dürrenmatt die bedingungslose Gefolgschaft gegenüber dem politischen Souverän einer jeden Nation, vor allem wenn es eine mächtige Nation ist, als blinde Einwilligung in einen maßlosen Anspruch entlarven will, zielt Hacks auf die bürgerliche Freiheit, die der Rechtsstaat gewährt, und stellt sie als das Resultat eines herrschaftstechnischen Kalküls hin.

Bevor aber dieser Differenz und ihren Konsequenzen in den späteren Dramen nachgegangen wird, lohnt es sich, einen Blick auf den Typus des komischen Bühnenspiels zu werfen, den die beiden Dramatiker dabei aus der Taufe heben. Es gibt hier eine Gemeinsamkeit, die über die oft satirische, gelegentlich groteske Desillusionierungs-Komik hinausgeht: Beide verkehren das *traditionelle Muster* des komischen Dramas in sein *direktes Gegenteil*.

Im traditionellen komischen Drama stellt das gute Ende ein konstituierendes Moment der Handlungsstruktur dar. Es ist deshalb so bedeutend, weil dieses Ende sich vom Anfang der Handlung her keineswegs von selbst versteht. Die Komödienhandlung bringt nämlich Figuren auf die Bühne, die mit ihren persönlichen Anliegen zu scheitern drohen, manchmal an mächtigen Antagonisten, oft auch an vielfältigen Umständen, die dem angestrebten Glück scheinbar übermächtig im Wege stehen. Nur dadurch, dass diese zu befürchtende Übermacht von den Figuren der Handlung – oft genug nur dank eines von außen eingreifenden *deus ex machina* – überwunden wird, die Furcht sich also *ex post* als unwahr herausstellt, ist das Ende ein gutes. In dieser Bewegung kann das Drama den Eindruck besiegeln, den die satirische oder heitere Komik in den Augen des Publikums von Anfang an ankündigt: die Erwartung, dass der Mensch – manchmal als Einzelner, oft als Paar oder auch größeres Kollektiv – schließlich doch in einer zu seinen Gunsten eingerichteten Welt lebt, in der die widrigen Mächte doch nicht so mächtig und die Umstände nicht so unverrückbar sind, wie sie den *dramatis personae* lange Zeit erscheinen.[6] Diese Struktur der Komödienhandlung haben Dürrenmatt wie Hacks vor Augen, um an ihr eine durchaus radikale Verschiebung zu vollziehen. *„Romulus der Große"* wie *„Der Müller von Sanssouci"* verabschieden sich nicht etwa von der Vorstellung eines guten Endes, vielmehr halten sie daran fest, um das Gute des Endes in sein direktes Gegenteil zu verkehren. In Hacks' Stück gibt es ganz eindeutig ein Sub-

---

[6] Ausführlicher gehe ich auf diesen grundsätzlichen Zusammenhang im Einleitungskapitel zu meiner Darstellung der Komödie im Exil nach 1933 ein. Bernhard Spies: Die Komödie in der deutschsprachigen Literatur des Exils. Ein Beitrag zur Geschichte und Theorie des komischen Dramas im 20. Jahrhundert. Würzburg 1997, bes. S. 7-15.

jekt, das sich als den materiellen Verhältnissen und äußeren Gegebenheiten überlegen erweist und alles für sich einsetzen kann, was seine Anliegen zu gefährden drohte. Allerdings ist nicht der Müller, wie die Legende behauptet, sondern der König der materielle Sieger. Anders als die bekannte Geschichte von Friedrich und dem Müller behauptet, ist im preußischen Rechtsstaat das Machtgefälle nicht zugunsten der Bürger verschoben, sondern es ist auf eine Weise zementiert, die ausgerechnet den designierten Gewinner des dramatischen Konflikts als dessen absoluten Verlierer markiert.[7] Dürrenmatts erstes Stück, in dem er sein Komödienkonzept überhaupt erst entwickelt, ist noch komplizierter gebaut. Dass der Protagonist einer Komödienhandlung zunächst als Narr erscheint, bis seine Weisheit sich herausstellt, ist ein in der traditionellen Komödie nicht selten durchgeführter Handlungsplan. Auf eine lange Strecke hin hält sich „Romulus der Große" an dieses Muster; der Höhepunkt der Tendenz, den herrschaftsunwilligen Kaiser als die überlegene Figur zu charakterisieren, liegt im dritten Akt, in dem ein Verschwörer nach dem anderen zum Attentat auf den schlechten Kaiser antritt, aber nur, um sich von diesem entwaffnen zu lassen. Hier setzt die erste Inversion der Lustspiel-Tendenz ein: Wäre Romulus' Plan so gelungen, wie es lange den Anschein hat, dann hätte er sich für den Untergang des römischen Imperiums geopfert; damit hätte er eine Lebensbestimmung mit einem durchaus pathetischen Sinnanspruch realisiert, aber das Drama wäre keine Komödie geworden, sondern eine Tragödie. Dass diese schon eingeschlagene Tendenz abgebrochen und in die Gegenrichtung verkehrt wird, dass der Kaiser, der für die Zerstörung seiner Gewaltherrschaft gern sein Leben gegeben hätte, zum Rentner degradiert wird, der einen Lebensabend lang beobachten muss, wie die Germanen eben dieses monströse Machtgebilde in eine kräftige Zukunft führen, das ist die spezifische Wendung Dürrenmatts. In ihr ist das Prinzip der Komödie, das in der Devise „Ende gut, alles gut" keineswegs verkehrt ausgedrückt wird, zu einer formal getreuen, aber inhaltlich kontradiktorischen Anwendung gebracht. Das Subjekt, das überlebt und sich gegen womöglich übermächtig erscheinende Umstände behauptet, erfährt darin nicht sein Recht, sondern sein Unrecht, und die faktische Selbstbehauptung zeigt nicht, dass eine Welt, die dem Subjekt entspricht, vorstellbar ist, sondern sie erweist jede solche Entsprechung als undenkbar.

---

[7] Der Vergleich mit „Le mariage de Figaro" von Beaumarchais, den Hacks' Komödie nahelegt, verdeutlicht die Verkehrung der Handlungsstruktur gegenüber der Komödientradition.

II Hacks' sozialistischer Klassizismus: heitere Stücke vom fast schon geschichtsmächtigen Individuum

Gerade wenn man die Gemeinsamkeit beider Autoren – die Tendenz zum Desillusionierungsdrama und die Umkehrung der komödienspezifischen Handlungsstruktur – im Auge behält, werden die Differenzen zwischen ihnen wie auch die politischen Motive dieser Unterscheidung deutlich. Die Scheidelinie lässt sich gut mit einer Äußerung von Peter Hacks beschreiben, die dieser schon 1956 in seinem Essay *„Einige Gemeinplätze über das Stückeschreiben"* zu Papier brachte:

> Im lächerlichen Genre wird der unlustige Fall als überwindbar dargestellt, und das Lachen ist um so weniger bloß blöd, je inhaltlich begründeter das Überlegenheitsgefühl des Lachens ist, je tatsächlicher abstellbar das belachte Übel oder die belachte Person. Mithin, da ist ein direkter Weg vom lächerlichen Vergnügen zu der Kunst einer Klasse, welche damit beschäftigt ist, die Mißstände der Welt mittels technischer und gesellschaftlicher Unternehmungen objektiv zu überwinden.[8]

Hacks ist davon überzeugt, dass in der DDR die Arbeiterklasse dabei sei, eine Gesellschaft einzurichten, in der „die Mißstände der Welt" überwunden werden könnten. Insofern verwundert es nicht, dass er in den 1960er-Jahren die im Frühwerk zu verzeichnende Inversion der Komödienstruktur zurücknimmt: Er kann sich das Subjekt, das in der Komödie seine Überlegenheit über alle Widerstände genießt, historisch wieder vorstellen. Das ist die Grundlage für sein literarisches Programm einer sozialistischen Klassik, die alle bisherige Literatur, auch den sozialistischen Realismus, überwinden sollte. Für deren Bühne konzipiert Hacks die Komödienform des geschichtsmächtigen Individuums. Sie beruht erstens auf der Idee, dass dank des in den östlichen Staaten etablierten Sozialismus das Individuum über alle Mittel schon verfüge, um jeden „unlustigen Fall" zu seinen Gunsten zu wenden, zweitens auf dem Eingeständnis, dass dieses Ideal keineswegs vollständig realisiert sei, drittens aber auf der Bewertung der Differenz zwischen Ideal und Wirklichkeit als unwesentlich. Für diesen dritten Schritt liefert Hacks eine interessante Begründung: Er verweist darauf, dass Unvollkommenheit immer, mithin auch im Sozialismus, etwas Menschengemäßes sei, und verschafft sich damit die Berechtigung, die Widersprüche zwischen Ideal und Realität des Sozialismus als einen Abstand aufzufassen,

---

[8] Peter Hacks: Einige Gemeinplätze über das Stückeschreiben. In: Neue Deutsche Literatur. 1956. H. 9. S. 119–126.

der in seinen Augen kein grundsätzliches Problem aufwirft,[9] wohl aber eine Herausforderung an das komische Drama darstellt: Dieser Abstand liefert das Spielfeld seiner Komödie, die ihn auf dem Theater als eigentlich schon überwunden darstellen will. Diese Fiktion hat bei Hacks nichts von einer Leugnung der Gegensätze an sich,[10] vielmehr soll sie eben den besagten Abstand interpretieren und dabei dem Publikum zu einem legitimen Vergnügen am ästhetischen Schein verhelfen. Diese Konzeption erläutert Hacks in einer Reihe umfangreicher Essays, mit denen er das Entstehen seiner literarischen Beiträge zur „sozialistischen Klassik" – nicht mehr historische oder Zeitstücke, sondern Klassikeradaptionen und Mythenbearbeitungen[11] – erläutert und in der öffentlichen Debatte legitimiert.[12] Aufschlussreicher als die Programmatik ist indessen die schriftstellerische Praxis, aus der im Folgenden ein Beispiel vorgeführt werden soll.

Die Komödie „Adam und Eva" wurde 1973 uraufgeführt. Das Stück stellt eine Kontrafaktur der biblischen Geschichte vom Sündenfall der Menschen und ihrer Vertreibung aus dem Paradies dar. Hacks greift die Geschichte aus der jüdisch-christlichen Genesis auf, hält sich auch an ihren Duktus, gibt dem Ablauf aber eine solche Wendung, dass eine ganz andere Botschaft als die eigentliche Wahrheit der alten Geschichte hervortritt. Das Stück parodiert die Bibel, reproduziert auf seine Weise viele Einfälle der philosophischen wie der – meist satirischen – literarischen Religionskritik seit der Aufklärung,[13] zielt aber nicht wirklich auf die Religion, sondern auf

---

[9] Der damalige Politjargon schuf für diesen schwer haltbaren Gedanken den Terminus von den „nichtantagonistischen Widersprüchen". Vgl. Wolfgang Schivelbusch: Sozialistisches Drama nach Brecht. Drei Modelle: Peter Hacks – Heiner Müller – Hartmut Lange. Darmstadt/Neuwied 1974, S. 41.

[10] In der Tat wäre es eine absurde Annahme, Hacks wolle die Gegensätze, welche die politischen und sozialen Institutionen der DDR zu ihren Bürgern, aber auch untereinander einrichteten, überspielen oder auch nur beschönigen. Dass seine Absicht eher die gegenteilige war, zeigen seine Zeitstücke „Die Sorgen und die Macht" (1959) und „Moritz Tassow" (1961).

[11] Zu den komischen Dramen von Hacks' sozialistischer Klassik zählen vor allem die Stücke „Der Frieden" (1962, eine Aristophanes-Bearbeitung), „Margarete in Aix" (1966), „Amphitryon" (1968) sowie „Adam und Eva" (1973).

[12] Andrea Jäger: Der Dramatiker Peter Hacks. Vom Produktionsstück zur Klassizität. Marburg 1986, S. 85-91.

[13] Vgl. Carsten Jakobi, Bernhard Spies, Andrea Jäger (Hgg.): Religionskritik in Literatur und Philosophie nach der Aufklärung. Halle 2007 (darin vor allem folgende Beiträge: Elke Brendel: David Humes Kritik der Gottesbeweise, S. 14-25, Carsten Jakobi: Johann Carl Wezels „Robinson Crusoe". Der widerspruchsvolle Übergang von der Aufklärung zur Religionskritik des 19. Jahrhunderts, S. 26-43).

andere Weltbilder. Das zeigt sich schon im Vorspiel, in dem Gott auftritt und seinen Entschluss, den Himmel und die Erde zu schaffen, mit seinem Problem begründet, dass er mit seiner Vollkommenheit allein und insofern doch unvollkommen sei, solange es niemanden gibt, der diese Vollkommenheit anerkennen kann. So kreiert er den Engel Gabriel, der Gott immerfort lobpreist; weil aber eine Anerkennung, die nicht verweigert werden kann, nichts wert ist, ergänzt er den Jasager Gabriel durch den Neinsager Satanael. Da der Neinsager aber nur das negative Abziehbild des Jasagers ist, fehlt Gott das Entscheidende: Er vervollkommnet sein Paradies durch die Menschen, denen er die Fähigkeit zum Ja- wie zum Neinsagen verleiht, und nötigt sie durch die verbotene Frucht, tatsächlich eine Entscheidung zu treffen – in der Absicht, dergestalt eine wirklich freie Anerkennung seiner Vollkommenheit zu erreichen.

> Für wen macht man denn alles? Und wozu
> Was machen, wenn es nicht für einen ist?
> Dies im Gemüte schuf ich diese Welt.
> Und schuf in der nach meinem eignen Bild
> Zwei Wesen, einen Mann und eine Frau.
> Und hielt darauf, daß Stoff und Göttliches
> Zu solchem Gleichgewicht in ihnen wirkten,
> Daß ihnen Möglichkeit auch der Verneinung
> Im Busen wohnend wäre und mithin ihr
> Gewolltes Ja von Wert. Kurz, keine Engel.
> [...]
> Zur steten Probe nämlich ihrer Los-
> gebundenheit und Gabe des Auch-Anders
> Verbot ich jenen beiden, die sich nähren
> Von allen Paradiesesfrüchten, eine:
> Den Apfel. Den behielt ich streng mir vor
> Als Gegenstand der Scheu und Gottesfurcht.
> Die eine Pflicht, gemischt ins heitere Dürfen,
> Beweist, wird sie erfüllt, mir ihre – *ganz leise*: Freiheit
> Und tüchtiges Mirähnlichsein. Mir ahnt,
> Mit anderm Wort, ich weiß: dies wird gelingen.
> Der Kniff ist tief, die Lösung steckt verborgen.
> Ah, meine Wege sind sehr wunderbar.[14]

Mit diesem Monolog Gottes hat Hacks der bekannten Entscheidung der Menschen einen neuen, unreligiösen Sinn gegeben: Adam und Eva essen

---

[14] Peter Hacks: Adam und Eva. Komödie in einem Vorspiel und drei Akten. In: Peter Hacks: Werke. Vierter Band. Berlin 2003, S. 189 f.

von der verbotenen Frucht und verlassen freiwillig das Paradies, weil es für
sie gerade nicht das Paradies ist. Adam erläutert Gott nach dem Sündenfall
in einer langen Rede, dass durch Verlassen der göttlichen Ordnung die
Menschen sich als Menschen schaffen:

> Ich, dem, wie hierorts wohlbekannt, die Augen
> Sind aufgetan, und der nun ist wie Sie,
> Ich habe Sie begriffen, schnell und ganz.
> Der Garten Eden, so begriff ich, war
> Uns zubestimmt, um aus ihm fortzuschreiten,
> Ein teurer Ort, an dem wir hängen müssen,
> Um, stets vergeblich, stets ihn zu erstreben,
> Und daß wir ihn, verschlossen und bewacht,
> Wie er von diesem dummen Engel ist,
> Nie mehr betreten werden, wie wir sollen: frei.
> [...]
> Ist Trennung nicht ein Schaden, nicht der schwerste
> Von allen? Ja. Wir sind schon klug geworden.
> Der Lehm fiel aus der Schöpfung und fand sich.
> Die neu und kleine Freiheit ist, wir sehns
> Sehr wohl, ein großer Zwang, das jetzige
> Glück sehr vermischt mit Unglück: schwerer Arbeit
> Und Tod und Grund zur Scham. Dennoch, wir sind
> Es satt, von kommenden Taten auszuruhn.
> Zeit ist zu gehn. Der Lehm ist einverstanden.
> [...]
> Ich bin sehr lustig, Herr. Sie lehrten uns
> Bitter und Süß. Seither weiß ich das Süße.
> Und sehe klar: Ihr Wille ist erfüllt,
> Seit er verletzt ist, alles wird sehr gut,
> Weil es nie gut wird, und das Paradies,
> Es war gewonnen, als wir es verloren.[15]

Adams programmatische Erklärung interpretiert Arbeit, Krankheit und Tod
nach dem Verlust des Paradieses nicht als Mangel, sondern als humane
Auszeichnung; die genuin menschliche Unvollkommenheit sei das humane
Prädikat schlechthin, weil erst sie dem Menschen ermögliche, er selbst zu
sein. Nicht im Tonfall des Textes, wohl aber in der Sache ist das eine säku-
larisierte Predigt. Seinen DDR-Mitbewohnern redet Hacks hier gut zu, die
Widrigkeiten ihres Lebens als Manifestation eines nie ganz überwindbaren
Abstands von Ideal und Wirklichkeit aufzufassen, einen unbeirrbaren Ver-
besserungswillen zu entwickeln und in dieser Form des engagierten Mit-

---

[15] Hacks: Adam und Eva. Werke (Anm. 14), S. 260 f.

machens die Möglichkeit humaner Selbstverwirklichung zu erkennen.[16] Aber die Botschaft von der notwendigen Unvollkommenheit der Welt, die zum Menschen nun einmal dazugehöre, kann auch systemübergreifend als Trostpflaster dienen.[17] So hat sich in Hacks' Komödie der sozialistischen Klassik die Vorstellung vom geschichtsmächtigen Individuum in eine humorvolle Sicht auf die Mängel dieser Welt aufgelöst. Diese Auffassung vertritt der Theaterautor so lange gegen die SED-Obrigkeit, wie auch seine Überzeugung, dass die Mängel der DDR zufällige und vorübergehende Schrammen an der Außenseite der grundsätzlich überlegenen Gesellschaft seien. In der zweiten Hälfte der 1970er-Jahre kommt ihm der Humor seiner klassizistischen Komödien abhanden.[18] In diesen komischen Dramen aber treibt der Theaterautor einigen Aufwand, den Gestus überlegener Heiterkeit anspruchsvoll zu inszenieren, indem er der Lust an der intellektuellen Anspielung, an der weit gespannten sinnreichen Sinnverkehrung und am Spiel mit Metrum und Vers reichen Stoff gibt.

III Dürrenmatts Polemik gegen das Absurde – ohnmächtig und unverdrossen

In der grundlegenden Annahme, dass das Weltgeschehen sich nach allgemeinen Verlaufsgesetzen zutrage, würde Dürrenmatt dem östlichen Komödienschreiber nicht widersprechen. Aber für den westlichen Autor haben diese Gesetze nicht – oder nicht mehr – die Struktur sinnhafter Zusammenhänge.[19] Während Hacks in seinen Komödien vom fast am Ziel angekommenen Fortschritt der Geschichte bis in die 1980er-Jahre hinein solche sinnhaften Zusammenhänge ästhetisch repräsentieren will, sieht Dürrenmatt die Potenz des komischen Dramas gerade darin, dass es der vollstän-

---

[16] Zu dem hier angesprochenen Ineinander von Kritik und Konstruktivität vgl. Jürgen Kost: Geschichte als Komödie. Zum Zusammenhang von Geschichtsbild und Komödienkonzeption bei Horváth, Frisch, Dürrenmatt, Brecht und Hacks. Würzburg 1996, S. 235.

[17] Andrea Jäger, Herbert Haffner: Peter Hacks. In: Kritisches Lexikon der Gegenwartsliteratur. Hg. v. Heinz Ludwig Arnold. München 1978 ff. Letzte Aktualisierung des Hacks-Artikels 01.08.2007, S. 10.

[18] Die Abwendung von der sozialistischen Klassik beginnt bereits mit dem Drama „*Ein Gespräch im Hause Stein über den abwesenden Herrn von Goethe*" (1976), das gemeinhin noch der klassizistischen Werkgruppe zugeordnet wird.

[19] Jürgen Kost hat ausführlich dargelegt, dass und wie das Geschichtsbild von Dürrenmatt (auf dessen Seite noch Horváth und Frisch stehen) und Hacks (zusammen mit Brecht) gegensätzlich komplementär sind. Kost (Anm. 16), S. 257-259 und 261-263.

digen Abwesenheit von Sinnzusammenhängen in der Welt gerecht werden kann. Diese Qualität verleiht ihm der Schweizer Dramatiker, indem er die bei der Arbeit an „*Romulus der Große*" entwickelte Methode, aus der systematischen Inversion der Sinnstruktur im traditionellen Komödienmodell eine neue Komödie zu gewinnen, fortschreibt und weiter ausbildet. In seiner nicht nur für das eigene Personalwerk bedeutenden Programmatik[20] verschreibt er dem Jahrtausende alten guten Ende der Komödie die Metamorphose in die „schlimmstmögliche Wendung": „Eine Geschichte ist dann zu Ende gedacht, wenn sie ihre schlimmstmögliche Wendung genommen hat."[21] Die Komik seiner Dramen stellt er ganz auf die Groteske ab, eine Darstellungsweise, der er geradezu fabelhafte Wirkungen zutraut, wenn sie richtig eingesetzt wird:

> Es ist wichtig, einzusehen, daß es zwei Arten des Grotesken gibt: Groteskes einer Romantik zuliebe, das Furcht oder absonderliche Gefühle erwecken will (etwa, indem es ein Gespenst erscheinen läßt), und Groteskes eben der Distanz zuliebe, die *nur* durch dieses Mittel zu schaffen ist. Es ist nicht zufällig, daß Aristophanes, Rabelais und Swift kraft des Grotesken ihre Handlungen *in* ihrer Zeit abspielen ließen, Zeitstücke schrieben, *ihre* Zeit meinten. Das Groteske ist eine äußerste Stilisierung, ein plötzliches Bildhaftmachen und gerade darum fähig, Zeitfragen, mehr noch, die Gegenwart aufzunehmen, ohne Tendenz oder Reportage zu sein.[22]

In der radikalen Stilisierung der Groteske sieht Dürrenmatt etwas, das zwischen Darstellungs*mittel* und Mitteilungs*zweck* changiert[23] und so beides vereint: Sie garantiert ihm den sachlich treffenden Zugriff auf die Wirklichkeit selber und zugleich die einzige begründbare Stellung des Bewohners dieser Welt zu ihr.

Darüber, welche Dramenästhetik mit dieser doppelten, keineswegs unpathetischen Funktionszuschreibung an den grotesken Stil gemeint ist, können die Dramen konkretere Auskunft geben als programmatische Äußerungen. Entscheidende Hinweise stecken schon in den Fabeln der bekanntesten

---

[20] Jan Knopf: Friedrich Dürrenmatt. 4. neubearb. Aufl. München 1988 (=Beck'sche Reihe 611; Autorenbücher), S. 84 f. – Knopf vergleicht die Bedeutung von Dürrenmatts Schriften zum Theater mit denjenigen von Brecht.
[21] Friedrich Dürrenmatt: Die Physiker. Eine Komödie in zwei Akten. In: Friedrich Dürrenmatt: WA. Bd. 7. Zürich 1980. Die „*21 Punkte zu den Physikern*" finden sich im Anhang, S. 91-93, hier S. 91.
[22] Friedrich Dürrenmatt: Anmerkung zur Komödie. In: Friedrich Dürrenmatt: Theater. Essays und Reden. WA. Bd. 24. Zürich 1980, 24 f. In der Abgrenzung zur Romantik liegt ein weiterer Berührungspunkt mit Hacks; für Dürrenmatt ist dieser Aspekt aber eher peripher.
[23] Zu diesem Changieren vgl. Knopf (Anm. 20), S. 85-87.

Stücke. „*Der Besuch der alten Dame*" (1955/56) zeigt die Heimkehr der Multimilliardärin Claire Zachanassian in die Kleinstadt Güllen, die am Rande des Bankrotts steht. Sie sucht ihre erste große Liebe, Alfred Ill, der sie als junge Frau schwängerte, dann aber vor Gericht durch falsche Zeugen als Dirne verleumden ließ, um billig aus der Affäre zu kommen. Diese falschen Zeugen bilden nun, als kastrierte Männer, das Gefolge der alten Dame, deren Körper aus lauter Prothesen besteht, der damalige Gerichtspräsident dient ihr als Butler. Sie bietet Güllen die ökonomische Sanierung an, wenn man ihr Alfred Ill tot vor die Füße legt. Die Kleinstadtgesellschaft ziert sich ein wenig, dann wird Ill durch den Stadtturner erwürgt, der Arzt stellt Herzschlag fest und die Presse überschreibt die Meldung mit der Zeile: „Tod aus Freude. [...] Das Leben schreibt die schönsten Geschichten."[24] Die kleine Modellwelt mit dem schönen Namen Güllen hat ihren Aufschwung und die verratene Geliebte ihre Gerechtigkeit. Schon die Paraphrase der Fabel zeigt, dass in „*Der Besuch der alten Dame*" die Welt aus der Idee ihrer grundsätzlichen moralischen Verrottetheit konstruiert ist. Diese Perspektive ist der Optik eines Moralisten geschuldet, der mit seinen sittlichen Idealen an der Welt auf grundsätzliche Weise irre geworden ist. Greift Dürrenmatt in diesem Stück häufig noch zu herkömmlichen Stilmitteln der Groteske wie der Kombination von Organischem und Mechanischem in einem Wesen,[25] so nimmt er diese aus dem Manierismus kommenden Formen des grotesken Stils in „*Die Physiker*" (1962) zurück, um eine umso größere Fallhöhe für die schlimmstmögliche Wendung zu gewinnen. In diesem Drama gelingen zunächst einmal die unglaublichsten Dinge. Der Physiker Möbius entdeckt so etwas wie die Weltformel, erschrickt über das mit seinem Wissen gegebene Zerstörungspotenzial und verbirgt sich und seine Gleichungen in einer Irrenanstalt. Die rivalisierenden Großmächte, die mit dem Wissen eben das anfangen wollen, was Möbius fürchtet, setzen ihre Agenten auf ihn an, um ihn auszuforschen und ihn auf die jeweils eigene Seite zu ziehen. Aber keiner der Agenten gewinnt Möbius, sondern Möbius gewinnt sie, Physiker wie er, für den ethischen Entschluss, sich für den Rest des Lebens im Irrenhaus lebendig zu begraben, damit das verderbliche Wissen nicht verbreitet werde. Bei solch un-

---

[24] Friedrich Dürrenmatt: Der Besuch der alten Dame. Tragische Komödie. Friedrich Dürrenmatt: WA. Bd. 5. Zürich 1985, S. 130.
[25] Vgl. Wolfgang Kayser: Das Groteske. Seine Gestaltung in Malerei und Dichtung. Oldenburg und Hamburg 1957, S. 22 f. Kaysers Pionierarbeit kann immer noch als Standardbuch über das Groteske gelten; vgl. die Einleitung von Günter Oesterle mit dem Titel „*Zur Intermedialität des Grotesken*" in der Stauffenburg-Bibliothek. Tübingen 2004, S. VII-XXX.

glaublichem Gelingen der guten Absichten stört zunächst kaum, dass jeder der Männer eine Krankenschwester umbringen muss, die sich in ihn verliebt hat und seine Camouflage zu zerstören droht. Schlimm ist erst, nun aber im höchsten Superlativ, die Enthüllung, dass die ärztliche Leiterin der Anstalt alle wissenschaftlichen Geheimnisse längst an sich gebracht und an die interessierten Mächte verraten hat. Auch hier tritt ein sittlicher Gedanke als *ex negativo* bemühtes Konstruktionsprinzip der Geschichte hervor: Im Schlimmen hat die Wissenschaft und der durch sie ermöglichte Fortschritt die Unwiderstehlichkeit, welche die Aufklärung ihr zu Unrecht im Guten zutraute.

Dürrenmatt konstruiert die Welt nicht einfach als Abweichung von den Maßstäben von Vernunft und Moral, sondern als deren Gegenteil. Die komischen Elemente der Groteske sind für die Erzeugung und Einhaltung der Distanz zuständig, zu welcher der betroffene Moralismus sich immer wieder durchringen muss.

In dieser Hinsicht bietet Dürrenmatts dramatisches Werk zu seinem Ende hin noch eine Steigerung: In „*Achterloo*" (1983) kehrt er nicht nur die Komödienform um, sondern er löst die Dramenform auf. Das Stück hat einen historischen Anlass, die Verhängung des Ausnahmezustands in Polen durch General Jaruzelsky im Dezember 1981, durch den dieser den Machtkampf mit der Solidarność zunächst für sich entschied. Den Kern des Dramas bildet eine Parabel auf dieses Ereignis, die den weltpolitischen Sinn der polnischen Militärdiktatur als vollendeten Aberwitz deutet: Die Parabel gibt Jaruzelsky recht, weil er mit der Diktatur die Gefahr eines Weltkriegs, die durch einen Sieg der Solidarność womöglich entstanden wäre, gebannt hat, und sie gibt ihm recht im Bewusstsein, dass der Aufstand der polnischen Gewerkschaft legitim war. Durch diesen unauflöslichen Widerspruch erscheint nun nicht nur der Weltkrieg als eine Absurdität, sondern ebenso der Friede, der so erkauft wird. Diese Parabel lässt „*Achterloo*" im Irrenhaus stattfinden. Inszeniert wird ein Irrenhaus, in dem ein Theaterstück aufgeführt wird, an dem ein auf der Bühne sitzender Dichter namens Georg Büchner noch schreibt; die Spieler sind Geisteskranke, die aus jedem Text und jeder Rolle fallen und dergestalt den Irrwitz in jede Rolle hineinschreiben, die sie ergreifen. So erhält jede Dramenfigur mindestens drei Rollen: eine bürgerliche Rolle, angegeben durch Namen und Beruf, eine Wahnrolle, bestimmt durch die je individuelle Psychose, und eine Maske, d. h. die Verkörperung einer Person der Weltgeschichte von Judith und Holofernes bis zu Büchner und Napoleon. Durch diese Konzeption entstehen drei Handlungs- und Sprachkreise, deren Grenzen noch wahrzunehmen sind, aber so, dass sie fortwährend zusammenbrechen, ebenso wie die rollentragenden Subjekte – und zwar auf eine Art, die vom Publikum tatsächlich mit Lachen quittiert wird.[26] Es ist die groteske Komik, die wie in den früheren Stücken eine für Dürrenmatt eigentümliche Dialektik in Gang setzt. Einerseits überbietet sie an Destruktivität selbst den *„Besuch der alten Dame"* ohne Weiteres. Sie erinnert auch an postmoderne Theorien der Komik und Groteske.[27] Andererseits aber unterscheidet sich ihre Destruktivität markant von der anarchischen Explosion des irrationalen Leibes, die nach der postmodernen Philosophie des Lachens zu erwarten wäre.[28] Im gleichen Zug löst sie die dramatische Form samt der Subjektivität der Dramenfiguren auf *und* mobilisiert das rationale Sinnverstehen. Sie zersetzt alle Arten von Sinnerwartung, aber dadurch, dass sie diese fortwährend auf den Plan ruft.

Ein Beispiel möge als Beleg genügen. Nach einem Monolog des Jan Hus, der für Wałesa steht und für diesen Monolog aus der Rolle des Woyzeck fällt, entspinnt sich folgender Dialog zwischen Büchner und Napoleon:

NAPOLEON War das Ihr Text?
BÜCHNER Sein Text.
NAPOLEON Das erlauben Sie?
BÜCHNER Sie sprechen ja auch nicht meinen Text.
NAPOLEON Ich spiele die Hauptrolle. Und im übrigen haben Sie meinen Text noch gar nicht geschrieben.
BÜCHNER Ich bin immer noch bei Ihrem Anfangsmonolog.
NAPOLEON Als Georg Büchner sind Sie verdammt langsam.
BÜCHNER Ich bin ja nicht Georg Büchner, ich bin der Erbe einer Spanferkelkette.
NAPOLEON Mein Gott, haben Sie Ihren Wahnsinn verloren?[29]

Die Sinnerwartung, die hier aufgerufen wird, ist diejenige eines konsistenten Rollenverhaltens. Das geschieht durch Napoleon, der Büchner als Autor des Dramas anspricht und ihn für die vorherige Rede des Hus verantwortlich macht. Büchner verteidigt sich zunächst in der Rolle als Autor, aber so, dass er die Rolle zerstört: Er lehnt die Autorschaft für die meisten Reden in

---

[26] Einige Kritiker der Uraufführung nahmen das häufige Lachen des Publikums als Indiz dafür, dass der Autor es an dem Ernst, der dem Thema gebühre, fehlen ließ. Vgl. Gerhard P. Knapp: Friedrich Dürrenmatt. 2. erw. Aufl. Stuttgart/Weimar 1993 (=Slg. Metzler 196), S. 125. Knapp schließt sich dieser Auffassung an (vgl. S. 128 f.).
[27] Vgl. deren Zusammenfassung in: Dietmar Kamper, Christoph Wulf: Der unerschöpfliche Ausdruck. Einleitende Gedanken. In: Dietmar Kamper, Christoph Wulf (Hgg.): Lachen – Gelächter – Lächeln. Reflexionen in drei Spiegeln. Frankfurt a. M. 1986, S. 7-15.
[28] Vgl. Rita Bischof: Lachen und Sein. Einige Lachtheorien im Licht von Georges Bataille. In: Kamper/Wulf (Hgg.): (Anm. 27), S. 52-68, bes. S. 63 und 65.
[29] Friedrich Dürrenmatt: Achterloo. Komödie. Mit einem Nachwort des Autors. Zürich 1993, S. 36.

seinem Stück ab und erinnert sogar an seine bürgerliche Herkunft, was ihn freilich nicht daran hindert, weiterhin als Georg Büchner auf der Bühne zu bleiben. Laut „*Achterloo*" charakterisiert eine derartig absurde Dialektik die gesamte Geschichte. Auch in seinem letzten komischen Drama attestiert Dürrenmatt der Geschichte, unter einem Gesetz zu stehen: Sie ist bestimmt durch den Gegensatz zwischen jeder nur möglichen Sinnerwartung an die Geschichte und ihrem Verlauf.

> BÜCHNER Darum versuchte ich, ,Achterloo' zu schreiben, die komische Tragödie eines Aufstands, der unterblieb, weil durch Verrat ein Krieg vermieden werden mußte, der die Menschheit zugrunde gerichtet hätte, um einen Frieden zu retten, an dem die Menschheit zugrunde geht, eingewebt in Ursachen, die zufällig zu Wirkungen wurden, die sich wiederum zu Ursachen neuer, zufälliger Wirkungen verwandelten, ein Teppich, der hinabreicht bis zu dem nur mit Hypothesen ahnbaren Beginn des Alls, münden in die Unendlichkeit des Nichts, und darum habe ich, um die Konstellation nachzubilden, die das Geschehen am 12. und 13. Dezember 1981 hervorbrachte, Muster aus ganz anderen Zeiten genommen, weil jedes Muster des unendlichen Teppichs anderen Mustern gleicht. Doch redeten die Muster, was sie mußten, nicht was ich glaubte, daß sie reden müßten, und nun rutscht gar die Handlung wie die Laufmasche eines billigen Strumpfes in die Zeit fast sechshundert Jahre vor Christi Geburt, hinunter zu Judith und Holofernes. Ich werde von nun an nichts mehr schreiben.[30]

Diese Groteske entmachtet jede Annahme eines wie auch immer vernunftgemäßen Ablaufs von Geschichte wie von individuellem Denken und Handeln. Aber eben diese Entmachtung funktioniert nur, insofern das Stück zugleich an Sinn- und Vernunftunterscheidungen festhält, ja sie tausendfach ästhetisch mobilisiert: Ohne das intellektuelle Unterscheiden wären die Widersprüche keine mehr, und ohne die Sinnerwartung, die zu enttäuschen – also möglicherweise auch zu bestätigen – ist, wäre die Groteske nicht wahrnehmbar.[31] Die komische Form von Sprache und szenischem Spiel verlangt auf ihre Weise die Fähigkeit zu unterscheiden und zu urteilen. Die bestimmte Subversion der absurden Komik, die Dürrenmatt praktiziert, besteht darin, dass sie das Absurde als absurd entlarvt und die polemische Stellung dagegen beibehält, statt sich in ihr Ende zu ergeben.

In dieser Unbeirrbarkeit, mit der Dürrenmatt in seinen Komödien an den von ihm selber unermüdlich widerlegten Sinn- und Vernunftvorstellungen aufklärerischer Provenienz festhält, lebt das Ideal vom „mutigen Menschen" fort, das in „*Romulus der Große*" noch an der Hauptfigur zu bebil-

---

[30] Dürrenmatt: Achterloo (Anm. 29), S. 126 f.
[31] Carl Pietzcker: Das Groteske. DVjs 45 (1971), S. 197-211.

dern ist,[32] aus der späteren Programmatik aber verschwindet. Mit dem Hinweis auf dieses frühe Konzept und auf die im Gesamtwerk durchgehaltene Dialektik der grotesken Komödie lässt sich am besten erläutern, inwiefern Dürrenmatts Modell des komischen Dramas das Prädikat ,westlich' verdient. Dürrenmatt nimmt die Ideale der Aufklärung für sich in Anspruch, erkennt ihnen soweit auch Gültigkeit zu, als er über die wirkliche Welt deren Ungültigkeit aussagt: In dieser Aussage bilden jene Ideale den ,Richterstuhl' der Vernunft, die als einzige Maßstäbe der Kritik für die Welt gelten, ungeachtet dessen, dass sie in ihr nicht gelten. So bleiben die Ideale der Aufklärung bei Dürrenmatt durch die Desillusionierung hindurch als einzige denkbare Berufungsinstanz für Einwände erhalten. Im oft verzweifelt klingenden Lachen der grotesken Komik bestätigt sich das unbeirrbare Bedürfnis nach ihnen als das, was von der Aufklärung übrig geblieben ist: Der in der Welt sich spiegelnde Selbstbezug von Intellektuellen, die von der Aufklärung, die sie selber totgesagt haben, nicht loskommen. Dürrenmatt zählt zu der Minderheit der Schriftsteller und Intellektuellen, die mitten in der Postmoderne noch als Repräsentanten der Aufklärung angesehen werden können, indem sie dieser den intellektuellen Respekt nicht versagen, auch wenn sie selber einen Beweis um den anderen beibringen, dass ihre Ideale als theoretische oder moralische Anspruchshaltung ausgedient haben.[33] Dieses Festhalten an den theoretischen und sittlichen Prinzipien unter Anerkennung dessen, dass solche Kritik selber keine praktischen Veränderungen in ihrem Sinn mehr erwartet, stellt *eine* westliche Methode dar, die Aufklärung als Tradition einer Gesellschaft festzuhalten, die sich praktisch nicht an ihr messen lassen will.[34] Im sozialistischen Osten war das anders. Dort berief man sich gern auf die Aufklärung als verpflichtendes ,kulturelles Erbe', sprich: als Legitimationsinstanz, deren Gültigkeit nicht angezweifelt werden durfte.[35] Diese Berufung erwies sich, wie man weiß, nicht als Beitrag zur Legitimation der dortigen Herrschaft, sondern zur Verschärfung ihrer Legitimitätsprobleme.

---

[32] Knapp: Dürrenmatt (Anm. 26), S. 62 und Kost (Anm. 19), S. 156.

[33] Insofern ist der Vorwurf des Zynismus, den Winfried Schleyer Dürrenmatt macht, ganz deplatziert. Winfried Schleyer: Zur Funktion des Komischen bei Friedrich Dürrenmatt und Peter Hacks. In: Der Deutschunterricht 30 (1978), S. 67-78, hier S. 70 f.

[34] Als eines der Gründungsdokumente dieser Traditionsbildung kann die im Exil verfasste, zuerst 1947 bei Querido in Amsterdam erschienene „*Dialektik der Aufklärung*" von Horkheimer und Adorno gelten.

[35] Aus diesem Grund wurden Autoren mit Ideen und ästhetischen Vorstellungen, die denen von Dürrenmatt ähnelten, unterdrückt bzw. in den Westen gedrängt. Es sei hier nur an den polnischen Schriftsteller Sławomir Mrożek erinnert.

IV Hacks wie Dürrenmatt – Komödie als Welttheater

In der Bewegung, die das westliche Komödienmodell von Dürrenmatt und das östliche von Hacks auseinanderführt, bleiben eine ganze Reihe von Gemeinsamkeiten erhalten. Ihre komischen Dramen weisen vergleichbare Stilisierungstendenzen auf, durch die sich beide Autoren dem theatralischen Realismus prinzipiell entgegensetzen. Dürrenmatt gerät alles, auch der aktuellste Bezug, zur Parabel, auf die Hacks' komische Dramen, wenn auch auf dem Umweg über das Aufgreifen archaischer oder mythischer Stoffe, ebenfalls hinauslaufen. Ihre Stücke legen es schon in stofflicher Hinsicht auf einen hohen Verfremdungsgrad an, der zur modellhaften Vorstellung der Problematik drängt. Entscheidend aber ist eine thematische Gemeinsamkeit. Auf die Spiegelbildlichkeit ihrer konträren Geschichtsphilosophien hat schon vor Jahren Jürgen Kost hingewiesen. Ihr wie auch den ästhetischen Parallelen liegt eine eher im Politischen angesiedelte Gemeinsamkeit zugrunde: Von ihren ersten Komödien an beschäftigen sie sich und ihr Publikum mit dem Problem, ob eine gute Macht herbeizuführen, ob sie wenigstens vorstellbar oder ob sie gänzlich unvorstellbar sei. Das ist für beide Dramatiker eine der Problemstellungen, vielleicht die Problemstellung, woran sich der Lauf der Welt grundsätzlich entscheidet. Insofern schreiben beide ihr komisches Drama als Welttheater. Die beiden Autoren bieten keine gemeinsame Lösung, und nur Dürrenmatt hat in dieser Frage eine in sich konsistente Position. Was sie aber vereint, ist die Fixierung auf die *Frage*: Sie erhebt die politische Macht in den Rang des *Schicksals*, das alles entscheidet. Es ist letztlich diese Gemeinsamkeit, die sie als west-östliche Zeitgenossen der Nachkriegszeit ausweist.

Dürrenmatt und das Welttheater

Sydney G. Donald

I Dürrenmatt und das Groteske

Ab Ende der fünfziger bis hin zu den siebziger Jahren des 20. Jahrhunderts herrschte unter Kunst- und Literaturkritikern ein reges Interesse am Grotesken;[1] aber erst Wolfgang Kayser wies eine mögliche Beziehung zwischen Friedrich Dürrenmatt und dem Grotesken auf, indem er in der Einleitung zu seinem bahnbrechenden Buch[2] die inzwischen so wohlbekannt gewordenen Worte Dürrenmatts zitierte: „Uns kommt nur noch die Komödie bei. Unsere Welt hat ebenso zur Groteske geführt wie zur Atombombe, wie ja die apokalyptischen Bilder des Hieronymus Bosch auch grotesk sind."[3] Kayser charakterisierte das Groteske wie folgt:

> Zur Struktur des Grotesken gehört, daß die Kategorien unserer Weltorientierung versagen. [...] Das Grauen überfällt uns so stark, weil es eben unsere Welt ist, deren Verläßlichkeit sich als Schein erweist. [...] Das Groteske ist die entfremdete

---

[1] Siehe u. a. Rudolf Pernusch: Das Groteske. Studien zur grotesken Lyrik des zwanzigsten Jahrhunderts. Diss. Phil. Wien 1954; Gerhard Mensching: Das Groteske im modernen Drama, dargestellt an ausgewählten Beispielen. Diss. Phil. Bonn 1961; Colette Dimić: Das Groteske in der Erzählung des Expressionismus. Diss. Phil. Freiburg i. Br. 1960; Reinhold Grimm, Willy Jäggi, Hans Oesch (Hg.): Sinn oder Unsinn? Das Groteske im modernen Drama. Basel & Stuttgart 1962; Lee Byron Jennings: The Ludicrous Demon: Aspects of the Grotesque in German Post-Romantic Prose. University of California Publications in Modern Philology 51 (1963), S. 1-214; Arnold Heidsieck: Das Groteske und das Absurde im modernen Drama. Stuttgart, Berlin, Köln, Mainz 1969; Michael Steig: Defining the Grotesque: An Attempt at Synthesis. In: Journal of Aesthetics and Art Criticism 29 (1970), S. 253-260; Carl Pietzcker: Das Groteske. In: Deutsche Vierteljahrsschrift für Literaturwissenschaft und Geistesgeschichte 45 (1971), S. 197-211; Sydney G. Donald: The drama of Friedrich Dürrenmatt from *Es steht geschrieben* to *Die Wiedertäufer*, with special reference to the grotesque. Diss. Phil. St Andrews 1977.

[2] Wolfgang Kayser: Das Groteske. Seine Gestaltung in Malerei und Dichtung. Oldenburg und Hamburg 1957, S. 11.

[3] Friedrich Dürrenmatt: Blätter des Deutschen Schauspielhauses in Hamburg (1956-57). Heft 5: „*Der Besuch der alten Dame*". Die Passage wurde später in „*Theaterprobleme*" (Werkausgabe in siebenunddreißig Bänden [im folgenden WA.], Zürich 1998). Bd. 30, S. 31-72 (hier S. 62) aufgenommen.

Welt. [...] Dazu gehört, daß was uns vertraut und heimisch war, sich plötzlich als fremd und unheimlich erweist.[4]

Dürrenmatts Œuvre zeigt zwar zahlreiche Beispiele des Grotesken in diesem Sinne auf, aber diese sind eher in seinen grafischen Darstellungen und in seiner Kurzprosa aufzufinden als in seiner Hauptbeschäftigung, dem Drama.[5]

In der Ära des Kalten Krieges, als viele die Welt als eine Groteske der unmittelbar bevorstehenden Apokalypse erlebten, der laut Dürrenmatt nur durch die „Komödie" beizukommen war, stellte die Bühne für ihn eine Möglichkeit dar, seine Einsichten in die *conditio humana* subtil darzulegen und so das Publikum zum konstruktiven Nachdenken zu bringen. Obiges Zitat endet wie folgt:

> Doch das Groteske ist nur ein sinnlicher Ausdruck, ein sinnliches Paradox, die Gestalt nämlich einer Ungestalt, das Gesicht einer gesichtslosen Welt, und genau so wie unser Denken ohne den Begriff des Paradoxen nicht mehr auszukommen scheint, so auch die Kunst, unsere Welt, die nur noch ist, weil die Atombombe existiert: aus Furcht vor ihr.

Aber das Groteske als ästhetische Kategorie interessierte Dürrenmatt eigentlich relativ wenig:

> Es ist wichtig, einzusehen, daß es zwei Arten des Grotesken gibt: Groteskes einer Romantik zuliebe, das Furcht oder absonderliche Gefühle erwecken will (etwa indem es ein Gespenst erscheinen läßt), und Groteskes eben der Distanz zuliebe, die *nur* durch dieses Mittel zu schaffen ist.[6]

Vielmehr faszinierte ihn das Groteske vor allem als ein Mittel zur Gestaltung unserer paradoxen, ja im Wesentlichen nicht gestaltbaren Welt, was für ihn eine ständige schöpferische Herausforderung darstellte:

---

[4] Kayser: Das Groteske (Anm. 2), S. 198 f.

[5] Siehe Friedrich Dürrenmatt, Christian Strich (Hg.): Dürrenmatt: Bilder und Zeichnungen. Zürich 1978: z. B. Kreuzigung I, II und III (Nr. 1, 75, 99); Kannibale (Nr. 39); Porträt eines Planeten I: Der Weltmetzger (Nr. 41); Grausamer Vater mit hungrigen Kindern (Nr. 45); Die Katastrophe (Nr. 55); Letzte Generalversammlung der Eidgenössischen Bankanstalt (Nr. 56); sowie Friedrich Dürrenmatt: WA. Bd. 19: Aus den Papieren eines Wärters: Frühe Prosa, z. B. Weihnacht, S. 9 f. Der Folterknecht, S. 14-19, Die Wurst, S. 21-25, Der Theaterdirektor, S. 57-69.

[6] Friedrich Dürrenmatt: Anmerkung zur Komödie. WA. Bd. 30, S. 20-25 (hier S. 24).

Was der Schriftsteller treibt, ist nicht ein Abbilden der Welt, sondern ein Neu-schöpfen, ein Aufstellen von Eigenwelten, die dadurch, daß die Materialien zu ihrem Bau in der Gegenwart liegen, ein Bild der Welt geben.[7]

Dürrenmatts Auffassung von den Möglichkeiten und den Beschränkungen des zeitgenössischen Dramas teilte der Literaturkritiker Klaus Völker:

Das gegenwärtige Theater sieht sich einer grotesken Welt gegenüber. [...] Das Groteske versuchte seit je die Erschließung der Wirklichkeit im Paradoxen. So strebt es heute danach, die an der Oberfläche nicht durchschaubare Welt durch-schaubar zu machen.[8]

Wir leben, so Dürrenmatt, in einer Welt, wo „das Schicksal die Bühne ver-lassen [hat], auf der gespielt wird, um hinter den Kulissen zu lauern."[9] In dieser Welt vermöge ein Schriftsteller nicht mehr „mit den Regeln Schillers zu schreiben," denn „Schiller schrieb so, wie er schrieb, weil die Welt, in der er lebte, sich noch in der Welt, die er schrieb, die er sich als Historiker erschuf, spiegeln konnte. Gerade noch."[10] So musste Dürrenmatt den aristo-telischen Regeln den Rücken drehen und sich eine eigene, unserer moder-nen Welt angemessenere Theaterform erdenken:

Die heutige Welt, wie sie uns erscheint, läßt sich [...] schwerlich in der Form des geschichtlichen Dramas Schillers bewältigen, allein aus dem Grunde, weil wir keine tragischen Helden, sondern nur Tragödien vorfinden, die von Weltmetz-gern inszeniert und von Hackmaschinen ausgeführt werden. [...] Das Drama Schillers setzt eine sichtbare Welt voraus, die echte Staatsaktion, wie ja auch die griechische Tragödie. Sichtbar in der Kunst ist das Überschaubare. Der heutige Staat ist jedoch unüberschaubar, anonym, bürokratisch geworden, [...] und die heutigen Staatsaktionen sind nachträgliche Satyrspiele, die den im Verschwie-genen vollzogenen Tragödien folgen. Die echten Repräsentanten fehlen, und die tragischen Helden sind ohne Namen.[11]

Doch trotz der Unmöglichkeit, eine zeitgenössische aristotelische Tragödie zu schreiben, betonte Dürrenmatt immer wieder den moralischen Wert des tragischen Erlebnisses im Theater. Dies sei durch das Mittel der Komödie

---

[7] Friedrich Dürrenmatt: Vom Sinn der Dichtung in unserer Zeit. WA. Bd. 32, S. 60-69 (hier S. 68).
[8] Grimm: Sinn oder Unsinn? (Anm. 1), S. 45.
[9] Friedrich Dürrenmatt: Die Panne: Eine noch mögliche Geschichte. WA. Bd. 21, S. 35-94 (hier S. 39).
[10] Dürrenmatt: Theaterprobleme (Anm. 3), S. 59.
[11] Dürrenmatt: Theaterprobleme (Anm. 3), S. 59 f.

Sydney G. Donald

zu erzielen, und eine Annäherung an den Helden der klassischen Tragödie
könne gerade noch durch den „mutigen Menschen" erreicht werden:

> Doch ist das Tragische immer noch möglich, auch wenn die reine Tragödie nicht
> mehr möglich ist. Wir können das Tragische aus der Komödie heraus erzielen,
> hervorbringen als einen schrecklichen Moment, als einen sich öffnenden Ab-
> grund, so sind ja schon viele Tragödien Shakespeares Komödien, aus denen her-
> aus das Tragische aufsteigt. [...] Gewiß, wer das Sinnlose, das Hoffnungslose
> dieser Welt sieht, kann verzweifeln, doch ist diese Verzweiflung nicht eine Fol-
> ge dieser Welt, sondern eine Antwort, die man auf diese Welt gibt, und eine an-
> dere Antwort wäre das Nichtverzweifeln, der Entschluß etwa, die Welt zu beste-
> hen. [...] Es ist immer noch möglich, den mutigen Menschen zu zeigen. Dies ist
> denn auch eines meiner Hauptanliegen. Der Blinde, Romulus, Übelohe, Akki
> sind mutige Menschen. Die verlorene Weltordnung wird in ihrer Brust wieder
> hergestellt, das Allgemeine entgeht meinem Zugriff.[12]

Kurz nach Dürrenmatts Vortragsreise „Theaterprobleme" im Herbst 1954
und Frühjahr 1955 fand die Uraufführung von „Der Besuch der alten Dame" am 29. Januar 1956 in Zürich statt. Schon 1952, mit „Die Ehe des
Herrn Mississippi", seiner ersten deutschen Uraufführung (München), und
„Les fous de Dieu" („Es steht geschrieben", Paris) war Dürrenmatt auch im
Ausland bekannt geworden, und jetzt, knapp neun Jahre nach dem succès
de scandale seines Erstlings, „Es steht geschrieben" am 19. April 1947 im
Zürcher Schauspielhaus, als „so viele [pfiffen], daß die Polizei nicht nach-
kam",[13] hatte Dürrenmatt mit „Der Besuch der alten Dame" internationalen
Ruhm erreicht.

Es ist denkbar, dass Dürrenmatt schon 1954 bei der Niederschrift der
„Theaterprobleme" an Alfred Ill als seinen nächsten „mutigen Menschen"
dachte – jedenfalls erlebt dieser nicht sehr vielversprechende kleine Krämer
im Laufe des Stückes eine Verwandlung zu einer quasitragischen Figur.
Während „Romulus der Große" mit seinen Anspielungen auf die Nazizeit
noch in der jüngsten Vergangenheit steckte, war „Der Besuch der alten
Dame" schon in der modernen Konsumgesellschaft fest verankert: ein
Grund vielleicht, warum das Stück auch jetzt noch, über 50 Jahre nach
seiner Uraufführung, uns so frisch und aktuell vorkommt. Und was Dürrenmatts Komödientheorie betrifft, so ist Ill wohl der gelungenste seiner
„mutigen Menschen": In der Peripetie und der Anagnorisis, als er seine
Schuld am verdorbenen Leben der Claire Zachanassian anerkennt und seine

---

[12] Dürrenmatt: Theaterprobleme (Anm. 3), S. 62 f.
[13] Elisabeth Brock-Sulzer: Friedrich Dürrenmatt. Stationen seines Werkes. 4., ergänzte
Aufl., Zürich 1973. S. 20.

Strafe akzeptiert, erduldet er seinen Tod mit heroischem Mut – dies ganz im Gegensatz zu den Güllenern, für deren Zukunft Ill mit seinem Tode Buße tut, die jedoch im Schlusschor, einer skurrilen Parodie der Schlussszene der „*Antigone*" von Sophokles, klarstellen, dass für sie, „Menschen, wie wir alle,"[14] nur der materielle Wohlstand zählt:

> CHOR I: Ungeheuer ist viel
> Gewaltige Erdbeben
> Feuerspeiende Berge, Fluten des Meeres
> Kriege auch, Panzer durch Kornfelder rasselnd
> Der sonnenhafte Pilz der Atombombe.
> CHOR II: Doch nichts ist ungeheurer als die Armut
> Die nämlich kennt kein Abenteuer
> Trostlos umfängt sie das Menschengeschlecht
> Öde Tage an öden Tag.[15]

Dieses trostlose Porträt des Wesens und der Aussichten für die Menschheit kündigte tatsächlich eine neue Phase des Pessimismus in Dürrenmatts Schaffen an: Nie wieder würden die „mutigen Menschen" seiner frühen Dramen auftreten. Schon „*Frank der Fünfte*" (1959) und „*Die Physiker*" (1962) sind eine vernichtende Anklage gegen den Kapitalismus (nicht zuletzt in Dürrenmatts Heimat!) einerseits und gegen das Wettrüsten des Kalten Krieges andererseits und lassen keinen Platz für Optimismus übrig. Zwar stellte Dürrenmatt in seinem nächsten Stück, „*Herkules und der Stall des Augias*" (1963), seinen typischen Slapstick-Humor wieder einmal zur Schau und machte sich über zahlreiche schweizerische heilige Kühe lustig, aber auch hier hat der candide-artige Rücktritt des Augias, der einzigen vernünftigen Figur, um seinen Garten zu kultivieren, einen bitteren Beigeschmack von Resignation.

---

[14] Dürrenmatt: „*Anmerkung I*" zu „*Der Besuch der alten Dame*". WA. Bd. 5, S. 141-5 (hier S. 143).
[15] Dürrenmatt: Der Besuch der alten Dame (Anm. 14), S. 132.

II Dürrenmatt und der Einfall

Die nächsten drei Dramen – „*Der Meteor*" (Uraufführung 1966, Zürich)[16], „*Die Wiedertäufer*" (1967, Zürich)[17] und „*König Johann*" (1968, Basel)[18] – machen das aus, was man seinen Welttheater-Komplex nennen kann, aber die Idee, die diesem Konstrukt zugrunde liegt, geht eigentlich bis zu Dürrenmatts erstem Drama zurück: nämlich die eines hervorragenden Individuums, das allgemeinen Unfug anrichtet. Diese Grundidee ist offensichtlich stark dramatischen Charakters, zumal sie sich in Dürrenmatts Stücken oft in einer Person manifestiert, die in eine Gemeinschaft schroff einbricht bzw. hereinfällt und dort die Macht ergreift.

So spricht Dürrenmatt in seinen theoretischen Schriften häufig vom zentralen „Einfall", der zentralen Idee, um die jeder seiner Plots kreist;[19] und ebenfalls im übertragenen Sinn von den vielen „Einfällen", lies: Gags, die die Handlungen seiner Komödien vorantreiben, wie z. B. Romulus und seine beliebten eierlegenden Hühner oder der immer erschöpfte Reiterpräfekt Spurius Titus Mamma, der nie an sein Ziel gelangt. Aber er meint auch „Einfall" im buchstäblichen Sinn, wo eine Figur mitten in einem Ort landet, meist mit verheerenden Folgen. Johann Bockelson von Leyden in „*Es steht geschrieben*" (sowie in der „Komödienfassung" des Stücks „*Die Wiedertäufer*") behauptet, der Erzengel Gabriel, der ihn gerade durch die Lüfte über Münster in Westfalen getragen habe, habe geschnäuzt und ihn in einen Mistkarren fallen lassen; Claire Zachanassian in „*Der Besuch der alten Dame*" saust mit ihrem Gefolge per Schnellzug nach Güllen hinein; und Wolfgang Schwitter in „*Der Meteor*" stellt sich herrisch in Hugo Nyf-

---

[16] Friedrich Dürrenmatt: Der Meteor. WA. Bd. 9, S. 9-95 und S. 159-166.

[17] Friedrich Dürrenmatt: Die Wiedertäufer. WA. Bd. 10.

[18] Friedrich Dürrenmatt: König Johann: nach Shakespeare. WA. Bd. 11, S. 9-113 und S. 201-7.

[19] Siehe auch Beda Allemann: Dürrenmatt: *Es steht geschrieben*. In: Benno von Wiese (Hg.): Das deutsche Drama vom Barock bis zur Gegenwart. II. Düsseldorf 1958, S. 415-432 (hier S. 430 f.); Armin Herberger: Dürrenmatt über Dichtung. In: Der Deutschunterricht 21 (1969), H. 2, S. 79-85 (hier S. 84 f.); Clayton Koelb: The „Einfall" in Dürrenmatt's theory and practice. In: Deutsche Beiträge zur geistigen Überlieferung 7 (1972), S. 240-259; Manfred Durzak: Dürrenmatt, Frisch, Weiss. Deutsches Drama der Gegenwart zwischen Kritik und Utopie. Stuttgart 1973, S. 41-48; Fritz Heuer: Das Groteske als poetische Kategorie. Überlegungen zu Dürrenmatts Dramaturgie des modernen Theaters. In: Deutsche Vierteljahrsschrift für Literaturwissenschaft und Geistesgeschichte 47 (1973), S. 730-768 (hier S. 734-752); Ulrich Profitlich: Friedrich Dürrenmatt. In: Benno von Wiese (Hg.): Deutsche Dichter der Gegenwart. Ihr Leben und Werk. Berlin 1973. S. 497-514 (hier S. 499-501).

fenschwanders Atelier auf. Sie sind alle drei meteorische Eindringlinge, die mitten in einer Gemeinschaft landen bzw. auftauchen und sie zugrunde richten, zum Teil wegen des schon innerhalb der Gemeinschaft latenten Chaos, das sie dann entfachen. Der Engel in „*Der Engel kommt nach Babylon*" landet zwar in Babylon, ist aber stets passiv, und das Unheil, das seiner Ankunft folgt, ist durchaus menschlichen, nicht himmlischen Ursprungs. In „*Die Physiker*" wiederum stellt Dürrenmatt mit boshafter postmoderner Ironie diesen Kunstgriff auf den Kopf, indem der Wissenschaftler, der die Welt vor seinem Wissen retten will, sich freiwillig in ausgerechnet die falsche Irrenanstalt flüchtet und damit der verrückten, größenwahnsinnigen Irrenärztin Frl. Dr. von Zahnd in die Arme rennt. Oder wie Dürrenmatt es lakonischer ausdrückt: Die Komödie sei ihrer Natur nach „eine Mausefalle, in die das Publikum immer wieder gerät und immer noch geraten wird"[20]; nur dass in diesem Falle Dürrenmatt nicht dem Publikum, sondern vor allem seinem Protagonisten die Falle stellt.

Die grundlegenden Elemente der von ihm so sehr bewunderten Komödie des Aristophanes beschreibt Dürrenmatt 1952 in der „*Anmerkung zur Komödie*" als „Einfälle, die in die Welt wie Geschosse einfallen (um ein Bild zu brauchen), welche, indem sie einen Trichter aufwerfen, die Gegenwart ins Komische umgestalten."[21] (Der Ausdruck muss ihm gut gefallen haben, denn er übernahm die Passage zwei Jahre später wortwörtlich für „*Theaterprobleme*", nur mit dem Zusatz: „aber dadurch auch ins Sichtbare verwandeln").[22] So verfuhr auch Dürrenmatt, der mit seinen komischen Einfällen immer wieder versucht, unserer gesichtslosen Welt ein Gesicht zu geben. In „*Voraussichtliches zum ‚Meteor‘*", einem Beitrag zur Ausgabe der „*Schweizer Illustrierten*" vom 30. Dezember 1963, skizziert Dürrenmatt im Sinne seiner lebenslangen Liebe zur Astronomie seinen aktuellen Gedankengang folgendermaßen:

> Ich werde ein neues Stück schreiben. Das Thema: der Tod. Im Mittelpunkt steht ein sterbender Mensch von heute. Das Bewußtsein des nahen Todes verleiht ihm eine ungeheure Kraft, eine Kraft der Zerstörung. Angesichts des Todes übersteigert sich sein Individualismus, jede gesellschaftliche Bindung fällt dahin. Ich zeige, daß Nihilismus keine Lehre, sondern eine Haltung des Menschen ist. *Der Meteor* heißt das Stück. Ein Meteor wird bekanntlich, wenn er in die Lufthülle der Erde eintritt, ungeheuer erhitzt, und er entwickelt einen phantastischen Glanz, ehe er erlöscht.[23]

---

[20] Dürrenmatt: Theaterprobleme (Anm. 3), S. 64.
[21] Dürrenmatt: Anmerkung zur Komödie (Anm. 6), S. 21.
[22] Dürrenmatt: Theaterprobleme (Anm. 3), S. 62.
[23] Dürrenmatt: Der Meteor (Anm. 16), S. 159.

Eine ähnliche, aber knapper formulierte Aussage findet man in einem Interview mit Hans Mayer:

> [Das] Niederfallen eines von irgendwoher kommenden Steins oder Eisenstücks, das in der Atmosphäre der Erde Energie verbrennt, das unter Umständen, wenn es zu groß wäre, eine Katastrophe herbeiführen könnte, ist der symbolische Titel eines Stücks, das von der Kraft handelt, die ein Sterbender entwickeln kann.[24]

Aber am aufschlussreichsten ist vielleicht die Stelle, an der Dürrenmatt sein Ölbild „*Die Katastrophe*" kommentiert:

> Daß ich immer wieder die schlimmstmögliche Wendung darstelle, hat nichts mit Pessimismus zu tun, auch nicht mit einer fixen Idee. Die schlimmstmögliche Wendung ist das dramaturgisch Darstellbare, ist genau das auf der Bühne, was in der Plastik den „David" zur Statue und meine Bilder zu dramaturgischen Bildern macht. So etwa auch *Die Katastrophe*. Das Bild zeigt mehr als ein Zugunglück mit anschließender Kettenreaktion dar. Oben stößt gleichzeitig die Sonne mit einem anderen Himmelskörper zusammen. Sechs Minuten später wird die Erde nicht mehr existieren. Auch hier: die schlimmstmögliche Wendung, der Versuch, nicht eine, sondern *die* Katastrophe zu schildern. Nicht das Ding an sich, sondern Bilder an sich sind darstellbar.[25]

III Dürrenmatt und das christliche Paradox der Auferstehung

Im „*Meteor*" versucht Dürrenmatt ein ganz anderes Nichtdarstellbares dramaturgisch darzustellen: die Auferstehung. Der lebensmüde Wolfgang Schwitter (der Meteor), ein weltberühmter Schriftsteller und Nobelpreisträger, ist todkrank und hätte eigentlich schon in der Klinik sterben sollen – sein Weiterleben ist für den Chirurgen Professor Schlatter ein berufliches Desaster:

> SCHLATTER: Ich bin sprachlos.
> SCHWITTER: Ich lebe noch.
> SCHLATTER: Als Mediziner finde ich diese Tatsache durchaus nicht erheiternd. Ich stellte zweimal Ihren Tod fest, und Sie rauchen eine Zigarre.[26]

---

[24] Abgedruckt im Programmheft des Schauspielhauses Zürich, 1965-66: „*Der Meteor*", S. 5.
[25] Persönliche Anmerkung in „*Dürrenmatt: Bilder und Zeichnungen*" (Anm. 2), nicht paginiert.
[26] Dürrenmatt: Der Meteor (Anm. 16), S. 70.

Schwitter – „Meine Krankheit ist weltberühmt, mein Sterben eine öffentliche Angelegenheit, aber ich riß aus. Ich bestieg den städtischen Autobus und bin hier"[27] – ist in die jämmerliche Mansarde zurückgekehrt, von der aus er vor 40 Jahren seine literarische Karriere lanciert hat. Er hofft, in dieser vertrauten Atmosphäre endlich einmal anständig sterben zu können. Gebieterisch mietet er die Mansarde vom verarmten Kunstmaler Hugo Nyffenschwander, legt sich im Laufe des Stückes mehrmals feierlich aufs Bett hin, fasst sich und wartet auf den Tod, aber jedesmal umsonst: Der Tod kommt nicht. (Doch trotz seiner Sehnsucht, ein für allemal den Geist aufgeben zu können, bleibt ihm noch *eine* durchaus körperliche Lust erhalten: der Geschlechtstrieb. Deshalb bescheft er nebenbei Nyffenschwanders Frau Auguste und richtet damit deren Ehe zugrunde).

Obwohl Schwitter gegen seinen Willen zum Leben verurteilt ist, begegnen im Laufe des Stückes mehrere Individuen aufgrund ihrer Beziehung zu Schwitter ihrem Ende, ob körperlich oder beruflich: Pfarrer Lutz stirbt als Erster vor Freude, weil er das christliche Paradox, nämlich die Auferstehung, an die er sein Leben lang geglaubt, aber auf die er nie gehofft, jetzt mit eigenen Augen gesehen hat; der Großindustrielle Muheim wirft Nyffenschwander die Treppe hinunter, weil er sich von ihm beleidigt fühlt; Muheim stirbt nicht, aber ist erledigt, als er erfährt, dass Schwitter ihn angelogen hat, mit seiner Frau geschlafen zu haben: Die „komische Nummer"[28], zu der Schwitter ihn gemacht hat, wird von der Polizei abgeführt. Aber anstelle des zum Tode gehörigen feierlichen Augenblicks, wie Schwitter ihn sich selbst erwünscht, zerfallen die vielen Todesfälle anhand des vertrauten Kunstgriffs der Wiederholung immer wieder ins Bathos. Nur kann der Mann (der Meister), der im Mittelpunkt der Handlung steht und sich so sehr nach dem Tode sehnt, nicht sterben; oder genauer: Er stirbt immer wieder, wird aber immer wieder lebendig. So nimmt der unsterbliche Schwitter im Lichte gerade dieser seiner Unsterblichkeit und der tödlichen Kraft, die er gegen alle anderen ausstrahlt, den Anschein eines göttlichen Wesens an – aber, da in Dürrenmatts Theaterwelt *deus absconditus est*, nur den Anschein: Er ist und bleibt ohnmächtiger Mensch.

---

[27] Dürrenmatt: Der Meteor (Anm. 16), S. 13.
[28] Dürrenmatt: Der Meteor (Anm. 16), S. 64.

IV Dürrenmatt und das Welttheater

Der Metapher des *theatrum mundi* liegen schon klassische und frühchristliche Quellen zugrunde, aber bei barocken Theologen und Dichtern gewann sie eine besonders prägnante Bedeutung als Sinnbild für eine von Gott geordnete Welt und die sie bedrohenden Kräfte. Gott inszeniert ein Drama auf Erden, in dem die Menschen Rollenspieler mit nur beschränkter Handlungsfreiheit sind. Shakespeare drückt die Idee der Welt als Bühne (zwar ohne religiöse Beziehungen) wohl am poetischsten aus:

> All the world's a stage,
> And all the men and women merely players.
> They have their exits and their entrances;
> And one man in his time plays many parts,
> His acts being seven ages. (*"As You Like It"*, II, 7)

Nirgends kommt das enge Verhältnis der Bühne zum Leben deutlicher zum Ausdruck als im Fronleichnamsfestspiel von Pedro Calderón de la Barca, „*El gran teatro del mundo*" (ca. 1635), in dem das Mysterium des christlichen heiligen Abendmahls auf dramatische, allegorische Weise demonstriert wird. Der *Autor*, der die Doppelrolle Gottes und eines Regisseurs innehat, verteilt unter den auftretenden Schauspielern jeweils gesellschaftlich repräsentative Rollen: der König, der Reiche, der Bauer, die Schöne, der Bettler usw. Im Laufe des Stückes treten sie ihre irdischen Rollen ab, um ins ewige Reich (oder nicht, je nach ihren weltlichen Leistungen und dem Bescheid des Meisters) zu gelangen. Der Meister (*autor*) waltet absolut über ihr Schicksal.

Der Begriff „Welttheater" tritt in Dürrenmatts publizierten Werken erst in den „*Dramaturgischen Überlegungen zu den ‚Wiedertäufern'*" auf,[29] aber schon die Form des „*Meteors*" weist auf eine Beziehung zur Welttheatertradition des *auto sacramental* hin. Die Entfaltung des „*Meteors*" folgt insofern einem ähnlichen Muster, als jede handelnde Person vor dem Meister auftreten und sich ihrem Schicksal stellen muss. Es werden ihnen zwar in Dürrenmatts Stück solch abstrakte Titeln wie im *auto sacramental* nicht zugeteilt, aber der Vergleich ist unverkennbar: Schwitters Sohn Jochen zum Beispiel ist der nichtsnutzige Playboy, der auf seines Vaters Tod setzt, damit er endlich einmal bei Kasse sein kann; Olga ist die weichherzige, nun zur sentimentalen Ehefrau gewordene Nutte usw.

---

[29] Dürrenmatt: Die Wiedertäufer (Anm. 17), S. 127-137.

Hamlets Wort „There's a divinity that shapes our ends, / Rough-hew them how we will" (V, 2) gilt letzten Endes ebenso für Schwitter wie für Calieróns Figuren: Schwitter ist kein wirklicher Gott, sondern höchstens gottähnlich; er ist nur, wie jeder Mensch, eine Marionette, und ob Gott (wie im *auto sacramental*) oder der Zufall (wie in Dürrenmatts „Komödie") die Fäden zieht, macht in der Praxis wenig Unterschied.

Im „Meteor", wie auch schon in „El gran teatro del mundo", nimmt die Handlung die Form eines Gerichts an, aber anstelle des im *auto sacramental* simulierten Jüngsten Gerichts werden die Gestalten im „Meteor" rein zufällig zugrunde gerichtet. So darf der Großindustrielle Muheim Schwitter eine letzte, existenzielle Frage stellen:

MUHEIM Warum erledigten Sie mich?
SCHWITTER Zufällig.
MUHEIM (*hilflos*) Ich – ich tat Ihnen doch nichts.
SCHWITTER Sie gerieten in mein Sterben.[30]

Der christliche Begriff der Gerechtigkeit, wo göttliche Gerechtigkeit als gerechte Belohnung bzw. Strafe oder allenfalls als christliche Gnade dispensiert wird, ist im „Meteor" dahin. Schwitter erkennt schließlich, was seine egoistische Sterbenslust gekostet hat: „Alle gingen zugrunde in diesem verfluchten Atelier. Der Pfarrer, der Maler, der große Muheim, Olga, der Arzt und die fürchterliche Frau Nomsen, und nur ich muß weiterleben."[31]

So scheint „Der Meteor" seiner Form nach eine skurrile Parodie auf „El gran teatro del mundo" zu sein. Nicht dass die Beziehung zu Calderón in Dürrenmatts publizierten Werken spezifisch vorkäme, aber die Vermutung liegt nahe, zumal das Thema des Gerichts auch so oft in seinen Werken auftaucht. Schon in „Die Wurst", einer seiner frühesten Kurzgeschichten (1943), lesen wir: „Ein Mann erschlug seine Frau und verwurstete sie. Die Tat wurde ruchbar. Der Mensch wurde verhaftet. Eine Wurst wurde noch gefunden. Die Empörung war groß. Der höchste Richter des Landes übernahm den Fall."[32] Romulus der Große, der sich bemüht hat, sein korruptes Imperium zur Strecke zu bringen, erklärt: „Ich gab mir das Recht, Roms Richter zu sein."[33] In „Der Besuch der alten Dame" sitzt Claire Zachanassian gottähnlich oben auf ihrem Balkon im Goldenen Apostel, beobachtet

---

[30] Dürrenmatt: Der Meteor (Anm. 16), S. 73.
[31] Dürrenmatt: Der Meteor (Anm. 16), S. 93.
[32] Dürrenmatt: Die Wurst (Anm. 5), S. 23.
[33] Dürrenmatt: Romulus der Große. WA. Bd. 2, S. 108.

das Kommen und Gehen der Güllener und erwartet den planmäßigen Ablauf des Schauspiels, das sie selber inszeniert hat.

Der Nexus Gesetz, Gericht, Gerechtigkeit und Gnade erzeugt bei Dürrenmatt ein sehr starkes Spannungsfeld. In *„Die Ehe des Herrn Mississippi"* versucht der Staatsanwalt, Florestan Mississippi, das Gesetz Mosis wieder einzuführen – mit verheerenden Folgen.[34] Gerechtigkeit und Gnade werden oft (auch ironisch) gepaart oder gegeneinander gesetzt: Ottilie Frank zum Beispiel, Direktorin der Privatbank in *„Frank der Fünfte"*, bittet den Staatspräsidenten um Strafe für die unzähligen Verbrechen, an denen sie schuld ist, aber

> DER STAATSPRÄSIDENT: Ich muß an den Zusammenhang der Dinge denken, allzu subtil greifen Gerechtigkeit und Ungerechtigkeit ineinander, nur Kleinigkeiten lassen eine Einmischung zu, doch was du getrieben, geht schon ins Grandiose. Nein, nein, erwarte von mir keine Strafe, erwarte nur noch Gnade.[35]

Im ersten Teil der *„Panne"* diskutiert Dürrenmatt witzelnd das in der modernen Welt nicht mehr präsente Schicksal:

> So droht kein Gott mehr, keine Gerechtigkeit, kein Fatum wie in der fünften Symphonie, sondern Verkehrsunfälle, Deichbrüche infolge Fehlkonstruktion, [...] falsch eingestellte Brutmaschinen. In diese Welt der Pannen führt unser Weg, an dessen staubigem Rand [...] sich noch einige mögliche Geschichten ergeben, indem aus einem Dutzendgesicht die Menschheit blickt, Pech sich ohne Absicht ins Allgemeine weitet, Gericht und Gerechtigkeit sichtbar werden, vielleicht auch Gnade, zufällig aufgefangen, widergespiegelt vom Monokel eines Betrunkenen.[36]

Wenn die unverfälschte Gnade bei Dürrenmatt überhaupt vorkommt, so nur selten und nur sehr flüchtig: In *„Ein Engel kommt nach Babylon"* erscheint sie in der Form der Kurrubi, die „von Gott aus dem Nichts gemacht worden [ist]"[37], aber das Mädchen ist für die Menschen zu rein: Alle reißen sich um sie, aber sie drohen sie dabei zu zerstören; und der Engelbote, der sie zur Erde bringt, hat davon keine Ahnung, wie sie dort einzusetzen ist – wiederum ein Zeichen für das Schleierhafte des göttlichen Plans, sofern es einen solchen überhaupt gibt.

Wird im *„Meteor"* die Idee des Jüngsten Gerichts durch die reine Zufälligkeit des Geschehens untergraben, so liebt es Dürrenmatt auch generell,

---

[34] Dürrenmatt: Die Ehe des Herrn Mississippi. WA. Bd. 3.
[35] Dürrenmatt: Frank der Fünfte. WA. Bd. 6, S. 123.
[36] Dürrenmatt: Die Panne (Anm. 9), S. 39.
[37] Dürrenmatt: Ein Engel kommt nach Babylon. WA. Bd. 4, S. 15.

das Zufällige anhand der Schlüsse seiner Plots zu betonen. „*Die Panne*", in der unter dem Vorwand eines gemütlichen Herrenabends der Textilreisende Alfredo Traps vor Gericht gestellt und zum Tode verurteilt wird, hat zwei Schlüsse: In der Hörspielfassung wacht Traps am nächsten Morgen mit einem Riesenkater auf und saust in seinem Studebaker wieder ins Geschäftsleben los,[38] während er sich in der Erzählungsfassung schuldbeladen erhängt.[39] Im Film „*Es geschah am hellichten Tag*" wird der Mörder vom Detektiv konventionell zur Strecke gebracht, aber im „Gegenentwurf", dem Roman „*Das Versprechen*", stirbt er in einem Autounfall, sodass der so clevere Kommissär Matthäi, der in seine Berechnung den Zufall nicht mit einbezogen hat, sein „Jagdwild" nie erwischt.[40]

V Einfall und Zufall

In Dürrenmatts Spätwerk wird der Kunstgriff des Einfalls zunehmend vom dramaturgischen Motor des Zufalls abgelöst. In den „*Dramaturgischen Überlegungen zu den ‚Wiedertäufern‘*" erklärt er das Prinzip der „Komödie der Handlung", nach dem seine Akteure gleichsam Bauern auf einem Schachbrett ohne Spielregeln sind. Er erläutert dieses Prinzip anhand der Geschichte von Robert Falcon Scott, der 1912 in der Antarktis ums Leben kam. Verschiedene Stückeschreiber (etwa Shakespeare, Brecht oder Beckett) hätten seinen Tod je nach ihrer philosophischen Auffassung unterschiedlich dramatisiert: Aber was, wenn Scotts Leben schon in London ein Ende gefunden hätte?

> Doch wäre auch eine Dramatik denkbar, die Scott beim Einkaufen der für die Expedition benötigten Lebensmittel aus Versehen in einen Kühlraum einschlösse und in ihm erfrieren ließe. Scott, gefangen in den endlosen Gletschern der Antarktis, entfernt durch unüberwindliche Distanzen von jeder Hilfe, [...] stirbt tragisch, Scott, eingeschlossen in den Kühlraum durch ein läppisches Mißgeschick, mitten in einer Großstadt, nur wenige Meter von einer belebten Straße entfernt, [...] dieser Scott nimmt ein noch schrecklicheres Ende, und deshalb ist Robert Falcon Scott im Kühlschrank erfrierend ein anderer als Robert Falcon Scott erfrierend in der Antarktis, [...] dialektisch gesehen ein anderer, aus einer tragischen Gestalt ist eine komische Gestalt geworden, [...] eine Gestalt, komisch allein durch ihr Ge-

---

[38] WA. Bd. 16, S. 55 f.
[39] Dürrenmatt: Die Panne (Anm. 9), S. 94.
[40] Ladislao Vajda (Regie), Friedrich Dürrenmatt (Drehbuch). Es geschah am hellichten Tag. Film, 1958; Dürrenmatt: Die Panne (Anm. 9).

schick: Die schlimmstmögliche Wendung, die eine Geschichte nehmen kann, ist die Wendung in die Komödie.[41]

Die These, die Dürrenmatt hier ausführt, stellt eine logische Entwicklung seiner früheren Aussagen über den Zufall und „die schlimmstmögliche Wendung" dar. Der Zufall ist (wie auch durch die oben erwähnten alternativen Werkendungen angedeutet wird) genau genommen neutral; Glück und Pech sind dagegen Werturteile. Für den Dramatiker jedoch, der immer auf Spannung zielt, ist das negative Ergebnis stets interessanter als das positive. Für Dürrenmatt den Dramatiker gilt es, seine Plots immer so zugespitzt wie möglich zu formulieren, wie er es in den „*21 Punkten zu den ‚Physikern'"* erklärt:

> Eine Geschichte ist dann zu Ende gedacht, wenn sie ihre schlimmstmögliche Wendung genommen hat. Die schlimmstmögliche Wendung ist nicht voraussehbar. Sie tritt durch Zufall ein. Die Kunst des Dramatikers besteht darin, den Zufall möglichst wirksam einzusetzen.[42]

Möbius rennt blindlings seiner Nemesis entgegen; nur dass es bei Dürrenmatt keine Nemesis, keine Vorsehung, kein Schicksal mehr gibt, sondern nur Zufall, der positiv in Glück (aber selten! – höchstens in „*Grieche sucht Griechin"*, als Archilochos und Chloé sich wiederfinden[43]) oder negativ in Pech abzweigt. Von der „schlimmstmöglichen Wendung", die Dürrenmatt in der „*Katastrophe"* (Anm. 25) skizziert, wird der schlimmstmögliche Ausgang für die Physiker abgeleitet – aber Möbius, Einstein und Newton haben noch wenigstens Entscheidungsfreiheit, sie sind ins Sanatorium-Gefängnis freiwillig eingetreten. Die Figuren im „*Meteor"* sind dagegen dem bloßen Zufall (oder vielmehr: der Willkür des „Meisters") ausgeliefert. Auch Scott, dieser heroische englische Gentleman, hat das demütigende Pech – sein „läppisches Mißgeschick" –, schmachvoll in einem Londoner Kühlraum zu sterben.

In den „*Dramaturgischen Überlegungen zu den ‚Wiedertäufern'"* begründet Dürrenmatt seine „Dramaturgie der Komödie als Welttheater" durch eine ausführliche, wenn nicht immer ganz überzeugende Kritik der aristotelischen Tragödie sowie des Brechtschen Verfremdungseffekts und argumentiert, dass in seinem Welttheater der Dramatiker auf das „Komische [...] in der Gestalt [= Charakter]" verzichten kann, denn es zählen in

---

[41] Dürrenmatt: Die Wiedertäufer (Anm. 17), S. 127.
[42] Dürrenmatt: 21 Punkte zu den „*Physikern"*. WA. Bd. 7, S. 91, Punkte 3-5.
[43] Dürrenmatt: Grieche sucht Griechin. WA. Bd. 22, S. 157 ff.

der „Komödie der Handlung" nur die Situationen, in denen die Gestalten sich befinden: etwa Scott, den wir lächerlich finden, „weil wir [*à la Bergson*] Abstand von ihm nehmen. [...] Wird die Komödie zum Welttheater, braucht nur noch die Handlung komisch zu sein, die Gestalten sind im Gegensatz zu ihr oft nicht nur nichtkomisch, sondern tragisch."[44]

In „*Theaterprobleme*" hatte Dürrenmatt erklärt, das Groteske sei „ein sinnliches Paradox."[45] Jetzt lässt er diese These wieder aufleben in der Form der „paradoxen Handlung", die darauf zielt, das Publikum zur Einsicht ins Weltgeschehen zu bringen:

Liegt der Sinn einer tragischen Handlung darin, die Größe des Helden aufzuzeigen, wobei die Handlung irrelevant wird, so ist eine Handlung dann komisch, wenn sie auffällt, wenn sie wichtig wird, wenn die Gestalten durch die Handlung ihren Sinn erhalten, nur durch sie interpretiert werden können. Die komische Handlung ist die paradoxe Handlung, eine Handlung wird dann paradox, ‚wenn sie zu Ende gedacht wird.' [...]
Der Sinn der paradoxen Handlung „mit der schlimmstmöglichen Wendung": Er liegt [...] darin, [...] dem Zuschauer das Geschehen bewußt zu machen, ihn vor das Geschehen zu stellen.[46]

Bei der Komödie der Handlung geht es folglich, was die Gestalten betrifft, um eine Komödie der Ohnmacht: Eine Figur handelt nicht mehr nach ihrem Charakter, sondern ist auf ein Objekt höherer, aber zufälliger Kräfte reduziert. Eine solche „paradoxe" Figur erscheint dann als eine „groteske" Figur, deren Verhältnisse dem Zuschauer einen Einblick in seine eigene existenzielle Situation ermöglichen.

Ob die erwünschte Wirkung auf das Publikum durch Dürrenmatts Welttheater-Dramen tatsächlich erreicht wird oder nicht, ist kaum zu beantworten. Wichtiger für unsere Zwecke ist die Tatsache, dass diese Theorie den drei Stücken, die hier diskutiert werden, zugrunde liegt, und sie manifestiert sich in „*Die Wiedertäufer*" und „*König Johann*" als eine „Komödie der Politik"[47].

Obwohl Dürrenmatts dramaturgischer Ansatz zu letzteren zwei Stücken der gleiche war, waren die Umstände, unter denen sie entstanden, verschieden. Im Frühjahr 1967 hatte Werner Düggelin als Gastregisseur im Schauspielhaus Zürich „*Die Wiedertäufer*", Dürrenmatts Bearbeitung seines Erstlings, aufgeführt. Als Düggelin im folgenden Jahr zum Schauspieldirektor der Basler Theater berufen wurde, entschloss sich Dürrenmatt, sein langjäh

[44] Dürrenmatt: Dramaturgische Überlegungen zu den „*Wiedertäufern*" (Anm. 17), S. 133.
[45] Dürrenmatt: Theaterprobleme (Anm. 3), S. 62.
[46] Dürrenmatt: Dramaturgische Überlegungen (Anm. 17), S. 133.
[47] Dürrenmatt: Prinzipien der Bearbeitung von „*König Johann*" (Anm. 18), S. 201.

riges, aber manchmal stürmisches Verhältnis zum Schauspielhaus Zürich abzubrechen und Düggelin nach Basel zu folgen. Die „Dü-Dü"-Partnerschaft dauerte nicht lange, aber kurzfristig verlieh sie dem Dramatiker den Impuls zu neuer Aktivität (wenn nicht gerade Kreativität, denn es handelte sich auch beim nächsten Stück, „*König Johann*", um Bearbeitungen).[48]

In den beiden Fällen galt es, eine verworrene Vorlage straffer und pointierter zu gestalten: „*Es steht geschrieben*" beläuft sich auf (ungefähr) 28 Szenen (das Stück ist nicht in Szenen eingeteilt) und 102 Druckseiten, „*Die Wiedertäufer*" dagegen auf 20 „Bilder" und 84 Seiten. Die Vorlage zu „*König Johann*" war Schlegels Shakespeare-Übersetzung; der vorhandene Stoff, so Dürrenmatt, musste eleganter und durchsichtiger gemacht werden.[49]

Das Hauptprinzip der beiden Bearbeitungen war es, die Anatomie der Politik freizulegen. In diesem „Theater der Nicht-Identifikation" (lies: Verfremdung)[50] besitzen die Figuren keinen Charakter, keine Persönlichkeit im Sinne des aristotelischen Theaters, sondern sie sind nur Marionetten. Um ihre Machtlosigkeit und ihren Mangel an Persönlichkeit hervorzuheben, gruppiert Dürrenmatt die Figuren in „*Die Wiedertäufer*" im Welttheaterformat nach ihrer Zugehörigkeit zu einer gewissen feudalen bzw. sozialen Schicht: Die Fürsten, die Täufer, das Volk von Münster, die Landsknechte; in „*König Johann*" sind praktisch alle Figuren adlig, aber es gibt noch Gruppierungen, auch wenn die Einteilung – *pace* Shakespeare – sich nicht nach nationalen Linien richtet:

> Doch die ideologischen Formeln Shakespeares Johann = England und Philipp = Frankreich sind für uns nicht aufrechtzuerhalten. Für uns gilt die Formel Johann = Philipp = Feudalismus. [...] [Es ist] ein Spiel unter den Mördern, nicht unter den Opfern. [...] Ich habe keine Volksszenen eingebaut, die Opfer, die nicht zur herrschenden Klasse gehören, erscheinen als bloße Zahlen, wieder sind sechstausend oder siebentausend gefallen.[51]

Einzelne Gestalten fallen zwar in Dürrenmatts Welttheater-Dramen dem Zufall zum Opfer (etwa Jochen und die anderen Figuren im „*Meteor*", auch König Johann selber), aber die Maschinerie, die in „*Die Wiedertäufer*" und „*König Johann*" die Handlung antreibt, ist die Politik. Und die Doppel-

[48] Sydney G. Donald: Re-writing, re-cycling: Friedrich Dürrenmatt and *The Tragedy of King John*. In: Richard Byrn (Hg.): Cousins at One Remove. Anglo-German Studies 2. Leeds 1998, S. 128-158 (hier 128 f.).
[49] Dürrenmatt: König Johann (Anm. 18), S. 201.
[50] Dürrenmatt: Dramaturgische Überlegungen (Anm. 17), S. 132.
[51] Dürrenmatt: König Johann (Anm. 18), S. 203 f.

konstellation Machtgier und Habgier macht den Kern der Politik aus. Die Figuren in diesen Komödien der Ohnmacht sind alle auf ihre Rollen festgenagelt: Die Politik herrscht. Nur Johann Bockelson und der Bastard, Robert Faulconbridge, behalten am Schluss ihre Handlungsfreiheit bei: Bockelson deshalb, weil er eigentlich Außenseiter – Schauspieler, oder „Rollenspieler" – ist, und der vernünftige Bastard, weil er wie schon Augias aus der Politik aussteigt.

Am Schluss der „*Wiedertäufer*", nach der Niederlage der Münsteraner Rebellen gegen die herrschende Klasse, werden die Rädelsführer nach spätmittelalterlicher Art gefoltert und hingerichtet. Nur Johann Bockelson wird verschont:

> BOCKELSON: Ihr Fürsten [...]
> Ich stellte einen König dar
> Und rezitierte komödiantisch einen Possentext
> Durchsetzt mit Bibelstellen und mit Träumen einer beßren Welt
> Die halt das Volk so träumt
> So trieb ich denn, euch zur Erheiterung, was ihr auch treibt
> [...] Fraß, soff, lag Weibern bei
> War eingekerkert – auch wie ihr – in die öde Langeweile jeder Macht
> Die ich – was ihr nicht könnt – euch hier zurückerstatte
> Das Spiel ist aus, ihr Fürsten ohnegleichen
> Ich trug eure Maske bloß, ich war nicht euresgleichen.[52]

Aber es beginnt nun ein neues Spiel, denn die Fürsten wetteifern jetzt miteinander, um Bockelson für ihr jeweiliges Privattheater zu engagieren:

> KARDINAL: Laßt übrig bloß einige Radelsführer, gut fürs Hochgericht
> Darunter irgendeinen, arg entstellt, der Sprache nicht mehr mächtig
> Von dem wir sagen, er sei Bockelson
> Pro forma so den Willen unseres gnädigen Kaisers treu erfüllend.[53]

Waren „*Die Wiedertäufer*" eine Komödie der Handlung, in der jede Person ohnmächtig ihre vorherbestimmte Rolle spielt (außer Bockelson, der sich seiner Taten vollkommen bewusst ist), so ist „*König Johann*" nicht so sehr eine Komödie der Handlung als vielmehr eine Komödie der *Ver*handlungen: die berühmte „Commodity"-Rede in der englischen Vorlage

> That smooth-faced gentleman, tickling Commodity
> Commodity, the bias of the world („*The Tragedy of King John*", III, 1)

---

[52] Dürrenmatt: Die Wiedertäufer (Anm. 17), S. 118 f.
[53] Die Wiedertäufer: Anm. 17, S. 120.

wird in „*König Johann*" zu einem „Geschäft", der Triebfeder der gesamten Handlung, umgestaltet,[54] wobei selbst die politische Auseinandersetzung zwischen den drei Dynastien oder Quasidynastien, England, Frankreich und der Kirche, tatsächlich unter der Rubrik: Gewinn subsumiert werden.

VI Schluss

Mit diesen drei Dramen hatte Dürrenmatt das Welttheaterformat praktisch erschöpft. Seine Gründe sind nicht dokumentiert, aber man kann sich denken, dass diese enge, stilisierte Theaterform einfach keine weiteren Entwicklungsmöglichkeiten bot. Er hatte das gerwünschte Experiment durchgeführt, er hatte die Anatomie des Welttheatermodells untersucht, er wusste nun, wie es funktionierte, und jetzt wollte er wohl etwas Neues ausprobieren. Auch kannte er sein Publikum, ein Publikum, das, ob wissentlich oder nicht, generell allgemeinen abstrakten Theaterformen konkrete Charaktere vorzog.

Es folgte eine Reihe von mehr oder weniger produktiven Bearbeitungen bzw. Gegenentwürfen: „*Play Strindberg*" (1969), „*Urfaust*" und „*Titus Andronicus*" (1970), und „*Woyzeck*" (1972) sowie Neufassungen mehrerer seiner eigenen Stücke und drei Originalstücke: „*Porträt eines Planeten*" (1970/71), „*Der Mitmacher*" (1973) und „*Die Frist*" (1977). In „*Dichterdämmerung*" (1980) witzelte er sogar selbstironisch:

> DIE JUNGE DAME: Dürrenmatt hat einen neuen Schluß geschrieben.
> DER AUTOR: Schreibt der immer noch?
> DIE JUNGE DAME: Nur noch um.[55]

In den nächsten Jahren widmete sich Dürrenmatt immer mehr der Prosaarbeit und der Ballade „*Minotaurus*", die 1985 erschien. In Zusammenarbeit mit Charlotte Kerr, seiner zweiten Frau, schrieb und inszenierte er sein letztes Drama, „*Achterloo*", das 1988 in Schwetzingen uraufgeführt wurde. Es ist, wie es im Untertitel von „*Porträt eines Planeten*" heißt, ein „Übungsstück für Schauspieler", experimentelles Theater. Jede Figur spielt drei Rollen: „Maske (Spielrolle)", „Rolle (Wahnrolle)" und „Person". Mit diesem fast unspielbaren Stück hatte Dürrenmatt endlich die Idee des Schauspielers als Rollenspieler, die Johann Bockelson verkörpert, *ad*

---

[54] Kenneth S. Whitton: Dürrenmatt: Reinterpretation in Retrospect. New York, London, Munich 1990, S. 136; Donald: Rewriting (Anm. 47), S. 137.
[55] Dürrenmatt: Dichterdämmerung. WA. Bd. 9, S. 143.

absurdum geführt. Trotz insgesamt vier Fassungen und des Protokolls „Rollenspiele"[56] steckte er jetzt in einer Sackgasse, wie er es auch im 1990 geschriebenen „*Abschied vom Theater*"[57] bestätigt. So konnte Dürrenmatts Welttheatertheorie ihm zwar eine neue Schaffenskraft verleihen, aber leider nur eine kurzlebige, auch wenn einige wenige Spuren davon in seinen späteren Dramen noch schwach zu spüren sind.

---

[56] Dürrenmatt: Rollenspiele. WA. Bd. 18.
[57] Dürrenmatt: Rollenspiele (Anm. 55), S. 568-86.

Danksagung

An dieser Stelle soll zunächst allen Autoren gedankt werden, ohne die dieser Band nicht zustande gekommen wäre. Informationen und weiterführende Hinweise erhielten wir von der Schweizerischen Theatersammlung Bern, vom Stadtarchiv Zürich, vom Theater Basel sowie vom Theatermuseum der Landeshauptstadt Düsseldorf. Ganz besonderer Dank gebührt dem Fotografen Leonard Zubler (Zürich) für die Abtretung der Abbildungsrechte der Fotos („*Urfaust*"- und „*Woyzeck*"-Inszenierungen) und dem Centre Dürrenmatt Neuchâtel/Schweizerische Eidgenossenschaft sowie dem Schweizerischen Literaturarchiv Bern für die Abbildungsrechte des Gemäldes von Dürrenmatt für diesen Band.

Nicht unerwähnt soll auch die Unterstützung bleiben, die das Vorhaben durch das *Centre Interlangues: Texte, Image, Langage* (EA 4182) der Université de Bourgogne/Dijon sowie durch FORELL (*Formes et Représentations en Linguistique et Littérature*, EA 3816) der Université de Poitiers, Gruppe B2: *Histoire et poétique des genres (Hypogée)* erfahren hat.

Herzlicher Dank gebührt nicht zuletzt dem Verlag für die kompetente und zuvorkommende Betreuung des Bandes.

Véronique Liard
Marion George

Verbrechen und Gesellschaft im Spiegel von Literatur und Kunst

Hg. von Véronique Liard

2010, 294 Seiten, Paperback, Euro 45,90/CHF 80,00, ISBN 978-3-89975-194-9

Es fand eine deutliche Akzentverschiebung in der Betrachtung des Kriminalromans statt: Die Gattung ist nicht länger dem Vorwurf der Trivialität ausgesetzt. Vielmehr werden nun Texte der Hoch- als auch der Populärkultur in einen gemeinsamen Erkenntnisraum gestellt. Im Vordergrund der durch die *Cultural Studies* geprägten Kriminalliteraturforschung stehen dadurch gesellschaftliche Ordnungs- und Wertvorstellungen, die im Kriminalroman und verwandten Gattungen ein bevorzugtes Ausdrucksmittel gefunden haben.

Der Sammelband zeigt diesen Paradigmenwechsel im Umgang mit dem Kriminalroman auf. Zudem werden die verschiedenen Darstellungsformen von Verbrechen zur Diskussion gestellt und ihre Inszenierungen in literarischen, künstlerischen, soziologischen, psychologischen und juristischen Diskursen untersucht.

Iphigenie

Metamorphosen eines Mythos im 20. Jahrhundert

(Forum Deutsche Literatur 4)

Von Christine Hermann

2005, 116 Seiten, Paperback, Euro 16,90/CHF 29,60, ISBN 978-3-89975-539-8

Transformationen des taurischen Iphigenie-Mythos im deutschsprachigen Literaturraum stehen im Mittelpunkt der Studie. Im Dialog mit Goethe und der Zeitgeschichte untersucht die Autorin vier moderne Mythos-Transformationen.

Intermedialität, Mediengeschichte, Medientransfer

Zu Georg Büchners Parallelprojekten *Woyzeck* und *Leonce und Lena*

(Kontext 7)

Hg. von Dagmar von Hoff/Ariane Martin

2008, 240 Seiten, Hardcover, Euro 42,90/CHF 74,50, ISBN 978-3-89975-149-9

Georg Büchner eignet sich in besonderer Weise als Gegenstand einer medienwissenschaftlich orientierten Literaturwissenschaft. Der Band macht die drei grundlegenden Bereiche Intermedialität (Text-Bild-Verhältnisse im *Woyzeck*), Mediengeschichte (Königsphantasien in *Leonce und Lena*) und Medientransfer (Georg C. Klarens *Wozzeck* von 1947) exemplarisch transparent, indem er bisher vernachlässigte Aspekte von Werk und Wirkung dieses Autors in den Blick nimmt.

Ihr Wissenschaftsverlag. Kompetent und unabhängig.

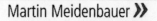

Martin Meidenbauer »

Verlagsbuchhandlung GmbH & Co. KG
Schwanthalerstr. 81 • 80336 München
Tel. (089) 20 23 86 -03 • Fax -04
info@m-verlag.net • www.m-verlag.net